大学劳动教育

College Labor Education

谭志福 / 主　编
张海霞　李　娜 / 副主编

山东人民出版社 · 济南
国家一级出版社 全国百佳图书出版单位

图书在版编目（CIP）数据

大学劳动教育/谭志福主编.—济南：山东人民出版社，2022.1（2024.1重印）

ISBN 978-7-209-13606-8

Ⅰ.①大… Ⅱ.①谭… Ⅲ.①劳动教育—高等学校—教材 Ⅳ.①G40-015

中国版本图书馆CIP数据核字(2022)第023536号

大学劳动教育

DAXUE LAODONG JIAOYU

谭志福　主编

主管单位　山东出版传媒股份有限公司
出版发行　山东人民出版社
出 版 人　胡长青
社　　址　济南市市中区舜耕路517号
邮　　编　250003
电　　话　总编室（0531）82098914
　　　　　市场部（0531）82098027
网　　址　http：//www.sd-book.com.cn
印　　装　日照日报印务中心
经　　销　新华书店

规　　格　16开（169mm×239mm）
印　　张　29.5
字　　数　470千字
版　　次　2022年1月第1版
印　　次　2024年1月第2次
ISBN 978-7-209-13606-8
定　　价　45.00元

目　录

绪论

学习目标

1. 理解并掌握劳动教育的基本原理，包括劳动教育的概念及内涵、劳动教育的基本特征、劳动教育的基本理念以及劳动教育的内容。

2. 掌握新时代开展劳动教育的意义与价值。

3. 了解劳动教育的教学要求。

导读

劳动教育的目的，在谋手脑相长，以增进自立之能力，获得事物之真知及了解劳动者之甘苦。

——陶行知

2018 年 9 月 10 日，习近平总书记在全国教育大会上强调，“要在学生中弘扬劳动精神，教育引导学生崇尚劳动、尊重劳动，懂得劳动最光荣、劳动最崇高、劳动最伟大、劳动最美丽的道理，长大后能够辛勤劳动、诚实劳动、创造性劳动”①，并提出努力构建德智体美劳全面培养的教育体系，形成更高水

① 习近平：《坚持中国特色社会主义教育发展道路　培养德智体美劳全面发展的社会主义建设者和接班人》，《人民日报》2018 年 9 月 11 日第 1 版。

平的人才培养体系的总要求。2020年3月20日中共中央、国务院印发的《关于全面加强新时代大中小学劳动教育的意见》（后文简称《意见》），7月11日教育部印发的《大中小学劳动教育指导纲要（试行）》（后文简称《指导纲要》），系统阐述了加强新时代大中小学劳动教育的意义、指导思想以及基本原则，明确了劳动教育的总体要求、体系构建、支持保障、组织实施等内容，为大中小学劳动教育的全面推进提供了顶层设计和行动指南。

绪论部分将从“是什么”“为什么”以及“如何做”三个层面对劳动教育进行剖析和论述，目的是让学生在了解、认知劳动教育基本知识的基础上，深刻领会开展劳动教育的意义。

一、劳动教育的基本原理

“民生在勤，勤则不匮。”劳动是推动人类社会进步的根本力量，是财富的源泉，也是幸福的源泉。劳动教育是国民教育体系的重要内容，具有树德、增智、强体、育美的综合育人价值，接受劳动教育是学生成长的必要途径。

（一）劳动教育的概念及内涵

“劳动教育”是以促进学生形成劳动价值观（即确立正确的劳动观点、积极的劳动态度，热爱劳动和劳动人民，等等）和养成劳动素养（有一定劳动知识与技能，形成良好的劳动习惯，等等）为目的的教育活动。[①]

具体来看，劳动教育的内涵主要体现在以下两个方面：

一是体现在劳动价值观方面。劳动教育要努力帮助学习者确立正确的劳动观点、积极的劳动态度；强调劳动是一切财富、价值的源泉，劳动者是国家的主人，一切劳动和劳动者都应该得到鼓励和尊重；倡导通过诚实劳动创造美好生活、实现人生梦想，反对一切不劳而获、崇尚暴富、贪图享乐的错误思想。

二是体现在养成良好劳动素养方面。劳动教育要促进学生具备一定劳动知

① 檀传宝:《劳动教育的概念理解——如何认识劳动教育概念的基本内涵与基本特征》,《中国教育学刊》2019年第2期。

识与技能，激发学习者创造性劳动的潜质，帮助学生形成良好的劳动习惯，使其成为全面发展的人以及新时代所需要的创造性劳动者，为社会培养“流自己的汗、吃自己的饭”的有尊严、有教养的现代公民。

（二）劳动教育的基本特征

劳动教育是新时代党对教育的新要求，具有三个基本特征：

1. 鲜明的思想性。

它要求必须将马克思主义劳动观贯彻始终，强调劳动是一切财富、价值的源泉，劳动者是国家的主人，一切劳动和劳动者都应该得到鼓励和尊重；倡导通过诚实劳动创造美好生活、实现人生梦想，反对一切不劳而获、崇尚暴富、贪图享乐的错误思想。

2. 突出的社会性。

它强调必须加强学校教育与社会生活、生产实践的直接联系，发挥劳动在个人与社会之间的纽带作用，引导学生认识社会，增强社会责任感；同时注重让学生学会分工合作，体会社会主义社会平等、和谐的新型劳动关系。

3. 显著的实践性。

它要求必须面向真实的生活世界和职业世界，引导学生以动手实践为主要方式，在认识世界的基础上，获得有积极意义的价值体验，学会建设世界、塑造自我，实现树德、增智、强体、育美的目的。

（三）劳动教育的基本理念

《指导纲要》对劳动教育的基本理念进行了明确界定。

1. 强化劳动观念，弘扬劳动精神。

将劳动观念和劳动精神教育贯穿人才培养全过程，贯穿家庭、学校、社会各方面。注重让学生在学习和掌握基本劳动知识技能的过程中，领悟劳动的意义与价值，形成勤俭、奋斗、创新、奉献的劳动精神。

2. 强调身心参与，注重手脑并用。

把握劳动教育的根本特征，让学生面对真实的个人生活、生产和社会性服务情境，亲历实际的劳动过程，培养其观察思考、运用所学知识解决实际问题的能力，提高其劳动质量和效率。

3. 继承优良传统，彰显时代特征。

在充分发挥传统劳动、传统工艺项目育人功能的同时，紧跟科技发展和产业变革，准确把握新时代劳动工具、劳动技术、劳动形态的新变化，创新劳动教育内容、途径、方式，增强劳动教育的时代性。

4. 发挥主体作用，激发创新创造。

关注学生劳动过程中的体验和感悟，引导学生感受劳动的艰辛和收获的快乐，增强其获得感、成就感、荣誉感。鼓励学生在学习和借鉴他人丰富经验、技艺的基础上，尝试新方法、探索新技术，打破僵化思维方式，推陈出新。

（四）劳动教育的内容

当前实施劳动教育的重点是在学生系统的文化知识学习之外，有目的、有计划地组织学生参加日常生活劳动、生产劳动和服务性劳动，让学生动手实践、出力流汗，接受锻炼、磨炼意志，培养学生正确的劳动价值观和良好的劳动品质。劳动教育的内容主要包括日常生活劳动、生产劳动和服务性劳动中的知识、技能与价值观。

1. 日常生活劳动教育。

日常生活劳动教育主要是结合开展新时代校园爱国卫生运动，让学生立足个人生活事务处理，注重生活能力和良好卫生习惯培养，树立自立自强意识。具体到普通高等学校学生，就是要求其自觉做好宿舍卫生保洁，独立处理个人生活事务，积极参加勤工助学活动，提高劳动自立自强能力。日常生活劳动教育的目的是培养学生日常生活所必需的劳动技能和独立生活能力，让学生在个人生活自理中强化劳动自立意识，体验持家之道；这也是学生健康发展、适应社会生活的重要基础。

2. 生产劳动教育。

生产劳动教育主要是让学生在工农业生产过程中直接经历物质财富的创造过程，体验从简单劳动、原始劳动向复杂劳动、创造性劳动发展的过程，学会使用工具，掌握相关技术，强化劳动创造价值理念，增强产品质量意识，体会平凡劳动中的伟大。具体到普通高等学校学生，就是要求其重视生产劳动锻炼，积极参加实习实训、专业服务和创新创业活动，重视新知识、新技术、新工艺、新方法的运用，提高在生产实践中发现问题和创造性解决问题的能力，在动手实践的过程中创造有价值的物化劳动成果。

3. 服务性劳动教育。

服务性劳动教育主要是让学生利用知识、技能等为他人和社会提供服务，在服务性岗位上见习实习，树立服务意识，实践服务技能；在公益劳动、志愿服务中强化社会责任感。具体到普通高等学校学生，就是要求其强化参与服务性劳动的意识，自觉参与教室、食堂等校园公共场所的卫生保洁、绿化美化和管理服务等；结合“三支一扶”、大学生志愿服务西部计划、“青年红色筑梦之旅”、“三下乡”等社会实践活动开展服务性劳动；强化公共服务意识和培养面对重大疫情、灾害等危机时主动作为的奉献精神。

二、新时代开展劳动教育的意义与价值

党的十九大报告指出，中国特色社会主义进入了新时代。新时代是实现中华民族伟大复兴的时代，建成富强民主文明和谐美丽的社会主义现代化强国离不开全国人民的辛勤劳动。新时代开展劳动教育，在理论层面上是对马克思主义劳动教育观的有力继承，在实践层面上也有利于个体形成正确的劳动价值观并具备一定的劳动素养，继而在全社会营造崇尚劳动的浓厚氛围和精益求精的工匠精神，最终汇聚起“劳动托起中国梦”的强大力量。

（一）新时代开展劳动教育是坚持马克思主义教育观的具体体现

劳动是马克思主义唯物史观的核心内容。马克思将劳动视为“人之所以存在的依据”，他重视劳动教育，认为生产劳动同智育和体育相结合，不仅是提高社会生产的一种方法，而且是造就全面发展的人的唯一方法，也是改造现代社会的最强有力的手段。马克思主义劳动教育观为我国劳动教育的发展提供了理论支持与方向指引，使得教育与生产劳动相结合成为我党历来所坚持的教育方针。早在1927年建立革命根据地的时候，中国共产党就把教育与生产劳动相结合作为教育的基本方针，用作指导提高工农文化水平和教育青年一代以及改造知识分子的重要手段。20世纪90年代，教育“必须要与生产劳动相结合”被纳入《中华人民共和国教育法》并保留至今。2018年，习近平总书记

在全国教育大会上提出“培养德智体美劳全面发展的社会主义建设者和接班人，加快推进教育现代化、建设教育强国、办好人民满意的教育”①，将劳动教育的地位提升至与德智体美四育一致的新高度。新时代崇尚劳动、尊重劳动、全面加强劳动教育是对马克思主义关于“实现人的自由全面发展”教育观的继承，既重申了社会主义制度下劳动者的自身价值，又高扬了劳动教育在社会主义教育体系中的独特地位。

（二）新时代开展劳动教育是满足个体追求健康发展的人本需要

劳动创造美好生活，人世间的一切幸福都要靠辛勤的劳动来创造；劳动是个体实现梦想、创造价值的基本途径。劳动教育是人实现社会化过程中的催化剂，它能够促进个体以正确的劳动价值观面对生活，并在此过程中养成良好的劳动素养。当今社会，随着知识更新速度的加快，各种新思想、新概念、新技术不断涌现，个体只有不断提高自身能力，才能与时代共进步、同发展。新时代开展劳动教育是人们提升自我、实现人生价值的必然诉求。在生理层面，劳动教育能有效锻炼、提高人脑的开发水平，促进学生创造性思维与创新型能力的形成与发展。在思想层面，劳动教育能帮助个体确立正确的劳动观点、形成积极的劳动态度，继而营造尊重劳动、热爱劳动的社会氛围。在实践层面，劳动教育能为学生提供与社会一般职业密切相关的体验机会，有利于学生增长才干、磨炼意志，为今后的择业求职做方向性准备。

（三）新时代开展劳动教育是推动素质教育有效施行的重要保障

“培养什么人”是教育的首要问题。2018 年，习近平总书记在全国教育大会上提出要培养德智体美劳全面发展的社会主义建设者和接班人，将劳动教育与德智体美教育并列，这不仅是对马克思主义劳动教育观的继承与发展，同时也具有划时代的现实意义。劳动教育是促进素质教育全面施行的重要环节，它与德智体美四育互相联系又各有特点。德育中塑造的人生观、价值观、世界观为劳动品德的形成指引方向，智育中培养的基本能力为劳动知识和技能的掌握

① 习近平：《坚持中国特色社会主义教育发展道路 培养德智体美劳全面发展的社会主义建设者和接班人》，《人民日报》2018 年 9 月 11 日第 1 版。

创设条件，体育中练就的坚强体魄与顽强毅力为劳动活动的开展奠定基础，美育中熏陶的审美情趣为劳动成果的展示提供助力。新时代高扬劳动教育旗帜，将劳动教育提升至与德智体美教育同等的高度，既是当前全面开展劳动教育的客观需要，也是对其他四育的有力支撑，必将为培养全面发展的人提供更完善的保障。

（四）新时代开展劳动教育是建设中国特色社会主义的现实选择

劳动是推动人类社会进步的根本力量。习近平总书记曾多次强调人民的主体地位，阐释劳动对于历史的重要意义，这些重要论述是对人民、劳动与社会发展和时代进步逻辑关系的全面把握，也是对马克思主义劳动观的有力继承。完成中国特色社会主义伟大事业需要一代又一代勤于劳动、善于劳动的优秀人才，新时代开展劳动教育是培养高素质劳动者、实现中华民族伟大复兴中国梦的重要途径。党的十九大报告系统规划了全面建成社会主义现代化强国的时间表与路线图，第一个百年奋斗目标的实现是全国人民共同努力的结果，要想实现第二个百年奋斗目标同样离不开全国各族人民的辛勤劳动、诚实劳动与创造性劳动。新时代中国特色社会主义的发展呼唤高素质的劳动者，急需更高水平的人才培养体系，构建德智体美劳全面培养的教育体系正是对时代号召的响应，也是加快推进教育现代化，建设教育强国，办好人民满意的教育的必然选择。①

| 拓展阅读 |

手脑相长

我本来无产阶级出身，后来出洋回来渐渐变成了中产阶级中人。现在却由中产阶级渐渐地流落到无产阶级了。所以我对于中产阶级与无产阶级的情形都知道一点。我有一种信仰和决心：要从中产阶级不爬上去，而要爬下来。其实爬下来就是爬上去。要爬上去就要落下来。我为什么要走这一条路？可把我的

① “新时代开展劳动教育的意义与价值”一节内容主要来自《我国劳动教育的历史审思与未来展望》一文。参见申国昌、申慧宁：《我国劳动教育的历史审思与未来展望》，《全球教育展望》2020 年第 10 期。

一段历史来简单说一说：我在中产阶级登峰造极的时候，就是当中华文化教育基金委员会的干事，每月有四百元薪水，一百元公费。当时我家里的几个小孩子一起变成了少爷，没有小姐，因为我没有女孩子。他们添饭有人，铺床折被也有人。我小时候尚做些事，而他们现在一些事不做，将来大的时候不得了。慢慢享福惯了害我自己是小事，害这些小孩子是不得了的。因老妈子和佣人把我们小孩子的手都变坏了，成了无用的手；把我的小孩子的脚也变坏了，成了无用的脚。小时候不能动手用脚，大的时候当然一切事要别人做；小的时候做惯少爷，大的时候当然做老爷。我以为世界上最有贡献的人只有一种，就是头脑能指挥手指行动的人。中国都是用头脑的人不用手，用手的人不用头脑。年成虽好，农民生计仍很苦，这因为他们的头脑不会去想。一般人读书都是读死书，死读书，读书死。日本人打进来了，我们只会喊口号。可是我们干了几十年，到现在所用的电灯，所坐的汽车，都是外国人做的。我们自己不会造出来，这是什么缘故？这为了书呆子不去干科学的事业，因他不用手去试验，不用手去创造。一定要四万万人用手推动机器，才能把中华民国创造起来。头脑帮手生长，手帮头脑生长。

中国有两种病。一种是“软手软脚病”，一种是“笨头笨脑病”。害“软手软脚病”的人，便是读书人，他的头脑一定靠不住，是呆头呆脑的。而一般工人农民都是害的“笨头笨脑病”，所以都是粗手粗脚。一个人要有贡献于社会，一定要手与脑缔结大同盟。然后，可以创造，可以发明，可以建设国家，可以把东三省拿回来！要东三省拿回来，没有这么容易，必须用手去拿回来！

老妈子和佣人天天替代我的小孩子的手，使他们的手都变成无用的手，故我决心把五百元一月的干事职位不要了，去当一百元一月的校长。我们学校里没有一个听差，没有一个斋夫，各事都是学生自己干。我写了两首歌，一首是勉励学生的，一首是诫人不要做双料少爷。

第一首：“滴自己的汗，吃自己的饭；自己的事自己干。靠人靠天靠祖上，不算是好汉。”

第二首：“自从家父做老爷，人人呼我阔少爷。谁知我还是自倒洗脸水，远不如进个学堂儿。上课看情书，下课拜小姐；不高兴闹个风潮儿，直要教员怕我如同儿子怕爹爹！请看今日卖国贼，哪一个不是当年的双料少爷！”

上面两首歌，一首是建设论，一首是破坏论。我们学校里没有听差，结果很好。男学生挑水烧饭，女学生倒马桶。饭是很好吃，为什么马桶不好倒？当那女学生初来投考我们的学校，我先要问她一声，愿意不愿意倒马桶？愿意倒马桶的来学。虽然倒马桶不能救国，但是它的进一步的意思很深。能倒马桶，小姐的架子打破了！她的一双手拿出来了，将来会玩出比外国更好的电灯出来，会玩出比外国更好的汽车出来，会玩出比外国更好的飞机出来。

至于各种人的手，如穿马褂子的人的一双手都缩拢在袖管里；穿西装的人的双手都插在裤袋里；老先生的一双手指甲留得长长，成一种曲线美，双手镶在袖管里；女学生的一双手都用手套子套了起来。因一双可以创造的手，套起来了，故把中华民国一起都套进去了，不能出头！

现在再讲脚。脚也要动动。从前女子绕小脚，用布包包。现在学外国新法绕小脚，应用几何学原理，高跟鞋就是一种几何三角形的道理。穿了这种皮鞋，脚不易走动了，弄得不好，就要跌跤。这样的女国民，能与日本去奋斗吗？多一个人穿高跟皮鞋，就是少一个人去奋斗。要解放脚，非打倒高跟皮鞋不可。要解放手，非打倒手套不可。新近我写了一首歌，知道的人已很多了。现在再来背一下：

人生两个宝，双手与大脑。用脑不用手，快要被打倒。用手不用脑，饭都吃不饱。手脑都会用，方是开天辟地的大好佬。

这大好佬，人人都会做！只要两只手拿出来用就行。中华民国不是几千个人、几万个人所能做得好的。一定要四万万人都来推动机器，才可创造成功！这非用手不可。

脑与手没有力量，因血脉不相联通。我下了两帖药，叫它们的血脉联通起来。第一帖药名叫“脑化手”，使人人都有脑筋变化过的手。还有一帖要给无产阶级的农人和工人吃的，药的名字叫“手化脑”，就是一面用手，一面要有思想。倘若就把用脑不用手的人的呆头呆脑拿来装过去却是不配的。几百年来，瞎子教育的成绩证明我们一双手可以变化我们的脑筋。手做了工，脑筋就变化了。一经变化之后，手与脑筋互相长进。怎样变化的法子，我可举一个例子来说明。我在上海办过一个小小的试验。就大场地方租了一间房子，里面的凳子都是从乡下人那边借来用一下。我们要自己学来做，请了一个木匠师傅来。不当他小工，当他一位太上先生，由我这大书呆子带了一班小书呆子跟他学。我对他说："我们工钱不少你的，工钱照你的工作分配，所有四十只凳子一齐由你做好，我们一钱不给你。你能教会了一个书呆子做凳子，就有一个凳子的工钱。你教会了两个书呆子做凳子，就有两个凳子的工钱。"现在凳子都已做起来了，这样各人的手一用过后，自己买了一样科学仪器，自己就能仿造了。对这件事我已写了一首小诗：

"他是木匠，我是先生。先生学木匠，木匠学先生。学学学，我变了木匠，他变了木匠先生。"

脑筋与手联合起来，才可产生力量，把"弱"与"愚"都可去掉。手与脑联起来，即有力量了，力量要在哪一方面表现出来？我以为力量要从两方面表现出来：

（一）要叫力量武装起来。全国的国民，武装了才有力量。这种力量才能扩大。不说别的，就拿广西来说罢。据广西的民政厅长雷殷与新近从广西考察还沪的杜重远先生等讲，都很清楚，他们广西那边只有八个字："寓兵于团，寓将于学。"过去的一年，已经练成三十六万民团。预计五年可练二百万民团。不是个人来当民团，是个个人背了枪来干。各地的县长就是武装的团长。全省正式军队只有两师（即五万人）。他们把省下来的钱培养人民武力。老实说，日本人未来上海之前，他们早已在训练民团，整个的省份武装起来了。现在已经有成效。民众团体化、纪律化、武装起来，才能做中华民国的主人翁，才能消灭内战，才能打破外来的帝国主义侵略。几时日本兵要到北平？我们不知道。不过谁敢说日本兵不来？所以我们应该有这种准备！

（二）力量不只在武力上表现，还要在生产上表现。要有计划地组织生产。一般年纪大的人，再要学起来很难，可是我们不要忘记我们的小孩子。有几个小孩子的，总得让他们多受一些科学的训练与生产的训练，从小的时候教起来。我们自己做一些粗工，不要老妈子和佣人去做，小孩子见了，也会跟着大人做了。我有几首儿童歌，是包含使儿童有创造的意思，现在背出来：

我是小盘古，我不怕吃苦；我要开辟新天地，看我手中双斧！（《小盘古》）

我是小牛顿，让人说我笨；我要用我的脑筋，向大自然追问。（《小牛顿》）

我是小孙文，我有革命精神；我要打倒帝国主义，像个球儿打滚。（《小孙文》）

我是小工人，我的双手万能；我要造富的社会，不是造富的个人。（《小工人》）

今天所讲的可归纳为三点：（一）脑与手联合起来才能产生力量；（二）力量要在自卫政策上表现出来；（三）科学生产上头才把这力量表现出来。西洋人的耳朵只听得进的一个字，就是“力”字。你有力，他们听你；你没有力，他们不听你。

现在，我还有四句话要说，就是：

“不愿做工的，不配吃饭；不愿抵抗的，不算好汉。”

评述：在《手脑相长》一文中，陶行知指出中国人当时有两种病：一种是“软手软脚病”，一种是“笨头笨脑病”。新中国成立后，随着义务教育普及和教育改革的深入，如今，这两种“病症”大有缓解，但我国教育距离真正的“手脑相长”，完全将“脑筋与手联合起来”，还有很长的一段路要走。

（本文包括《手脑相长》节选部分和本文作者的评述，全文转引自《教学管理与教育研究》2019 年第 6 期。陶行知先生《手脑相长》原文载于 1933 年 1 月 16 日《新社会》第 4 卷第 2 号；《陶行知全集》第 2 卷，湖南教育出版社 1984 年 1 月第 1 版）

三、劳动教育的教学要求

历史已经证明，劳动教育不仅能为个体社会化提供学习与进步的平台，更是国家富强、民族兴旺的重要推动力。《指导纲要》指出，要将劳动教育纳入人才培养全过程，丰富、拓展劳动教育实施途径。要在大中小学设立劳动教育必修课程。普通高等学校可将劳动教育纳入专业人才培养方案，明确主要依托的课程，可在已有课程中专设劳动教育模块，也可专门开设劳动专题教育必修课，本科阶段不少于32学时；课程内容应加强马克思主义劳动观教育，普及与学生职业发展密切相关的通用劳动科学知识，并经历必要的实践体验。

（一）劳动教育的教学方式

1. 在学科专业中有机渗透劳动教育。

普通高等学校可将劳动教育有机纳入专业教育、创新创业教育，不断深化产教融合，强化劳动锻炼要求，加强高等学校与行业骨干企业、高新企业、中小微企业紧密协同，推动人才培养模式改革。专业类课程主要与服务学习、实习实训、科学实验、社会实践、毕业设计等相结合，开展各类劳动实践，注重分析相关劳动形态发展趋势，强化劳动品质培养。在公共必修课中，要进一步强化马克思主义劳动观教育、与劳动相关的法律法规及政策教育。

2. 在课外校外活动中安排劳动实践。

可将劳动教育与学生的个人生活、校园生活和社会生活有机结合起来，丰富学生的劳动体验，提高学生的劳动能力，深化学生对劳动价值的理解。普通高等学校要明确生活中的劳动事项和劳动时间，并将其纳入学生日常管理工作。大中小学可每学年设立劳动周，开展专题讲座、主题演讲、劳动技能竞赛、劳动成果展示、劳动项目实践等形式的活动。高等学校也可安排劳动月，集中落实各学年劳动周要求。

3. 在校园文化建设中强化劳动文化。

学校要将劳动习惯、劳动品质的养成教育融入校园文化建设之中。可通过制定劳动公约、每日劳动常规、学期劳动任务单，组建与劳动教育有关的兴趣小组、社团等组织，结合植树节、学雷锋纪念日、五一劳动节、农民丰收节、志愿者日等主题，开展丰富的劳动教育活动，营造劳动光荣、创造伟大的校园文化。

可举办“劳模大讲堂”、“大国工匠进校园”、优秀毕业生报告会等劳动榜样人物进校园活动，组织劳动技能和劳动成果展示，综合运用讲座、宣传栏、新媒体等媒介，广泛宣传劳动榜样人物事迹，特别是身边劳动榜样人物的事迹，让师生在校园里近距离接触劳模，聆听劳模故事，观摩劳模精湛技艺，感受并领悟勤勉敬业的劳动精神，争做新时代的奋斗者。

（二）劳动教育需要处理好的关系

劳动教育具有综合育人的功能。普通高等学校加强新时代劳动教育，应着重处理和把握好以下几对关系：

1. 理论学习与实践锻炼的关系。

理论学习和实践锻炼都是劳动教育的必要内容。理论学习重在让学生理解和掌握“劳动创造了人本身”“劳动创造世界”等历史唯物主义基本原理以及与劳动相关的法律、法规、政策，并其作为自己的行动指南。实践锻炼重在让学生将所学知识转化为真正有用的本领，形成良好的劳动习惯，弘扬优秀的劳动精神。规划劳动教育时，要两者兼顾，坚持以实践锻炼为主，切实保证每一个学生都有必要的劳动实践经历，不能只是口头上喊劳动、课堂上讲劳动。要通过学生实践前的计划构想、实践中的观察思考和实践后的反思交流，加深他们对有关思想理论、法规政策的理解，实现理论学习和实践锻炼的统一。

2. 劳动教育与德育、智育、体育、美育的关系。

从教育形式来看，劳动教育是德、智、体、美教育的重要载体和有力支撑，具有综合育人的功能。教育与生产劳动相结合，可以帮助学生树立正确的劳动观点和劳动态度，学习基本的生产知识和劳动技能，练就强健的体魄和顽强的毅力，感受劳动过程与价值创造，从而达到树德、增智、强体、育美的多重目的。从教育内容来看，劳动教育具有德育、智育、体育、美育不可替代的功能与价值。劳动教育侧重于通过系统的理论与实践教学活动全面提升学生的劳动素养，包括树立正确的劳动价值观、培育积极的劳动精神、掌握必要的劳动技能、养成良好的劳动习惯等，是完成立德树人根本任务的重要环节。从教育目的来看，劳动教育具有鲜明的实践导向和社会特征。加强劳动教育有利于促进高校人才培养供给侧与经济社会发展需求侧全方位融合，实现教育服务社会的功能。

3. 传统劳动与现代劳动的关系。

随着科技进步，基于新技术的新型劳动工具、劳动手段、劳动方式不断涌现，现代劳动在逐步替代传统劳动的同时，带来了新的工作、生活方式，催生出新的职业形态。在产业结构不断转型的时代背景下，教育者需要有前瞻性的眼光，让学生了解、体验、适应新型劳动，着眼于培养知识型、技能型、创新型高素质劳动者大军。但传统劳动、传统工艺项目中依然蕴含着丰富的育人价值，如种植、养殖等活动，不仅可以令学生亲近自然，而且有利于引导他们体会劳动人民的艰辛和智慧，有利于他们传承中华优秀传统文化。因此，在课程设置和实践安排上，可以通过拓宽劳动内容、创新劳动方式，鼓励学生使用新工具，运用新技术、新方法，创造性地解决传统劳动中面临的问题，实现传统劳动与现代劳动有机结合。

除此之外，在课程实践中，还应注意处理好个体劳动与集体劳动之间的关系以及学校教育与家庭教育、社会教育之间的关系。

（三）劳动教育的评价机制

要将劳动素养纳入学生综合素质评价体系。可以劳动教育、教育目标、内容要求为依据，将过程性评价和结果性评价结合起来，建立和完善学生劳动素养评价标准、程序和方法，鼓励、支持各地利用大数据、云平台、物联网等现代信息技术手段，开展劳动教育过程监测与及时评价，发挥评价的育人导向和反馈改进功能。

1. 平时表现评价。

要在平时劳动教育实践活动中及时进行评价，以评价促进学生发展。评价范围要覆盖各类型劳动教育活动，明确学年劳动实践类型、次数、时间等考核要求。具体评价时，要关注学生在劳动教育活动中的实际表现，注重从行为表现中分析把握其劳动观念的形成情况。评价方式以学生自我评价为主，辅以教师、同伴、家长、服务对象、用人单位等的他评，以指导学生进行反思改进。要指导学生如实记录劳动教育活动情况，收集整理相关制品、作品等，并选择代表性的写实记录纳入综合素质档案，作为学生学年评优评先的重要参考。

2. 学段综合评价。

学段结束时，要依据学段目标和内容，结合综合素质档案分析，兼顾必修课学习和课外劳动实践，对学生的劳动观念、劳动能力、劳动精神、劳动习惯和品质等劳动素养发展状况进行综合评定。要建立诚信机制，实行写实记录抽查制度，对弄虚作假者在评优评先时实行一票否决，性质严重的应依法依规严肃处理。还可以依据综合评价结果，在大学开展志愿者星级认证。高等学校可将学段综合评价结果作为毕业依据之一，或将其作为学生升学、就业的重要参考。

3. 学生劳动素养监测。

可将学生劳动素养监测纳入普通高等学校教学质量评估。可委托有关专业机构定期组织开展关于学生劳动素养状况的调查，注重对学生劳动观念、劳动能力、劳动精神、劳动习惯和品质等的监测，充分发挥监测结果的示范引导、反馈改进等功能。

本章小结

绪论部分从“是什么”“为什么”以及“如何做”三个层面对劳动教育进行了剖析和论述，目的是让学生在了解、认知劳动教育基本知识的基础上，深刻领会开展劳动教育的意义。劳动教育是国民教育体系的重要内容，具有树德、增智、强体、育美的综合育人价值，接受劳动教育是学生成长的必要途径。新时代开展劳动教育，在理论层面上是对马克思主义劳动教育观的有力继承，在实践层面上也有利于个体形成正确的劳动价值观并具备一定的劳动素养，最终汇聚起“劳动托起中国梦”的强大力量。劳动教育的开展要创新完善科学的教学方式，在实践中处理好理论学习与实践锻炼、劳动教育与其他教育、传统劳动与现代劳动之间的关系，并构建科学合理的评价机制。

主要术语

劳动教育　日常生活劳动教育　生产劳动教育　服务性劳动教育

复习思考题

1. 简述劳动教育的概念及内涵。

2. 简述劳动教育的基本特征。

3. 简述劳动教育的基本理念。

4. 简述劳动教育的主要内容。

5. 论述新时代开展劳动教育的意义与价值。

6. 请结合自身的学习、生活体会，为劳动教育课程的开展提出一些具有创新性和建设性的建议。

推荐阅读

1. 陶行知：《陶行知文集》，江苏教育出版社 2008 年版。

2. 〔苏〕B. A. 苏霍姆林斯基：《苏霍姆林斯基论劳动教育》，萧勇、杜殿坤译，教育科学出版社 2019 年版。

第一章

劳动概述

学习目标

1. 了解中西方传统劳动思想的内容。
2. 掌握劳动的内涵与分类。
3. 掌握劳动过程的三要素。
4. 理解劳动的个人价值与社会价值。

导 读

中华民族是勤于劳动、善于创造的民族。正是因为劳动创造，我们拥有了历史的辉煌；也正是因为劳动创造，我们拥有了今天的成就。

——2015 年 4 月 28 日，习近平在庆祝“五一”国际劳动节暨表彰全国劳动模范和先进工作者大会上的讲话

劳动是人类社会最基本、最普遍的实践活动。劳动在人类文明进步和社会发展中起着不可替代的重要作用，通过劳动，人类创造了各种物质财富和精神财富，从而创造了丰富多彩的世界。人类文明史就是一部劳动发展史，“整个

所谓世界历史不外是人通过人的劳动而诞生的过程”①。

第一节　中国与西方劳动思想溯源

不管是中国还是西方，在历史的长河中，在长期的劳动实践中，人们对劳动的认识都经历了一个漫长曲折的过程，产生了丰富的劳动思想。

一、中国传统的劳动思想

在古汉语中，劳动常常作为两个相互独立的字使用。劳为会意字，其小篆字形上面是“炏”，表灯火通明之意；中间是“冖”，表示房屋；下面是“力”，表示用力。② 本义为努力劳动，使受辛苦。动为“動”，会意兼形声字，《说文解字》译为：“動，作也”③，意思是起身做事。“劳动”作为一个词语，最早记载于《庄子·让王》中“春耕种，形足以劳动”，意为操作或者活动。

中国传统文化向来重视对劳动的赞美、对劳动者的歌颂，勤俭节约、热爱劳动这些优秀品质是中华民族宝贵的精神财富。对人类社会劳动的认知和热爱，在中国古代经典著作中多有论及，它们是中国传统劳动思想的理论源泉。在中国传统的儒、释、道、墨、法等多家思想中，佛、道两家对于劳动和农业持消极态度；法、儒两家主张繁衍人口，认为劳动力是发展生产的根本保证，孟子曾提出“民为贵，社稷次之，君为轻”的重民思想。经过长期的文化大融合，这些思想互相渗透、互相影响，“勤于劳动”被看作“修齐治平”的根本性道德品质，深深滋养着一代代中华儿女的精神心田。在众多的传统思想流派中，儒家和墨家的劳动思想因其对后世的影响力和对劳动问题的深刻思考，成为中国传统劳动思想的典型代表。

---

① 〔德〕马克思：《1844 年经济学哲学手稿》，人民出版社 2000 年版，第 92 页。

② 谷衍奎：《汉字源流字典》，语文出版社 2008 年版，第 384 页。

③ 许慎：《说文解字》，上海古籍出版社 2004 年版，第 9 页。

| 专栏1-1　拓展阅读 |

在中国古典文学宝库中，留有大量以劳动、劳动者为主题的优秀诗歌和文章，《悯农二首》《观刈麦》等就是其中的典型代表。它们形象地记录了中国古代劳动者的勤劳、智慧以及辛苦劳作的场景。这些诗歌和文章有的描述了劳动者的勤苦；有的讴歌劳动创造的美好生活，赞美劳动者的生活因勤劳而精彩；有的告诫人们，所有的富贵荣华无不是从艰苦的劳动中创造出来的。我们从中选取了几首代表作品，希望同学们能从诗词的千年古韵里，感悟到中国古代劳动人民对劳动的热爱和对美好明天的向往。

悯农二首·其二

〔唐〕李绅

锄禾日当午，汗滴禾下土。
谁知盘中餐，粒粒皆辛苦。

鉴赏：全诗生动刻画了在烈日当空的正午，农民依然在田里劳作，那一滴滴汗珠滴在灼热土地上的情景，写出了劳动者的真实状态。最后诗人以语近意深的格言，表达了对农民真挚的同情之心。

秋浦歌十七首·其十四

〔唐〕李白

炉火照天地，红星乱紫烟。
赧郎明月夜，歌曲动寒川。

鉴赏：这是一首正面描写和歌颂冶炼工人的诗歌，在我国浩如烟海的古典诗歌中较为罕见，因而极为可贵。透过短短20字，我们不难感受到冶炼工人的辛苦，以及作者在字里行间流露出的对他们的赞美之情。

四时田园杂兴·其三十一

〔宋〕范成大

昼出耘田夜绩麻，村庄儿女各当家。

童孙未解供耕织，也傍桑阴学种瓜。

鉴赏：这首诗以朴实的语言、细致的描绘，热情地赞颂了农民紧张繁忙的劳动生活。把那种男耘田、女织麻、孩童也学种瓜的饶有意趣的农家生产小景描绘得惟妙惟肖、淋漓尽致。全诗语言通俗浅显，文笔清新轻巧、流畅自然，犹如一幅生动的农村风俗长卷，洋溢着江南农村浓郁的乡土气息。

（一）儒家的劳动思想

商周时期，人们就开始用诗歌的形式对劳动展开赞美。《诗经》中的《魏风·十亩之间》《小雅·无羊》《周南·芣苢》等诗篇都表达了对劳动的赞美之情。先秦儒家思想出现以后，作为农耕劳动主体的“民”被纳入德治的框架之下，劳动者在生产活动中的主导性日益凸显。不过，先秦儒家关注的是一种“礼制”，而不是使用价值层面的劳动致富，也不是精神价值层面的劳动快乐，是一种自然分工的“伦理化”，为中国古人构建了一种脱离田间生产的劳动价值理论；后世儒家分离了“劳”和“思”两个概念。[①] 正如孟子所言：“劳心者治人，劳力者治于人。”而荀子在《天论》中所说的“强本而节用，则天不能贫”，则表达了对勤劳耕作和勤俭节约的认同。总体来看，儒家的劳动思想主要体现在以下两个方面。

1. 劳动是人道德性的体现。

儒家从道德角度审视劳动主体，并将劳动贴上了道德的标签，由此开启了劳动道德化的进程。孔子对待劳动的态度曾因“樊迟请学稼”（《论语·子路篇》）的典故而饱受争议。在此典故中，孔子将请学农事的樊迟贬斥为“小人”，不少学者据此而评斥孔子蔑视底层劳动，不尊重体力劳动者。细想，孔

① 夏明月:《弘扬中华传统勤劳美德》,《光明日报》2019年6月3日第15版。

子的此态度于当时不难理解。孔子身处“礼崩乐坏”之时，其时最大的问题是如何促进社会国家的有序发展。而在社会治理方面，孔子继承西周以来的德治思想，强调君子、贤人等“在上”者阶层的关键作用，而非“小人”阶层所专之“稼圃”事务。正如钱穆先生所言：“孔子非不重民食，然学稼学圃，终是小人在下者之事，君子在上临民，于此有所不暇。”① 故孔子极力主张“为政以德”，认为只有以“君子之德”引导民众行为，加之“齐之以刑”，然后民众才能做到“有耻且格”，社会国家才能井井有条、有序发展。换至劳动思想角度思考，由此可见，自孔子始，劳动因劳动主体而被赋予了道德意义。

2. 劳动主体是“民”的首要规定性。

劳动的行为主体即劳动者或劳动人民。在孟子的思想中，“民”由被管理者提升为社会和谐稳定的决定性因素，在淡化被管理性的同时，其劳动主体性得以凸显。“民为贵，社稷次之，君为轻，是故得乎丘民而为天子……”（《孟子·尽心下》）孟子“制民之产”“薄其税敛”“取于民有制”“不违农时”等论述的主要目的就是保证劳动主体有充足的时间与精力进行物质生产，强化劳动行为与产出的因果关系并依此维护劳动主体的生产积极性。至此，劳动又伴随其行为主体地位的提升而得到普遍的重视与尊重。

总之，孔子对劳动主体的道德化审视，一方面使得劳动因其行为主体地位的提升而被提升；另一方面也使儒学思想充满了对劳动行为主体的深切同情和关切。但此时儒学思想中的劳动主体仍然被看作被统治与管理的自然劳力，即使被称为“民”，也首先被作为管理的对象，其次才被作为劳动的主体。直至墨子思想的出现，劳动的主体性才被完整地、自觉地揭示出来，劳动主体逐渐成为“民”的首要规定性。

（二）墨家的劳动思想

与儒家不同，墨家代表着“农与工肆之人”即小生产劳动者的利益，它是劳动者的学派，主张“兼爱、非攻、尚贤”，其许多主张是以劳动为本位的

① 钱穆:《论语新解》,生活·读书·新知三联书店 2002 年版,第 236 页。

积极性劳动伦理的范式，是劳动和知识的有机结合。墨子及其后学主张“兴利除害”，将自然科学、生产技术等作为教育主要内容，虽同样强调德行和思辨，但其持有的重视经验和劳动的“朴素唯物主义认识论”却显示出其与儒家的根本差异。墨家起源于城市工商业的发展，坚韧不拔、苦行役身等劳动精神是墨者身上的“标签”，“赖其力者生，不赖其力者不生”等思想也表达了对劳动的尊重和对人民群众通过劳动创造财富的热切期盼。

1. 劳动是人的本质。

作为墨家学派的创始人，墨子提出人的本质在于劳动，劳动是人类存在和发展的基础。他从人和动物的比较中来说明劳动之于人的价值，认为劳动是人特有的生存方式，亦是人生存之本。“今之禽兽麋鹿、蜚鸟、贞虫，因其羽毛以为衣裘，因其蹄蚤以为绔屦，因其水草以为饮食。故唯使雄不耕稼树艺，雌亦不纺绩织纴，衣食之财固已具矣。今人与此异者也：赖其力者生，不赖其力者不生。”[①]（《墨子·非乐上》）动物可以依靠自然界的现成条件和身体的本然器官来维持生存，人则必须依靠自己的劳动能力，才能创造出生存所需的物质资料。故墨子教育弟子：男“耕稼树艺”，女“纺绩织纴”；人是劳动者，人只有依靠劳动才能生存。

2. 劳动是解决民生问题的根本途径。

墨子把劳动视为解决民生问题的根本途径。他曾经指出：“民有三患，饥者不得食，寒者不得衣，劳者不得息。三者，民之巨患也。”（《墨子·非乐上》）造成这种情况的根本原因是从事生产劳动的人数过少，无法生产出足够的食物和衣服来满足社会日益增长的物质需求。从生命权和生存权来看，墨子主张“非攻”，因为战争对于人民群众来说是“天下之害也”（《墨子·兼爱中》），必将导致“农夫不得耕，妇人不得织，以守为事”（《墨子·耕柱》）。因此，统治阶级就必须做到“万民饥即食之，寒即衣之，疾病侍养之，死丧埋葬之，老而无妻子者，有所侍养以终其寿。幼弱孤童之无父母者，有所放依以长其身”（《墨子·兼爱下》）。由此不难看出，墨子的思想中已经蕴含了尊

① 张永祥、肖霞译注：《墨子译注》，上海古籍出版社 2015 年版，第 243 页。

重和保护劳动者生命权和生存权的价值诉求。

3. 尊重劳动，珍惜劳动成果。

墨子推崇劳动，并要求保护劳动者的劳动成果。墨子从劳动是人的本质这一高度出发，强调“赖其力者生”，目的是调动人民群众参与劳动的积极性，发展经济，改善民生。同时，墨子强烈反对不劳而获的异化现象，主张“不赖其力者不生”。在他看来，一个人如果没有劳动却占有别人的劳动成果实为不道德之举，“入人之场园，取人之桃李瓜姜者”的实质是“不与其劳，获其实”“非其有所取”（《墨子·天志下》）的窃取行为，必然为世人所不齿。由此可见，墨子的劳动思想中已经蕴含着尊重劳动、珍惜劳动成果的理念。

总之，墨家的“赖力者生”命题不但对个人生存有价值，而且对国家的生存和社会的发展同样具有价值。劳动既包括体力劳动，又包括脑力劳动，它是生存之本，无论个人、社会还是国家，都必须依靠劳动才能发展。“赖力者生”，是中华民族几千年来的生活与教育哲理。

| 专栏1-2　拓展阅读 |

“天道酬勤”思想

“天道酬勤”是中国传统的伦理思想之一。它出自《周易》中的卦辞：“天行健，君子以自强不息；地势坤，君子以厚德载物。”“天道酬勤”意即“天意厚报那些勤奋的人”，这是中国古代“劳动光荣”理念的集中体现。

1.“天道酬勤”思想的由来。

“天道酬勤”思想起源于周代。周初统治者在总结殷商灭亡的经验教训时，认为不了解劳动者艰辛、耻于劳动、耽于逸乐是商朝灭亡的重要原因，周公便认为：“先知稼穑之艰难，乃逸，则知小人之依。”（《尚书·无逸》）周代思想家特别强调劳动致富光荣的意义，提出“慎之劳，劳则富”（《礼记·大戴礼》）；同时，他们还赋予生产劳动更高的宗教意义，提出“敬德配天”命题，而“天亦惟用勤毖我民”（《尚书·大诰》）则成为后世“天道酬勤”思想的雏形。在周公的带领下，周成王经常亲自耕作，与百姓一起参加劳动生产，亲耕作风的劳动伦理对中国传统政治伦理产生了深远影响。

2. 有关“天道酬勤”思想的醒世格言。

(1)“克勤于邦，克俭于家”。出自《尚书·大禹谟》，成语“克勤克俭”即源于此。“帝曰：‘禹！洚水儆予，成允成功，惟汝贤。克勤于邦，克俭于家，不自满假，惟汝贤。汝惟不矜，天下莫与汝争能。汝惟不伐，天下莫与汝争功。’”

译文：帝舜说：“禹！洪水告诫了我们。实现自己的承诺，完成治水的重任，只有你贤能；能勤劳于国，能节俭于家，不自满自大，只有你贤能。你不自以为贤能，但是天下没有人能比你贤能；你不居功自骄傲，但是天下没有人能与你争功。”

(2)“民生在勤，勤则不匮”。出自《左传·宣公十二年》。“栾武子曰：‘楚自克庸以来，其君无日不讨国人而训之于民生之不易、祸至之无日、戒惧之不可以怠。……箴之曰：‘民生在勤，勤则不匮。’不可谓骄。……’”

译文：“民生在勤，勤则不匮”是楚国国君对本国臣民的规诫，后被晋国卿大夫栾武子在分析楚军形势时引用。意思是：百姓生活的根基在于辛勤劳动，只要辛勤劳动就不会缺衣少食。

“民生在勤，勤则不匮”还被东晋陶渊明的《劝农·其五》一诗引用。东汉张衡《应间》一文也表达了类似观点：“人生在勤，不索何获？”

二、西方社会的劳动思想

古代和近代西方社会的劳动思想呈现出明显的区别。古代西方社会将劳动视为卑贱的活动，劳动者的社会地位极其低下；宗教改革运动使劳动的地位发生了改变，劳动成为崇高的、神性的活动。资本主义的产生和发展，使人们意识到劳动在创造社会财富中所发挥的重要作用。马克思站在劳动人民的立场上，将劳动提升到最基本、最崇高的位置上。

（一）劳动是卑贱的、奴性的活动

在西方，劳动的最初含义是辛劳和痛苦。希腊语 Ponos（劳动）一词意味着费力、不愉快，与贫穷（penia）有着相似的词根。[①] 英国学者雷蒙·威廉斯在《关键词：文化与社会的词汇》一书中指出，英文 labour 来自古法语的 labor 和拉丁语 laborem，都有工作、辛苦、痛苦等类似的含义。在古希腊人看来，劳动是人类为了满足生命过程的需要不得不从事的活动，因而是一种严重束缚人的自由的最低贱的活动。莫斯认为，对古希腊人而言，“劳作无非是一种诅咒”[②]；克劳斯认为，“对雅典人来说，劳作是卑贱的”[③]；于尔根·科卡在《欧洲历史中劳动问题的研究》一文中指出：“伯里克利时期（pericles）的希腊人认为，把从事体力劳动的奴隶和从事脑力劳动的作家归为一类是不可思议的。……最初，人们视劳动为苦力和负担，且束缚于室内，由奴隶、女人及地位低下的劳力所承担。”[④]

亚里士多德在《尼各马可伦理学》中将人们所过的生活区分为三种：“享乐的生活”“公民大会的或政治的生活”和“沉思的生活”。在这里，劳动的生活被排除在享乐的生活、政治的生活和沉思的生活之外，属于奴性生活，是一种动物式的生活。“一般人显然是奴性的，他们宁愿过动物式的生活。”[⑤] 雅典公民只从事自由的活动，劳动只能由不配具有人的称谓的奴隶来承担。“凡是最少有机遇的职业就最需要真正的技术，凡是对身体伤害最大的职业就是最下贱的，最需要体力的职业是最卑微的，最不需要德性的职业是最无耻的。”[⑥] 由此，亚里士多德将劳动与闲暇对立起来。“人的本性谋求的不仅是能够胜任劳作，而且是能够安然享有闲暇。这里我们需要再次强调，闲暇是全部人生的唯一本原。假如两者都是必需的，那么闲暇也比劳作更为可取，并是后者的目的，于是需要思考，闲暇时人们应该做些什么。……然而闲暇自身能带来享受、幸福和极度的快活。”[⑦]

---

① Standing G. Global Labour Flexibility：Seeking Distributive Justice. New York：St. Martin's Press，Inc，1999：4.

② Mosse C. The Ancient World at Work. New York：W. W. Norton. Co，1969：113.

③ Kraus R. Recreation and Leisure in Modern Society. New York：Harper Collins，1990：49.

④ 〔德〕于尔根·科卡：《欧洲历史中劳动问题的研究》，《山东社会科学》2006 年第 9 期。

⑤ 〔古希腊〕亚里士多德：《尼各马可伦理学》，廖申白译注，商务印书馆 2003 年版，第 11 页。

⑥ 〔古希腊〕亚里士多德：《政治学》，颜一、秦典华译，中国人民大学出版社 2003 年版，第 22 页。

⑦ 苗力田主编：《亚里士多德全集》第 9 卷，中国人民大学出版社 1994 年版，第 273 页。

（二）劳动是崇高的、神性的活动

在漫长的中世纪基督教文化中，劳动仍是被人瞧不起的一种活动，人们认为“你必须汗流浃背地劳动”是一种惩罚，是上帝在亚当、夏娃偷吃禁果犯罪后对其施加的惩罚。

到了近代，经过马丁·路德和加尔文的宗教改革运动，劳动才逐渐改变了自己的地位。当时，人们普遍信仰宗教，渴望成为上帝的选民，进入彼岸世界。“清教徒们认为，只有到达彼岸的世界，自己才能得到永恒的安息；在现世生活中，为了确保自己能够获得神的垂青，必须‘将主所赐予的工作圆满完成，直至白昼隐退’。完全依照主的意旨生活，唯有辛勤劳作而非闲适享乐才不失为一名上帝真正的信徒。”[①]“上帝本身就是通过他的选民因劳动获得的成就而赐福于他们的”[②]，“这样一来，就使那些非人格化的社会劳动也显得好像在为上帝的荣耀添砖加瓦，所以说，这种社会劳动也变成了上帝的意愿”[③]。由此看来，人类之所以劳动，不是为了生产生活必需品以满足肉体的需要，而是为了完成上帝交给人类的日常工作，是为了成为上帝的选民。劳动一旦成为增加上帝荣耀的一种手段，也就具有了道德上的正当性与合理性，再也不是卑贱的、奴性的活动，一跃而成为崇高的、神性的活动。

（三）劳动是创造财富的、体现人的本质的活动

以经济活动为基础的资本主义的产生与发展，使劳动的神性色彩逐渐消退，劳动成为人们创造财富和追逐利润的手段，也就获得了越来越多的重视。

以弗·魁奈为代表的重农学派认为，农业劳动是创造社会财富的源泉。尽管他们所讲的劳动还不具有普遍性，但相对于之前的重商主义来说，已经是很大的历史进步了。到了“现代经济学之父”亚当·斯密那里，便抛开了劳动的特殊规定性，认为是“劳动一般”创造了财富，抽象出来的劳动是“衡量

① 〔德〕马克斯·韦伯：《新教伦理与资本主义精神》，龙婧译，群言出版社2007年版，第145页。
② 〔德〕马克斯·韦伯：《新教伦理与资本主义精神》，龙婧译，群言出版社2007年版，第120页。
③ 〔德〕马克斯·韦伯：《新教伦理与资本主义精神》，龙婧译，群言出版社2007年版，第92页。

一切商品交换价值的真实尺度”①。可见，近代西方社会对劳动有了一个与之前不同的判断，特别是劳动创造财富的价值观的出现，使劳动本身并不全然被视为受蔑视的活动。然而，对于亚当·斯密来说，“在通常正常的健康、体力和精神状态下，在工人能够掌握通常的技能和技巧的条件下，他总要牺牲同样多的安逸、自由和幸福”。这意味着，尽管劳动的价值已经开始得到承认，但劳动自身的辛劳以及由此而带来的其他方面的损失，使其价值大打折扣。这种观念只认为劳动意味着牺牲和付出，它没有看到劳动其实也是一种获得。劳动与安逸的对立，使得劳动仍然是被轻视的对象。

在哲学史上，黑格尔第一次把生产劳动与人的本质联系起来，确认人的本质规定性是通过劳动不断生成的，人的本质就是扬弃给定性而显现自由的劳动。从根本上来说，黑格尔把劳动视为人的自我否定的行动，也是人使得自由意志真正能够“显现”出来的重要中介。人能够在劳动中并且通过劳动去否定那个作为外物的自己，使得人的劳动升华为人之为人的一种辩证的存在；劳动本身是一种人能够自我创造的行为，可以帮助人实现和表征自由。由此，我们才说，劳动是真正的创造和表征人的本质的活动。马克思高度评价了黑格尔对劳动的这一理解，认为他把人“理解为他自己劳动的结果”，把劳动“看作人的本质，看作人的自我确证的本质”，从而真正地“抓住了劳动的本质”。由此看来，黑格尔超越了国民经济学家的单纯经济学视野，他看到了劳动同人的自我生成、自我确证的内在关系，发现了劳动所内蕴的自由维度。但必须同时指出的是，“人的本质，人，在黑格尔看来 = 自我意识”，即在黑格尔那里，作为劳动主体的人并不是现实的、感性的人，而是自我意识、绝对精神。他的劳动观就是通过对“自我意识”的阐明而思辨地表达的，他把劳动理解为意识的自我设定和意识对自己对象的克服，即意识或精神的自我展开。这样，“人的本质的全部异化不过是自我意识的异化”，人不过是自我意识运动中的工具。黑格尔通过劳动辩证法确定的只是绝对精神、自我意识的统治，是逻辑

---

① 〔英〕亚当·斯密：《国民财富的性质和原因的研究》，郭大力、王亚南译，商务印书馆1972年版，第26页。

对于历史的绝对宰制性权力，在这种统治和权力下，人被抽象化了。

马克思正是在批判地继承古典政治经济学的劳动价值论思想和黑格尔哲学对劳动的理解的基础上，创立了自己的劳动学说，由此，劳动的价值才得到真正的认识和准确的定位。正如汉娜·阿伦特所说，马克思挑战了神明，挑战了传统的对劳动的评价，使劳动达到至高无上的地位，从社会中最低下、最为人看不起的位置一下子上升为一种人类最值得尊敬的活动。

| 专栏1-3　拓展阅读 |

希腊神话中的劳动思想

每一个民族的神话既是该民族文化发展的历史源头，也是孕育该民族一以贯之的文化基本精神的观念母体。

中国古代神话具有浓厚的历史化色彩和现实教化功能，远古神明被赋予了无比崇高的德性和劳动模范的底色。伏羲最初做结绳而为网罟，以佃以渔，在儒家经典中被授予始作八卦、通德神明的殊荣。“神农氏作，斫木为耜，揉木为耒，耒耨之利，以教天下。”（《周易·系辞》）黄帝“修德振兵”，“时播百谷草木，淳化鸟兽虫蛾，旁罗日月星辰水波土石金玉，劳勤心力耳目，节用水火材物”（《史记·五帝本纪》）。颛顼“隔地天通”，兴礼法，首开男女尊卑之序。尧始创“修齐治平”的德治规范。禹为治水，“劳身焦思，居外十三年，过家门不敢入。薄衣食，致孝于鬼神。卑宫室，致费于沟淢”（《史记·夏本纪》）。凡此种种，皆体现了神明的道德本性与劳动精神。

与此形成鲜明对比的是，希腊神明不但在德行方面黯然失色，而且都是些终日宴饮娱乐的游手好闲之辈。其神话的主要内容不是生产而是战争，不是劳作而是享乐。正如吉尔伯特·穆莱所说：“大多数民族的神都自命曾经创造过世界，奥林匹克的神并不自命如此。他们所做的，主要是征服世界。……他们都是些嗜好征服的首领，是些海盗之王。他们既打仗，又宴饮，又游玩，又作乐；他们开怀痛饮，并大声嘲笑那伺候着他们的瘸铁匠。”（吉尔伯特·穆莱：《希腊宗教的五个阶段》）早在古希腊时期，哲学家克塞诺芬尼在《讽刺诗》

中就曾指出："荷马和赫西阿德把人间认为无耻丑行的一切都加在神灵身上：偷盗、奸淫、尔虞我诈。"（北京大学哲学系外国哲学史教研室编译：《西方哲学原著选读》）现代西方哲学家尼采说过这样一番话："谁要是心怀另一种宗教走向奥林匹斯山，竟想在它那里寻找道德的高尚、圣洁、无肉体的空灵、悲天悯人的目光，他就必定怅然失望，立刻掉首而去。这里没有任何东西使人想起苦行、修身和义务；这里只有一种丰满的乃至凯旋的生存向我们说话，在这个生存之中，一切存在物不论善恶都被尊崇为神。"（尼采：《悲剧的诞生》）罗素也曾这样说道："在道德上，他们没有什么值得称述的，而且也很难看出他们怎么能够激起人们很多的敬畏。"（罗素：《西方哲学史》）

虽然如此，在希腊神话中还是体现了一些关于劳动的思想。比如在吉尔伯特·穆莱的上述引文中提到了"他们开怀痛饮，并大声嘲笑那伺候着他们的瘸铁匠"。这里的"瘸铁匠"即指宙斯之子——火神、工匠之神赫淮斯托斯，他虽然身体残疾，但才智卓绝、心灵手巧、吃苦耐劳，掌握了各种出神入化的锻造技艺，逐渐成长为天下第一能工巧匠。宙斯的宫殿、诸神的武器、女神的金银首饰，甚至科尔喀斯国王的庭院装饰、英雄阿喀琉斯的胫甲和盾牌也都出自他手。除此之外，普罗米修斯盗取天火送给人类，不但为人们的生活提供了更多的选择和保障，还使人的生存技能大大提高；酒神狄俄尼索斯凭借自己的聪明才智发明了种植葡萄和酿造葡萄酒的技术，并传播到世界各地。

除了神祇之外，希腊英雄的思想和行为遵循一套所谓的"英雄准则"。"在比较原始的英雄世界里，如荷马的世界，劫掠其他民族的城市和财富，获取和分配战利品是无可厚非的英雄行为，并不受道德谴责；攻陷城池，将城中男人尽皆屠戮，把妇女儿童没为奴隶，亦属无可指摘之通例。赠送礼物必图回报，释放俘虏索要赎金都是再正常不过的行为。残酷的杀戮被视为勇武的表现，狡猾欺诈被当作智能歌颂。"（王以欣：《神话与历史：古希腊英雄故事的历史和文化内涵》）在希腊神话中，英雄的使命就是炫耀武力、征战杀伐，以建立绝世功勋。但是，除了征战之外，希腊英雄也通过征服野兽与怪物的方式显示男子气概，追求至高荣誉。其中最典型的是宙斯之子、最伟大的英雄赫拉克勒斯，他完成的十二大功绩中，除了索取希波吕忒的金腰带、摘取金苹果之外，其余十项——除掉涅墨亚巨狮、斩杀九头蛇许德拉、生擒刻律涅亚山赤牝鹿、活捉厄律曼托斯山野猪、清扫奥革阿斯牛圈、驱赶斯廷法利斯湖的怪鸟、驯服克里特公牛、制服狄俄墨得斯烈马、带回革律翁牛群、征服三头狗刻耳柏洛斯——全都体现了原始初民对野生动物的驯化工作。通过这一劳作，使得人类的生活状况得到了较大改善。正如《世界神话与原始文化》一书中所说的，赫拉克勒斯"降服了各种野兽和怪物，其中直接与人类紧密相关就有牡马、公牛、恶狗、野猪、梅花鹿五种动物。马、牛、狗、猪、鹿都是后来人类的畜养对象和肉食来源。把它们列入赫拉克勒斯的12件大功，表达了先民对驯服这些野生动物的重视。"（杨丽娟：《世界神话与原始文化》）这无疑体现了古希腊神话中所蕴含的劳动思想。

[该知识链接由《神祇与英雄：趣说希腊神话》（上下卷）一书的作者侯继迎提供]

第二节　劳动的内涵、分类与过程

劳动是人类社会最普遍的活动，它广泛地存在于人们的工作生活之中，随处可见、触手可及，是每个人每一天都要进行的活动。但正如黑格尔所说，"熟知并非真知"，对于这种最熟悉的日常活动，我们却未必能够说清它的内涵、分类与过程。本节试图对这几个问题进行阐述，使大学生对劳动概念形成比较清晰的认识。

一、劳动的内涵

劳动是人类最基本的活动，是人维持自身生存和实现自我发展的唯一手段，是人类社会存在和发展的基础，但是它的内涵并不是自明的。随着社会历史的发展，劳动的目的、工具、对象、方式、手段、结果等都会不断地发生变化。不同的社会形态，对劳动的理解会有不同的内容。

（一）劳动的经济学与哲学内涵

马克思指出：“如果把生产活动的特定性质撇开，从而把劳动的有用性质撇开，劳动就只剩下一点：它是人类劳动力的耗费。尽管缝和织是不同质的生产活动，但二者都是人的脑、肌肉、神经、手等的生产耗费，从这个意义上说，二者都是人类劳动。”① 由此看来，在经济学中，“劳动力的使用就是劳动本身”②。而劳动力即指“一个人的身体即活的人体中存在的、每当他生产某种使用价值时就运用的体力和智力的总和”③。因此，劳动就是劳动力（体力和智力）的支出和使用。

从哲学的层面来看，“劳动首先是人和自然之间的过程，是人以自身的活动来中介、调整和控制人和自然之间的物质变换的过程。人自身作为一种自然力与自然物质相对立。为了在对自身生活有用的形式上占有自然物质，人就使他身上的自然力——臂和腿、头和手运动起来。当他通过这种运动作用于他身外的自然并改变自然时，也就同时改变他自身的自然。他使自身的自然中蕴藏着的潜力发挥出来，并且使这种力的活动受他自己控制”④。从马克思对劳动的这一界定中，我们可以得出如下结论：首先，劳动是人和自然之间的物质变换过程；其次，劳动是人类有目的的活动；最后，劳动具有双重塑造意义——改造劳动对象、改造人自身。

基于此，在《中国大百科全书》（哲学卷）中，劳动被定义为“人类特有的基本的社会实践活动，也是人类通过有目的的活动改造自然对象并在这一活动中改造人自身的过程。”

（二）劳动内涵的具体解释

为了更好地把握劳动的内涵，我们进一步从相互关联的三个方面作出说明：

---

① 〔德〕马克思：《资本论》第1卷，人民出版社2004年版，第57页。
② 〔德〕马克思：《资本论》第1卷，人民出版社2004年版，第207页。
③ 〔德〕马克思：《资本论》第1卷，人民出版社2004年版，第195页。
④ 《马克思恩格斯选集》第2卷，人民出版社2012年版，第169页。

第一，劳动是人类所特有的、人与自然之间的物质变换活动。除人之外的其他动物也进行活动（比如蜘蛛织网、蜜蜂建造蜂房、老鼠打洞等），但这些活动只是它们与生俱来的本能行为，不能称之为劳动。只有人类社会才存在真正意义上的劳动。正如马克思所说："可以根据意识、宗教或随便别的什么来区别人和动物。一当人开始生产自己的生活资料，即迈出由他们的肉体组织所决定的这一步的时候，人本身就开始把自己和动物区别开来。"① "动物仅仅利用外部自然界，简单地通过自身的存在在自然界中引起变化；而人则通过他所作出的改变来使自然界为自己的目的服务，来支配自然界。这便是人同其他动物的最终的本质的差别，而造成这一差别的又是劳动。"② 因此，劳动是人类所特有的活动，它与动物仅仅利用自然界的本能生命活动有着本质的区别，人要生存必须通过劳动改造自然以实现人与自然之间的物质变换。

第二，劳动是人类有目的的活动。劳动不但是人类所特有的活动，而且是人类有目的的活动。动物改造自然界的活动之所以不是"劳动"，在于其对周围环境的影响是"无意的"和"偶然的"，"动物在消灭某一地带的植物时，并不明白它们是在干什么"③，或者即使其是"有计划"地行动，也不能在地球上打下自己的意志的印记。与之相反，人的劳动则是为了实现某种目的，目的贯穿于劳动过程的始终。在劳动开始之前，人要从自己的需要出发确定行动目的、筹划未来；在劳动具体运行之中，目的则能使主客体发生相互作用，引导人的活动前进、驱动人的活动发展；在劳动结果中，主观目的转化为客观物质形态，满足人们需要、充实主体自身。这一运动是理想变为现实的活动和过程，活动结束时，活动客体摆脱了自身的自在状态，以全新的面貌呈现在主体面前，成为能满足人的需要的对象，而需要的满足即是预定目的的实现。人总是不断地超越自己、不断地向自己提出挑战，这就是人的自我生成、自我实现和自我发展的过程。这一过程正是通过人在理性的支配下所进行的有目的、有意识的创造性活动——劳动来实现的。

---

① 《马克思恩格斯选集》第1卷，人民出版社2012年版，第147页。
② 《马克思恩格斯选集》第3卷，人民出版社2012年版，第997—998页。
③ 《马克思恩格斯选集》第3卷，人民出版社2012年版，第996页。

第三，劳动具有改造自然、改造人自身的双重塑造意义。正如前面引文中所提到的，“当他通过这种运动作用于他身外的自然并改变自然时，也就同时改变他自身的自然”，这便是马克思对劳动所具有的双重塑造功能的阐明。具体说来，“臂和腿、头和手运动起来”作用于自然对象，在改变劳动对象的同时也改变着劳动者自身的“臂和腿、头和手”。由此可见，劳动不仅指向外部世界还指向主体自身，是人与自然的双向对象化活动。在这种活动中，一方面它塑造了劳动对象——自然界，即通过体力和智力的付出而介入对象物，使对象物发生改变，从而实现劳动的对象化；另一方面则重新塑造了劳动者——人自身，即“他使他自身的自然中蕴藏的潜力发挥出来”，普遍地增加和改善个体的体力和智力，从而实现个体的自我改变。通过劳动实现劳动者对自身的塑造，进而完成个体的自我实现和自我解放，这体现的正是劳动的育人价值。

二、劳动的分类

为了更全面地认识劳动、更有效地组织劳动，以充分发挥劳动的社会职能，我们需要对其作出分类。同时，由于劳动内涵的复杂性和宽泛性，我们需要按照不同的标准把劳动分为不同的类型。

（一）体力劳动和脑力劳动

根据劳动力的支出或消耗方式，劳动可以分为体力劳动和脑力劳动。体力劳动是指以使用或消耗体力为主的劳动。与之相应，脑力劳动是指以使用或消耗脑力为主的劳动。严格说来，任何劳动都是体力与脑力的共同支出与消耗，只是各自消耗程度不同而已。

体力劳动与脑力劳动的分工不是从来就有的。在生产力十分低下的原始社会，由于共同体内部不能提供剩余产品，有劳动能力的人都要参加体力劳动，因此还没有产生专门从事脑力劳动的人。后来，伴随着生产力的进一步发展，社会产生了剩余产品，才出现“从事单纯体力劳动的群众同管理劳动、经营商业和掌管国事以及后来从事艺术和科学的少数特权分子之间的大分工”①。

① 《马克思恩格斯选集》第3卷，人民出版社2012年版，第561页。

于是，长期以来，体力劳动与脑力劳动就分别由不同阶级或阶层的人来承担，这是社会不平等的重要表现，也是社会生活不和谐的重要根源。随着资本主义的发展，机器大工业把科学技术融入生产过程，导致从事科学技术研发和生产管理的人员从直接生产活动中分离出来，脑力劳动和体力劳动的对立进一步发展和尖锐化。大机器生产使大量的生产操作简单化，许多工人的劳动失去其内容，变成了单纯看管机器的活动。工人成为机器的附属物从而也就阻挠了工人智力的发展，正如马克思所说："生产过程的智力同体力劳动相分离，智力转化为资本支配劳动的权力，是在以机器为基础的大工业中完成的。"① 事情发展到极致就会走向它的反面。在代替资本主义社会的共产主义社会中，由于私有制和利益对立的消除以及旧式分工的消除和人的全面发展，体力劳动和脑力劳动的差别和对立必将归于消失。

（二）生产劳动与非生产劳动

按照劳动的自然形态，可将劳动划分为生产劳动和非生产劳动。生产劳动是指从事物质资料生产、创造物质财富的劳动，包括工业、农业、建筑业、交通运输业等生产部门中的劳动。非生产劳动则是指直接或间接进行非物质资料生产的劳动，比如基础科学研究、教育、文学艺术、医疗保健、生活服务等劳动就是非生产性的。《中共中央国务院关于全面加强新时代大中小学劳动教育的意见》中指出："实施劳动教育重点是在系统的文化知识学习之外，有目的、有计划地组织学生参加日常生活劳动、生产劳动和服务性劳动，让学生动手实践、出力流汗，接受锻炼、磨炼意志，培养学生正确劳动价值观和良好劳动品质。"② 这里的日常生活劳动和服务性劳动就属于非生产劳动的范畴。

正如体力劳动与脑力劳动的分工不是从来就有的，以非物质资料的生产为基础的非生产劳动也是生产力发展到能够提供剩余产品以后才出现的。生产劳动实现了人和自然界之间物质和能量的交换，是人类最基本的实践活动，它为

---

① 《马克思恩格斯全集》第44卷，人民出版社2001年版，第487页。

② 《中共中央国务院关于全面加强新时代大中小学劳动教育的意见》，《人民日报》2020年3月27日第1版。

非生产劳动提供了存在和发展的条件。随着物质资料生产的发展，人们对精神生活、医疗保健、娱乐旅游、生活服务等各方面的需求不断增长，非生产劳动也就逐步发展壮大起来。自从人类社会出现非生产劳动后，非生产劳动与生产劳动一样都成为社会分工体系中不可或缺的重要构成部分，发挥着为生产劳动的发展提供精神动力和智力支持的作用。如果按照产业层次来划分，在现代经济学中，生产劳动被归入第一和第二产业，即农业和制造业，而非生产劳动则被归入第三产业或服务业。随着社会经济的发展，非生产劳动在国民经济中所占比重呈现不断增长的趋势。这对于促进经济繁荣、社会进步，丰富人民生活以及促进劳动者的全面发展都发挥着相当重要的作用。

（三）简单劳动与复杂劳动

在马克思看来，商品的价值是凝结在商品中的无差别的一般人类劳动，价值量是由劳动者生产商品所耗费的劳动量决定的，而劳动量则按照劳动时间来计量。根据同等劳动时间内形成的价值量的差别，劳动可分为简单劳动和复杂劳动。简单劳动是指不需要经过专门训练和培养的一般劳动者都能从事的劳动，比如砍柴、挑水、清扫、搬运等。复杂劳动是指需要经过专门训练和培养，具有一定文化知识和技术专长的劳动者所从事的劳动，比如修理机器、教书、看病等。

在相同的劳动时间里，复杂劳动创造的价值大于简单劳动创造的价值，其原因在于复杂劳动背后有教育培训等各种付出。正因为如此，马克思认为，复杂劳动等于自乘的或多倍的简单劳动，也就是说，少量的复杂劳动等于多量的简单劳动。由于在同样的时间内，复杂劳动所形成的价值是简单劳动的若干倍，所以要求在分析不同商品的价值量时，必须把复杂劳动还原为简单劳动。在以私有制为基础的商品经济条件下，复杂劳动换算为简单劳动不是商品生产者自觉计算出来的，而是在商品交换过程中自发实现的。

还需要注意的是，简单劳动和复杂劳动的区分是相对的、动态的。不同国家、不同地区、不同生产力水平、不同历史时期都会发生相应的变化，在一定条件下的复杂劳动，在另外的条件下可能就是简单劳动。

三、劳动的过程

劳动是发生在人与自然之间的活动。其实质是通过人的有意识的、有一定目的的自身活动来调整、控制自然界，使之发生物质变换，即改变自然物的形态或性质，为人类的生产生活和自己的需要服务。劳动要顺利进行，必须具备一定的条件：劳动的主体——劳动者、劳动的客体——劳动对象、主客体之间相互作用的中介——劳动资料。因此，劳动过程也就是劳动者运用劳动资料加工改造劳动对象的过程。劳动过程必须具备三个要素：有目的的活动或劳动本身、劳动对象和劳动资料。有目的的活动或劳动本身是人的要素，劳动对象和劳动资料是物的要素，人和物的结合构成劳动过程。

（一）劳动本身

劳动本身即劳动者的劳动。劳动者是具有一定生产经验、劳动技能和知识，能够运用一定劳动资料作用于劳动对象，从事生产实践活动的人。劳动者一般包括体力劳动者和脑力劳动者。在现代生产中，脑力劳动者的质量和数量日益具有决定性的意义；在高新技术领域，脑力劳动者和体力劳动者具有直接同一的趋势。劳动者的劳动在劳动过程中起着决定性作用，它能使劳动对象按照劳动者的意志发生相应的变化，从而创造出人们生产和生活的物质资料。

（二）劳动对象

劳动对象通常是指劳动者通过自身劳动对之进行加工，制造使用价值以满足社会需要的那一部分物质资料。劳动对象分为两类：一是未经过人们的劳动活动加工的自然物，如矿藏、森林等；二是经过劳动加工的原材料，即由人们自己的劳动活动所创造的、实际上已是劳动产品的物质资料，如播种用的种子、加工服装用的布匹等。劳动对象是现实生产的必要前提，缺少了劳动对象，人类不能生产任何产品。劳动对象不同，往往会影响劳动产品的质量和数量。随着生产和科学技术的进步，劳动对象将日益扩大并越来越显示出它的重要作用。

（三）劳动资料

也称劳动手段，是指人们在劳动过程中所运用的物质资料或物质条件，是劳动者和劳动对象之间的媒介体。也就是说，劳动者直接掌握的东西不是劳动对象，而是劳动资料，劳动者依照自己的目的运用劳动资料作用于劳动对象。劳动资料是一个结构复杂、范围广泛的物质系统，它随着历史的发展而经常变化。从现代化的大生产来看，劳动资料包括：（1）直接作用于劳动对象的生产工具。马克思形象地把它比喻为生产的骨骼系统和肌肉系统。（2）劳动过程中所必需的、不属于劳动对象的物质资料和物质条件。如生产过程中的动力系统、能源系统，为产品运输、贮藏和其他目的所必需的辅助性的劳动资料。（3）自动化控制系统以及与此相连的信息传递系统等。在劳动资料系统中，最主要的是生产工具，它是人们在生产过程中用来直接加工劳动对象的物件，它直接传递人对自然界的作用。人们解决社会同自然矛盾的实际能力如何，主要取决于生产工具的质量和数量。以生产工具为主的劳动资料可以看作是劳动者驾驭自然的器官，是社会经济时代划分的重要依据。马克思指出："各种经济时代的区别，不在于生产什么，而在于怎样生产，用什么劳动资料生产。"①

劳动对象和劳动资料构成生产资料，而由于在劳动中的作用不同，劳动对象和劳动资料有时并不是完全分开的。例如，制造货车时，货车是劳动对象，而用货车运输货物时，货车是劳动资料。

| 专栏1-4　拓展阅读 |

人工智能与人类工作的未来图谱

许多经济学家、技术专家和未来学家深深地对未来感到忧虑，认为人工智能的四波浪潮席卷了全球经济，它们有潜力撬开更大的贫富差距，引起大范围的技术性失业。未来由技术导致的财富与阶层上的悬殊可能演变为更深刻的裂痕：撕裂社会结构、挑战我们的人格尊严。

① 《马克思恩格斯选集》第2卷，人民出版社2012年版，第172页。

人工智能对于商业来说是一个异常强大的工具。经济学家预测，到2030年，人工智能将为全球经济带来15.7万亿美元的财富。很多收益来自自动化取代大量人工的工作。由此引发的裁员对所有劳动者都一视同仁，给高学历白领职工和许多体力劳动者带来同样的巨大打击。当人类与运算能力超过人脑的机器竞争时，大学本科学历甚至是高度专业化的研究生学历都不再是工作的保障。

人工智能很快会成为下一个GPT（通用技术，General Purpose Technologies），刺激经济生产甚至促进社会组织变革。人工智能革命会达到工业革命的规模，甚至规模会更大，速度会更快。这些变革会比之前的经济革命更广泛。蒸汽动力从根本上改变了体力劳动的性质，ICT（信息通讯技术，Information and Communication Technology）从根本上改变了某些类型的认知劳动，人工智能则会同时影响这两者。人工智能会以远超人类的速度和力量执行多种类型的体力和智力任务，大大提升运输、制造、医学等各个方面的生产力。

与第一和第二次工业革命中的GPT不同的是，人工智能不会推动经济生产的去技能化。它不会让少数人完成高级任务，也不会将其分解成由更多低水平技工完成的小任务。它只会接管符合以下两个标准的任务：可以利用数据优化，并且不需要社会互动。

确实，这一过程中会创造一些新的岗位，例如机器人修理工和人工智能数据科学家。但人工智能对就业的主要影响不是通过去技能化而创造工作，而是通过越来越智能的机器替代工作者。理论上来说，失业工人可以在其他更加难以自动化的产业找到工作，但这一漫长的过程本身极具破坏性。

而且人工智能不会给我们足够的时间。和前几次GPT推动的经济转型相比，人工智能带动的经济转型会发生得更快。工业革命历时几代人才完成，而人工智能革命在一代人的时间内就能产生重大影响。

如果上述论据正确，那接下来的问题就很清楚了：哪些工作会受到冲击？情况究竟有多糟？本文根据牛津大学、麦肯锡、普华永道、创新工场研究报告综合整理了365种人类工作的消亡概率。篇幅所限，选载了前十名和后十名，供读者参考。（参见下表）

365 种人类工作的消亡概率（前十名、后十名）

	职业种类	10—15 年内被替代的可能性
1	人工智能科学家	0.1%
2	创业者	0.1%
3	心理学家	0.1%
4	宗教教职人员	0.1%
5	酒店与住宿经理或业主	0.1%
6	首席执行官	0.1%
7	首席营销官	0.1%
8	卫生服务与公共卫生管理或主管	0.1%
9	教育机构高级专家	0.1%
10	特殊教育教师	0.1%
356	纸料和木料机操作工	96.5%
357	装配工和常规程序操作工	96.7%
358	财务类行政人员	96.9%
359	银行或邮局职员	97.1%
360	簿记员、票据管理员或工资结算员	97.3%
361	流水线质检员	97.5%
362	常规程序检查员和测试员	
363	过秤员、评级员和分类员	97.7%
364	打字员或相关键盘工作者	98.1%
365	电话销售员/市场	98.3%

除了引起直接失业，人工智能还会加剧全球经济不平衡。通过赋予机器人看、听、拿、操作、移动的能力，人工智能会彻底改革制造业，迫使发展中国家那些雇用了大量低薪工人的工厂破产，切断底层人民改善生活的路径，剥夺发展中国家通过低成本出口促进经济发展的机会。中国、韩国、新加坡的脱贫致富之路曾经证明了这种方式的有效性。大量的年轻工人曾经是发展中国家的最大优势，但在人工智能跨越式发展的未来，却会变成拖累和潜在的不稳定因素。

即使是发达国家，人工智能依然会造成更大的贫富差距。人工智能驱动的产业天然趋向于垄断，会在压低价格的同时消除公司间的竞争。最终，小型企业会被迫关门，人工智能时代的行业主宰会获得以前根本无法想象的利润，经济权力将集中到少数人手中。

伴随失业浪潮，随之而来的还有个人危机。自工业革命以来的数个世纪里，工作不仅是一种谋生手段，更是一种自我认可以及生活意义的源泉。当我们身处社会之中，需要自我介绍或介绍他人时，首先提到的就是工作。工作让我们过得充实，给人一种规律感，让我们和其他人联结。固定的薪水不仅是一种劳动报酬方式，也代表了个人对社会的价值，表明每个人都是社会的重要成员。

切断这些联系，或者说迫使人们从事低于过去社会地位的工作，影响的不只是收入，还会直接伤害到我们的认同感和价值感。

也许我们都应该扪心自问：在智能机器时代，生而为人的意义是什么？

（根据李开复的《人工智能与人类工作的未来图谱》一文改编，原文载于《哈佛商业评论：中文版》2018 年第 12 期）

第三节　劳动的个人价值与社会价值

劳动具有两个方面的价值——个人价值与社会价值。大学生深刻认识和理解劳动价值，对树立正确的劳动观意义重大。

一、劳动的个人价值

（一）劳动促进人的身心健康

劳动与个人密切相关，对个人的发展起着十分重要的作用。当今时代，随着科技进步与生产方式的变革，虽然大学生的眼界变得越来越开阔，生活水平也显著提高，但却越来越依赖智能生活，体力劳动逐步让位于脑力劳动。这就导致了许多“现代病症”的出现，比如过度肥胖、四肢乏力、思维迟缓、精神萎靡不振、对周围的事物缺乏兴趣等，所有这些现象基本可以概括为由于缺乏劳动而产生的身体疾病以及由于压力过大而引发的心理问题。要解决这些问题，专业化的体育锻炼发挥着重要的作用。但是，劳动作为体育教育最简单、最直接的生活化形态，在其中的影响不可忽视、不可替代。

首先，劳动可以强壮体魄。如前所述，劳动具有双重塑造的特征，在改变外部环境的同时也改变着人自身。通过科学合理、安全适度的劳动实践，可以增强个体的肌肉力量和耐力，优化个体的心肺功能和新陈代谢，提高个体的肌肉运动效率和关节灵活程度，促进人的健康、强健人的体魄。

其次，劳动可以愉悦身心。健康不仅包括身体健康，心理健康也是不可或缺的一个方面，而人的心理健康同样离不开劳动。通过劳动，人们在收获劳动成果的同时还能够体验到生活的乐趣，在心理上感受到充实和喜悦。热爱劳动的人能够在劳动中忘却自我、忘却烦恼，从而有效地转移不良情绪，达到精神放松、缓解心理压力的效果。

（二）劳动促进人的智力发展

恩格斯曾考察过劳动在人类大脑形成过程中的重要作用，他指出，“首先是劳动，然后是语言和劳动一起，成了两个最主要的推动力，在它们的影响下，猿脑就逐渐地过渡到人脑”①。不仅如此，劳动对个体大脑发育、智力发展发挥着重要的促进作用。例如，劳动能够增强人的呼吸功能，促进人体氧利用率的提高，从而为大脑供氧创造条件。此外，皮亚杰等心理学家通过研究得出结论：人的认知能力、思维能力既不单纯依赖外部世界，也不是纯粹的主观臆想和自我反思，而是主体和外部世界相互作用的产物，是由人的动作内化而来的。在劳动的过程中，人会做一系列复杂、精细的动作，这会促使大脑血流量的增加，从而使个体的思维更加敏捷。而且，适当的体力活动可以增强人的记忆力和注意转换、抑制控制等认知加工能力。因此，在繁忙的工作、学习之中安排一定的劳动时间会使自己的身心更加放松，思维更加活跃，注意力更容易集中。相反，如果我们长期缺乏劳动，思维就会变得越来越迟钝。

著名教育家苏霍姆林斯基认为，脱离了劳动实践的智力发展是片面的。他

---

① 《马克思恩格斯选集》第3卷，人民出版社2012年版，第992页。

在《苏霍姆林斯基教育学》中强调了学生在劳动实践中体悟知识、发展兴趣的重要性，认为学校生活的智力财富多少绝大部分取决于智力生活与体力劳动密切结合的程度。

（三）劳动是知识的源泉

一个人知识的获得，不外乎来自直接经验和间接经验两个部分。一个人的多数知识来自间接经验，是从书本和他人传授中得来的。但是，正如毛泽东所说："在我为间接经验者，在人则仍为直接经验。"① 也就是说，归根到底，知识本身来源于劳动实践。陶铸先生说："劳动是一切知识的源泉。"这句话不但表明了知识的最终来源，而且说明了我们获取知识的重要途径。

通过劳动，一方面我们可以学到大量书本上没法学到的实用知识；一方面能够将习得的理论知识应用到劳动实践中，并在这一过程中强化对知识的理解，灵活地运用知识。另外，在劳动过程中，我们也会遇到很多运用书本知识无法解决的新问题，这就需要在不断的劳动和实践中寻找解决方案，通过对各种事物、现象和过程的观察、比较，形成自己独到的解决方法和应对策略。这种由直观的、具体的直接经验激发的理论学习需要为知识的发展提供了无限的可能性，引发了人们对理论知识持之以恒、锲而不舍的钻研和思索。

| 专栏1-5　拓展阅读 |

二十四节气

人类许多璀璨的知识和文化艺术作品都是在劳动中诞生的，二十四节气就是其中的典型代表。二十四节气是上古农耕文明的产物，是我国古代文化的瑰宝。上古先民通过观察天体运行，总结出一年中时令、气候、物候等方面的变化规律（即自然的节律）。他们把地球绕太阳运动一圈划分为24节，每2节之间相差15度，每个节被分别命名，每个节就是一个节气，如芒种、夏至、小暑等。二十四节气可以帮助我们很好地把握气候变化，也可以帮助我们很好地

① 《毛泽东选集》第1卷，人民出版社1991年版，第288页。

把握农作物种植的关键时节，提高收成，这对于农业社会来说尤其重要。如人们总结出“谷雨前后，种瓜点豆”的口诀，如果要种红薯，就要选择谷雨至立夏，这是最佳时节；再比如“处暑就把白菜移，十年准有九不离”，即栽种白菜的最佳时节是处暑。

二十四节气歌

春雨惊春清谷天，夏满芒夏暑相连。
秋处露秋寒霜降，冬雪雪冬小大寒。
每月两节不变更，最多相差一两天。
上半年来六廿一，下半年是八廿三。

（参见百度百科:《二十四节气》，https://baike.baidu.com/item/%E4%BA%8C%E5%8D%81%E5%9B%9B%E8%8A%82%E6%B0%94/191597?fr=aladdin）

（四）劳动培养个人社会能力

马克思指出：“人的本质不是单个人所固有的抽象物，在其现实性上，它是一切社会关系的总和。”① 社会性是人的本质属性，人的社会性催生着人的社会交往需要。社会是一个由人与人的交往所构成的关系网络，人的生存和发展离不开社会交往。因此，每个人都必须掌握良好的社会能力，这既是社会关系网络正常运行的需要，也是每个个体适应社会关系网络、健康生活的需要。

在人类所有活动中，劳动是最为重要、最为基本的活动形式。劳动往往需要以集体的形式来进行，需要参与劳动过程的人合理分工、紧密合作。通过劳动过程中的合作和劳动成果的共享，人们最容易建立起紧密的人际关系。例如，研究者在开展科研工作的过程中，一方面需要将研究建立在前人已有成果的基础之上，另一方面也需要同其他研究者展开广泛的联系合作，在集体和团队的协作下取得科研创新。研究者的劳动无疑是建立在社会关系和社会交往之

① 《马克思恩格斯选集》第1卷，人民出版社2012年版，第135页。

上的。在这一过程中，劳动培养和刺激着个体社会能力的发展。我们只有投身到劳动中去，懂得劳动在社会关系建构中的基础作用，才能真正懂得人类社会关系的本质，从而发展良好的社会能力，增强自身的社交能力。

（五）劳动培养坚强的意志

意志是人自觉地确定目标，根据目标调节并支配自身行动，进而克服困难，去实现预定目标的心理倾向。人的行为需要意志来驱动，因此能否做成一件事情，在很大的程度上取决于我们是否有意愿为追求目标付出精力、克服困难。强大的意志能给予我们巨大的力量，一个人的成功不仅取决于他的能力有多强，而且取决于他的意志有多强。

比如，同一个班级的学生之间学习成绩存在差异，如果大家的智力都已经达到基本水平，那么造成这种差异的关键因素就是不同学生学习精力投入的多少。学习成绩好的同学往往能够抵制住各种诱惑，持之以恒地投入大量的精力进行学习，而要做到这一点，就需要具备强大的意志力。如何获得这种意志力？劳动是一种非常有效的途径。通过艰苦的劳动磨炼意志，通过获得劳动成果来产生强烈的满足感与成就感，都能有效地提升人的意志力。

总之，对于大学生的个人成长和发展而言，劳动所起的作用不容忽视。我国近现代著名教育家黄炎培先生毕生倡导职业教育，主张手脑并用，反对劳心劳力分离。他说："要使动手的读书，读书的动手，把读书和做工两下联系起来。"著名教育家陶行知先生则说："人有两个宝，双手和大脑，双手会做工，大脑会思考，用手又用脑，才能有创造。"他要求每个学生都拥有"科学的头脑，健壮的双手，农夫的身体，艺术的情趣，改造社会的精神"。

二、劳动的社会价值

劳动不仅是人类个体发展的重要条件，也是社会发展的需要。如果没有人的劳动，社会就无法存在。正如马克思所说，"任何一个民族，如果停止劳动，不用说一年，就是几个星期，也要灭亡"①。

① 《马克思恩格斯选集》第4卷，人民出版社2012年版，第473页。

（一）劳动是人类社会存在和发展的基础

人类社会要存在和发展，首先要有物质基础。只有有了一定的物质基础，人类社会才能建立起政治、文化、法律等各种上层建筑。那么，我们获得物质基础的基本途径是什么呢？只能是人类劳动。

劳动是人以自身的活动调整和控制人与自然之间物质变换的过程。在这个过程中，不仅人们同自然界会发生联系，而且人与人之间也必然要结成一定的关系。人与自然的关系和人与人的关系相互制约，共生于劳动实践中。"劳动结束时得到的结果，在这个过程开始时就已经在人的头脑中作为目的以观念的形式存在着，而这个目的又决定人们劳动活动的方式和方法。可见，人与其意识的关系也生成于劳动活动中。劳动内在地包含着三重关系，即人与自然的关系、人与人的关系以及人与其意识的关系，而这些关系又构成了基本的社会关系，即物质的社会关系和思想的社会关系。劳动以浓缩的形式包含着全部社会关系，成为社会关系的发源地。同时，人们通过劳动活动改造自然、改造社会和改造人自身，形成了社会生活的基本领域，即社会的物质生活、政治生活和精神生活领域。因此，在整个社会生活过程中，劳动具有基础和决定作用，构成了人类社会存在和发展的基础。

（二）劳动创造社会财富

社会财富包括物质财富和精神财富。首先，劳动创造了物质财富。马克思说："我们首先应当确定一切人类生存的第一个前提，也就是一切历史的第一个前提，这个前提是：人们为了能够'创造历史'，必须能够生活。但是为了生活，首先就需要吃喝住穿以及其他一些东西。因此第一个历史活动就是生产满足这些需要的资料，即生产物质生活本身，而且，这是人们从几千年前直到今天单是为了维持生活就必须每日每时从事的历史活动，是一切历史的基本条件。"[①] 所以，物质资料的生产是人类社会存在和发展的基础和前提，劳动首先是创造物质资料即物质财富的活动。

自然界蕴含了丰富的水、空气、阳光、土地、树木等人类生存和发展的必

① 《马克思恩格斯选集》第1卷，人民出版社2012年版，第158页。

要自然物。但是，除了空气、阳光等极少数自然物可以比较直接地符合人的需要，自然界中更多种类的存在物并不能直接地构成人类赖以生存和发展的社会物质财富，而是要以劳动为中介去转换。也就是说，可以直接作为人类生存和发展的物质资料往往是社会物质财富，而社会物质财富正是人类劳动的产物。正如马克思所说，“任何一种不是天然存在的物质财富要素，总是必须通过某种专门的、使特殊的自然物质适合于特殊的人类需要的、有目的的生产活动创造出来”①。正是人类劳动改变了自然物原本的存在形态，将其转化为可以为人类所利用的社会物质财富，才使其更加适应人类生存和发展的需要。英国古典政治经济学家威廉·配第有一个著名的说法——“土地是财富之母，劳动是财富之父”。总之，人类有目的的劳动和客观存在的自然物的结合是创造社会物质财富的基础，人类劳动的首要职能就是制造和使用生产工具对作为劳动对象的自然物进行加工和改造，使其成为社会物质财富，并以生活资料的形态来满足人类自身生存和发展的需要。

其次，劳动创造了精神财富。劳动不但为创造精神财富提供了必要的物质条件和设施，而且其本身也是一切精神财富、精神产品形成和发展的源泉。人们在劳动中创造了文化，积累了精神财富，促进了社会政治制度和精神文明的发展；人们在劳动中不断丰富、创新文化知识，促进社会文化的发展；人们在劳动过程中，促使劳动工具和劳动技术不断提升，这本身也是促进社会科技进步的表现。总之，除了物质财富，社会精神财富也是在物质性生产劳动的基础上创造出来的。只有物质财富丰富了、社会经济发展了，政治、文化、科技等才能得到更好地发展。

（三）劳动推动人类社会的发展与完善

在马克思看来，人类的历史其实就是一部劳动史。只有人类的生产劳动才是解开人类历史发展秘密的钥匙。

人作为一种动物，为了维持生命，天然地有着自身的需要——比如食物和水，在这一点上，人和其他动物没有区别。然而，动物的需要出自先天的本

① 〔德〕马克思：《资本论》第1卷，人民出版社2004年版，第56页。

性，仅以维持生命的延续为限度，长久停留在一个大致不变的水平上，而人的需要有着更为丰富且广泛的内容。马斯洛将人的需要分为五个层次，即生理需要、安全需要、归属与爱的需要、尊重需要和自我实现需要。可见，人不仅需要物质生活的满足，还有进一步追求发展的需要。人的发展需要是人所特有的，是人区别于其他动物的根本标志之一。对于人类的生活来说，劳动不仅创造着满足需要的社会财富，而且创造着需要本身以及满足需要的方式。马克思指出："用刀叉吃熟肉来解除的饥饿不同于用手、指甲和牙齿啃生肉来解除的饥饿。因此，不仅消费的对象，而且消费的方式，不仅在客体方面，而且在主体方面，都是生产所生产的。"①

可以说，劳动满足了人的生存需要和发展需要。人类的历史就是人类通过自身的劳动而诞生和不断自我完善的历史。在劳动的展开过程中，劳动工具的变革意味着生产力水平的提高，而生产力的发展又推动了社会制度的变革。由此，人类社会的形态也逐步从原始社会向奴隶社会、封建社会和资本主义社会过渡。尤其是18世纪以来，由于自然科学与劳动实践相互结合，科学知识与生产流程紧密配合，人类社会逐渐拉开了工业革命的序幕，这在客观上为人们改造、支配自然界提供了强大的技术支持和丰富的物质资料。可见，从原始社会到现代社会，劳动始终推动着人类社会的发展与完善。

本章小结

中西方劳动人民在长期的劳动实践中产生了丰富的劳动思想，虽然这些思想的表述各不相同，但都对劳动是人的本质、劳动是社会财富的源泉等问题进行了强调。劳动的内涵强调三个层面的内容：一是，劳动是人类所特有的、人与自然之间的物质变换活动；二是，劳动是人类有目的的活动；三是，劳动是具有改造自然、改造人自身的双重塑造意义。基于劳动内涵的复杂性和宽泛性，可以按照不同的标准把劳动分为：体力劳动和脑力劳动、生产劳动和非生产劳动、简单劳动和复杂劳动。劳动本身、劳动对象和劳动资料是劳动过程必

---

① 《马克思恩格斯选集》第2卷，人民出版社2012年版，第692页。

须具备的三个要素。劳动具有两个方面的价值——个人价值与社会价值。大学生深刻认识和理解劳动价值，对树立正确的劳动观意义重大。

主要术语

体力劳动　脑力劳动　生产劳动　非生产劳动　简单劳动　复杂劳动　劳动本身　劳动对象　劳动资料

复习思考题

1. 简述中国传统劳动思想的主要内容。
2. 简述西方传统劳动思想的主要内容。
3. 简述劳动的内涵及其具体内容。
4. 请对劳动进行分类，并介绍其具体内容。
5. 简述劳动过程的三要素及其具体内容。
6. 请结合自身的学习、生活体会，谈谈劳动的个人价值与社会价值。

推荐阅读

1. 马克思:《1844 年经济学哲学手稿》，人民出版社 2000 年版。
2. 《墨子》，方勇译注，中华书局 2015 年版。
3. 亚里士多德:《尼各马可伦理学》，廖申白译注，商务印书馆 2003 年版。
4. 亚当·斯密:《国民财富的性质和原因的研究》，郭大力、王亚南译，商务印书馆 1972 年版。

第二章

马克思主义劳动观

学习目标

1. 掌握马克思主义经典作家的劳动观的主要内容。

2. 掌握毛泽东对马克思主义劳动观的继承和发展的主要内容及意义。

3. 掌握邓小平对马克思主义劳动观的继承和发展的主要内容及意义。

4. 掌握江泽民对马克思主义劳动观的继承和发展的主要内容及意义。

5. 掌握胡锦涛对马克思主义劳动观的继承和发展的主要内容及意义。

6. 掌握新时代马克思主义劳动观的主要内容及其意义。

导 读

必须牢固树立劳动最光荣、劳动最崇高、劳动最伟大、劳动最美丽的观念，让全体人民进一步焕发劳动热情、释放创造潜能，通过劳动创造更加美好的生活。

——2013 年 4 月 28 日，习近平在同全国劳动模范代表座谈时的讲话马克思说："劳动作为使用价值的创造者，作为有用劳动，是不以一切社会形式为转移的人类生存条件，是人与自然之间的物质变换即人类生活得以实现的永恒的自然必然性。"① 因此，劳动是人类社会最悠久、最基本、最普遍的活动，这一活动蕴含着人以及人类社会的诸多"秘密"。要破解这些"秘密"，就必须深入学习和理解马克思主义劳动观。

劳动观是世界观和人生观的重要组成部分，表征的是人们在实践中形成的对劳动性质、地位、作用等根本问题的总的看法与观点。劳动观对人们的劳动选择和劳动行为起着引导和支配的作用。

第一节　马克思主义经典作家的劳动观

就总体而言，马克思主义经典作家的劳动观可以分为相互关联的三个维度：哲学的维度——劳动创造世界、创造历史、创造人本身；政治经济学的维度——劳动是商品价值的唯一源泉，以劳动价值论为基础构建剩余价值论；科学社会主义的维度——劳动与人的解放、人的自由而全面的发展。当然，在马克思那里，这三个维度是不可分割的，它们之间并没有原则的界限。

一、劳动创造世界、人本身与人类历史

（一）劳动创造世界

马克思认为，世界并不是独立于人的自在世界，而是与人的存在密切相关的属人世界或人类世界。自在世界是独立于人的活动或尚未被纳入人的活动范围的自然界，即尚未被人化、没有打上人类活动印记的自然界。这种自然界是"被抽象地理解的，自为的，被确定为与人分隔开来的自然界，对人来说也是

① 〔德〕马克思：《资本论》第1卷，人民出版社2004年版，第56页。

无”①。正如马克思、恩格斯在《德意志意识形态》中所说，“先于人类历史而存在的那个自然界，不是费尔巴哈生活于其中的自然界；这是除去在澳洲新出现的一些珊瑚岛以外今天在任何地方都不再存在的、因而对于费尔巴哈来说也是不存在的自然界”②。和自在世界不同，人类世界则与人的活动不可分离，它是现实生产劳动的结果，是人的活动的对象化，是人的对象世界。正是通过劳动，人类和外部世界的关系发生了根本性的转变，自在意义上的自然世界逐渐被改造成了自为意义上的人类世界。换句话说，人类世界是被人的活动所改造过的世界，是体现人的需要、目的、意志和本质力量的世界。

具体说来，人要生活就需要吃喝住穿以及其他的生活资料，但自然界并不能直接满足人的这些需要，人要靠从事劳动才能维持生存。因此，劳动既是人改造自然的对象化活动，也是整个人类生活的第一个基本条件。当人类开始生产生活资料时，也就间接地生产自己的物质生活本身。因此，人类的劳动作为有意识、有目的的活动，最终使人类创造出一个可以满足自己生活需要的人类世界。

总之，劳动是构成人类赖以存在的现实世界的关键因素。“当人开始生产自己的生活资料，即迈出由他们的肉体组织所决定的这一步的时候，人本身就开始把自己和动物区别开来。人们生产自己的生活资料，同时间接地生产着自己的物质生活本身。”③

（二）劳动创造人本身

在《劳动在从猿到人的转变中的作用》一文中，恩格斯在人类起源的意义上论证了劳动在人猿揖别的过程中所发挥的创造性作用，指出“劳动创造了人本身”。

人是一种弱本能化的动物，不能像其他动物那样只是单纯地适应自然界，人不得不去改造自然即通过劳动的方式以求得生存。首先，劳动使猿的前肢逐渐进化成人的手臂，可以用来制造和使用工具。“手变得自由了，并能不断掌

① 〔德〕马克思:《1844 年经济学哲学手稿》,人民出版社 2000 年版,第 116 页。
② 《马克思恩格斯选集》第 1 卷,人民出版社 2012 年版,第 157 页。
③ 《马克思恩格斯选集》第 1 卷,人民出版社 2012 年版,第 147 页。

握新的技能，而由此获得的更大的灵活性便遗传下来，并且一代一代地增加着。”① 这意味着，“手不仅是劳动的器官，它还是劳动的产物”②。其次，语言是从劳动中并和劳动一起产生出来的。“劳动的发展必然促使社会成员更紧密地互相结合起来，因为劳动的发展使相互支持和共同协作的场合增多了，并且使每个人都清楚地意识到这种共同协作的好处。”③ 在共同协作的劳动中，人产生了“彼此间有些什么非说不可”的需要，这使得人的发音器官的机能也逐渐地发展和完善，从而促成了语言的产生。最后，劳动、语言、思维相互作用、相互影响，在劳动的过程中逐步走向完善。“首先是劳动，然后是语言和劳动一起，成了两个最主要的推动力，在它们的影响下，猿脑就逐渐地过渡到人脑；后者和前者虽然十分相似，但是要大得多和完善得多。……脑和为它服务的器官、越来越清楚的意识以及抽象能力和推理能力的发展，又反作用于劳动和语言，为这二者的进一步发展不断提供新的推动力。”④ 这标志着人从自然中分化出来，“使人离开动物愈来愈远了”。

| 专栏2-1　拓展阅读 |

劳动在从猿到人的转变中的作用(选段)

恩格斯（一八七六年)

政治经济学家说：劳动是一切财富的源泉。其实，劳动和自然界在一起才是一切财富的源泉，自然界为劳动提供材料，劳动把材料转变为财富。但是劳动的作用还远不止于此。劳动是整个人类生活的第一个基本条件，而且达到这样的程度，以致我们在某种意义上不得不说：劳动创造了人本身。

在好几十万年以前，在地质学家叫作第三纪的那个地质时代的某个还不能确切肯定的时期，大概是在这个时代的末期，在热带的某个地方——可能是现在已经沉入印度洋底的一大片陆地上，生活着一个异常高度发达的类人猿的种

① 《马克思恩格斯选集》第3卷，人民出版社2012年版，第990页。

② 《马克思恩格斯选集》第3卷，人民出版社2012年版，第990页。

③ 《马克思恩格斯选集》第3卷，人民出版社2012年版，第991页。

④ 《马克思恩格斯选集》第3卷，人民出版社2012年版，第992页。

属。达尔文曾经向我们大致地描述了我们的这些祖先：它们浑身长毛，有胡须和尖耸的耳朵，成群地生活在树上。

这种猿类，大概首先由于它们在攀缘时手干着和脚不同的活这样一种生活方式的影响，在平地上行走时也开始摆脱用手来帮忙的习惯，越来越以直立姿势行走。由此就迈出了从猿过渡到人的具有决定意义的一步。

……

因此，我们的祖先在从猿过渡到人的好几十万年的过程中逐渐学会的使自己的手能做出的一些动作，在开始时只能是非常简单的。最低级的野蛮人，甚至那种可以认为已向更近乎兽类的状态倒退而同时躯体也退化了的野蛮人，也远远高于这种过渡性的生物。在人用手把第一块石头做成石刀以前，可能已经过了一段漫长的时间，和这段时间相比，我们所知道的历史时间就显得微不足道了。但是具有决定意义的一步迈出了：手变得自由了，并能不断掌握新的技能，而由此获得的更大的灵活性便遗传下来，并且一代一代地增加着。

所以，手不仅是劳动的器官，它还是劳动的产物。只是由于劳动，由于总是要去适应新的动作，由于这样所引起的肌肉、韧带以及经过更长的时间引起的骨骼的特殊发育遗传下来，而且由于这些遗传下来的灵巧性不断以新的方式应用于新的越来越复杂的动作，人的手才达到这样高度的完善，以致像施魔法一样产生了拉斐尔的绘画、托瓦森的雕刻和帕格尼尼的音乐。

（参见《马克思恩格斯选集》第3卷，人民出版社2012年版，第988—990页）

（三）劳动创造人类历史

劳动在创造人的过程中，同时也创造了人类社会的历史。正如马克思所说，“全部人的活动迄今为止都是劳动”[①]，“整个所谓世界历史不外是人通过人的劳动而诞生的过程”[②]。

在马克思看来，只有生产劳动才真正构成了人类历史的基础。他说：“我

---

① 〔德〕马克思：《1844年经济学哲学手稿》，人民出版社2000年版，第88页。

② 〔德〕马克思：《1844年经济学哲学手稿》，人民出版社2000年版，第92页。

们首先应当确定一切人类生存的第一个前提，也就是一切历史的第一个前提，这个前提是：人们为了能够‘创造历史’，必须能够生活。但是为了生活，首先就需要吃喝住穿以及其他一些东西。因此第一个历史活动就是生产满足这些需要的资料，即生产物质生活本身，而且，这是人们从几千年前直到今天单是为了维持生活就必须每日每时从事的历史活动，是一切历史的基本条件。”①由此看来，在历史唯物主义理论中，马克思将生产物质生活本身的劳动看作“一切历史的第一个前提”“一切历史的基本条件”，认为它既是人类历史发展的事实起点，也是整个历史唯物主义建构的逻辑起点。

对于马克思的这一伟大发现，恩格斯明确指出：“人们首先必须吃、喝、住、穿，然后才能从事政治、科学、艺术、宗教等等；所以，直接的物质生活资料的生产……便构成基础。”② 因此，历史其实就是现实的人所进行的劳动实践活动的展开，只有立足于生产劳动才能理解人类的历史发展，只有生产劳动才是解开人类历史之谜的钥匙。相应地，只有从事生产劳动的人民群众才是历史的创造者。

| 专栏2-2 拓展阅读 |

在马克思墓前的讲话

恩格斯

3月14日下午两点三刻，当代最伟大的思想家停止思想了。让他一个人留在房里还不到两分钟，当我们进去的时候，便发现他在安乐椅上安静地睡着了——但已经永远地睡着了。

这个人的逝世，对于欧美战斗的无产阶级，对于历史科学，都是不可估量的损失。这位巨人逝世以后所形成的空白，不久就会使人感觉到。

正像达尔文发现有机界的发展规律一样，马克思发现了人类历史的发展规律，即历来为繁芜丛杂的意识形态所掩盖着的一个简单事实：人们首先必须

---

① 《马克思恩格斯选集》第1卷，人民出版社2012年版，第158页。
② 《马克思恩格斯选集》第3卷，人民出版社2012年版，第1002页。

吃、喝、住、穿，然后才能从事政治、科学、艺术、宗教等等；所以，直接的物质的生活资料的生产，从而一个民族或一个时代的一定的经济发展阶段，便构成基础，人们的国家设施、法的观点、艺术以至宗教观念，就是从这个基础上发展起来的，因而，也必须由这个基础来解释，而不是像过去那样做得相反。

不仅如此。马克思还发现了现代资本主义生产方式和它所产生的资产阶级社会的特殊的运动规律。由于剩余价值的发现，这里就豁然开朗了，而先前无论资产阶级经济学家或者社会主义批评家所做的一切研究都只是在黑暗中摸索。

一生中能有这样两个发现，该是很够了。即使只能作出一个这样的发现，也已经是幸福的了。但是马克思在他所研究的每一个领域，甚至在数学领域，都有独到的发现，这样的领域是很多的，而且其中任何一个领域他都不是浅尝辄止。

他作为科学家就是这样。但是这在他身上远不是主要的。在马克思看来，科学是一种在历史上起推动作用的、革命的力量。任何一门理论科学中的每一个新发现——它的实际应用也许还根本无法预见——都使马克思感到衷心喜悦，而当他看到那种对工业、对一般历史发展立即产生革命性影响的发现的时候，他的喜悦就非同寻常了。例如，他曾经密切注视电学方面各种发现的进展情况，不久以前，他还密切注视马赛尔·德普勒的发现。

因为马克思首先是一个革命家。他毕生的真正使命，就是以这种或那种方式参加推翻资本主义社会及其所建立的国家设施的事业，参加现代无产阶级的解放事业，正是他第一次使现代无产阶级意识到自身的地位和需要，意识到自身解放的条件。斗争是他的生命要素。很少有人像他那样满腔热情、坚韧不拔和卓有成效地进行斗争。最早的《莱茵报》（1842 年），巴黎的《前进报》（1844 年），《德意志—布鲁塞尔报》（1847 年），《新莱茵报》（1848—1849 年），《纽约每日论坛报》（1852—1861 年），以及许多富有战斗性的小册子，在巴黎、布鲁塞尔和伦敦各组织中的工作，最后，作为全部活动的顶峰，创立伟大的国际工人协会，——老实说，协会的这位创始人即使没有别的什么建树，单凭这一成果也可以自豪。

正因为这样，所以马克思是当代最遭忌恨和最受诬蔑的人。各国政府——无论专制政府或共和政府，都驱逐他；资产者——无论保守派或极端民主派，都竞相诽谤他，诅咒他。他对这一切毫不在意，把它们当作蛛丝一样轻轻拂去，只是在万不得已时才给以回敬。现在他逝世了，在整个欧洲和美洲，从西伯利亚矿井到加利福尼亚，千百万革命战友无不对他表示尊敬、爱戴和悼念，而我敢大胆地说：他可能有过许多敌人，但未必有一个私敌。

他的英名和事业将永垂不朽！

（参见《马克思恩格斯选集》第 3 卷，人民出版社 2012 年版，第 1002—1004 页）

二、劳动是商品价值的唯一源泉

马克思在其劳动价值论中特别强调了劳动在商品价值创造和价值形成过程中所起的决定性作用。劳动决定价值这一思想最早由英国古典经济学之父威廉·配第提出；18 世纪中期英国古典经济学的代表人物亚当·斯密已经认识到商品的二因素，提出了劳动创造价值的观点；19 世纪初大卫·李嘉图甚至已经认识到决定商品价值量的是社会必要劳动量，而不是生产商品实际耗费的劳动量。但是由于他们没有区分劳动的二重性，所以不能回答什么劳动创造价值。马克思在继承英国古典政治经济学劳动创造价值理论的同时，创立了劳动二重性理论。

（一）劳动二重性

在马克思看来，商品是用来交换、能满足人的某种需要的劳动产品。生产商品的劳动具有二重性：一方面是具体劳动——有一定的具体形式的劳动，它反映的是人与自然的关系，是劳动的自然属性；另一方面是抽象劳动——撇开一切具体形式的、无差别的一般人类劳动，它反映的是商品生产者的社会关系，是劳动的社会属性。具体劳动和抽象劳动是商品生产者的同一劳动过程不可分割的两个方面，二者统一于劳动过程之中。

（二）商品二因素

商品是用来交换、能满足人的某种需要的劳动产品，具有使用价值和价值两个因素或两种属性，是使用价值和价值的矛盾统一体。一方面，使用价值和价值具有同一性，二者统一在商品的内部。其中使用价值是价值的物质载体，没有使用价值就没有价值。商品必须同时具有使用价值和价值，缺一不可。另一方面，使用价值和价值又是矛盾的，互相排斥。商品生产者只能占据其中一个，不能兼而有之，要么要使用价值，要么要价值。要取得价值，就必须将使用价值让渡给他人；反之，要取得使用价值，则必须把价值让渡给他人。

马克思认为，就具体的有用的人类劳动这个属性来说，它生产商品的使用价值；就相同的或抽象的人类劳动这个属性来说，它形成商品的价值。价值是人类抽象劳动的凝结，是凝结在商品中的无差别的人类劳动。可见，商品的使用价值和价值是由体现在商品中的具体劳动和抽象劳动决定的。拥有不同形式的具体劳动决定商品的使用价值，而凝结在商品中的一般的、无差别的抽象劳动则是形成商品价值的唯一源泉。正是由于对劳动二重性的分析，马克思真正阐明了劳动所具有的创造价值的特性，第一次确定了什么样的劳动形成价值、为什么形成价值以及怎样形成价值。

（三）商品价值的衡量

如何衡量商品价值的大小呢？商品的价值是凝结在商品中的无差别的一般人类劳动，因此商品的价值大小就取决于生产它所必须耗费的劳动量。劳动的自然尺度是劳动时间，因而可以用抽象劳动时间量来衡量商品的价值量。决定商品价值量的不是生产商品的个别劳动时间，而只能是社会必要劳动时间。“社会必要劳动时间是在现有的社会正常的生产条件下，在社会平均的劳动熟练程度和劳动强度下制造某种使用价值所需要的劳动时间。”①

生产商品所需要的社会必要劳动时间随着劳动生产率的变化而变化。劳动生产率越高，单位时间内生产的商品数量越多，生产每件商品所需要的社会必要劳动时间就越少，单位商品的价值量就越小，反之就越大。因此，商品的价

---

① 《马克思恩格斯文集》第5卷，人民出版社2009年版，第52页。

值量与生产商品所耗费的劳动时间成正比，与劳动生产率成反比。

| 专栏2-3 拓展阅读 |

如何认识智能劳动及其价值创造

当今社会已进入信息工业时代，人工智能技术应用广泛，智能经济日益发展，人们不禁思考：智能劳动性质为何？价值创造如何？

人工智能“简单讲就是用计算机实现人的头脑功能，即通过计算机实现人的头脑思维所产生的效果”。人工智能技术是人类发明创造的，人工智能技术研制和工具设备控制的主体是人类本身，应用领域也是人类社会生活及其相关的物质世界。

以人工智能技术为手段，创造出智能产品或产品中包含人工智能技术的劳动方式，可看作智能劳动。智能劳动是相较于传统意义上的普通劳动而言的新型劳动方式。如果以智能劳动为分析对象，揭示智能劳动创造价值，依然可从马克思劳动价值论得到解释。首先，简单劳动与复杂劳动的关系理论是解释智能劳动的思想基础；其次，商品价值与劳动生产率关系理论可说明智能劳动是与高效劳动结合在一起的，同一劳动时间包含更多的价值；再次，社会必要劳动时间决定商品价值理论可用以区分智能劳动与一般劳动，决定商品价值的社会必要劳动时间是社会正常的劳动时间。

但智能劳动区别于普通劳动，其价值创造和构成具有特殊性。首先，智能劳动价值包含智能技术转化的价值。智能劳动产品价值构成中，无论是活劳动还是物化劳动，均包含智能科技因素。人工智能技术转化为生产力，即人的劳动和劳动资料的结合，进而转化为产品价值，就是通过智能劳动来完成的。即使无人工厂的机器人，也是由智能劳动者最终控制。智能劳动是科技含量更高的复杂劳动，其价值当然更高。其次，智能劳动价值包含协作增值的价值。人工智能是一项复杂的系统技术，不是一个岗位可孤立完成的，智能劳动需要智能系统的高度协作。因此，智能劳动的协作因素应体现在产品价值中。最后，智能劳动价值中的资本构成提高。由于智能劳动所需工具和设备成本高，智能劳动产品价值中包含的不变资本部分会大大上升；又由于人工智能工具设备替代人力，可变资本部分从而大大下降；但企业的边际生产成本趋于下降，资本循环加速，总体生产效率提高，剩余价值趋于增长。

总之，人工智能是生产力高度发展的产物，智能经济和智能产业将越来越成为国民经济的支柱，智能劳动是人类劳动的新形式。马克思主义的劳动价值论依然是我们解读智能经济时代价值创造的一把钥匙。

（根据何玉长、宗素娟的《人工智能、智能经济与智能劳动价值——基于马克思劳动价值论的思考》一文改编。参见何玉长、宗素娟：《人工智能、智能经济与智能劳动价值——基于马克思劳动价值论的思考》，《毛泽东邓小平理论研究》2017 年第 10 期）

（四）劳动价值论是剩余价值论的基础

马克思的劳动价值理论是其政治经济学的核心与基石。马克思在劳动价值论的基础上发现了资本家剥削工人的秘密，即利用他们掌握的资本控制工人通过劳动创造的价值的分配权，无偿占有工人创造的剩余价值。表面上，资本家雇佣工人到工厂做工是支付了工资的，属于平等交换，但事实上资本家付给工人的工资远低于他们通过劳动创造的价值。劳动创造的价值减去工人的工资就是剩余价值。这部分价值被资本家占有了，这就是资本家对工人的剥削。剥削他人的劳动成果或劳动剥削是资本主义的社会本性。劳动创造价值，剩余劳动创造剩余价值，资本家凭借对生产资料的所有权占有雇佣工人的剩余价值，而且支配着这种剩余劳动。因此，所谓的“劳动剥削”就是资本家对雇佣工人的剩余劳动的无偿占有。可见，资本主义制度中资本家与工人的关系是剥削与被剥削的关系，资本主义国家是资本家阶级利益的代表，资本主义国家与工人的关系也是剥削与被剥削的关系。

总之，马克思以劳动二重性理论为基础，阐明了具体劳动和抽象劳动在商品价值形成中的不同作用，揭示了剩余价值的真正来源、创立了剩余价值理论。此后，马克思又通过对剩余价值理论的研究考察了劳动者受资本家剥削的程度，由此发现了劳动剥削就是资本主义的社会本性。因此，要改变这种状况，唯有推翻资本主义制度，建立人人平等地参与劳动、各尽所能、按劳分配的社会主义制度，才能从根本上否定这种不劳而获的剥削分配制度。

三、劳动与人的自由全面发展

（一）人的类本质是自由、自觉的劳动

在马克思看来，“动物和自己的生命活动是直接同一的。动物不把自己同自己的生命活动区别开来。它就是自己的生命活动。人则使自己的生命活动本身变成自己意志的和自己意识的对象。他具有有意识的生命活动。这不是人与之直接融为一体的那种规定性。有意识的生命活动把人同动物的生命活动直接区别开来。正是由于这一点，人才是类存在物”①。在这里，马克思把“有意识的生命活动”当作人的本质，或者说，以“类”作为人的本质。而人的类特性就在于自由、自觉的活动——劳动。

劳动是人的本质，人是劳动的动物，即自由的有意识的劳动从根本上把人与动物区别开来。人并非是纯粹生物学意义上的人，而是劳动实践的人。劳动不仅创造了人，形成了人类特有的本质，而且只有在劳动中，人类的本质力量才能得到充分的体现和确证。

正如马克思在《1844 年经济学哲学手稿》中所说：“正是在改造对象世界中，人才真正地证明自己是类存在物。这种生产是人的能动的类生活。通过这种生产，自然界才表现为他的作品和他的现实。因此，劳动的对象是人的类生活的对象化：人不仅像在意识中那样在精神上使自己二重化，而且能动地、现实地使自己二重化，从而在他所创造的世界中直观自身。”② 也就是说，劳动是人以自身的活动为中介来调整、控制人和自然之间的物质交换过程，在这一过程中，人不仅使自然物发生了预定的变化，而且在对象物中实现了自己的目的，人的本质力量和人的创造力得到了极大的发展。人的本质的实现就是一个通过劳动自我诞生、自我创造和自我发展的历史过程。所以说，劳动不仅改造

---

① 〔德〕马克思：《1844 年经济学哲学手稿》，人民出版社 2000 年版，第 57 页。
② 〔德〕马克思：《1844 年经济学哲学手稿》，人民出版社 2000 年版，第 58 页。

客观世界，而且改造主观世界。它是人类有目的的创造性实践，是人类实现自我价值的重要方式，人自我存在的本质力量需要在对象化的活动中创造。没有劳动，人就缺失了自我对象化的途径，从而也就失去了从对象化世界中反观自我、充实自我、升华自我的载体和能力。

由此可见，就其实质而言，劳动本身是劳动者本质力量的展现、人的自有本质的发挥，而劳动产品“通过自由的劳动和自由的享受，重新成为人的真正的个人财产”①。正如马克思所指出的，劳动尺度本身在这里是由外面提供的，是由必须达到的目的和为达到目的而必须由劳动来克服的那些障碍所提供的。但是克服这些障碍本身，就是自由的实现，而且进一步说，外在目的失掉了单纯外在自然必然性的外观，被看作个人自己提出的目的，因而被看作自我实现，主体的对象化，也就是实在的自由——而这种自由见之于活动恰恰就是劳动。

（二）资本主义条件下的劳动表现为异化劳动

异化劳动理论是马克思在其科学世界观形成过程中具有创造性的探索，在马克思思想发展进程中起着重要的作用。在《1844年经济学哲学手稿》中，马克思着重分析、批判和揭露了资本主义社会“异化劳动”的事实与本质。他指出，资本主义条件下劳动的对象呈现出一种特殊的方式，即劳动的异化。“工人生产的财富越多，他的产品的力量和数量越大，他就越贫穷。工人创造的商品越多，他就越变成廉价的商品。物的世界的增值同人的世界的贬值成正比。”②

马克思认为，资本主义一方面创造了前所未有的生产力，另一方面造成了前所未有的劳动异化。在资本主义制度下，生产资料私有制造成了工人的劳动与劳动条件的分离，劳动被异化成工人“仅仅维持自己生存的手段”。异化劳动不仅不能完成个体的自我实现，反而损害了劳动者的身心发展。在这里，“劳动对工人来说是外在的东西，也就是说，不属于他的本质；因此，他在自

① 〔德〕马克思：《1844年经济学哲学手稿》，人民出版社2000年版，第47页。
② 〔德〕马克思：《1844年经济学哲学手稿》，人民出版社2000年版，第51页。

己的劳动中不是肯定自己，而是否定自己，不是感到幸福，而是感到不幸，不是自由地发挥自己的体力和智力，而是使自己的肉体受折磨、精神遭摧残”①。

总之，马克思认为，资本主义私有制是异化劳动产生的根源，它导致工人和其生产的产品、劳动本身、人的本质以及与他人的关系都发生了异化。要想消除这种异化，就必须消灭私有制，通过大力发展生产力，建立一个没有阶级剥削和压迫、生产力高度发达的人类理想的共产主义社会，实现人的本质，最终达到人类的解放。

(三) 共产主义是实现人的自由、全面发展和劳动解放的根本途径

异化劳动背离了自由自觉的人的本质属性，从而成为人的解放的主要障碍。针对于此，马克思毕生的奋斗目标即要为劳动解放找到一条切实可行的现实道路，使劳动不再“仅仅是谋生的手段，而且本身成为生活的第一需要”②，使人们能够自由地发挥自己的体力与智力，实现劳动解放，进而实现人类的解放。具体而言，劳动解放与人的解放是内在一致的：劳动解放是人的解放的实现路径和有效手段，人的解放是劳动解放的必然结果和价值追求。

马克思认为，劳动“表现为双重关系：一方面是自然关系，另一方面是社会关系”③。因此劳动解放包含自然和社会两个层面。劳动在自然层面的解放指的是主体劳动能力的提高，人类对自然必然性认识水平和利用能力的提升，从而把人从自然的束缚下解放出来。劳动在社会层面的解放主要是指将劳动由异化劳动转化为自主劳动，消灭使人的劳动受奴役的一切不合理的社会关系，其实质就是要消灭导致劳动异化的私有制度。劳动的社会解放意味着一种新型劳动关系的建立，即人们能够平等地占有生产资料和参与社会劳动并平等地分享劳动成果。

马克思把人的解放和未来的理想社会描述为“代替那存在着阶级和阶级对立的资产阶级旧社会的，将是这样一个联合体，在那里，每个人的自由发展

---

① 〔德〕马克思：《1844 年经济学哲学手稿》，人民出版社 2000 年版，第 54 页。

② 《马克思恩格斯选集》第 3 卷，人民出版社 2012 年版，第 365 页。

③ 《马克思恩格斯选集》第 1 卷，人民出版社 2012 年版，第 160 页。

是一切人的自由发展的条件”①。马克思认为，共产主义的最终理想是通过无产阶级的自我解放实现全人类的自由解放，在那时，一切人都参加劳动，劳动已经不仅仅是谋生的手段，而且成了生活的第一需要，从一种负担变成一种快乐。劳动再也不是奴役人的手段，而是为人创造全面发展和自我实现的机会，从而成了解放人的手段。也只有在未来的共产主义社会才能真正实现人的自由、全面发展和劳动的解放，进而实现人的解放。

第二节　马克思主义劳动观的继承与发展

马克思主义劳动观是社会主义建设时期中国共产党人劳动观的理论源泉，为中国共产党人正确分析和解决社会主义劳动问题提供了理论基础。新中国成立后，随着时代的发展和社会的进步，劳动的内容和形式也在不断地发生着变化，中国共产党的几代领导人以马克思主义劳动观指导中国的劳动理论与实践，在继承的基础上秉持与时俱进的思想，结合中国不同时期的现实情况，积极探索和形成了一系列具有中国特色的劳动理论和政策，在理论上和实践上创造性地发展了马克思主义劳动观，将马克思主义劳动观提升到一个新的高度。

一、毛泽东关于劳动的主要论述

毛泽东一生十分重视劳动，在领导中国革命和建设的长期实践中，他创造性地继承和发展了马克思主义经典作家的劳动观。

早在少年时代，毛泽东就经常从事农业生产劳动，积累了丰富的生产劳动经验。在青年时期，面对劳动人民被贬低、被压迫的现实，毛泽东提出了“尊重体力劳动，反对不劳而食，劳工神圣”的观点，并提倡青年学生半工半读。

---

①《马克思恩格斯选集》第1卷，人民出版社2012年版，第422页。

1939年2月，毛泽东在延安生产动员大会上针对根据地日益严重的经济困难局面，提出了“自己动手”的口号。随后各根据地逐步开展大生产运动，“自己动手，丰衣足食”的口号也逐渐成为克服经济困难，实现生产自给的努力目标。此后，当全国或某个地区出现经济困难的时候，此口号一直是党和政府鼓励人民生产自救的行动号令。

新中国成立以后，毛泽东在马克思主义劳动观的指导下，特别强调教育不能脱离实际，必须与生产劳动相结合。他指出，学生仅学习书本上的知识是有很大的片面性的，教育作用的发挥关键还是要教导学生善于将书本上的知识应用到生活的实际当中。因此，要拓展学生的知识面，就要引导广大青年进行劳动锻炼，教育与劳动相结合最理想的状态是达到“知识分子劳动化，劳动人民知识化”，即脑力劳动与体力劳动相结合。1957年2月，毛泽东在《关于正确处理人民内部矛盾的问题》一文中指出：“我们的教育方针，应该使受教育者在德育、智育、体育几方面都得到发展，成为有社会主义觉悟的有文化的劳动者。”① 为了贯彻这一方针，消除旧学校严重脱离生产劳动的问题，社会大力推动勤工俭学、开展半工半读，促使教育与生产劳动相结合、理论与实践相结合。1958年9月，《中共中央、国务院关于教育工作的指示》中提道：“党的教育工作方针，是教育为无产阶级的政治服务，教育与生产劳动相结合。”②“共产主义社会的全面发展的新人，就是既有政治觉悟又有文化的、既能从事脑力劳动又能从事体力劳动的人。”③

毛泽东不但强调和倡导教育与社会实践紧密结合的“教劳结合”思想，而且还提出了行之有效的措施：一是将劳动教育充分融入学校教育。大中小学都要结合自身实际开展劳动教育，并逐步形成工学结合、农学结合的教劳结合模式，进而促进学校教育和劳动教育的紧密结合。此外，大学生要将自身所学的知识带入工厂劳动的第一线，中小学生要参加劳动实践、劳动锻炼，强身健

① 《毛泽东文集》第7卷，人民出版社1999年版，第226页。

② 中共中央文献研究室编：《建国以来重要文献选编》第11册，中央文献出版社1995年版，第490页。

③ 教育部社会科学司：《普通高校思想政治理论课文献选编（1949—2008）》，中国人民大学出版社2008年版，第38页。

体。职业教育结合自身实际可以开办工厂或农场，半工半读制学生要兼顾好学习与工作。二是知识分子与工农相结合。教劳结合的主要内容就是知识分子与工农相结合，知识分子要从思想上认识到与工农结合的重要性，并且要深入到工厂、农田，将理论知识与实践相结合，在生产劳动中进一步增长见闻，克服思想中的消极因素，将自己所学的知识更好地用于实践，最终实现知识分子劳动化；工农也要积极主动地学习科学文化知识，虚心向知识分子学习，将自己所掌握的感性认识上升到理性认识，进而实现劳动人民知识化。三是党员干部的教育要与生产劳动相结合。党员干部的教育虽然与学校教育有所不同，但归根结底获得的是间接经验。毛泽东强调，党员干部必须从事生产劳动，要在生产劳动中拉进与群众的距离，克服官僚主义、享乐主义和奢靡之风。

在毛泽东教劳结合思想的指导下，广大青年学生、知识分子和党员干部积极参加生产劳动，他们不仅学到了书本上的知识，还将知识应用到实际生活中，既增长了知识，又得到了锻炼。因此，劳动教育在提升劳动者的社会地位以及增强学校教育的实践性、提高学生的生产劳动技能、促进社会发展方面，取得了重要的社会效益。

除了教劳结合的思想之外，毛泽东关于劳动的论述还有很多。比如：在1958年召开的中共第八次全国代表大会第二次会议上，毛泽东在《干部要以普通劳动者的姿态出现》的报告中强调，参加生产劳动对干部提升自身素质、密切党群关系具有重要作用。在《关于赫鲁晓夫的假共产主义及其在世界历史上的教训——九评苏共中央的公开信》中，毛泽东认为："干部通过参加集体生产劳动，同劳动人民保持最广泛的、经常的、密切的联系。这是社会主义制度下一件带根本性的大事。"① 还有，毛泽东特别重视体力劳动对人的精神的净化作用，即通过身体的磨炼，从而达到对于人们思想和精神进行规劝与改造的作用，也即劳动改造。他在《论人民民主专政》中曾谈道："对于反动阶级和反对派的人们，在他们的政权被推翻以后，只要他们不造反，不破坏，不捣乱，也给土地，给工作，让他们活下去，让他们在劳动中改造自己，成为新

---

① 中共中央文献研究室编:《建国以来重要文献选编》第19册,中央文献出版社1998年版,第68页。

人。他们如果不愿意劳动，人民的国家就要强迫他们劳动。”①

丨专栏2-4　拓展阅读丨

毛主席的“劳动大学”有何深意？

1946年，毛岸英从苏联学习回国，毛主席对爱子说：“你在苏联的大学毕业了，但是中国的劳动大学你还没有上过，你应该去学习学习。”新中国成立后，毛主席又将在农村经过几年土地改革工作锻炼的毛岸英下放到北京第一机器总厂去工作，让他去体验工人的生活。

“知屋漏者在宇下，知政失者在草野。”基层一线是了解国情、增长本领的最好课堂，是磨炼意志、汲取力量的火热熔炉，是施展才华、开拓创业的广阔天地。只有深入到基层中去，深入到群众中去，才能加深对社会的认识，增进同人民群众的感情，提高解决实际问题的能力。

现实中，有个别领导干部渐渐地忘记了党的优良传统，慢慢地离群众远了。有的领导干部借口工作忙，对于群众的衣食住行、柴米油盐不屑一顾；有的领导干部则直接把下基层、到群众中去当作例行公事、做做样子，偶尔下去一趟也是车接车送、前呼后拥，既没有看到基层的现状，也没有解决什么实际问题，还给基层带来了负担。

毛主席的“劳动大学”教育观启示我们，要多到基层去，多到农村去，多与群众同吃同住同劳动，拜人民为师，在与群众的交流中提升思想境界，学习群众吃苦耐劳、踏实务实的精神，学习群众默默无闻、朴实无华的品质，摒弃浮躁、净化心灵，以百姓幸福为一生守望，以群众冷暖疾苦为不舍牵挂，以改善民生为不变承诺，更加自觉地把奉献于党和人民的事业作为人生追求。

（参见《毛主席的“劳动大学”有何深意?》，http://cpc.people.com.cn/n/2013/1204/c241220-23744428.html）

---

①《毛泽东选集》第4卷，人民出版社1991年版，第1476—1477页。

二、邓小平关于劳动的主要论述

党的十一届三中全会以后，邓小平基于改革开放以来社会主义建设的新实践，坚持一切从实际出发，实事求是，进一步丰富和发展了马克思主义劳动观。

首先，面对我国科技发展水平相对落后的现实，提出科学技术是第一生产力、尊重知识、尊重人才的劳动思想。随着改革开放的进一步推进，科学技术作为生产力发挥着越来越重要的作用。邓小平说："马克思讲过科学技术是生产力，这是非常正确的，现在看来这样说可能不够，恐怕是第一生产力。"现代社会的发展越来越证明了科学与生产之间的密切联系，社会生产力的发展、劳动生产率的提高，最主要的是靠科学的力量，科学技术的重要性决定了从事科学研究的脑力劳动者起着更大的作用。过去，劳动主要指的是体力劳动，劳动者主要指工人和农民。现在，劳动的形式已经越来越多样化。脑力劳动，尤其是创造性脑力劳动将是决定未来发展趋势的关键力量。因此，每个人都应该学会尊重知识、尊重人才。面对"怎么看待科学研究这种脑力劳动？从事科学技术工作的人是不是劳动者呢？"这些问题，邓小平回答道："不论脑力劳动，体力劳动，都是劳动。从事脑力劳动的人也是劳动者。将来，脑力劳动和体力劳动更分不开来……要重视知识，重视从事脑力劳动的人，要承认这些人是劳动者。"① "正确认识科学技术是生产力，正确认识为社会主义服务的脑力劳动者是劳动人民的一部分，这对于迅速发展我们的科学事业有极其密切的关系。"② 为此，必须提高知识分子的劳动待遇，改善其工作环境，以调动其劳动的积极性，从而提高劳动效率，促进经济发展。

其次，在总结历史经验和把握国家发展现实状况的基础上，邓小平对保障劳动者公平分配的问题进行了深入的思考。他认为，要调动人的积极性，加快社会主义经济发展速度，必须克服平均主义，坚持按劳分配的原则。他说："我们一定要坚持按劳分配的社会主义原则。按劳分配就是按照劳动的数量和

---

① 《邓小平文选》第2卷，人民出版社1994年版，第41页。
② 《邓小平文选》第2卷，人民出版社1994年版，第89页。

质量进行分配。根据这个原则，评定职工工资级别时，主要是看他的劳动好坏、技术高低、贡献大小。政治态度也要看，但要讲清楚，政治态度好主要应该表现在为社会主义劳动得好，做出的贡献大。处理分配问题如果主要不是看劳动，而是看政治，那就不是按劳分配，而是按政分配了。总之，只能是按劳，不能是按政，也不能是按资格。"①"不讲多劳多得，不重视物质利益，对少数先进分子可以，对广大群众不行，一段时间可以，长期不行。"②"看一个经济部门的党委善不善于领导，领导得好不好，应该主要看这个经济部门实行了先进的管理方法没有，技术革新进行得怎么样，劳动生产率提高了多少，利润增长了多少，劳动者的个人收入和集体福利增加了多少。"③

除此之外，邓小平在马克思主义劳动观方面的论述还有：（1）突出生产力在社会主义建设中的重要作用，鼓励劳动致富，实现共同富裕。强调通过解放发展生产力来满足人们日益增长的物质与精神需要，实现劳动者的自由与发展，巩固社会主义制度。（2）随着我国经济体制改革的不断深化和社会主义市场经济的初步确立，为了避免劳资对立而导致劳资双方利益受损，邓小平强调劳资互利、劳资和谐，从而维护了广大劳动者的利益，为我国社会主义现代化建设的顺利进行提供了保障。（3）邓小平也十分重视教育与劳动的结合。他强调，要发展适应时代需要的教育，尤其是要开展同国民经济发展要求相适应的劳动教育，从娃娃抓起，将劳动教育与学生所学的专业紧密结合，提高学生学习和劳动的积极性。

三、江泽民关于劳动的主要论述

党的十三届四中全会以来，以江泽民同志为代表的中国共产党人在建设中国特色社会主义的实践中，丰富和发展了马克思主义劳动观。

一方面，随着改革开放的深入推进，知识经济时代、信息化时代的来临，江泽民在继承前人劳动思想的基础上，提出"尊重劳动、尊重知识、尊重人

① 《邓小平文选》第2卷，人民出版社1994年版，第101页。
② 《邓小平文选》第2卷，人民出版社1994年版，第146页。
③ 《邓小平文选》第2卷，人民出版社1994年版，第150页。

才、尊重创造”的“四个尊重”方针。具体说来，（1）尊重劳动就要牢固树立“劳动光荣”的观念，就要尊重各种合法的劳动，就要给予脑力劳动和体力劳动同等的尊重，就要消除职业歧视。（2）一个不重视知识的民族，是没有出路的。在科技竞争日益激烈的21世纪，知识的重要性已在各个方面得到了体现。江泽民十分重视先进知识的传播，致力于推进我国教育事业的现代化，致力于推进九年义务教育的普及，致力于发展我国的先进文化。（3）江泽民充分重视各类人才，并提出了一系列尊重人才的举措。比如，领导干部要善于发现人才、充分重视人才、积极培养人才、精心帮助人才，要在工作制度上营造有利于人才成长的良好的环境，从而为国家培养大量优质的人才；要善于发挥各类人才的优势，给予人才广阔的用武之地，将人才放到合适的岗位上；要关注人才作出贡献后的回报；等等。（4）尊重创造是适应知识经济时代的必由之路，一切合法的劳动收入和合法的非劳动收入都应该得到保护。总之，“四个尊重”充分体现了中国共产党在新时期、新形势下对劳动、知识、人才和创造在社会主义建设中的重要作用的重视，是对我国改革开放和现代化建设实践的深刻总结和升华，是对马克思主义劳动观和劳动价值论的发展和深化，是对马克思主义劳动思想的创新性发展。全面贯彻“尊重劳动、尊重知识、尊重人才、尊重创造”的方针，对我国劳动保障事业的发展、科学技术的发展、社会主义现代化建设、人才的培育、创新型国家的建设都具有十分重大的意义。尊重和保护一切有益于人民和社会的劳动，有利于调动劳动者的积极性，不断增强全社会的创造活力。

另一方面，基于经济全球化的时代背景，以及当时我国社会经济文化方面出现的新情况，江泽民在继承了马克思主义劳动价值观的基础上，进一步提出“坚持教育与社会实践相结合”的思想。他认为，“象牙塔”式的教育不能适应当今时代的需要，教育同经济、科技、社会实践越来越紧密地结合，正在成为推动科技进步和经济、社会发展的重要力量。教育者应当通过教育与社会实践的结合，使学生树立正确的劳动观念，养成良好的劳动习惯，使其成为德智体美劳全面发展的社会主义建设者和接班人。为落实教育与生产实践相结合的原则，他提出具体建议：一是，学校要结合自己的实际情况把这件事列入教学计划，统筹安排；二是，各级教育部门要进行具体指导和督促检查；三是，各级党委和政府要加强领导；四是，有关方面要积极支持和配合，为学生参加生产劳动提供必要条件。

四、胡锦涛关于劳动的主要论述

进入21世纪，我国进入全面建设小康社会的关键时期，由粗放式发展向科学发展转变，我国劳动领域面临的新挑战、新问题、新情况日益增多。在这种特殊的时代背景下，胡锦涛秉持求真务实、与时俱进的精神，在继承前人的基础上提出了符合现实状况、解决现实问题的劳动思想。

一是，将“以辛勤劳动为荣，以好逸恶劳为耻”列入社会主义荣辱观。随着我国改革开放的深入、经济的迅速发展以及利益格局的深刻调整，社会上的不和谐因素日益突出，特别是劳动光荣的观念在社会中不断被消解，一些人认为从事体力劳动的人地位低下，一些人总幻想着不劳而获，这些现象对青少年学生也产生了严重的影响。面对当时好逸恶劳、享乐主义、拜金主义等不良风气的抬头倾向，胡锦涛在参加全国政协十届四次会议民盟、民进联组讨论时发表讲话，将“以辛勤劳动为荣，以好逸恶劳为耻”列入社会主义荣辱观，目的是使劳动光荣、劳动神圣成为劳动人民共同的道德认识，引导人们树立劳动光荣的观念，大力提倡辛勤劳动是一种社会美德。胡锦涛同志提出，在尊重劳动的同时，也要尊重劳动者，尤其是体力劳动者，要肯定他们的辛勤劳动，尊重他们的劳动成果，并对这些辛勤劳动的体力劳动者给予物质和精神奖励，在社会上营造热爱劳动的良好风尚。

二是，深化了马克思主义劳动理论，把对劳动的认识提升到新高度。胡锦涛在全国劳动模范和先进工作者表彰大会上指出：“成就任何一项伟业都离不开劳动。要实现全面建设小康社会、进而基本实现现代化的宏伟目标，必须依靠全体人民热爱劳动、勤奋劳动。”① 他强调，在我们社会主义国家，一

① 胡锦涛:《在2010年全国劳动模范和先进工作者表彰大会上的讲话》,《人民日报》2010年4月28日第2版。

定要在全社会大力培育和弘扬劳动光荣、知识崇高、人才宝贵、创造伟大的时代新风，让全体人民特别是广大青少年都懂得并践行劳动最光荣、劳动者最伟大的真理。这一思想对于培育热爱劳动、尊重劳动的价值观念，推动形成良好社会风气，构建社会主义和谐社会具有重要意义。除此之外，胡锦涛还从社会需要、学生能力培养、学生自身成长和教育理念等多个角度强调了劳动教育的重要性，对加强劳动教育提出了系统明确的要求，这对我国新时代劳动教育的创新发展具有重要的指导意义。

第三节　新时代马克思主义劳动观

党的十八大以来，习近平总书记以马克思主义经典作家以及毛泽东、邓小平、江泽民、胡锦涛的劳动观为指导，充分汲取中国传统劳动思想的精华，立足新时代的历史维度和新实践的发展维度，在多个场合、多次讲话中提出了一系列关于劳动、劳动者的重要论述，形成了新时代马克思主义劳动观。

新时代马克思主义劳动观是新时代中国特色社会主义思想的重要组成部分，是马克思主义劳动观的最新理论成果，为新时代正确看待劳动、树立科学劳动观、弘扬劳动精神、构建新型劳动关系提供了理论指导，为实现中华民族伟大复兴的中国梦提供了强大的思想引领和精神支撑。

一、劳动价值论

习近平总书记坚持马克思主义的立场、观点和方法，将劳动视为人类的本质活动和人类文明进步的重要内容。他高度肯定劳动的价值，深刻诠释了劳动对现实生活中的个人、对社会主义现代化国家建设、对人类社会发展的价值意蕴。

首先，从个人角度看，劳动是人们谋生的基础性手段，获得人生财富需要劳动，劳动创造的个人财富能够让我们的生活更具有幸福感。社会的发展离不开每一位劳动者的创造，不论工人、农民还是领导干部，他们都在自己平凡的工作岗位上从事着不同的劳动，为社会的发展贡献着自己的一份力量。辛勤劳动是中华民族代代相传的优良品质，中国人民自古就明白，世界上没有坐享其成的好事，要幸福就要奋斗。劳动者勤劳朴实、自强不息的民族精神，爱岗敬业、吃苦耐劳的奉献精神，体现了中华民族的传统美德。

正如习近平所说，“人世间的一切幸福都需要靠辛勤的劳动来创造”[①]。“任何一名劳动者，要想在百舸争流、千帆竞发的洪流中勇立潮头，在不进则退、不强则弱的竞争中赢得优势，在报效祖国、服务人民的人生中有所作为，就要孜孜不倦学习、勤勉奋发干事。”[②]“三百六十行，行行出状元。任何一名劳动者，无论从事的劳动技术含量如何，只要勤于学习、善于实践，在工作上兢兢业业、精益求精，就一定能够造就闪光的人生。”[③] 2015 年，在纪念“五一”国际劳动节大会上，习近平进一步强调：“全社会都要以辛勤劳动为荣、以好逸恶劳为耻，任何时候任何人都不能看不起普通劳动者，都不能贪图不劳而获的生活。”[④] 这些讲话不仅有力地回击了当前社会上出现的轻视劳动、看不起劳动者的歪风邪气，而且对激励劳动者的劳动热情，培育社会主义核心价值观具有重要引领作用，也是对马克思劳动创造价值思想的创新发展。

其次，从国家、民族角度看，劳动是推动整个国家民族繁荣发展的必经之路。“实现中华民族伟大复兴，就是中华民族近代以来最伟大的梦想。这个梦想，凝聚了几代中国人的夙愿，体现了中华民族和中国人民的整体利益，是每一个中华儿女的共同期盼。”[⑤] 然而，梦想不会自动成真，中华民族的伟大复兴绝不是轻轻松松、敲锣打鼓就能实现。这一切都离不开劳动，劳动是实现国家富强、民族振兴、人民幸福的基础和保障，对社会进步、民族昌盛具有根本

---

① 习近平:《人民对美好生活的向往就是我们的奋斗目标》,http://cpc.people.com.cn/18/n/2012/1116/c350821-19596022.html。

② 习近平:《在庆祝“五一”国际劳动节暨表彰全国劳动模范和先进工作者大会上的讲话》,《人民日报》2015 年 4 月 29 日第 2 版。

③ 习近平:《在知识分子、劳动模范、青年代表座谈会上的讲话》,《人民日报》2016 年 4 月 30 日第 2 版。

④ 习近平:《在庆祝“五一”国际劳动节暨表彰全国劳动模范和先进工作者大会上的讲话》,《人民日报》2015 年 4 月 29 日第 2 版。

⑤ 《习近平谈治国理政》第 1 卷,外文出版社 2018 年版,第 36 页。

性的作用。实现我们的奋斗目标，开创我们的美好未来，必须紧紧依靠广大劳动人民，依靠他们的辛勤劳动、诚实劳动、创造性劳动。“中国梦”需要由劳动者创造实现，劳动者是实现“中国梦”的根本力量。进入新时代以来，伟大的中国人民在实现“中国梦”的伟大进程中拼搏奋斗、勇攀高峰，用自己的辛勤劳动创造了举世瞩目的巨大成就。但是，我们必须清醒地认识到，我国仍处于并将长期处于社会主义初级阶段，社会生产力还不够发达，社会财富还不够充裕，在未来发展的过程中还会面临各种难题。所有这些问题只有依靠广大人民群众脚踏实地、持之以恒的劳动才能得到解决，憧憬才能变成现实。

正如习近平总书记所说，“我们的根扎在劳动人民之中。在我们社会主义国家，一切劳动，无论是体力劳动还是脑力劳动，都值得尊重和鼓励；一切创造，无论是个人创造还是集体创造，也都值得尊重和鼓励。全社会都要贯彻尊重劳动、尊重知识、尊重人才、尊重创造的重大方针，全社会都要以辛勤劳动为荣、以好逸恶劳为耻，任何时候任何人都不能看不起普通劳动者，都不能贪图不劳而获的生活。中华民族是勤于劳动、善于创造的民族。正是因为劳动创造，我们拥有了历史的辉煌；也正是因为劳动创造，我们拥有了今天的成就。全面建成小康社会，进而建成富强民主文明和谐的社会主义现代化国家，根本上靠劳动、靠劳动者创造”①。劳动造就了历史的辉煌，造就了今天的成就，也必将创造出中华民族的光明未来。从社会整体角度看，人类社会的一切物质财富和精神财富都是劳动创造出来的。马克思主义劳动观始终强调，劳动是一切财富和价值的源泉，劳动创造了人本身，也创造了人类社会和人类历史，推动了人类社会不断向前发展。“人民创造历史，劳动开创未来”，“劳动是推动人类社会进步的根本力量”。②

习近平的这些诠释说明了他对劳动的肯定、重视和崇尚，表明了其劳动价值观的基本取向。他用“劳动最光荣、劳动最崇高、劳动最伟大、劳动最美丽”告诉全社会应该如何认识劳动和对待劳动，对新时代劳动价值观进行了

① 习近平:《在庆祝“五一”国际劳动节暨表彰全国劳动模范和先进工作者大会上的讲话》,《人民日报》2015 年 4 月 29 日第 2 版。

② 习近平:《在同全国劳动模范代表座谈时的讲话》,《人民日报》2013 年 4 月 29 日。

明确定位。

二、劳动精神论

劳动精神是劳动者在劳动过程中表现出来的劳动意识、精神状态以及形成的劳动品质、展现的劳动风貌。新时代劳动精神是社会主义核心价值观在劳动者身上的具体体现，其内涵大致包括爱岗敬业、勤奋务实、诚实守信、遵纪守法、创新创造等。习近平总书记高度重视劳动精神，他指出："我们要在全社会大力弘扬劳动光荣、知识崇高、人才宝贵、创造伟大的时代新风，促使全体社会成员弘扬劳动精神，推动全社会热爱劳动、投身劳动、爱岗敬业，为改革开放和社会主义现代化建设贡献智慧和力量。"①

首先，在全社会营造尊重劳动、尊重知识、尊重人才、尊重创造的深厚氛围，为新时代发扬劳动精神奠定基础。"我们要在全社会大力弘扬劳动精神，提倡通过诚实劳动来实现人生的梦想、改变自己的命运，反对一切不劳而获、投机取巧、贪图享乐的思想。"②

其次，劳动模范是劳动群众的杰出代表，他们身上展现的劳模精神是劳动精神的升华。习近平总书记高度评价劳动模范人物，倡导全社会向劳动模范学习，阐述劳动模范、劳模精神在中国特色社会主义事业中的重要作用。他说，"劳动模范是民族的精英、人民的楷模，是共和国的功臣"③。"劳动模范身上体现的'爱岗敬业、争创一流，艰苦奋斗、勇于创新，淡泊名利、甘于奉献'的劳模精神，是伟大时代精神的生动体现。"④"劳动模范们在平凡的岗位上创造了不平凡的业绩，以实际行动诠释了中国人民具有的伟大创造精神、伟大奋

---

① 《习近平在乌鲁木齐接见劳动模范和先进工作者、先进代表人物　向全国广大劳动者致以"五一"节问候》，《人民日报》2014 年 5 月 1 日第 1 版。

② 习近平：《在知识分子、劳动模范、青年代表座谈会上的讲话》，《人民日报》2016 年 4 月 30 日第 2 版。

③ 习近平：《在全国劳动模范和先进工作者表彰大会上的讲话》，《人民日报》2020 年 11 月 25 日第 2 版。

④ 习近平：《在知识分子、劳动模范、青年代表座谈会上的讲话》，《人民日报》2016 年 4 月 30 日第 2 版。

斗精神、伟大团结精神和伟大梦想精神。”① 劳模精神“生动诠释了社会主义核心价值观，是我们的宝贵精神财富和强大精神力量”②。习近平关于劳模精神的表述，赋予了劳动神圣性与崇高性，强调了劳模精神作为精神财富的重要意义，为科学理解和大力弘扬劳模精神提供了正确的方向和指导，有利于在全社会营造崇尚劳动的浓厚氛围。

最后，发扬劳动精神要结合劳动者的本职工作，将劳动精神细化为每个行业的工匠精神，实现劳动精神与工匠精神的有机结合。党的十九大报告提出，要“弘扬劳模精神和工匠精神，营造劳动光荣的社会风尚和精益求精的敬业风气”③，号召全社会弘扬劳动精神、劳模精神、工匠精神，为中国经济社会发展汇聚强大正能量，为实现中国梦提供崇尚劳动的价值引领。2020 年，在全国劳动模范和先进工作者表彰大会上的讲话中，习近平总书记进一步强调，“新形势下，我国工人阶级和广大劳动群众要继续学先进赶先进，自觉践行社会主义核心价值观，用劳动模范和先进工作者的崇高精神和高尚品格鞭策自己，焕发劳动热情，厚植工匠文化，恪守职业道德，将辛勤劳动、诚实劳动、创造性劳动作为自觉行为”④。我们应当继承与发扬先辈们的优良传统和基因，使劳动精神再放光芒、再创辉煌。

习近平总书记对劳动精神、劳模精神、工匠精神的重视和弘扬，统一了思想认识，指明了奋斗方向，增强了我国劳动人民的历史使命感和责任感，成为激励我们奋勇前进的重要精神动力，必将让劳动人民自觉将积极性、主动性和创造性融入国家富强、民族振兴的伟大事业当中，为中国特色社会主义事业注入不竭动力。

---

① 习近平:《在全国劳动模范和先进工作者表彰大会上的讲话》,《人民日报》2020 年 11 月 25 日第 2 版。

② 习近平:《在庆祝“五一”国际劳动节暨表彰全国劳动模范和先进工作者大会上的讲话》,《人民日报》2015 年 4 月 29 日第 2 版。

③ 习近平:《决胜全面建成小康社会　夺取新时代中国特色社会主义伟大胜利——在中国共产党第十九次全国代表大会上的报告》,http://jhsjk. people. cn/article/29613458。

④ 习近平:《在全国劳动模范和先进工作者表彰大会上的讲话》,《人民日报》2020 年 11 月 25 日第 2 版。

三、劳动幸福观

在马克思看来，劳动不仅能够满足人们物质生活的需要，同时能够使人们在劳动创造中体验和感受劳动的幸福与精神的愉悦。劳动幸福的实现需要一个历史过程，它需要劳动本身不是手段而是目的，即劳动必须是自由劳动，而非被迫的和被强制的异化劳动。

幸福具有社会历史性，不同历史时期的幸福有着不同的内涵。习近平总书记继承了马克思关于劳动幸福相关理论的精髓，立足于时代发展趋势，坚持具体问题具体分析，对劳动创造幸福作了时代性考量。

首先，劳动是幸福的源泉。习近平总书记指出："劳动是财富的源泉，也是幸福的源泉。人世间的美好梦想，只有通过诚实劳动才能实现；发展中的各种难题，只有通过诚实劳动才能破解；生命里的一切辉煌，只有通过诚实劳动才能铸就。"① 总书记关于劳动是幸福的源泉的论述，指出了劳动在新时代的价值所在。在他看来，随着生活水平的提高、物质生活条件的改善，人们不仅仅把劳动看作谋生手段，还把它看作实现自我价值的重要方式，更加注重劳动过程中的体验与感受，通过劳动满足自身的发展需要和自我实现需要。一方面，劳动的过程就是创造幸福的过程，但这个过程不是一蹴而就的，幸福是靠一点一滴的劳动创造而来的，只有依靠劳动与奋斗，精神世界才会更加丰富；另一方面，幸福通过维护劳动者的劳动尊严来实现，总书记提出的实现劳动者的体面劳动、鼓励劳动者进行创造性劳动和构建和谐劳动关系是实现劳动者幸福的重要支撑。

其次，幸福都需要靠辛勤劳动来创造。习近平总书记多次谈到劳动与幸福生活的关系，他指出，中国人民自古就明白，世界上没有坐享其成的好事，要幸福就要奋斗。幸福不是毛毛雨，幸福不是免费午餐，幸福不会从天而降，人世间的一切幸福都需要靠辛勤劳动来创造。当前，我国社会主要矛盾已经转化为人民日益增长的美好生活需要和不平衡不充分的发展之间的矛盾，而要解决

① 习近平：《在同全国劳动模范代表座谈时的讲话》，《人民日报》2013 年 4 月 29 日。

这一矛盾，唯有辛勤劳动、诚实劳动、努力奋斗，满足人民对美好生活的需要，为幸福生活奠定物质基础。他还进一步指出，一切劳动者，只要肯学肯干肯钻研，练就一身真本领，掌握一手好技术，就能立足岗位成长成才，就能在劳动中发现广阔的天地，在劳动中体现价值、展现风采、感受快乐。奋斗者是精神最为富足的人，也是最懂得幸福、最享受幸福的人。

习近平总书记的这些论述阐释了劳动与幸福的关系：劳动不仅是人的一种物质活动，也是一种精神活动；劳动能给人带来快乐和幸福，这种幸福不只是物质上、感官上的满足，还是更高层次、更大价值的人生取向，是人们幸福生活的重要组成部分。同时，新时代要求人们用劳动创造美好幸福的生活，这些论述也是对广大人民群众通过劳动创造幸福生活的伟大号召，号召大家焕发劳动热情，积极投身于社会主义劳动。

四、劳动教育观

教育与生产劳动相结合，是马克思主义教育思想的重要内容之一，也是我们党历来主张的教育理念。习近平总书记继承了党和国家重视教育与生产劳动相结合的优良传统，站在实现中华民族伟大复兴的战略高度，根据劳动形态的新变化和教育面临的新形势，在多次重要讲话中谈到劳动教育，深刻阐述了新时代劳动教育的重大理论和实践问题。

首先，构建“五育并举”的人才培养体系。在2018年召开的全国教育大会上，习近平总书记首次明确将“劳动教育”纳入我国教育体系，指出“要努力构建德智体美劳全面培养的教育体系，形成更高水平的人才培养体系”，要“培养德智体美劳全面发展的社会主义建设者和接班人”。[①] 全面发展教育体系在我国经历了从毛泽东提出的德智体全面发展，到党的十六大明确德智体美全面发展，再到习近平提出的德智体美劳全面发展三个阶段，这是马克思主义教育思想的一脉相承，也是对社会主义教育规律认识的不断深化。

---

① 习近平:《坚持中国特色社会主义教育发展道路　培养德智体美劳全面发展的社会主义建设者和接班人》,《人民日报》2018年9月11日第1版。

其次，明确劳动教育在人才培养中的使命和角色。习近平在全国教育大会上明确提出，“要在学生中弘扬劳动精神，教育引导学生崇尚劳动、尊重劳动，懂得劳动最光荣、劳动最崇高、劳动最伟大、劳动最美丽的道理，长大后能够辛勤劳动、诚实劳动、创造性劳动”①。这一表述清晰地表明了劳动教育的主要使命。劳动教育具有综合育人价值，不仅可以培养劳动素养，还扮演着以劳树德、以劳增智、以劳强体、以劳育美的基础性角色。劳动教育对于弘扬劳动精神，使青年学生更加尊重劳动、热爱劳动、崇尚劳动，传承中华民族优良传统，培养担当民族复兴大任的时代新人具有重大意义。

最后，指明劳动教育的发展途径和方向。习近平总书记还强调，开展劳动教育，应统筹利用家庭、学校、社会各方资源，发挥家庭在劳动教育中的基础作用、学校在劳动教育中的主导作用、社会在劳动教育中的支持作用，构建家庭、学校、社会“三位一体”的协同育人格局，形成工作合力，推动劳动教育实现内生性发展。

习近平总书记首次将“劳动教育”纳入“培养什么人”这一党的教育方针之中，将劳动教育的地位和意义提升到前所未有的高度，这是新时代党的教育方针的创造性发展，更是新时代弘扬劳动精神、贯彻劳动教育思想的集中体现。“五育并举”的人才培养体系补齐了劳动教育的短板，发挥了劳动教育的育人功能，强化了劳动教育在我国教育体系中的地位。切实加强劳动教育，努力把广大青少年培养成勤于劳动、善于劳动、热爱劳动的高素质劳动者，是新时代党和国家对教育的根本要求。五育并举是中国特色社会主义教育历史发展的必然要求，更是马克思主义劳动观赋予劳动教育的必然使命，为培养德智体美劳全面发展的社会主义人才，实现人的自由而全面发展提供了基本的价值遵循。

五、劳动关系论

马克思认为，劳动过程包含着两个方面的关系：一是人和自然的关系；二

① 习近平:《坚持中国特色社会主义教育发展道路　培养德智体美劳全面发展的社会主义建设者和接班人》,《人民日报》2018 年 9 月 11 日第 1 版。

是人和人的关系。任何劳动都是在一定的社会形式下进行的，在其中人们必定结成一定的社会关系。

劳动关系是现代社会最基本的社会关系，劳动关系的和谐是社会和谐的前提和基础，而社会和谐又是劳动关系和谐的延伸和结果。当前，我国正处于全面深化改革的关键时期，经济关系、劳动关系日益多样化，劳动关系的主体及其利益诉求越来越多元化，由社会保障和劳动报酬等方面的劳动关系引发的矛盾进一步显现，只有妥善处理好劳动关系中的新情况、新问题，才能真正实现体面劳动、达到社会和谐。

首先，明确构建和谐劳动关系的意义和出发点、落脚点。习近平总书记高度重视劳动关系，对新时代构建和谐劳动关系工作进行了全面部署和持续关注。他指出："构建和谐劳动关系，是建设社会主义和谐社会的重要基础，是增强党的执政基础、巩固党的执政地位的必然要求，是坚持中国特色社会主义道路、贯彻中国特色社会主义理论体系、完善中国特色社会主义制度的重要组成部分，其经济、政治、社会意义十分重大而深远。""构建和谐劳动关系，要坚持以人为本，把解决广大职工最关心最直接最现实的利益问题，切实维护他们的经济权益、政治权益、文化权益、社会权益，作为根本出发点和落脚点。"①

其次，强调将保护劳动者权益、提高劳动者待遇和福利作为构建和谐劳动关系的重点工作内容之一。习近平总书记提出，"要依法保障职工基本权益，健全劳动关系协调机制，及时正确处理劳动关系矛盾纠纷"②。"要坚持以人民为中心的发展思想，维护好工人阶级和广大劳动群众合法权益，解决好就业、教育、社保、医疗、住房、养老、食品安全、生产安全、生态环境、社会治安等问题，不断提升工人阶级和广大劳动群众的获得感、幸福感、安全感。"③

---

① 《全国构建和谐劳动关系先进表彰暨经验交流会在京举行》，《人民日报》2011 年 8 月 17 日第 1 版。

② 习近平：《在庆祝"五一"国际劳动节暨表彰全国劳动模范和先进工作者大会上的讲话》，《人民日报》2015 年 4 月 29 日第 2 版。

③ 习近平：《在全国劳动模范和先进工作者表彰大会上的讲话》，《人民日报》2020 年 11 月 25 日第 2 版。

习近平关于劳动关系的论述为新时代社会主义和谐劳动关系的构建指明了方向，对于和谐社会的建设具有重要的理论指导和政策导向作用。只有努力构建和谐的劳动关系，才能充分发挥广大劳动者的积极性、主动性、创造性，充分发挥工人阶级和广大劳动群众主力军作用，从而推动中国特色社会主义事业的不断前进。

| 专栏2-5 拓展阅读 |

《劳动铸就中国梦》

六集大型电视纪录片《劳动铸就中国梦》以赞美劳动为主题，以现实问题为导向，以中国故事为基点，用形象化的电视语言生动阐释了社会主义核心价值观，达到了思想性与艺术性的完美统一。

这部电视片从《劳动改变命运》《劳动创造财富》《劳动点亮智慧》《劳动提升品质》《劳动缔造幸福》《劳动彰显国魂》六个方面，形象诠释了习近平总书记“劳动最光荣、劳动最崇高、劳动最伟大、劳动最美丽”的重要论断。通过讲述印刻在国家货币上的群像，一一回顾了鞍钢老英雄孟泰、大庆“铁人”王进喜、共产主义战士雷锋、“两弹元勋”邓稼先、第一代女拖拉机手梁军、纺织女工赵梦桃、掏粪工人时传祥等劳模群体为新中国发展所建树的丰功伟业；通过讲述原子弹核心部件加工者原公浦的故事、讲述太空授课等航天英雄群体的故事以及“蛟龙号”深海探险的故事、拥有全部自主知识产权的高铁设计者和建设者的故事、新松机器人公司赶超世界先进科技水平的故事等，大力宣传了“创造性劳动是实现民族伟大复兴的中国梦的基石”的理念，令“劳动最光荣”再次成为时代强音。

该片重用故事，善用细节，具体表现了一个个劳动人物、劳动画面、劳动成果。镜头里的河南林县红旗渠，见证了劳动改变命运的伟大力量。林县人民用双手和简陋工具，在悬崖峭壁上开凿出一条“人工天河”，张买江、任羊成等劳模的故事和无数普通农民面对困难磨砺而成的宝贵精神，被升华为“红旗渠精神”，鼓舞了无数中国人。镜头里的高铁驾驶员李晓东，无数次徒步往返京津间，两个月竟磨穿了3双鞋；他抻着皮尺一米一米丈量铁轨，将每一个轨道曲线、坡度、信号机位置，逐一编码；他将30分钟车程分成1800秒，哪儿有起坡，哪儿有转弯，哪儿有风口，倒背如流。“中国高铁”这张中国名片，就是由这样的高铁人打造的。

该片气势恢宏，巧妙地把历史与今天融合在一起，把中外的劳动创造融合在一起，既有世界视野，又有时间纵深。该片具有较高的理论高度，比如解说词写道：“纵观一部人类文明史，从刀耕火种的原始社会到男耕女织的农业社会，从蒸汽时代到电气时代，再到当今的信息时代，劳动一直推动着社会进步的车轮滚滚向前，一直滋养着人类的精神完美与全面发展。”虽然立足于讲述当代中国劳动者，但片中不忘有机地把瓦特、西门子、爱迪生划时代的劳动创造融入进来，把长城、大运河的伟大壮举融入进来，把中国四大发明和李时珍、宋应星等古代科学家融入进来，整体展现了劳动对人类的贡献。在讲述实体经济与虚拟经济时，该片把德国因有坚实实体经济支撑，在欧盟中第一个走出金融危机阴影作为例子，实证今天发展中国制造业等实体经济的重要性。围绕高铁，该片既回顾了100多年前中国输出铺设铁路劳工的历史，也讲述了今天我们输出先进高铁技术和装备的亮点。一系列类比，给人以启迪和力量。该片通过可感知的人物故事，对“劳动铸就中国梦”这一核心主题进行形象化、艺术化表现，既有理论影响力，又有视觉冲击力。

正如观众给该片主创人员所发的信息说的那样：“中国梦的核心点是全中国各民族人民用自己智慧的头脑、勤劳的双手创造自己幸福美好的家园，铸就中华民族伟大复兴的未来，创造幸福祥和的人间天堂。片子告诉我们，最伟大最古老民族创造过最深远的历史辉煌，现在我们在用智慧与双手创造新的人类文明！”

（本文根据钟一平的《恢宏壮美的劳动赞歌——央视纪录片〈劳动铸就中国梦〉观后》一文改编。参见钟一平：《恢宏壮美的劳动赞歌——央视纪录片〈劳动铸就中国梦〉观后》，《人民日报》2015年5月29日第9版）

本章小结

马克思主义经典作家劳动观的核心内容可以从哲学、政治经济学和科学社会主义三个维度进行概括，它是社会主义建设时期中国共产党人劳动观的理论源泉。中国共产党的几代领导人在继承马克思主义劳动观的基础上，结合中国不同时期的现实情况，积极探索和形成了一系列具有中国特色的劳动理论和政策，在理论上和实践上创造性地发展了马克思主义劳动观，将马克思主义劳动观提升到一个新的高度。党的十八大以来，习近平总书记立足新时代的历史维度和新实践的发展维度，提出了一系列关于劳动、劳动者的重要论述，形成了以劳动价值论、劳动精神论、劳动幸福观、劳动教育观以及劳动关系论为主要内容的新时代马克思主义劳动观。

主要术语

历史唯物主义　劳动的二重性　商品的二因素　具体劳动　抽象劳动
使用价值　价值　劳动价值论　剩余价值论　人的类本质　异化劳动
教劳结合　“五育并举”

复习思考题

1. 请从哲学、政治经济学以及科学社会主义三个维度，论述马克思主义经典作家劳动观的主要内容。
2. 简述毛泽东对于马克思主义劳动观的继承和发展。
3. 简述邓小平对于马克思主义劳动观的继承和发展。
4. 简述江泽民对于马克思主义劳动观的继承和发展。
5. 简述胡锦涛对于马克思主义劳动观的继承和发展。
6. 论述新时代马克思主义劳动观的主要内容及意义。

推荐阅读

1. 马克思：《资本论》第1卷，人民出版社2004年版。

2. 《毛泽东选集》（1—5卷），人民出版社1991年版。

3. 《邓小平文选》（1—3卷），人民出版社1994年版。

4. 《习近平谈治国理政》第1卷，外文出版社2018年版。

第三章

劳动精神

学习目标

1. 掌握劳动精神的内涵。
2. 了解劳动精神的特点。
3. 理解劳动精神的时代价值。
4. 理解新时代劳动精神的内涵。
5. 掌握如何弘扬劳动精神。

导　读

梦想属于每一个人，广大劳动群众要敢想敢干、敢于追梦。说到底，实现中华民族伟大复兴的中国梦，要靠各行各业人们的辛勤劳动。现在，党和国家事业空间很大，只要有志气有闯劲，普通劳动者也可以在宽广舞台上展示自己的人生价值。许多劳动模范平凡而感人的事迹，都充分说明了这一点。我们要在全社会大力弘扬劳动精神，提倡通过诚实劳动来实现人生的梦想、改变自己的命运，反对一切不劳而获、投机取巧、贪图享乐的思想。

——2016 年 4 月 26 日，习近平在知识分子、劳动模范、青年代表座谈会上的讲话

2014 年 4 月 30 日，习近平总书记在乌鲁木齐接见劳动模范和先进工作者、先进人物代表时，首次提到劳动精神，他说："我们要在全社会大力弘扬劳动光荣、知识崇高、人才宝贵、创造伟大的时代新风，促使全体社会成员弘扬劳动精神，推动全社会热爱劳动、投身劳动、爱岗敬业，为改革开放和社会主义现代化建设贡献智慧和力量。劳动模范和先进工作者、先进人物不仅自己要做好工作，而且要身体力行向全社会传播劳动精神和劳动观念，让勤奋做事、勤勉为人、勤劳致富在全社会蔚然成风。"① 此后，习近平总书记多次在不同场合颂扬劳动精神。2020 年 11 月 24 日，习近平总书记在全国劳动模范和先进工作者表彰大会上的重要讲话中第一次全面总结了新时代劳动精神的具体内涵："崇尚劳动、热爱劳动、辛勤劳动、诚实劳动。"②

第一节　劳动精神概述

中华五千年悠久历史文明，孕育了勤劳勇敢、艰苦奋斗、不断创新、无私奉献的中华民族劳动精神，形成了崇尚劳动、吃苦耐劳的优良传统。"盘古开天地""女娲补天""精卫填海""钻木取火"等神话传说包含着中国人民凭借劳动的力量创造世界的朴素信仰。黄帝种五谷、发明指南车、建筑宫室，神农尝百草、大禹治水等历史故事反映了中国人民用劳动改造世界的观念。古往今来更有无数人物、文学作品演绎劳动精神。劳动精神贯穿中华民族披荆斩棘、历尽艰险的发展史，铸就了实现中华民族伟大复兴中国梦的中国力量。

一、劳动精神的内涵

劳动精神是指劳动者执持劳动理念，并在劳动活动中呈现的劳动态度、劳

---

① 《习近平在乌鲁木齐接见劳动模范和先进工作者、先进人物代表　向全国广大劳动者致以"五一"节问候》,《人民日报》2014 年 5 月 1 日第 1 版。

② 习近平:《在全国劳动模范和先进工作者表彰大会上的讲话》,《人民日报》2020 年 11 月 25 日第 2 版。

动状态以及劳动品质。积极向上的劳动精神意味着正确的劳动理念、合理的劳动态度、良好的劳动状态以及诚实的劳动品质。单个劳动者需要一种积极向上的劳动精神，它能促进单个劳动者充分发挥自己的才干，实现自我价值最大化。千千万万劳动者的劳动精神汇集在一起，凝聚成社会的劳动精神，能使社会劳动效率最大化，推动整个社会经济文化持续发展。

（一）劳动精神与劳动者是内在一致的

劳动者是劳动精神的主体，劳动者创造劳动精神。劳动精神属于意识，看不见摸不着，它依附于劳动者存在，劳动者通过劳动呈现劳动精神。反过来，劳动精神塑造劳动者，帮助劳动者成为更好的劳动者。这表明，劳动精神与劳动者是内在一致的。归根结底，重视、弘扬劳动精神，实际上是重视、弘扬劳动者。我们不能离开劳动者空谈劳动精神，也无法撇开劳动精神单论劳动者。

（二）劳动理念是劳动精神的灵魂

劳动理念是劳动精神的灵魂。一个人的劳动理念是劳动价值观的体现，它决定了劳动者的劳动态度、劳动状态以及劳动品质。因此，树立正确的劳动价值观至关重要。“民生在勤，勤则不匮”“人生天地间，劳动最为先”“桃花要趁东风开，幸福要靠劳动来”，这些都是中国老百姓崇尚劳动的朴实劳动理念。新时代，我们要树立“劳动最光荣、劳动最崇高、劳动最伟大、劳动最美丽”的劳动理念，让劳动创造价值、劳动创造美好生活、劳动实现中国梦的劳动信念深入劳动者之心。

| 专栏3-1　拓展阅读 |

自己动手，丰衣足食

1940年秋，国民党掀起了第二次反共高潮，在不断制造军事摩擦的同时，又西起宁夏、南沿泾水，东迄黄河，修筑起五道由沟墙和堡垒构成的封锁线，紧紧包围住陕甘宁边区，隔断边区与外界的交通及经济上的往来。与此同时，蒋介石操控的国民政府停发了八路军的军饷。延安地区是当时中国的贫瘠地域之一，地处自然灾害肆虐的黄土高原。当时，陕甘宁边区遭受了严重的旱、病、水、雹、风五大灾害的侵袭，灾情几乎波及每一个县，出现了严重的经济困难，到1941年进入极端困难时期。

当时，边区面临的最紧迫的问题是吃饭问题。陕甘宁边区地广人稀，土地贫瘠，要养活原有的140多万老百姓，本来就不富裕。而由于当时国民党正在调集大批军队，企图进攻边区，胡宗南二三十个师几十万大军正虎视眈眈地注视着边区，天天进行“蚕食”和挑衅活动。为了加强边区防务，防止国民党军队的突然袭击，朱德下令从晋西北调了一个主力旅回到陕甘宁边区，以保障中共中央的安全。这样，加上原有的几万干部、学生、军队，粮食问题骤然紧张起来。

在严酷形势的逼迫下，毛泽东召见了西北局负责人高岗、边区政府主席林伯渠和八路军留守处负责人萧劲光，告诉他们，目前有三条路可走：一是解散；二是饿死；三是自己动手。当然，解散是没有一个人赞成的，饿死也是没有一个人赞成的，那么只剩下最后一条路：自己动手！

之后，毛泽东代表党中央向全边区党、政、军发出了“发展生产、自己动手”的号召。这时，朱德提出了一个重要主张，就是在不妨碍部队作战和训练的前提下屯田军垦。要实现屯田军垦，首先要解决的就是土地问题，当时在著名的南泥湾就有大片可开垦的荒地。

南泥湾在延安东南约90里，是延安县金盆区一个乡，它纵横数百里，渺无人烟，遍地荆棘，鸟兽成群，但土地肥沃，有三条河川流经此地，耕地有100多万亩，是垦荒的好地方。相传，南泥湾曾是人口稠密的富庶地区，因为战争的缘故，当地人民非死即逃，致使这个地方变成了荆棘遍野、莽草丛生、狼奔豕突的荒地。

1941年3月，三五九旅和总部直属炮兵团先后进驻南泥湾。没有路，就用砍刀和斧子砍出一条路来；没有住处，大部分部队就住在临时用树枝搭起来的窝棚里，有的甚至露宿在野地上。“工欲善其事，必先利其器”，战士们首先自己动手解决了开荒需要的大批工具，利用柳条、榆条编土筐，加工制造犁、耙、镢头、锄头。随后，在“建设我们的阵地，建造我们的家园”的口号鼓舞下，战士们一面抓紧时间开荒播种，一面突击打窑。大家自己种菜，自己纺线，同时大力发展养猪、养牛、养蜂、养鸡、养鸭等副业生产，靠着不畏艰苦、官兵一致、军民合作、辛勤劳动，在南泥湾这块荒芜的土地上开垦农田27万亩左右，让南泥湾真正变成了“到处是庄稼，遍地是牛羊”的陕北江南。

在大家的艰苦奋斗下，部队供给情况发生了根本的改变。主食方面：在1942年以前，部队一般每天只吃两餐杂合饭（春耕、秋收时例外），即用南瓜、山药蛋、蔬菜拌合小米做成的饭；1943年起，改为每天三餐。副食方面：开始每人每天五钱油、五钱盐（有时还不能保证）、一碗菜；后来改为每人每天六钱油、六钱盐、两碗菜、一个汤。开始吃肉是非常困难的，如果杀一头猪，就要想办法保证100人以上的伙食单位吃5餐；后来每人每月则照例能吃到3斤猪肉，鸡、鸭、鹅、兔等肉还不计算在内。过年过节的时候，饭菜就更加丰富了。部队还开设了自己的兵工厂，可制造子弹、手榴弹、小迫击炮及炮弹；开设了一些木工厂、铁工厂、油厂、酒厂、造纸厂、百货商店，以供应军民的日常用品。当时三五九旅的历年经费自给情况是：1940年自给56%；1941年自给78.5%；1942年自给90.3%；1943年自给93.3%；到了1944年，不仅全部自给，而且可以积余一年，做到了“耕一余一”。

1942年，延安电影团被广大军民艰苦奋斗的意志和革命乐观主义精神所鼓舞，决定去南泥湾拍摄一部纪录片。在电影即将拍完时，当时任摄影队长的吴印咸请毛泽东主席为电影题词，毛泽东欣然同意。他在两张白色的凸版纸上分别题写了“自己动手”“丰衣足食”八个大字，并签上了自己的名字。在题写过程中，毛泽东边写，吴印咸边拍摄，最后拍成了电影。直到1959年，中国人民革命军事博物馆筹建时，吴印咸将收藏了16年的两幅毛泽东的题词，捐给了军事博物馆。

（参见中共陕西省委党史研究室编：《挺起共产党人的精神脊梁：毛泽东延安题词的故事》，陕西人民出版社2020年版，第136—139页，有改动）

二、劳动精神的特点

要全面把握劳动精神的内涵，我们需要把握劳动精神的特点。劳动精神的特点主要包括：能动性、实践性、历史性、发展性、人民性。

能动性是劳动精神的前提。劳动精神属于劳动者的意识，劳动者体力、脑力的储备运用是构成劳动精神的重要能源，必然具有主观能动性性。劳动精神的能动性差距会造成劳动成果的差距。曹雪芹笔耕不息10年著成《红楼梦》，司马迁勤奋努力13年造就《史记》，马克思呕心沥血40年写作《资本论》，他们均发挥了常人难及的能动性。

实践性是劳动精神的途径。劳动是创造物质财富和精神财富的过程，是人类特有的基本社会实践活动。劳动精神是在人类劳动实践中产生，又在人类劳动实践中深化与发展。没有实践，就没有劳动精神。弘扬、培育、践行劳动精神需要真正的实践。

历史性是劳动精神的底蕴。劳动精神，归根到底都是劳动实践的反映。劳动实践变化了，社会物质生活条件变化了，人们的劳动精神迟早会发生相应的变化。不同的历史阶段，不同的人类劳动实践，劳动精神就会不同。历史性是劳动精神的重要特点，因此劳动精神烙印着鲜明的时代性。在中国两千多年的封建社会，自给自足的小农经济占主导地位，农业的重要性决定了劳动精神中不可避免地出现了重农抑商的理念。明末清初，商品经济的萌芽使得政府出台了厚商政策，劳动精神中出现了尊重商人的理念。当然，不同历史阶段的劳动精神不是割裂发展的，它对传统的劳动精神有着继承与发展。

发展性是劳动精神的规律。劳动精神不是一成不变的，它随着人类实践的发展而发展，这就为弘扬培育新的劳动精神提供了可能和条件。同时，劳动精神的形成是一个不断丰富、不断更新的过程，社会会吸收适应其发展需要的新的劳动精神元素，不断丰富劳动精神的内涵，这种开放性也反映了发展的特点。

人民性是劳动精神的立场。习近平总书记强调，“伟大的事业需要伟大的精神，伟大的精神来自于伟大的人民”①。劳动精神的主体是广大劳动者，是广大人民群众。习近平总书记指出，“无论时代条件如何变化，我们始终都要

---

① 习近平：《在庆祝“五一”国际劳动节暨表彰全国劳动模范和先进工作者大会上的讲话》，《人民日报》2015年4月29日第2版。

崇尚劳动、尊重劳动者，始终重视发挥工人阶级和广大劳动群众的主力军作用”[①]。劳动精神的人民性同时表明，劳动精神的弘扬最终也要依靠人民群众。

第二节　劳动精神的时代价值

劳动精神既是时代的产物，也是时代所需的精神。劳动精神的提出和弘扬具有重大的时代价值。

一、劳动精神是实现中华民族伟大复兴梦想的时代诉求

习近平总书记提出，“人民是中国梦的主体，是中国梦的创造者和享有者”[②]。实现中华民族伟大复兴的梦想，道阻且长。实现这一伟大梦想，需要劳动精神引领。劳动精神将打造高素质的工匠型产业工人队伍，建设制造强国。劳动精神将培育敬业担当、苦干实干的劳动模范，把实体经济做实做强做优。劳动精神将激励刻苦钻研的创新型劳动人才，推动我国高水平科技自立自强。劳动精神将汇集广大人民群众的力量，充分调动广大人民群众的劳动热情，激活各种劳动资源，形成强大的合力，激励人民群众不畏艰险，创造实现中华民族伟大复兴所需的物质财富和精神财富。

二、劳动精神是劳动者全面自由发展的重要支撑

劳动的最终目的是实现劳动者全面自由的发展，而劳动精神是劳动者全面自由发展的重要支撑。

第一，劳动精神是劳动者全面发展的重要支撑。劳动是促进人的全面发展的根本手段和途径。劳动不仅改造客观世界，也在改造主观世界，获得自身的

---

① 习近平:《在庆祝“五一”国际劳动节暨表彰全国劳动模范和先进工作者大会上的讲话》,《人民日报》2015 年 4 月 29 日第 2 版。

② 中共中央宣传部:《习近平新时代中国特色社会主义思想三十讲》,学习出版社 2018 年版,第 37 页。

发展。[①]劳动能够塑造劳动理念，改善劳动态度，自检劳动状态，端正劳动品质，增强劳动能力，精益劳动技术，磨炼劳动毅力……劳动精神促进劳动者的“德智体美劳”全面发展，使得劳动者实现最大化的人生价值。

第二，劳动精神是劳动者自由发展的重要支撑。劳动精神的主体是劳动者。劳动者在劳动精神的激励下自觉主动地投身劳动，自由地运用自己的体力和智力，创造丰厚的劳动成果，获得满意的物质报酬。在劳动的过程中，劳动者意识到劳动创造价值，认识到人通过劳动可以自力更生、勤劳致富，不再为衣食所忧，从而获得安全感。劳动不是生活所迫的无奈选择，而是自发主动的行为，因而劳动者处于自由发展的状态。反之，没有劳动精神作为支撑，“人在劳动中，不是感到幸福，而是感到不幸。不是自由地发挥体力和智力，而是觉得自己的肉体和精神都备受摧残。结果是，人只有在运用自己的动物机能——吃、喝、生殖，还有居住和修饰的时候，才觉得自己在自由活动，而在运用人的机能时，觉得自己只不过是动物。于是，动物的东西成了人的东西，而人的东西成了动物的东西”[②]。

三、劳动精神是发展中国特色社会主义事业的制度要求

马克思主义劳动观是马克思主义的重要理论。劳动精神是马克思主义劳动观的丰富和发展。习近平从2014年至今多次强调劳动精神。崇尚劳动、热爱劳动、辛勤劳动、诚信劳动这些劳动精神都体现了马克思主义的基本价值取向，是发展中国特色社会主义事业的制度要求。

| 专栏3-2　拓展阅读 |

中国共产党是中华民族劳动精神的忠实继承者和坚定弘扬者

在革命、建设、改革各个历史时期，中国共产党都强调劳动的重要性，重视发挥劳动精神的能动作用，重视劳动，提倡和践行自力更生、艰苦奋斗，使

① 上官苗苗、李春华:《论新时代劳动精神的内涵、价值与培育路径》,《思想理论教育导刊》2020年第6期。

② 《马克思恩格斯全集》第42卷,人民出版社1979年版,第94页。

劳动精神得到进一步发扬光大。

早在革命战争年代党就提出，劳动是“世界上第一桩神圣事业”，“没有劳动，便没有现在的社会”；“尊重劳动”，“无工无食”；社会主义是“劳动问题的根本解决方法”，“实行社会主义，是我们劳工的责任”；劳动者要觉悟，要联合起来，向资本家争取“人的生活”，进而实现劳动阶级的彻底解放。延安时期，以八路军第三五九旅为代表的抗日军民发扬“自力更生，艰苦奋斗”的革命精神，在南泥湾大生产运动中一边练兵一边屯田垦荒，短短的三年内，就将荆棘遍野、荒无人烟的南泥湾变成了“处处是庄稼，遍地是牛羊”的陕北好江南，创造了“南泥湾精神”等宝贵的劳动精神。

中华人民共和国成立以来，在中国共产党的带领下，伟大的劳动精神迸发出巨大力量，千千万万的劳动者怀着建设新中国的无比热情，投入无限的劳动中，各行各业涌现了大量的优秀劳动者和建设者。在科技落后的特殊时期，劳动者发扬了伟大的梦想精神、伟大的团结精神、伟大的奋斗精神和伟大的创造精神，进一步形成和丰富了劳动精神的内涵，如大庆精神、雷锋精神、大寨精神、“两弹一星”精神等。只要有志气、有闯劲，普通劳动者都可以在宽广舞台上实现自己的人生价值，许多劳动模范平凡而感人的事迹就充分地说明了这一点，如“蓝领专家”孔祥瑞等。

（参见朱忠义主编：《劳动教育与实践》，北京理工大学出版社 2020 年版，第 34—35 页，有改动）

第三节　新时代劳动精神

2020 年 11 月 24 日，习近平总书记在全国劳动模范和先进工作者表彰大会上的重要讲话中指出，“在长期实践中，我们培育形成了爱岗敬业、争创一流、艰苦奋斗、勇于创新、淡泊名利、甘于奉献的劳模精神，崇尚劳动、热爱劳动、辛勤劳动、诚实劳动的劳动精神，执着专注、精益求精、一丝不苟、追求卓越的工匠精神。劳模精神、劳动精神、工匠精神是以爱国主义为核心的民族精神和以改革创新为核心的时代精神的生动体现，是鼓舞全党全国各族人民风雨无阻、勇敢前进的强大精神动力”①。这是习近平总书记第一次全面总结新时代劳动精神的具体内涵。

一、崇尚劳动

崇尚劳动是指个人或社会尊重劳动、推崇劳动、提倡劳动的观念或理念。

劳动是辛苦的劳作，无疑要付出一定甚至大量的体力、脑力，花费时间。但是从劳动者个体的角度看，劳动带给劳动者养家糊口的报酬，使得个人才干得以发挥，个人价值得以实现。从社会整体来看，劳动创造了人本身和人类社会。劳动既创造了人类社会生存和发展所需的物质财富，也创造了精神财富。不劳动，人类将无法生存。劳动是光荣的、伟大的。在社会主义国家，我们应该树立崇尚劳动的理念。

崇尚劳动，要求我们成为一个劳动者，同样也要求我们尊重每一个劳动者。习近平总书记指出：“一切劳动，无论是体力劳动还是脑力劳动，都值得尊重和鼓励。”② 劳动或许有创造价值大小之别，却不分高低贵贱。无论是体力劳动者，还是脑力劳动者，无论身处任何职业地位，每一个自食其力、认真劳动的人都对社会作出了贡献，都是值得尊重。谁也不能说一个大学教授就比一个清洁工人更重要。相反，好逸恶劳、不劳而获、坐享其成是可耻的。

| 专栏3-3　拓展阅读 |

不劳动是幸福的吗？

侯风云

不劳动的你，生活得幸福吗？

---

① 习近平：《在全国劳动模范和先进工作者表彰大会上的讲话》，《人民日报》2020年11月25日第2版。

② 习近平：《在庆祝“五一”国际劳动节暨表彰全国劳动模范和先进工作者大会上的讲话》，《人民日报》2015年4月29日第2版。

古往今来，富甲一方而最后一败涂地、穷困潦倒的大有人在。为什么？就是因为有些人有了钱往往就不知道去珍惜了，尤其是对于不是自己用劳动创造的财富，由于得之太易而愈加不知珍惜，只想着吃喝玩乐，钱很快就消费光了。

为什么有“富不过三代”之说？就是因为很多富人的后代们因不用劳动就有了钱，而失去了劳动的动力和压力，而这些不劳动的人往往又不可能过一种简朴的生活，而且还会生出很多需要钱支持的“活动”，于是他们的钱就像高处的水一样流向远方了。

最主要的是，一个人不劳动，他的身体会变坏。劳动使人思维敏锐，手脚灵活，生活有规律；长期不劳动，又基本不需要通过劳动而获得生活资料的人，没有生活压力，没有劳动的意愿，更没有增进知识和技能的动力，变得无所事事的情况下，自然易生出病来。

恩格斯在《劳动在从猿到人转变过程中的作用》一文中精辟地阐明了劳动在人类形成和发展中的重要作用。人力资本理论的创始人西奥多·舒尔茨就认为，失业或劳动者的闲置会造成人力资本加速折旧。而美国另一位经济学家阿罗则从另一个方面认为，人在劳动过程中能够增进才干，即可以实现“干中学”。所以，即使一个人拥有可以不劳动的资本，如果他从此放弃了劳动，仍然不会因为钱多而幸福；相反，他可能会有更多的烦扰。

《红楼梦》里面的主子们被前呼后拥的婆子丫鬟侍候着。他们幸福吗？在这部小说里我们没有看到一种人是幸福的：男主子不幸福，女主子不幸福，太太不幸福，姑娘不幸福，伺候人的人不幸福，被伺候的人也不幸福。因为人无所事事时，就会感到心里空虚，就会无事生非。

莫泊桑《项链》中的马蒂尔德因祸得福就是一例。她经济条件虽然一般，但不用劳动，有佣人侍奉，在丢失项链之前的日子里，她每日无所事事，不是抱怨就是叹息，小职员的丈夫百般讨好都无济于事。丢失项链后开始了自己劳动赚钱的日子。她变得能够持家，爱人也可以不像以前一样总是讨她欢喜，劳动使两口子的生活很是充实。对于个人和家庭而言，劳动起来都是好事。

叶圣陶在《富翁》作品中描述了一群得到黄金后不再劳动的人的悲剧后

果，不仅说明了只有劳动才能创造财富，而且说明了人在劳动中才能得到快乐。

（本文改编自2020年9月27日“利益关系说”公众号的文章《不劳动是幸福的吗?》，https：//mp. weixin. qq. com/s/WCxCq9GaPMfRKWXe3Yh4Mw）

二、热爱劳动

热爱劳动是指劳动者对劳动积极、主动的态度。热爱劳动意味着劳动者从内心深处自发地愿意劳动，并能够在劳动中发现劳动的乐趣，以劳动为乐，从而坚持劳动。崇尚劳动是热爱劳动的前提，只有树立了崇尚劳动的理念才能内化成热爱劳动的自觉态度。只有整个社会都崇尚劳动和尊重劳动，才能激发劳动热情、创造潜能。

对于劳动者来说，热爱劳动首先表现为热爱自己的本职工作，在岗位上尽职尽责，做到爱岗敬业，干一行专一行，干一行爱一行。热爱劳动也可以表现为热爱公益劳动，不计报酬，为公益事业甘于奉献。热爱劳动还可以表现为热爱家务劳动，承担家庭的责任。热爱劳动具体形式有很多，实质上都是热爱国家、热爱人民、热爱家庭、热爱生活，都体现了责任担当。

| 专栏3-4　拓展阅读 |

毛泽东和他的菜园

1939年，大生产运动在陕甘宁边区展开。当时，边区政府成立了生产委员会，采取有效措施鼓励生产。在延安，党政军学各界人士都被动员起来，数万人投入大生产运动中，掀起了“人人动手”的大生产热潮。

一时间，延安的沟沟岔岔都是锄的碰击声、人畜的嘈杂声，每个机关、每个部队、每个学校都有自己的生产计划、生产任务。“到生产战线上去”“我们要做劳动的先锋”“我们要做劳动的英雄”成为当时大家的誓言。

作为党政军负责人的毛泽东，不仅是大生产运动的倡导者，也是实践者。

大生产动一开始，毛泽东就向大家发出了“一面工作，一面学习，一面生产”的号召。他在窑洞门前选择了一块空地，自己动手开荒种地。众所周知，自长征以来，毛泽东喜欢在夜间办公，一直到次日凌晨。因此，一大早，延安城和周围的窑洞还在沉睡中，劳累了一夜的毛泽东在未睡觉之前，就扛着镢头出来开荒了，干一会儿后，他才回窑洞休息。办公一阵，又出去挖地。

警卫员、勤务员一见毛泽东下地，急忙回到窑洞里，拿起镢头跟上去，和毛泽东一起挖。毛泽东立刻阻止说：“你们有你们的生产计划，我有我的生产任务，就这点地，你们都挖了，我没有挖的了。”

大家一边笑，一边挖。毛泽东满脸淌着汗水，衬衫都被浸湿了，还是不肯放下镢头。手握镢头，毛泽东有一种说不出的亲切感。他 6 岁时就开始学着干轻微的体力活；13 岁时，家里缺少劳动力，父亲让他停了学，他翻田、锄草，什么活儿都干。他锄草特别认真，别人的田只锄两遍，他的田总要锄上三遍，有时根本不管遍数，见了草就锄。结果，他种的庄稼总是比人家长得好。

毛泽东这位种地能手现在又派上了用场。挖了不多久，他根据小时候种田的经验，认为有一亩地挖得差不多了，叫人来一量，果然一亩地。

地挖好了，毛泽东和警卫员们在地里垒起了个小水坝，用来引水浇地。几天后，毛泽东的地里就种上了洋芋，栽上了茄子、西红柿及他最爱吃的辣椒。

菜种好了，毛泽东站起身，拍拍手，乐呵呵地把警卫员及临时来帮忙的警卫排其他战士叫过来。

“来吸烟，来吸烟。”毛泽东逐一给战士递烟，然后关心地问：“你们天一明就上山生产，夜晚还要放哨，很辛苦吧?”

大家争着回答说：“我们青年人，都是庄稼汉出身，不觉得辛苦。”

毛泽东细细地问着：“你们警卫排订了生产计划没有？除了开荒种谷子、糜子之外，是否还种菜、养猪、打柴、烧炭呀?”

排长回答说：“根据大队部（中央教导大队）的指示订了计划，养猪、打柴、烧炭，我们去年就这样干了。”

毛泽东接着说：“耕田种地也要讲究技术，深耕细作，多犁地、多除草、多上粪才行。老百姓不是说‘一籽下地，万籽归仓’吗，你们说对不对?”

大家一齐回答：“对，一点也没有错!”

毛泽东接着问："你们谁会种菜？"

排长指着一位班长说："他是延安县的人，在家就种过菜。"

毛泽东笑着说："那很好，我就拜你做师傅，西红柿我还不会种，你教教我好吗？"

那位班长脸色忽然变得通红，低着头，羞羞答答地笑着对毛泽东说："菜我是种过，但种得不好。"

毛泽东笑着说："经验不多不要紧，我们大家一齐来研究研究吧！三个臭皮匠，合成一个诸葛亮呀！"

一场春雨过后，毛泽东的那块地里的菜齐刷刷地出了苗，谁看了都夸奖。村里的人从地边经过，都要好好看看周围，怕有猪呀、鸡呀的把毛泽东这块地里的苗给毁了。

第二年，毛泽东请来杨家岭的老乡当顾问，他一有空便到菜地里施肥、浇水、锄草，不久地里便有了黄瓜、白菜和丝瓜。最让毛泽东感到高兴的是，地里种出了他最喜爱的红辣椒。吃着自己种的红辣椒，他心里特别舒坦。除供自己吃外，他还经常拿这些劳动果实来招待客人，或送给周围的同志。

（参见朱忠义主编：《劳动教育与实践》，北京理工大学出版社2020年版，第35—36页，有改动）

三、辛勤劳动

辛勤劳动是指劳动者努力、勤恳、不怕困难的劳动状态。天道酬勤，力耕不欺。辛勤劳动的付出总归能得到丰厚的回报。习近平总书记说："幸福都是奋斗出来的。"[①] 新中国成立以来，我们通过辛勤劳动，从一穷二白发展成今天GDP总量全世界第二的国家。改革开放以来，我们通过辛勤劳动，解决人民日益增长的物质文化的需要。现在，我们通过辛勤劳动，满足人民日益增长的美好生活需要，实现中华民族伟大复兴的中国梦。没有辛勤劳动，梦想只能

① 《国家主席习近平发表二〇一八年新年贺词》，《人民日报》2018年1月1日第1版。

成为空想。

辛勤劳动是崇尚劳动理念的具体实施、是热爱劳动态度的具体行动。它反映了勤奋敬业、埋头苦干的精神，是中华优秀传统文化的体现，也是对劳动者的基本要求，只有辛勤劳动才能在最大程度上实现劳动者的价值。

辛勤劳动要求我们在工作、学习、生活中能够不怕艰辛、吃苦耐劳。宝剑锋从磨砺出，梅花香自苦寒来。想要取得理想的劳动成果，总要付出努力，总会遇到各种各样的难题，在难题面前我们不能轻易放弃，要想办法迎难而上。

| 专栏3-5　拓展阅读 |

她被认为能获诺贝尔奖，为了祖国说过三次“我愿意”

1964年，在新疆罗布泊，中国第一颗原子弹爆炸成功，人们记住了邓稼先、王淦昌、钱三强等杰出的科学家。但是很少有人听说过，这背后还有这样一位奇女子，她一次次从零开始，为国家隐姓埋名30多年，用“我愿意”肩负起祖国的重托。她是王承书，是参与研制中国第一颗原子弹的为数不多的女性之一，也是中国铀同位素分离事业的理论奠基人。

“不可多得的人才”

1912年，王承书出生在上海一个书香门第。当同龄人都在吟诗作画时，她却沉浸在数学、物理领域中刻苦学习。1930年，王承书考上燕京大学物理系。作为全班唯一的女性，她的成绩超过了所有人。1934年，王承书以全系第一名的成绩毕业，并获得学校最高荣誉——“斐托斐”名誉学位。两年后，她又获得燕京大学硕士学位。在这里，她遇到了一辈子的知音伴侣——张文裕。

1941年，王承书获得美国巴尔博奖学金，丈夫张文裕辞去国内工作，陪她前往美国学习。王承书师从国际物理学权威乌伦贝克教授，开始了气体分子运动论的相关研究。

留美期间，凭借极强的数学天分，她提出的“王承书—乌伦贝克方程”轰动世界，这一成果至今仍在沿用。导师评价她是“不可多得的人才”。王承书让西方科学界深信，只要她能在美国坚持研究下去，一定能获得诺贝尔奖。

然而她却放弃了这条道路，于1956年回到了祖国，和她一起回来的，还有装满300多个包裹的书籍和笔记。

“我的事业在中国”

王承书虽然在外求学，但心系中国，一直关注着国内的情况，渴望学成之后报效祖国。1949年，新中国成立，王承书本打算和丈夫张文裕立即回国，但是由于有孕在身，只得推迟了归国时间。不久，朝鲜战争爆发，一大批爱国科学家受到美国政府的迫害，遭到软禁而失去自由，这其中就包括王承书。

1956年，王承书和张文裕终于实现了回国的心愿。王承书目光坚定地说：“虽然中国穷，进行科研的条件差，但我不能等别人把条件创造好，我要亲自参加到创造条件的行列中，我的事业在中国。”

她坚信，只有共产党才能带领中国强起来，自己也要出一份力！

她在日记中写道：“我一定将党的利益放在个人利益之上，在任何工作岗位上，都竭尽所能最好地完成党交给我的任何任务。”

一生的三次“我愿意”

回国后，她在笔记中写下：“1956年10月6日是我难忘的一天。在离别了15年的祖国国境上，第一次看到五星红旗在空中飘扬，心里说不出的兴奋。我要为国家作贡献，国家需要什么，我就干什么。”

1958年，我国筹建热核聚变研究室。当时这一技术在国内一片空白，也是王承书从未接触的陌生领域。对46岁专业已经定型的她而言，这是一个充满风险的巨大考验。面对钱三强的邀请，王承书毫不犹豫地说出了“我愿意”。

不久，国家原子弹的研制进入攻坚期，核心燃料高浓铀的研究却进展缓慢。1961年3月，钱三强又一次找到王承书，希望她负责高浓铀研制。这一次，王承书再次说出“我愿意”。王承书后来曾对人说：“年近半百，转行搞一项自己完全不懂的东西，不是件容易的事。但再一想，当时谁干都不容易，何况我在回国之前就已暗下决心，一定要服从祖国的需要，不惜从零开始。”“我改行了比别人损失要小。既然都是从头做起，我为什么不可以？我也能做。”

第二次选择

仍是短短三个字“我愿意”。然而，这次的选择意味着她要从此隐姓埋名。王承书告别丈夫和孩子，悄悄来到中国第一座浓缩铀工厂。1963年底，高浓铀投入生产，我国第一颗原子弹指日可待。

1964年1月14日，工厂成功取得第一批高浓铀合格产品，为原子弹爆炸提供了最根本的燃料保证。至此，中国成为世界上第五个掌握高浓铀研制技术的国家。王承书带领团队交付产品的时间比原计划整整提前了113天。

1964年10月16日，中国第一颗原子弹爆炸成功。中国人终于等到了那一声东方巨响。

而此时的王承书面对的却是继续隐姓埋名从事核事业研究的邀请，这也是钱三强向她发出的第三次邀请。她坚定地说出了第三个“我愿意”。

在她笔记的扉页里，有一张已经发黄的字条，上面写道：“在无论任何条件下，坚决完成党交给我的任何任务。在必要时不惜牺牲自己的生命。”

将我的身心献给党

由于长期操劳，晚年的王承书患上眼疾。但她却以浪费为由，拒绝昂贵进口药的治疗。因为保密的原因，王承书很少出现在公众视野。王承书收到自己的病危通知时，她留下遗嘱，将自己一生积蓄的十万元一分不剩地全部捐给“希望工程”，让贫困地区的孩子读书；把遗体捐给医院研究；把书籍和笔记留给其他科研工作者。

去世前，她在寄给学生的信里写道：“我一生平淡无奇，只是踏踏实实地工作，至于贡献，谁又没有贡献？而且为国家作贡献是每一个公民的职责，何况我是一个共产党员。我将我的身心献给党，为共产主义，为解放全人类的光荣伟大事业，奋斗到底。”

在新中国崛起之路上，有无数像王承书这样的无名英雄。

向王承书致敬！

向老一辈科学家致敬！

（参见“人民日报”微信公众号文章，https://mp.weixin.qq.com/s/b7NFrPIbfPUShlWPTQKHCg）

四、诚实劳动

诚实劳动是指劳动者遵纪守法、不弄虚作假、言行一致的劳动品质。习近平总书记指出，人世间的美好梦想，只有通过诚实劳动才能实现；发展中的各种难题，只有通过诚实劳动才能破解；生命里的一切辉煌，只有通过诚实劳动才能铸就。

劳动者只有通过诚实劳动，才能够得到持续发展。社会只有通过诚实劳动，才能真实进步。“真的假不了，假的真不了”。现实生活中总有一些人抱着侥幸的心理，在劳动准备、劳动过程、劳动成果上不讲诚信，投机取巧，想快速成功，发财致富。这样弄虚作假的做法迟早会被揭穿，严重的还要承担相应的法律责任。

诚实劳动是崇尚劳动、热爱劳动、辛勤劳动的道德底线。诚实劳动要求我们为人真诚，诚实对待自己的劳动，如实展示自己的劳动时不夸大不欺瞒，更不窃取他人的劳动。诚实劳动很辛苦，却是踏踏实实。诚实劳动不是一条成功的“捷径”，却是我们该走的正道。只有诚实劳动，才能让我们走向成功，确实感受到劳动的幸福感和获得感。

第四节　弘扬劳动精神

习近平总书记强调：“要在学生中弘扬劳动精神，教育引导学生崇尚劳动、尊重劳动，懂得劳动最光荣、劳动最崇高、劳动最伟大、劳动最美丽的道理，长大后能够辛勤劳动、诚实劳动、创造性劳动。”① 这一重要论述，突出了弘扬劳动精神的重要性，其实现需要政府、社会和个人的共同努力。

① 习近平:《坚持中国特色社会主义教育发展道路　培养德智体美劳全面发展的社会主义建设者和接班人》,《人民日报》2018 年 9 月 11 日第 1 版。

一、加强顶层设计，构建劳动精神的弘扬机制

弘扬劳动精神需要相应制度机制的保障。政府应该加强顶层设计，在全社会构建劳动精神的弘扬机制。

第一，充分肯定劳动者的贡献，实现劳动者体面劳动。2020 年，中国全面建成小康社会，实现了全面脱贫。国家经济的飞速发展，物质生活的日益丰富，使人们从关注生存的低层次需求提高到追求精神文化的高层次需求。劳动者不但重视工资、福利待遇等硬性条件，同时也开始在意劳动环境、劳动时间、企业文化、权益保护等软性条件。满足劳动者硬性和软性条件的需求，充分肯定劳动者的贡献，实现劳动者体面劳动，才能充分激发劳动者的积极性和主动性。具体来说，我们要解决住房、教育、医疗卫生等重大民生的难题，保障劳动者合法权益，完善社会的三次分配，调节个人收入分配，实现共同富裕，为劳动精神的弘扬奠定坚实的物质基础。

第二，在大中小学学真正落实劳动教育。大中小学学生是未来的劳动者，对他们加强劳动教育，是在培养弘扬劳动精神的后备军。2020 年 3 月 20 日，中共中央、国务院发布《关于全面加强新时代大中小学劳动教育的意见》，提出将劳动教育纳入中小学国家课程方案和职业院校、普通高等学校人才培养方案，形成具有综合性、实践性、开放性、针对性的劳动教育课程体系。随着国家对劳动精神的弘扬，高校也逐步重视大学生劳动教育，但在实践中仍然存在师资力量薄弱、课程研发不够、理论强实践弱等问题。我们应该以政府为主导，打造学校、家庭、企业的劳动资源使用融合机制，增强劳动教育实施效果，使劳动教育成为弘扬劳动精神的有效途径。

二、营造劳动至上的优良社会环境

在当前社会，正确的劳动观念是主流，但一些错误的劳动观念依然存在。比如有一些人轻视劳动、好逸恶劳、投机取巧、坐享其成。我们要引导社会舆论，尊重劳动者主体地位，达成“劳动最光荣、劳动最崇高、劳动最伟大、劳动最美丽”的共识，形成以辛勤劳动为荣、以好逸恶劳为耻的舆论导向。

营造劳动至上的社会环境可以充分运用各类媒体。一方面，通过宣传劳动模范、评选工匠人才等多种活动，弘扬优秀劳动者的劳动精神，起到先进示范效应；另一方面，媒体应关注普通劳动者，挖掘普通劳动者身上的闪光点。习近平主席在2018年新年贺词中指出，“广大人民群众坚持爱国奉献，无怨无悔，让我感到千千万万普通人最伟大，同时让我感到幸福都是奋斗出来的”①。通过讲述普通劳动者故事，呼吁社会各界对普通劳动者展开人文关怀，为崇尚劳动打造有力的舆论支撑。

| 专栏3-6　拓展阅读 |

抗疫中那些普通人的故事　用平凡成就伟大

“师傅您好，麻烦配合一下测一测体温，谢谢。”这样的话，河南省濮阳市华龙区胜利路街道添运社区门卫连增每天要重复400次以上。“这里有465户，大门就是社区的第一道防线，绝对不能让疫情从这里进去!”连增说，自己手里握着的不仅是测温仪，更是沉甸甸的责任。

没有人生来就是英雄，总有人用平凡成就伟大。当疫情突然降临，无数像连增这样的普通人的坚守，让人们在这特殊时期倍加感到爱与温暖。

镜头一：早上6点，整个城市还未苏醒，保洁员黄龙江已开始忙碌。

黄龙江是浙江省浦江县花桥乡一名普通的保洁员。疫情发生后，他主动请战，负责全乡11个村百余名居家观察对象的垃圾处理和消毒，成为花桥乡最安心的一道“隔离线”。

1月26日至今，黄龙江每天都要将各村垃圾分类清运到垃圾处理站，并将所有垃圾桶进行全方位冲洗、消毒。之后，再背上消毒桶，马不停蹄地赶去散落在11个村的居家观察人员家，帮助清收垃圾并入户消毒。一通忙碌下来经常是日头下山，一天就过去了。

“我不图啥，就是要让每个角落都干净，藏不住病毒。你们安心在家，有

① 《国家主席习近平发表二〇一八年新年贺词》，《党建研究》2018年第1期。

我老黄守着呢。”黄龙江的声音不大，但十分坚定。

镜头二：下午2点，快递员吴晓俊在路边停靠好三轮车，然后掏出一早就买的面包和牛奶开始吃午饭。

吴晓俊是一名快递小哥，负责重庆市九龙坡区万象城、华润二十四城区域的配送。为加强疫情防控，万象城商场暂停营业，那些留有商场收件地址的包裹无法配送，吴晓俊会逐一联系收件人，确认是延期配送还是转寄到其他地方。

春节期间，吴晓俊配送的包裹数量依然不少，最多的时候一天要送三四十件。而在这些配送的快递中，一半以上是消毒水、口罩等防护用品。

“疫情当前，这些包裹我们一定及时送达！”吃过饭后，来到华润二十四城小区门口，吴晓俊又开始拨打收件人的电话。“谢谢，太谢谢你了！”从吴晓俊手中接过装有口罩的包裹，黄女士连声道谢，并拆开包裹，送给吴晓俊两只口罩，叮嘱他“一定要保护好自己”。小小的举动让吴晓俊觉得十分暖心。

顾不上休息，吴晓俊马上就要赶往下一个地方，有企业要给奋战在一线的基层工作者寄送500只口罩，他要立刻赶去取件，“只要有订单，那就一刻也不能耽误”。

镜头三：晚上6点，312国道常丹界交通检查站，民警闻宇正在风雨中对外来车辆逐个进行登记。

闻宇是江苏省常州市新北区奔牛派出所的一名普通民警。从大年三十开始，他便主动请缨前往检查站值守，这个进入常州主城区的关键卡口车流量非常大，每晚他都要登记近300辆车。

南方冬季的雨夜，穿着厚重的防雨装备，鞋子浸水后俨然像踩在冰坨子上一般，但闻宇始终不肯下“战场”。

“老公，给你打了不知道多少次电话，你可能在忙吧。注意安全，注意身体，我们都在家等着你！”读完泪下，闻宇匆匆回复：“全家放心！我一切都好！”20多天来，与家人视频和通话次数，闻宇一个手掌数得过来。

“疫情不退，我们不退！都说有困难找警察，这时候我们不上怎么能行啊？”闻宇表示。

镜头四：深夜22点，山东省威海市胸科医院应急电力工程施工现场，随着最后一米电缆缓缓拐进电缆管，工程全面告捷，已经在这里盯了一天的倪鹏缓缓地舒了一口气。

1986年出生的倪鹏是威海供电公司的一名电力职工，接到承建新冠肺炎定点收治医院威海胸科医院应急增容工程的任务后，他和同事们组成党员突击队，第一时间进驻工程现场。

通常而言，搭建工地的电力系统需要一个月左右，而上级下了死命令：半个月，半个月必须完成任务！倪鹏和同事们咬紧牙关，埋头苦干，不仅啃下了这块"硬骨头"，还将工期压缩到了9天。

"非常时期，我们必须千方百计抢时间。"这是倪鹏和同事们的共同心声。他说，工地一墙之隔的胸科医院住着收治进来的新冠肺炎患者，每个人身后都有一群牵挂的人。

疫情猝不及防，国人守望相助。这一帧一帧的镜头，一点一滴的时间，串联起来，便是眼下的坚守。

奋战在一线的医务人员是勇敢的"逆行者"，这些普通人，也通过自己的坚守，诠释着平凡中的伟大。一道道普通人的微光，闪烁着，汇聚成星河。

（参见《抗疫中的那些普通人的故事　用平凡成就伟大》，https://baijiahao.baidu.com/s?id=1659655030475510009&wfr=spider&for=pc）

三、从日常工作、学习、生活做起

弘扬劳动精神，最切实际的就是从日常工作、学习、生活做起。

对于职场的劳动者来说，弘扬劳动精神首先体现在日常工作中。日常工作通常都是一些按部就班、琐碎零散的"小事"。做好每一件小事并不容易，需要高度的责任心、真正的热爱、恒久的耐心，而这正是劳动精神弘扬。云南省丽江华坪女子高级中学校长张桂梅，每天清晨5点为学生们开灯，拿着喇叭站在教学楼门口督促孩子们进教室早读。学生上课时，她会独自在楼内进行巡课，监督学校课堂教学情况。吃饭时，她会到学校食堂督促学生们吃饭。等学生们开始进入晚自习时间，她便会去儿童之家看一看那里的孩子们，教他们读书习字。之后再返回学校检查学生们的晚自习情况，直到学生们回宿舍休息。张桂梅的一天做的都是平常的、不起眼的小事，但她坚持了十几年。她先后获得“全国脱贫攻坚楷模”“全国优秀共产党员”“全国先进工作者”等荣誉称号，被评为“感动中国2020年度人物”，2021年6月被党中央授予“七一勋章”。

作为当代大学生，我们要有意识地培养自己的劳动意识和劳动习惯，尊重他人劳动。在家庭中主动承担家务劳动，在宿舍做好卫生打扫。我们还要将理论与实践结合起来，积极参加学校、社会组织的各项实践活动。纸上得来终觉浅，绝知此事要躬行。不论是体力劳动还是脑力劳动，都可以帮助我们更深刻地理解运用来自书本的理论知识，也只有在劳动实践中接触社会，把论文写在祖国的大地上，我们才能了解真实的社会，认识国情民情，形成正确的劳动观。

| 专栏3-7　拓展阅读 |

一室之不治，何以天下家国为？

《后汉书》记载了一个小故事：故事的主人公陈蕃，字仲举，汝南平舆人，祖上是河东太守。

陈蕃十五岁的时候，曾经独自一人住在一处，庭院以及屋舍十分杂乱无章。他父亲的朋友同郡人薛勤来拜访他，对他说：“小伙子，你为什么不整理打扫房间来迎接客人？”陈蕃说：“大丈夫处理事情，应当以扫除天下的祸患这件大事为己任。为什么要在意一间房子呢？”

薛勤反问道：“一室之不治，何以天下家国为？”陈蕃无言以对。

（末段非《后汉书》所载，为后人演绎）

本章小结

中华五千年悠久历史文明，孕育了中华民族的劳动精神。劳动精神是指劳动者执持劳动理念，并在劳动活动中呈现的劳动态度、劳动状态以及劳动品质。新时代劳动精神具有重大的时代意义。弘扬劳动精神，需要加强顶层设计，构建劳动精神的弘扬机制；营造劳动至上的优良社会环境；从日常工作、学习、生活做起。

主要术语

劳动精神　崇尚劳动　热爱劳动　辛勤劳动　诚信劳动　劳动教育

复习思考题

1. 简述我国新时代劳动精神的内涵及特点。

2. 简述劳动精神的时代意义。

3. 结合自身的学习、生活体会，谈谈作为一名大学生应该怎样弘扬劳动精神。

推荐阅读

1. 彭维锋：《劳动改变中国（1978—2018）》，工人出版社 2021 年版。

2. 丰子恺：《丰子恺自述：我这一生》，中国青年出版社 2015 年版。

第四章

劳模精神

学习目标

1. 了解劳模精神的时代变迁。
2. 掌握劳模精神的基本内涵。
3. 理解新时代劳模精神所表达的内容。
4. 学习和弘扬劳模精神。

导 读

劳动模范是民族精英、人民楷模，是共和国的功臣，要大力弘扬劳模精神。

——2020 年 11 月 24 日，习近平在全国劳动模范和先进工作者表彰大会上的讲话

第一节　劳模精神概述

一、劳模精神的时代变迁

历经数代中国人民的艰苦奋斗，国家不断开创新的局面，获得新的突破与发展。同时，在国家稳步发展的历史进程中，政治、文化、经济建设等各个领域涌现出大批劳动模范和先进工作者，为推动国家发展、民族繁荣、文化振兴、人民幸福作出了突出贡献。对于劳动模范，党和政府非常重视。从1950年毛泽东主席在全国劳模代表大会表彰劳模，到2020年习近平总书记在全国劳动模范和先进工作者表彰大会上发表重要讲话，国家对于优秀劳动者的表彰活动已经经历逾70个春秋。

我国最初劳模评选工作的雏形，产生于土地革命战争时期中央苏区的各公营工矿企业中。在此期间，中国共产党依次组织展开各项劳动竞赛、评选各级典型劳模，并对劳模和先进工作者给予特别的荣誉表彰。① 后期典型劳模评选活动主要出现在抗日战争时期，陕甘宁边区大生产运动中沿用了土地革命战争时期各类劳模评选的活动方法，但该次劳模的评选工作要更为全面、有序、有效。陕甘宁边区大生产运动中全国劳模奖的评选活动是在特定的时代背景之下进行的，当时抗日战争仍在进行，国民党不断反共，连续三年自然灾害影响严重，在这样的重重困难下，边区政府和人民连最基本的吃饭问题都不能保证。因此，在党的领导下，边区政府开展了一系列的劳模评选运动。评选以“服务战争、志愿军事”为指导思想，旨在激励人民以全新的劳动态度认真对待工作，使人民积极、自愿参加义务劳动，充分体现人民群众为革命献身、为革

① 中央苏区工人运动史征稿协作小组:《中央革命根据地工人运动史》,改革出版社1989年版,第113页。

命奋战到底的决心。这是一场群众性的政治运动。

在新中国成立初期，党和政府继续采用抗日战争时期评选劳模的做法，依托各种生产劳动竞赛，评选大量的优秀劳模和先进工作者，以此来不断提高广大劳动人民的生产工作积极性，促进经济社会的发展。20 世纪 70 年代末，国家提出要以经济建设为中心、坚定不移地进行经济体制改革。这一时期评选劳模的主要依据是“大力发展生产力”。1979 年全国劳模先进表彰大会指出，判断一个企业职工是否为劳模的根本性标准，在于其是否在推动国家经济生产力的发展壮大方面起到了显著性推动作用，是否为推进我国的社会主义经济建设作出了突出贡献。[①] 改革开放以后，在邓小平提出“科学技术是第一生产力”的倡导之下，一大批科技文化教育工作者劳模开始显现，劳模评选范围由最初的工人、农民明显扩大，劳模的身份开始出现多样化。1989 年 9 月，在第一届全国优秀劳动模范和先进劳动工作者表彰大会上，国务院首次明确规定了全国劳模的评选时间、评选标准及评选对象。规定以后劳模的评选工作每 5 年举办一次，对于每次评选劳模的具体标准，又有如下相关规定：全国优秀劳动模范和先进工作者首先必须要爱国守法、坚持四项基本原则，其次要在企业生产、农业生产、科教文卫、发明创造、提高劳动生产率、环境保护、维护社会安定、社会主义精神文明建设等方面具有突出贡献[②]。自此次会议公布详细的全国劳模评选条件之后，以后全国有关劳模的各项评选活动基本都以此文件要求作为主要标准。

2000 年开始，我国每隔 5 年就要召开一次全国优秀劳动模范和先进劳动工作者表彰大会。自此之后，表彰对象、名称、时间、人数都趋于稳定，这就意味着我国劳模评选表彰工作已经进入一个制度化发展阶段。随着人工智能时代到来，科技创新、民族振兴成为时代的主旋律，人们的思维方式也在发生着改变，我国劳模表彰群体的形象渐渐具有“知识型、技能型、创新型”的明

① 中华全国总工会办公厅编:《建国以来中共中央关于工人运动文件选编》(下册),中国工人出版社 1988 年版,第 1217—1218 页。

② 徐大慰:《劳模精神的时代内涵及现实价值》,《中国井冈山干部学院学报》2016 年第 5 期。

显特点。[1] 新时代的劳模更加坚信只有依靠创新、具备国际意识，才能走向世界，国家才可以拥有一定的话语权。2017 年 10 月，习近平总书记明确提出，国家要不断加快投入，深化推进供给侧结构性改革，把发展经济的着力点放到实体经济上，不断弘扬全国劳模精神，建设一支知识型、技能型、创新型的现代劳动者队伍。[2]

从国家劳模评选发展的历程中可以发现，劳模精神一直是时代指导思想的先进标杆，其先进性贯穿于整个中国劳模精神的培育发展过程中。劳模精神的内容在不断丰富，劳模的角色、事迹也在发生转变，但劳模们执着于自身事业、爱岗敬业、甘于奉献、勇于创新的精神永远不会发生改变。而且，劳模精神始终坚持与时俱进，在服务于整个国家的建设与发展的同时，也体现着国家的意志，表现着相应时期党和国家倡导的主要的治国理政思想。它是国家力量建构的一种社会意识形态，促进了社会凝聚力的产生，是国家建设的重要精神资源。

| 专栏 4-1　拓展阅读 |

“铁人”王进喜

“铁人”是 20 世纪五六十年代，人们给石油工人王进喜的称号，他的各种先进事迹广为流传，向我们传达着以爱国、创业、求实、奉献为主要内涵的中国石油“铁人精神”，这种精神对任何时代的发展都是不可缺少的。

其一，爱国。正当王进喜沉浸在当选为全国劳动模范喜悦之中的时候，他的开心却被北京街头缺少石油的现象而消解，责任和愧疚让他在街头痛哭。因为在他看来，国家没有石油，国家是会有压力的，而这份压力是需要石油工人主动去替国家排解的，这也是自己的责任。为了摘下中国“贫油国”的帽子，解决石油难题，他奉献了一切。

其二，创业。王进喜终身都体现出了很强的创业精神。当时，面临西方列

---

① 王霖凡、赵冰:《“变”与“不变”:新中国成立以来劳动模范的变迁发展逻辑》,《齐齐哈尔大学学报》2021 年第 6 期。

② 习近平:《决胜全面建成小康社会,夺取新时代中国特色社会主义伟大胜利——在中国共产党第十九次全国代表大会上的报告》,http://www.gov.cn/zhuanti/2017-10/27/content_5234876.htm。

强对于我国全面封锁、国内正经历“三年困难时期”等极其严峻的形势，王进喜带领着自己的队友脚踏荒原，在恶劣的自然条件下，秉持着有条件就上、没有条件就去创造条件的原则，用最快的速度、最短的时间，高水平地拿下了大庆油田，这是在新中国成立以来最困难的时期、在条件最艰苦的地方进行的基业开创，激励着一代又一代的劳动者。

其三，求实。王进喜对待工作永远实事求是、表里如一，一辈子不贪图虚名，踏踏实实、勤勤恳恳。其中，其带领团队人工运钻机的事迹广为流传。一套大型钻井设备总重60多吨，需要吊车或者大型载重汽车搬运，但是正在组建的探区吊运设备非常少，短时间无法调配使用；而另一边工作进度是不能停止的。迫于时间紧迫，王进喜作为团队指挥人，主动提出要人工运钻井，并号召大家立即开始行动。在他看来，员工相当于拖拉机，几十人就是几十台拖拉机，不论选择手拉还是肩扛，都必须要把钻井运到指定目的地，不可以耽误工作进度。在三天三夜之后，王进喜带领团队以一种人工运输的手段将60多吨的钻井设备搬运到了目的地。面对工作困难，王进喜从不因自己是团领导而只是指挥下属，他都会亲力亲为，当第一人去带头做。①

其四，奉献。王进喜非常关爱百姓、清正廉洁、以身作则。他给全家定了一条规矩：公家的一切东西都不可以私自享用。他因为患有严重的关节炎，平时上下班和外出办事的时候不是很方便，于是上级领导给他配了一辆车。他却用这辆车送粮食、送菜、送职工看病，把他的专用车用成了钻井队的公用车。这辆车，钻井队里的工人、干部他都让用，唯独他的家里人他不让用，哪怕家里老母亲生病，他也是叮嘱大儿子用自家自行车推着老人去看病。他将自己的队友视为家人，将自己的一切都奉献给了人民和国家。

“铁人精神”是永不褪色的宝贵精神财富，是劳模精神的充分表达，是鼓舞当代中华儿女艰苦奋斗、顽强拼搏、担当作为的强大内生动力。随着《铁人》《铁人王进喜》等相关影片的上映，王进喜和“铁人精神”在一代又一代人的心中扎下了根。榜样告诫我们，要时刻铭记劳模艰苦奋斗的精神和不怕

① 孙志刚：《铭记铁人事迹　感悟铁人精神》，《大庆社会科学》2016年第3期。

苦、不怕累、脚踏实地的工作态度，要监督自己并及时修正自身的价值观念、行为准则。同时，国家对劳模的评选和宣传，实质是向公民传达的一套事关劳动精神、劳模精神的社会价值体系，旨在对人们的生活行为习惯产生一定的约束力，在整个社会形成一种强大而无形的力量，以调整个人与个人、个人与团体、个人与社会之间在劳动方面的密切关系，保证公民社会劳动行为方式可以大体趋同，以此促进国家的稳定发展。

二、劳模精神的基本内涵

2005 年，胡锦涛在全国劳模表彰大会上指出，历届全国劳动模范用自己的实际行动，展现出了“爱岗敬业、争创一流，艰苦奋斗、勇于创新，淡泊名利、甘于奉献”的伟大中国劳模精神。[①] 这是我国第一次对中国劳模精神的内涵进行具体阐释。2020 年，习近平总书记提出，在国家的长期发展改革实践中，我国形成了“爱岗敬业、争创一流、艰苦奋斗、勇于创新、淡泊名利、甘于奉献”的中国劳模精神，它是以爱国主义为核心的民族精神和以改革创新为核心的时代精神的生动体现，鼓舞着我国人民勇往直前。[②] 由此可以充分看出，习近平总书记明确肯定了劳模精神的基本内涵。此后，我国劳模精神的内涵也都以该固定形式进行表达。

（一）爱岗敬业

爱岗敬业是劳动者的本分。爱岗指的是劳动者对于自身工作岗位有一种强烈的热爱之情，对于自己的劳动工作非常喜欢。敬业，一方面指的是劳动者拥有主人翁意识，敢于主动承担自己身负的各种劳动责任，努力去实现家庭、社会以及国家对自己所寄予的厚望；另一方面指的是劳动者对自身具体的劳动工作、劳动任务负责，不论一个工作种类为何、职责范围大小，都能在自己的工作岗位上恪尽职守。对于许多劳动者而言，敬业或许还是一种被动的基本工作

① 胡锦涛:《在劳模和先进工作者表彰会上的讲话》, https://www.chinanews.com.cn/news/2005/2005-04-30/26/569592.shtml。

② 习近平:《在全国劳动模范和先进工作者表彰大会上的讲话》,《人民日报》2020 年 11 月 25 日第 2 版。

要求、工作准则，需要学习与遵守；而对于劳模而言，敬业已经变成工作的一种自然状态，这种工作生活态度已经完全融入他们的血液中，是他们发自内心对自己工作的一种热爱、一种追求。爱岗和敬业两种精神必然是紧密相连的，爱岗是基础，敬业是升华，一个爱岗的劳动者必定是敬业的，而一个敬业的劳动者同样也必定是爱岗的。

| 专栏4-2 拓展阅读 |

全国劳动模范马军武

全国劳模马军武和妻子在边境长期驻扎，二十多年来，夫妻两人面对艰苦恶劣的环境从未退缩，排除意外险情接近百次，负责的桑德克龙口从未发生过一起违反边防政策事件和涉外贸易违法违规事件。在工作条件极端恶劣的国防边境处，马军武始终坚持每天重复巡边、守山护水和护林三项重要任务。他认真、踏实、负责，并一直保持着对于这份工作的热情，以甘于奉献、一丝不苟的精神，向世人展现着一名平凡劳动者的伟大。

（参见马军武：《不变的坚守　永恒的“32号界碑”》，http：//character. workercn. cn/c/2012/04/24/120424101443775736135. html）

（二）争创一流

争创一流是对工作的追求。它是一种积极进取的精神，其核心不仅在于工作要刻苦，更在于“争”和“一流”。“争”体现了一种敢为人先的工作勇气和积极进取的工作态度。“一流”强调工作的努力方向和标准，即不论从事任何工作，都要努力做出最好的产品、开创最好的业绩、取得最好的成果。争创一流的劳模精神要求劳动者，一方面要有伟大的劳动职业理想，充分了解自己的工作内容，并对于自己所从事的工作岗位树立长远的发展目标，积极进取；另一方面必须打磨自身的技能，精益求精，具备高超的专业技术能力。当今社会发展迅速，对劳动者的工作提出了更高的要求，劳动者必须不断学习与进步，不但要提升业务理论水平，还要将学到的理论知识充分应用到具体的工作实践中，转化为实践能力和工作经验，切实逐步提高工作水平。总之，争创一流的劳模精神是在爱岗敬业精神基础上，对全体劳动者提出的一种更高素质的要求，它不仅仅是一种更高的职业精神境界，同时也充分展示了劳动模范的崇高理想与价值追求。

| 专栏4-3　拓展阅读 |

许振超：干就干一流　争就争第一

许振超2009年当选“100位新中国成立以来感动中国人物”。荣获“全国优秀共产党员”“改革先锋”“最美奋斗者”“全国五一劳动奖章”“全国道德模范”等。

许振超，生于1950年，山东荣成人，山东港口青岛港前湾集装箱码头有限责任公司工程技术部固机高级经理，是新时期产业工人的杰出代表之一。1984年，34岁的许振超被选为青岛港第一批集装箱桥吊司机。他干一行、爱一行、精一行，练就了“一钩准”“一钩净”“无声响操作”等绝活，并亲手带出“王啸飞燕”“显新穿针”等一大批工人品牌。

“干就干一流，争就争第一”是许振超的座右铭。2003年4月27日，在“地中海法米娅”轮的装卸作业中，振超团队创造了每小时单机效率70.3自然箱和单船效率339自然箱的世界集装箱装卸纪录。此后，他们又先后9次刷新集装箱装卸世界纪录，使“振超效率”成为港航界的一块“金字招牌”，也成为中国港口领先世界的生动例证。

许振超始终有着明确的人生追求：“咱当不了科学家，也要练就一身‘绝活’，做个能工巧匠，无愧于时代，无愧于港口的培养。”经过多次试验，他在冷藏集装箱上加装了节电器，全年节约电费600万元；他领衔组织实施了轮胎吊“油改电”技术改造，填补了技术空白，年节约资金2000万元以上，噪音和尾气排放接近于零。

（参见《许振超：干就干一流　争就争第一》，《人民日报》2021年6月10日第7版，有删改）

(三)艰苦奋斗

艰苦奋斗是工作的作风。今天，我国经济发展水平不断提高，人民群众生活品质大幅提升，国家综合实力位居世界前列，中国特色社会主义建设事业取得了巨大的进步。这些辉煌的业绩是全国各族人民在中国共产党的带领下通过艰苦奋斗得来的。艰苦奋斗是中华民族的传统美德，是促进国家繁荣发展必不可少的重要精神力量。回首过去，中国革命、中国建设、改革开放、脱贫攻坚……国家所走过的每一步，都离不开中国人民始终坚持自力更生、艰苦奋斗的精神。正是因为我国人民一如既往地艰苦奋斗，我们才实现了从“站起来”“富起来”到“强起来”的历史性飞跃。展望未来，中国的进步与发展，中国特色社会主义事业的持续推进，也必然离不开艰苦奋斗。艰苦奋斗精神要求劳动者在物质方面勤俭节约，切忌铺张浪费；在精神方面不畏艰难困苦，具有顽强拼搏的斗志，坦然接受工作上一切的磨炼，秉持先苦后甜的态度，始终以高昂、饱满的精神斗志面对工作。

| 专栏4-4　拓展阅读 |

全国劳动模范阿依曲莱克·图尔迪拜克

全国劳模阿依曲莱克·图尔迪拜克是帕米尔高原上的通信使者，具有不怕吃苦、不服输的精神，不论遭遇多大挫折都不轻言放弃。在祖国最西部，日落最晚的帕米尔高原上，她在不足20平方米的中国联通营业点日复一日办理着繁忙的通信业务。她是联系客户的桥梁和纽带，对于远在山区牧场的用户，她都是骑马将联通业务送进他们的帐房，被当地的乡亲们称呼为马背上的联通营业厅。由于工作环境恶劣，长期吃饭不规律，她患上了胆囊炎，但是因为最近的卫生院距离营业厅也有7公里，为了不影响客户办理业务，她自己学会打针吃药来节省时间。阿依曲莱克·图尔迪拜克的岗位工作条件是极为艰苦的，工作任务是烦琐而又极其重要的，她以艰苦奋斗的精神，保证着高原地区通信网络的顺畅，在自己的工作岗位上始终不畏艰辛、夜以继日，不断挥洒着自己的一腔热血。

[参见李珂、吴麟:《中国劳模口述史》(第2辑),社会科学文献出版社2019年版,第20—30页]

(四)勇于创新

勇于创新是国家的使命。众所周知,全国推进中国特色社会主义伟大事业要求我们对持道路自信、理论自信、制度自信、文化自信。我们为什么敢于自信?是因为我们的道路、理论、制度、文化都饱含着创新,而且是经实践证明了的具有科学性、合理性、适应性和强大生命力的创新。坚持"四个自信"有创新的功劳,同时又增强了人们敢于进一步创新的底气。创新精神是一个国家繁荣进步的强大灵魂,是不断促进中国特色社会主义事业繁荣发展的强大动力。当前国家的经济发展日新月异,任何个人和集体只要故步自封必然会落后于这个时代,只有不断地开拓创新,才能紧跟时代潮流。创新对于个体劳动者来说不是空洞的,有其具体要求和具体表现,发明新产品、设计新外观、改进新方法新技术,吸取新理念、建立新态度等都是创新。所以,不论身处任何岗位、做任何工作,我们都要以灵活的思维,积极探索、主动变革、积极创新,只有如此,才能像劳模一样在平凡的工作岗位上做出不平凡的业绩。此处,如果社会上的每一位劳动者,都能在自己的工作岗位上实现一点点的创新,为社会的发展作出一点点贡献,那么中国特色社会主义事业的发展必将永葆生机活力,不断取得历史性的进步。

|专栏4-5 拓展阅读|

全国劳动模范孙丽

全国劳模孙丽是徐工集团的一名高级技术工程师,受命组织目前世界最大的履带运输起重机建设项目的技术研发工作,这是一项国家"863"项目重要研究课题,本身没有任何技术原型可供参考。孙丽借鉴了我国大型桥梁工程原型设计的技术思路,大胆创新探索,最终成功设计出能一次性成功吊起4000吨的履带起重机,将我国大型地面式履带重载起重机制造技术提升到了国际先进水平。身为工程师,孙丽表现出了巾帼不让须眉的气魄,20年她不断研发创新，带领团队书写了中国装备的传奇。全国劳模孙丽的事迹充分向世人说明，一个国家的科技自主创新能力，是该国家综合竞争力核心组成，也必将推动该国实现科学发展、跨越式发展。

（参见《2018 年“最美职工”孙丽事迹》，http://www.wenming.cn/zmrwfbt/2018zmzg/zmrw/201804/t20180418_4658381.shtml）

（五）淡泊名利

淡泊名利是工作的境界。随着现代科学技术和中国特色社会主义市场经济的快速发展，劳动主体和劳动形式已经发生了翻天覆地的变化，劳动业务种类日渐丰富，劳动主体价值诉求更广泛更多元化，这对人们的劳动价值观念产生了一定影响。这种情况要求我们在党的领导下，通过大力宣传弘扬劳模精神，纠正当前人们对劳动的各种错误认知，培养高尚的思想道德素质，提高政治思想道德文化水平，推进中国特色社会主义国家精神文明的健康发展。我们要学习劳动模范淡泊名利的精神，把目光与追求放到了更高的层面，做到胸怀广阔、不计较个人的得失，做到面对各种奖励、各种诱惑泰然处之、宠辱不惊，做到脚踏实地、甘于奉献、任劳任怨。

| 专栏4-6　拓展阅读 |

全国劳动模范钱福珠

全国劳模钱福珠，因为自身拥有精湛的工作技艺和任劳任怨的工作态度，在工厂里享有很高的赞誉。而当面对工厂给予她一套房子的物质奖励的时候，她婉拒了，选择继续居住在老旧的小区里。作为全国党代表的钱福珠，众多荣誉加身，却依旧低调做事，坚持做一线工人，并且兼职在车间当老师，毫不犹豫地将自身所有技术教给自己的学生，多年来她教过的学生达 200 多名。后来工厂技术引进，原来使用的梭织机被淘汰，钱福珠成了下岗工人，而她并没有因为自己获得很多荣誉而向组织提出任何要求，而是靠自己在几家企业辗转打工直至退休。全国劳模钱福珠淡泊名利、甘于清贫的精神，值得世人敬仰与学习。

（参见《江苏省劳动模范钱福珠：淡泊名利甘于清贫　工匠精神令人敬佩》，

https://xianyu. chinaxiaokang. com/xianyuzhanshi/jiangsusuzhoushiwujiangqu/renwu/2019/0724/759307_3. html)

（六）甘于奉献

甘于奉献是个人的修为。奉献是指不计较个人得失，为了更好维护国家利益、集体利益或者他人的切身利益，牺牲自己所有或应得的利益，且不求回报。甘于奉献的核心是一种大格局的自我牺牲，是一种情怀。劳模舍小家、顾大家的甘于奉献精神，是劳动者所要追寻的崇高价值。当个人利益与国家利益发生冲突的时候，劳模会将国家利益放在首位，并时刻将自己的优良品质实践到日常的工作中，将个人的成长发展与所肩负的劳动者的历史责任和时代使命相匹配。甘于奉献精神是国家高度提倡的是中华民族传统美德，它要求全体劳动者树立正确的人生观、价值观、世界观，全心全意为广大人民群众服务，为中国特色社会主义伟大事业服务，推动整个社会的高素质发展。劳模甘于奉献的精神一方面诠释着为民服务的理念、为国担当的使命感、责任感；另一方面诠释着劳动最光荣和在辛勤劳动中实现自身价值、收获幸福感的人生价值观。

| 专栏 4-7　拓展阅读 |

全国劳动模范莫振高

全国劳模莫振高，生前担任广西都安高中校长，在任教的三十多年里，他见过许多因家庭贫困而无法上学的孩子，为此他实地走访了解贫困学生的家庭生活情况、与学生家长交谈，并且用自己微薄的工资收入鼓励贫困学生接受教育，一共资助了大约 300 名在校贫困学生。另外，他经常利用自己的休息时间，去全国各地国家机关、企事业团体，通过举办专题公益演讲等多种方式，动员更多社会力量一起扶持贫困学生接受教育，最终成功筹集 3000 多万元的助学善款，让 1.8 万多名全国贫困学生实现了上大学的梦想。全国劳模莫振高的甘于奉献精神，饱含着不求任何回报的工作态度和一生要为学生服务的决心。

（参见《“追忆都安高中校长莫振高”系列报道》，http://www. xinhuanet. com/zgjx/2016 - 08/30/c_135645297_2. htm）

"爱岗敬业、争创一流、艰苦奋斗、勇于创新、淡泊名利、甘于奉献"的劳模精神，虽然在每个历史时期都会有不同的体现，但敬业、奋斗、创新、奉献这四个劳模精神的本质特征却始终不曾改变。其中，"敬业"是弘扬劳模精神的基础，是成为一位优秀劳模所必须具备的最基本的素养。它要求每一位劳动者要热爱并全身心地投入本职工作，在工作中要具有强烈的社会责任感和使命感。"奋斗"是弘扬劳模精神的关键。回顾新中国的发展历史，每一时期都体现着中华民族自强不息的奋斗精神。奋斗精神把各族人民的力量统一聚集到党和人民的伟大事业中，为实现中华民族伟大复兴提供了无穷的力量。"创新"是弘扬劳模精神的核心，具有主导地位。创新是引领国家发展的第一驱动力，是国家改革发展与事业进步的活力源泉。一个国家注重创新就是在注重国家的发展、在谋划国家更美好的未来。"奉献"是弘扬劳模精神的重点。劳模们用自己的实际行动为广大人民群众服务，为社会经济发展创造价值，他们在自觉做好本职工作的同时，一心利国利他，这不仅加强了人与人之间的相互关怀，也有利于促进社会良好风气的建立。

第二节　新时代劳模精神

一、劳动模范是民族的精英、凝聚中国力量的楷模

劳模是中华民族的精英。2020 年 11 月 24 日，习近平总书记指出，我国是人民当家作主的社会主义法治国家，党和国家始终高度重视工人阶级和广大基层劳动人民群众在推进党和国家事业发展中的重要地位，始终高度重视充分发挥优秀劳动模范和先进工作者的重要领导作用。[①] 2021 年 9 月 22 日，习近平

① 习近平:《在全国劳动模范和先进工作者表彰大会上的讲话》,《人民日报》2020 年 11 月 25 日第 2 版。

总书记指出，劳动模范是劳动群众的杰出代表，是最美的劳动者。[①] 劳动模范这支队伍，展现了全国人民平凡生活中的不平凡，他们是全国普通劳动者的先进代表，是中华民族的精英，是无私奉献、积极乐观、兢兢业业等优秀人生观、世界观、价值观的体现。当前，面对工作、学习、生活的各种压力以及社会的快速发展，每个人都迫切希望得到社会的认可和肯定，令急功近利、缺乏责任感的现象逐渐增多。这是不少人缺乏理想信念的表现。只追求速度而忽视质量，只追求物质而忽视精神，必将阻碍国家发展和社会进步。因此，劳动模范在当今社会发挥的引导和示范作用尤为宝贵和重要。每一位劳模都非常热爱自己的工作，把平凡的日常工作生活当作自己的人生事业，这是推动国家和社会发展的重要动力。同时，劳模作为普通劳动者，由于热爱工作、努力工作，因而在平凡的工作岗位做出了不平凡的事业，也为广大的普通劳动者提供了成才和实现人生价值的路径和榜样。

劳模是凝聚中国力量的时代楷模。2013 年 3 月 17 日，习近平总书记在十二届全国人大一次全体会议上明确指出，实现伟大中国梦必须弘扬以爱国主义为核心的民族精神，以改革创新为核心的时代精神，这种精神是凝心聚力的兴国之魂、强国之魂。[②] 2015 年 4 月 29 日，习近平总书记指出，中国特色社会主义事业是靠一砖一瓦砌成的，人民的幸福是靠一点一滴创造得来的。劳动模范和先进劳动者是坚持中国道路、弘扬中国精神、凝聚中国力量的楷模，他们以高度的主人翁责任感、卓越的劳动创造，忘我的拼搏奉献，为全国各族人民树立了学习的榜样。[③] 2017 年 12 月 12 日，习近平总书记在江苏省进行实地考察时明确指出，要弘扬劳模精神和工匠精神，在为实现中国梦的奋斗中争取人人出彩。2020 年 11 月 24 日，习近平总书记指出，要弘扬劳模精神，为全面建

---

① 《论中国共产党人的精神谱系之十九　必须大力弘扬劳模精神、发挥劳模作用》，《人民日报》2021 年 9 月 22 日第 1 版。

② 李维：《习近平重要论述学习笔记》，山东人民出版社 2014 年版，第 202 页。

③ 习近平：《在庆祝"五一"国际劳动节暨表彰全国劳动模范和先进工作者大会上的讲话》，《人民日报》2015 年 4 月 29 日第 2 版。

设社会主义现代化国家、实现第二个百年奋斗目标而继续奋斗。[①] 劳模是劳动者队伍中的典范，促使广大人民群众学习劳模，有助于凝聚中国人民的力量。

劳模精神是推动国家发展的强大动力。当前，我国改革已经进入攻坚期，经济持续保持中高速增长，各项事业继续推进，社会的整个发展也充满活力；但相应的问题也随之而来，社会利益关系变得更加复杂，社会矛盾明显增多，发展的不协调不平衡及生态环境破坏等问题依然突出。在这种局面下，深化改革，推进国家的科学发展，成为解决问题的重要手段，这就必然要求我们在思想上向劳模学习，以思想带领行动。全党和全国各族人民应该以劳模为学习的榜样，大力宣扬劳模精神，充分调动广大人民群众的工作积极性和劳动创造性，最大限度凝聚中国力量、发挥中国智慧，坚定不怕困难、开拓创新的信心，充分发挥劳模的时代楷模作用。

劳模精神有利于我国在国际外交中保持独立自主。从国际大环境的发展形势来看，伴随着经济全球化，各国之间的文化交流不断深入，各国人民的思想变得更加多元化、生活方式变得丰富化，国家之间的利益格局也在发生深刻性的变化调整。在这种情况之下，我们需要强化劳模的精神作用，注重优秀文化引领人民思想的作用，通过大力弘扬劳模精神，突出传播其文化价值，凝聚人们的思想，统一人们的认识，激发人民群众的积极性，形成强大的凝聚力，引领人民更加自觉地投身于改革开放和社会主义现代化的建设中，推动国家的不断发展与进步，巩固国家在国际社会上的地位。

二、弘扬劳模精神，营造崇尚劳动的社会风气

国家一直非常重视大力宣传与弘扬劳模精神。2013 年 4 月 29 日，习近平总书记明确指出，要自觉践行社会主义核心价值观，发扬我国工人阶级的伟大劳动品格，用先进思想、模范行动影响和带动全社会，不断为中国精神注入新

① 《劳动是一切幸福的源泉，习近平谈劳模精神、劳动精神、工匠精神》，http://www.news.cn/politics/2021-10/04/c_1127929437.htm。

的能量。[1] 2015 年 4 月 29 日，习近平总书记指出，要在全社会大力弘扬新时代劳动模范精神，广泛宣传时代劳模的优秀事迹，引导广大人民群众牢固树立辛勤劳动、积极创造性劳动的思想理念，形成劳动最光荣、劳动最崇高、劳动最伟大、劳动最美丽的社会风气。[2] 2018 年 4 月 30 日，习近平总书记在给中国劳动关系学院劳模本科班学员回信中对新时代劳动模范提出了明确要求，希望他们珍惜荣誉、努力学习，继续拼搏、再创佳绩，用他们的干劲、闯劲、钻劲鼓舞更多的人。[3] 2020 年 11 月 24 日，习近平总书记明确指出，全社会要崇尚劳动、见贤思齐，加大对劳动模范和先进工作者的宣传力度，开展以劳动创造幸福为主题的宣传教育，把劳动教育纳入人才培养全过程。[4]

学习和弘扬劳模精神，促进人们的正确认知。国家重视社会公德，宣扬劳模精神，能够纠正人们社会道德方面的错误认识，提高人们的道德素质，形成“我为人人，人人为我”的良好社会风气。

劳模精神体现着良好的道德规范和崇高的价值追求，可以帮助人们树立正确的价值观、人生观以及世界观，是任何国家在任何一个发展时期都不可或缺的。所以各级党委和政府需要注意加强对劳模和劳模精神的宣传，在现实生活中，有一些人被物化，眼中只有物质利益；有些人对劳动对工作很迷茫，虚无感、盲目性很强；有些人眼中只有自己，自私自利。大力宣传弘扬劳模精神可以正人心、清人脑、树正气，帮助人们形成正确的人生观、价值观、世界观，明白劳动的意义、价值和幸福的真谛。可以在新闻媒体开办相关栏目以及组织劳模事迹的报告会，以此扩大劳模在社会上的影响。同时，建立严格的劳模年度考评机制，确保劳模队伍的先进性。劳模精神作为在全社会产生广泛共鸣、推动社会不断进步发展的宝贵精神财富，是国家不可忽视的精神力量来源。

---

① 《习近平在同全国劳动模范代表座谈时的讲话》，http://cpc. people. com. cn/n/2013/0429/c64094 - 21323712. html。

② 习近平：《在庆祝“五一”国际劳动节暨表彰全国劳动模范和先进工作者大会上的讲话》，《人民日报》2015 年 4 月 29 日第 2 版。

③ 《劳动模范是民族的精英、人民的楷模，习近平这样说》，http://cpc. people. com. cn/n1/2021/0501/c164113 - 32093737. html。

④ 习近平：《在全国劳动模范和先进工作者表彰大会上的讲话》，《人民日报》2020 年 11 月 25 日第 2 版。

三、尊重劳模、关爱劳模、尊重劳动者

2013年4月29日，习近平总书记明确指出，全社会一定要深入贯彻落实尊重劳动、尊重知识、尊重人才、尊重创造的重大方针，维护和发展广大劳动者的利益，保障劳动者的合法权利。要坚持社会秩序公平正义，排除阻碍劳动者真正参与社会发展、分享发展成果的障碍，努力让劳动者实现体面劳动、全面健康发展。[①] 2020年11月24日，习近平总书记指出，各级党委和政府一定要切实尊重劳模、关爱劳模，完善劳模政策，提升劳模地位，落实劳模待遇，推动全国更多劳动模范和先进劳动工作者竞相涌现。[②]

国家始终强调，全社会要尊重劳动和劳动者。从毛泽东主席到习近平总书记，历届最高领导人都始终把劳动、劳动者放在备受尊敬的地位，倡导劳动是一件无比光荣的事情，号召全党全国各族人民要热爱劳动、崇尚劳动。党和国家领导人一直以来都用实际行动充分表达对优秀劳动者的高度尊敬，通过接见全国劳模、召开全国劳模表彰大会并发表重要讲话、为劳模题词等一系列行动来强调劳动的重要性。国家之所以充分肯定劳模的地位，不仅因为劳模们拥有勤劳、奉献的品质，弘扬劳模精神有利于良好社会风气的养成，还在于劳模们代表着劳动生产方面的先进力量，切实提高了国家的劳动力生产率。因此，国家表彰劳模、倡导人们学习劳模，对于我国的经济社会发展也具有一定的现实意义。

重视劳动者福利，保护广大劳动者的合法权益。给予劳动者福利，不仅仅要精神鼓励，而且还要不断改善劳动者的物质待遇。首先，要制定并完善我国劳模待遇方面的相关政策，不断提高劳模管理工作的整体水平，确保对劳模的保障得到真正的落实，特别是对于困难劳模要进一步加大政策资金帮扶力度。其次，完善劳模帮扶机制，积极贯彻落实好国家的劳模帮扶政策，建立健全困

① 《习近平在同全国劳动模范代表座谈时的讲话》，http://cpc. people. com. cn/n/2013/0429/c64094 - 21323712. html。

② 《习近平在全国劳动模范和先进工作者表彰大会上的讲话》，http://politics. people. com. cn/n1/2020/1124/c1024 - 31943129. html。

难劳模档案，采取多种措施动态化管理，帮助劳模解决实际困难。最后，为保障劳动者就业，国家应提供更全面的劳动职业技能培训，保障劳动者的发展权，实现劳动者体面劳动、全面发展，在日常劳动中真正找到自己的人生价值定位，实现自我价值创造。只有国家各项政策措施有效贯彻落实，才能使广大劳动人民群众权益得到切实的保障，使劳动人民真正感受到自己是国家和社会的主人，劳动工作是受国家和社会高度尊重的事情，从而以更高的劳动积极性和自主创造性，投身于党和国家的社会主义事业建设中。

第三节　弘扬劳模精神

一、劳模精神是社会主义核心价值观在劳动生产活动中的具体体现

习近平总书记指出，“必须……培育和践行社会主义核心价值观，不断增强意识形态领域主导权和话语权，推动中华优秀传统文化创造性转化、创新性发展，继承革命文化，发展社会主义先进文化，……更好构筑中国精神、中国价值、中国力量，为人民提供精神指引”①。社会主义核心价值观不仅是中国特色社会主义的一个身份标识，也是中国走向世界所代表的核心价值观。价值观是个人、群体或者国家，在长期的社会生活中逐渐形成的对价值客体的根本性看法，是人认定事物、辨定是非的一种思维或取向。价值观一旦形成，就会成为人们立身处世的选择依据，具有鲜明的评判标准。因此，党和国家一直非常重视培育和践行社会主义核心价观，积极指导引领劳动人民群众树立正确的劳动思想。

---

① 习近平:《决胜全面建成小康社会,夺取新时代中国特色社会主义伟大胜利——在中国共产党第十九次全国代表大会上的报告》, http://www. xinhuanet. com//politics/19cpcnc/2017 - 10/27/c_1121867529. htm。

社会主义核心价值观，在国家层面上强调富强、民主、文明、和谐；在社会层面上强调自由、平等、公正、法治；在具体个人层面上强调爱国、敬业、诚信、友善。可以说，社会主义核心价值观能够使广大人民群众在具体利益具体思想认识存在差异的基础上，形成最广泛的价值共识，同时也为国家的建设以及社会的发展提供了明确的价值依据和评判标准。

如果说社会主义核心价值观回答了“是什么”的问题，即建设什么样的国家、什么样的社会以及培养什么样的公民，那么劳模精神则是从劳动生产的精神层面回答了“如何做”的问题，即我们要以什么样的精神状态、价值取向、思维方式去从事劳动工作，去建设社会主义核心价值观描述的国家、社会，去培育社会主义核心价值观描述的合格的公民。总起来说，劳模精神是社会主义核心价值观在劳动生产活动中的具体体现。

因此，弘扬社会主义核心价值观需要践行劳模精神。一方面，全社会要通过多种渠道、采用多种方式，宣传劳模事迹和劳模精神。我们可以通过传统媒介，如广播、电视、报纸、期刊、宣传栏等，介绍劳模事迹，宣传劳模精神；可以通过媒介，如网页、公众号等，展示劳模风采；还可以通过组织劳模报告会、聘请劳模作为形象大使、以劳模姓名称设立劳模奖等扩大劳模的影响。另一方面，要倡导劳动者在实际劳动过程中亲身体验劳模精神。劳动者只有在劳动过程中才可以真正锤炼自己的劳动性格、端正工作生活态度、享受劳动成果的甘甜、树立从事劳动的坚定信心。学校的劳动实践课程、企业的劳动竞赛，都是为了促使广大人民群众学习劳模精神、培养劳动能力。在学校的教育教学过程中，要注重引导学生参与各种劳动实践教育性课程，努力培养学生成为德智体美劳全面发展的人。在企业的各种劳动竞赛中，要避免单纯以取得竞赛成绩为最终目的，重点是注重引导和培养员工热爱劳动、爱岗敬业的精神和意识。

二、劳模精神是中国精神的生动诠释

精神有广义和狭义之分。从广义上来讲，精神是相对于物质而言的，它是人们对于物质世界和实践活动的一种反映。从狭义上来讲，精神指的是在人们的意识和观念等基础之上形成的更为本质的东西，是人的气质涵养、价值观念和道德品格等多种因素的集合体。中国精神表达的是狭义上的精神，它是中国人民在长期的社会历史实践与探索中所逐渐形成的一种思想品德、生活态度和自身人格发展等的综合体。中国精神与世界其他各国所表现的精神既存在一定的共性，更具有独特性，它是中国人民所特有的中国气质、中国气概。勤劳勇敢、自强不息、团结统一是中国精神永远的底色，而中国精神在每个时代又各具特色，因此，中国精神的内涵是共时性和历史性的统一。

劳模精神是中国精神核心内容的集中体现。中国精神的核心内容是以爱国主义为核心的民族精神和以改革创新为核心的时代精神。首先，劳模精神体现了中国精神顾全大局的处世态度。劳模精神植根于中华优秀传统文化，汲取了中华民族优秀的文化基因，具有凡事以大局为重的风格，拥有民族精神的报国情怀和舍己奉献的突出特征。一切从人民群众的实际利益出发而不是从个人或者小集团的利益出发，善于从全局观察处理问题，每一位劳模都体现出了公而忘私的民族情怀。其次，劳模精神体现中国精神的勤劳品质。我国劳动人民的辛勤劳动造就了中华民族辉煌的历史，每一位劳模取得的突出成绩，背后都凝聚着其夜以继日的付出以及对自身工作深沉的热爱。中华民族发展的每个阶段无不受益于中国人民勤劳的优秀品质和艰苦奋斗的优良作风。劳模是中国劳动人民的优秀代表，故劳模精神必然集中体现了勤劳的中国品质和艰苦奋斗的中国精神。最后，劳模精神体现中国精神的创新。劳模们在工作中精益求精，积极学习钻研新的工作技术、探索新的工作方法，不断提高个人的学习实践能力、创新能力以及社会竞争能力，以永不停息的革故鼎新的姿态去顺应时代发展的潮流，为国家的发展作出了巨大的贡献。

劳模精神是各时代中国精神的人格化。中国精神不仅具有历史性，而且具有吐故纳新的活力，能紧跟时代潮流，触及当下问题，切准当下时代脉搏，满足当下时代的需求。中国精神与改革相挂钩，一个国家只有不断进行学习与改革，才可以不断创新、进步与发展。在社会主义建设过程中，每一位劳模都是具有时代精神的成绩卓越的劳动者，他们展现出来的劳模精神也各具特色，但都代表着各自时代的先进生产力的要求。随着时代的不断进步与发展，劳模的职业形象与日常工作方式也在不断发生重大转变，正在从传统意义上的侧重于“吃苦耐劳、苦干实干”，向兼顾并重视“知识、技术、创新”发生转变。新时代的劳模们更加注重以科技创新为主要手段推动经济社会的不断进步与和谐发展，他们不论是普通的基层劳动者还是位居世界学术前沿的优秀科学家，都用自己的实际行动证明了只有重视科学技术、重视自主创新，才能带动各自的工作领域实现大踏步的跨越式发展，才能顺应时代潮流，为国家发展注入源源不断的活力。

三、劳模精神是时代新人的思想引领

习近平总书记明确提出，广大青年要勇敢肩负起时代所赋予的重任，志存高远，脚踏实地，学习劳模先进文化思想，努力在实现中华民族伟大复兴的中国梦的生动实践中放飞青春梦想。① 优秀的青年群体是国家和民族的希望，是建设中国特色社会主义事业强有力的后备军，应该积极响应党的号召，以劳模为奋斗榜样，学习劳模精神，激发起爱国爱民之心和奉献祖国奉献人民的情怀，担负起实现民族伟大复兴中国梦的历史重任。青年学生不仅是劳模精神的学习者、传承者，也必将是其实践者、创新者。中华民族的伟大复兴要求青年学子艰苦奋斗、无私奉献、争创一流，牢记历史使命，在新天地中绽放自己的光彩，在国家和社会的建设道路上展现青春的力量。而做到这些，劳模精神的示范作用和引领功能是不可缺少的。

劳模精神所蕴含的社会主义先进文化，是激励学生为中华民族伟大复兴而不懈奋斗的强大精神力量。社会主义先进文化是马克思主义思想指导下的符合中国社会主义建设要求和中国国情的文化体系，它有利于全体社会成员达成共识，坚定正确的政治方向、树立团结统一的政治思想，将自己塑造成有道德、有理想、有文化、有纪律的合格公民。劳模精神是对中华民族优良传统的传承，是新时代社会主义先进文化的重要组成部分。一方面，劳模精

① 汪晓东、王洲：《让青春在奉献中焕发绚丽光彩——习近平总书记关于青年工作重要论述综述》，《人民日报》2021年5月4日第1版。

神根植于中华民族优秀传统文化，体现了人民爱国勤劳、勇敢、自强的精神；另一方面，劳模精神立足当代，体现了新时代劳动者在工作岗位上无私奉献、自主创新、争创一流的精神气质，体现了新时代劳动者为国为民的使命意识和在劳动中实现个人价值的精神追求。将学习弘扬劳模精神充分融入学生的思想政治文化教育中，将有助于加强学生对中华民族优秀传统文化的情感认同，激发学生的民族自豪感和历史使命感，进而发挥出更深层次的、更持久的文化自信力量。

对青年学生开展劳模精神宣传教育应着眼于引导广大青年树立积极的劳动情感，应以广大劳模的先进工作事迹来感染广大青年，从感性到理性地层层深入引导青年学子为自己树立热爱工作、热爱劳动的标尺。对青年学生开展劳模精神教育还应着眼于进一步激发广大青年的爱国主义情怀，培养其无私奉献的敬业精神和维护党和国家利益为重的劳动品格，培养其全局观和使命感，帮助他们正确处理好个人理想与国家社会发展蓝图的密切关系，增强中国特色社会主义共同理想意识，自觉承担国家赋予的重大使命，树立在为中国特色社会主义事业奋斗的人生历程中去实现个人价值和个人全面发展的远大志向。

国家颁布一系列政策，引导学生学习劳模精神。国家加强对学生的劳动教育，帮助学生树立正确的劳动观，让学生在接受劳动教育的过程中学会生活、尊重劳动、报效祖国。中共中央、国务院印发的《关于全面加强新时代大中小学劳动教育的意见》中提出，要坚持积极深入培育和践行社会主义核心价值观，把劳动教育纳入人才队伍培养建设工作的全过程，贯通大、中、小学各个不同学段，贯穿家庭、学校、社会各方面，紧密结合当前我国社会发展变化和学生学习的生活实际，积极探索建立一套具有中国特色的劳动能力素质教学模式。教育部印发的《大中小学劳动教育指导纲要（试行）》中明确提出，要指引学生树立正确的劳动观念，培育积极的劳动精神，继承勤俭节约、艰苦奋斗、敬业奉献的劳动精神，形成诚实守信、吃苦耐劳的劳动品质。还针对加强学生劳动教育提出了四条实施途径：第一，独立组织开设学生劳动知识教育实践课程，并且要作为必修课学习；第二，在各个学科专业中要也要深入渗透劳动教育；第三，在课外活动中融入学生劳动实践；第四，在校园文化中要强化劳动教育的思想。[①] 还强调，开展劳动教育要联结生活实际，要让学生不断从生活中进行学习，使生活成为劳动教育广阔的实施空间。而劳模恰是符合以上要求的最好的学习典范，劳模精神恰是新时代劳动教育的优质资源。以劳模精神教育为引领的劳动教育，是具有中国特色的劳动教育新模式，具有广阔的探索空间。以劳模为学习的榜样，有助于学生尽快了解各个职业的分工，初步具备职业规划意识以及作为一名合格公民的社会责任感。优秀劳动者的精神指引和实践指导，有利于激发学生的劳动积极性，有利于提高学生的创造性劳动技能。

在劳动教育中，要突出学生的主体地位。劳动教育工作要从单向式的灌输教育转变成参与式的劳动道德教育实践，使广大学生在与他人、集体和社会交往的过程中逐渐形成良好的劳动道德品质。因此，在劳动教育实施过程中，要不断加强学生的思想道德教育实践和社会情感活动体验，促进学生道德认知的自我建构和自我提升。要让学生走近优秀劳动者，感受劳动者高尚的灵魂，近距离体验劳动者优秀的工作品质和伟大的人格。要让学生在实践中总结劳动经验、反思自身的成长、规划职业人生，学会在建设世界的同时塑造自己。要让学生基于对劳模精神的真实感悟，发自内心地热爱劳动，主动参与劳动，积极学习各种劳动技能，增强社会责任感，收获通过劳动带来的成就感，享受人生成长的快乐，实现全面发展，为自己的终身发展奠定良好的基础。

学生需要不断内化吸收劳模精神，并外化为自己的实际行动。青年学生作为一支头脑灵活、富有创造力的群体，不但要学习劳模的吃苦耐劳精神，锻炼承受压力的能力，培养面对困难和挑战越挫越勇的意识，努力做一个实干家；还必须学习劳模自主创新的精神能力、争创一流的品质，以青春、活力和无限的发展可能去更好地服务人民、服务社会。

---

① 《教育部关于印发〈大中小学劳动教育指导纲要（试行）〉的通知》，http://www.gov.cn/zhengce/zhengceku/2020-07/15/content_5526949.htm?ivk_sa=1023197a。

| 专栏 4-8　拓展阅读 |

开展有关弘扬劳模精神的夏令营、冬令营活动

针对劳模精神的思想教育宣传，可以从学生的劳动实践做起。现在，不少学生在自制力、自律性方面比较欠缺，容易沉迷于手机、沉迷于网络，这不仅影响了他们的身体健康，还消弭了他们的学习斗志。另外，在国家“双减”政策下，学生的自由时间慢慢多起来，不少学生在假期会出现无人看管、缺乏教育的现象。为解决这些问题，相关单位可以共同举办夏令营、冬令营活动，鼓励教师、学生共同参与。

每个时代的发展都需要劳模精神的鼓舞。不同时代的学生成长环境是不一样的，虽然相较于以前，人们的物质生活条件得到了很大的提高，但是艰苦奋斗、无私奉献、勇于创新的劳模精神，仍旧是学生们需要学习的，这不仅对于他们个人的成长发展大有好处，对于国家的发展进步也有深远的意义。了解劳模的事迹，学习劳模的精神，开展劳动实践活动，就非常适合作为夏令营、冬令营活动的主题。

夏令营、冬令营建议采取“封闭式托管教学”，可以聘请优秀劳模作为校长、指导教师负责日常管理工作，每个班级还可以配备志愿者提供全程服务。关于活动的志愿服务方面，最好也由学生利用寒暑假时间来参与，不仅可以锻炼学生的实践能力，也可以令其接受劳模精神熏陶教育，亲身体验奉献的快乐。

在夏令营、冬令营活动的内容安排方面，建议教师每周组织一次校外研学参观。可以选择与某些著名企业展开合作，让学生进一步接近生产劳动一线，直观感受劳动创造价值、劳动带来发展，劳动带来幸福。夏令营、冬令营活动要认真制定特色教学计划，授课内容要丰富多彩、健康积极，要既有劳模精神素质教育，也有文化艺术的知识拓展、社会生活常识培训，还有具体劳动实践，使学生乐于参与，接受立体的、生动的劳动教育。

四、劳模精神是实现中国梦的强大动力

2013 年 3 月 17 日，习近平总书记在十二届全国人民代表大会第一次会

议上明确提出中国梦的具体内涵。会议中明确提出，实现全面建成小康社会、建成富强民主文明和谐的社会主义现代化国家的奋斗目标，实现中华民族伟大复兴的中国梦，就是要实现国家富强、民族振兴、人民幸福，它既深深体现了今天中国人的理想，也深深反映了我们先人们不懈追求进步的光荣传统。①

劳模精神是国家加快实现中国梦的“助推器”。党的十八大明确提出了全面建成小康社会、实现“两个一百年”的奋斗目标，开启了实现中华民族伟大复兴中国梦的新征程。中国梦的实现，不仅要求国家在物质上更加富裕，更要求在精神上更加强大、自信。榜样的力量是无穷的，我们要将劳模精神引入思想文化教育，用劳模的先进事迹来激励人民，引导广大人民群众自觉深入学习践行中国特色社会主义核心价值观，学习劳模的优秀精神品质。我们要营造一种崇尚生产劳动、关心爱护劳模、争做优秀生产劳动者的积极社会文化氛围，通过大力弘扬劳模无私奉献的伟大品德和辛勤劳作的模范行为，影响和带动全社会，不断为中国精神注入新的社会正能量。

实现中国梦，需要汇集全国各族人民的力量。现实生活中，只有有梦想的人才会更加有力量扬帆破浪，到达理想的彼岸，而我们每一位普通劳动者的人生梦想，汇集起来就是伟大的中国梦。中国梦的实现不能靠众说空谈，只能依赖于千千万万来自各行业人民的实干。广大人民群众要以劳模为学习榜样，兢兢业业，争取在平凡的岗位上干出不平凡的成绩。每一位劳动者都应该以振兴中华为自己的使命，增强自身的历史责任感，着眼国家大局，自觉将个人的人生理想、家庭幸福融入实现国家富强、民族复兴的伟大事业中，将个人的梦想与国家的梦想紧密结合；同时也要注重弘扬劳模精神，把劳模精神渗透到国家经济社会建设发展的各个环节之中，把劳模的作用广泛体现在国家改革建设的各个方面，进一步释放自己的热情、发掘自身的潜力，用劳动创造出更美好的生活，筑造更幸福的中国梦。

---

① 习近平:《在第十二届全国人民代表大会第一次会议上的讲话》, http://www. xinhuanet. com//2013lh/2013 -03/17/c_115055434. htm。

| 专栏 4-9　拓展阅读 |

新冠疫情中美丽的身影

自从新冠疫情发生以后，全国各族人民团结抗疫，出现了大量平凡而又伟大的抗疫英雄。湖北顺丰速运有限公司经理汪勇，不顾个人的安危，积极投身抗击疫情服务工作，为白衣天使们筑牢了后勤保障线，2021 年 11 月 5 日被评为全国道德模范，并且在颁奖仪式上以模范代表身份进行发言。2020 年除夕夜，汪勇在微信群里看到金银潭医院有一名护士发出乘车需求，鉴于当时武汉疫情严重，几个小时后微信群里仍然没有任何人敢为她接单。当时汪勇心想，医护人员为抗疫高强度奋战，下班后想回家休息却无车可坐，这太不合适啦，既然大家都不愿意去，我去吧！在他看来，相较于医护人员在生命一线的辛苦付出，自己出车所要冒的风险是不值一提的。

他接单后，该护士非常感激，并给他额外发了个红包，但是他立刻将红包退了回去。他开玩笑地对护士说："我在这样的情况下出来接单，可不是为了钱，我的命可不仅仅值这些钱。"在那一单后，他开始免费接送医护人员上下班。此后，随着医护人员的需求不断增加，他单个人已经无法应对，他便开始招募志愿者，迅速组建了抗击疫情志愿团队为医护人员服务。当发现部分医护人员不能及时吃上饭的时候，他便通过各种方式联系餐厅，建立起供餐配送网，确保每天将食物为医护人员配送到位；当发现医护人员在抗疫紧急情况下，眼镜和手机常常破损，他便发动志愿团队在整个武汉搜寻了几家可以及时维修的门店；当发现支援武汉的外地医护人员，生活用品未带全，他和志愿团队立即帮他们去购买。在新冠疫情面前，汪勇表现出舍小家为大家的爱国情怀，以满腔的热血投身于志愿服务工作，他是劳动群众的标杆，是我们学习的典范。

（参见汪勇：《把炽热的爱心传递下去》，https://news.gmw.cn/2021-08/13/content_35076371.htm）

本章小结

在中国革命、建设和改革发展进程中，劳动模范一直在用自己的实际行动发挥着中流砥柱的作用，其所塑造的劳模精神一直发挥着重要的思想引领作用。随着社会的进步与发展，每个时代的劳模精神都有自己的特色，但劳模精神的主要内涵却从未改变，具体包括以下几个方面：爱岗敬业、争创一流、艰苦奋斗、勇于创新、淡泊名利、甘于奉献。在国家层面上，劳模发挥着凝聚中国力量的作用；在社会层面上，劳模发挥着引导建立崇尚劳动的社会风气的作用；在个人层面，劳模是我们每个人学习的榜样。新时代仍然需要不断弘扬和发展劳模精神，劳模精神是社会主义核心价值观在劳动生产领域的具体体现、是中国精神的生动诠释、是时代新人的思想引领、是实现中国梦的强大动力。

主要术语

劳模精神　爱岗敬业　争创一流　艰苦奋斗　勇于创新　淡泊名利　甘于奉献

复习思考题

1. 简述劳模精神的发展历程。
2. 简述劳模精神的内涵。
3. 简述新时代劳模精神的具体内涵。
4. 简述劳模精神与社会主义核心价值观的关系。
5. 简述劳模精神的作用。
6. 结合自身的学习、生活体会，谈谈作为一名新时代的大学生应该如何弘扬劳模精神。

推荐阅读

1.《中国工人》编委会：《忠诚——共和国劳模画传》，中国工人出版社 2020 年版。

2. 姚荣启：《中国劳模史（1932—1979）》，中国工人出版社 2020 年版。

3.《中国工人》编委会：《平凡英雄：中国工人阶级抗击新冠肺炎疫情实录》，中国工人出版社 2020 年版。

第五章

工匠精神

学习目标

1. 了解工匠及工匠文化的产生及发展历史。
2. 掌握工匠精神的内涵。
3. 理解不同时期的工匠精神。
4. 掌握工匠精神的时代意义。
5. 掌握如何弘扬工匠精神。

导 读

在长期实践中，我们培育形成了爱岗敬业、争创一流、艰苦奋斗、勇于创新、淡泊名利、甘于奉献的劳模精神，崇尚劳动、热爱劳动、辛勤劳动、诚实劳动的劳动精神，执着专注、精益求精、一丝不苟、追求卓越的工匠精神。劳模精神、劳动精神、工匠精神是以爱国主义为核心的民族精神和以改革创新为核心的时代精神的生动体现，是鼓舞全党全国各族人民风雨无阻、勇敢前进的强大精神动力。

——2020 年 11 月 24 日，习近平在全国劳动模范和先进工作者表彰大会上的讲话

2016年3月5日，国务院总理李克强在《政府工作报告》中提出要弘扬工匠精神时说道："鼓励企业开展个性化定制、柔性化生产，培育精益求精的工匠精神，增品种、提品质、创品牌。"① 2016年4月26日，在安徽举行的知识分子、劳动模范、青年代表座谈会上，习近平总书记特别指出："人类是劳动创造的，社会是劳动创造的。劳动没有高低贵贱之分，任何一份职业都很光荣。广大劳动群众要立足本职岗位诚实劳动。无论从事什么劳动，都要干一行、爱一行、钻一行。在工厂车间，就要弘扬'工匠精神'，精心打磨每一个零部件，生产优质的产品。在田间地头，就要精心耕作，努力赢得丰收。在商场店铺，就要笑迎天下客，童叟无欺，提供优质的服务。只要踏实劳动、勤勉劳动，在平凡岗位上也能干出不平凡的业绩。"②

第一节　工匠与工匠精神概述

工匠精神的基础是工匠，工匠精神的实质在精神。工匠精神历史悠久，具有特殊的社会历史定位，更有着丰富的文化内涵。

一、工匠

（一）工匠的由来

我国古代有"士、农、工、商"之分，其中"工"就是工匠，即有手艺专长的人。工匠，从字面来看，就是工人、匠人的意思。《说文解字》说："工，巧饰也。象人有规矩也。与巫同意。凡工之属皆从工。"由此可见，在古代，"工"强调所从事活动的性质是"巧"和"饰"，既要具有一定的技术水平，也要具有美感。《说文解字》说："匠，木工也。从匚（fāng，盛放工

① 《2016年政府工作报告》，http://www.gov.cn/guowuyuan/2016zfgzbg.htm。

② 习近平：《在知识分子、劳动模范、青年代表座谈会上的讲话》，《人民日报》2016年4月30日第2版。

具的筐器），从斤（斧）。斤，所以作器也。”《论衡·量知》指出：“能斲削柱梁，谓之木匠；能穿凿穴埳，谓之土匠；能雕琢文书，谓之史匠。”《广韵·漾韵》记载：“匠，工匠。”由此可见，工匠是指在某一方面技能熟练、造诣高深的手艺人。

在中国古代，工匠主要指有手艺的技艺精湛、匠心独具的劳动者。《周礼·考工记序》中记载：“国有六职，百工与居一焉。……审曲面执，以饬五材，以辨民器，谓之百工……”郑玄注：“百工，司空事官之属。……司空掌营城郭，建都邑，立社稷宗庙，造宫室车服器械。”这体现了工匠在古代中国具有非常重要的地位。古代的工匠一般有木匠、花匠、画匠、铁匠、石匠等，代表人物如鲁班、蔡伦、马钧、毕昇和黄道婆等。

现代工匠是指以现代机器从事生产的工业生产者及其他的传统手工业者。现代工匠主要包括工程师、建筑师、机械师等各类技术专家。大国工匠是“中国制造”走向“中国创造”的人才，指各行各业关键生产岗位的劳动者。

（二）工匠文化

中国古人对技艺非常尊崇，常说“良田千顷，不如薄艺在身”。在中国，工匠是最早的手工业者，中国人以自己的智慧和勤劳，在长期劳动中形成了工匠文化。在工匠文化的影响下，造纸术、活字印刷术、火药、指南针等中国古代四大发明得以产生。中国古代，造纸、印刷、纺织、陶瓷、冶铸等技术一直领先于世界。

儒家提倡兼容并包。儒家对德艺双修、切磋琢磨、精益求精的工匠精神采取了肯定和包容的态度。《诗经》中“如切如磋、如琢如磨”表明了工匠对玉石、骨器的加工态度。朱熹在《论语集注》中解读为“治之已精，而益求其精也”。早在春秋时期，孔子就主张“执事敬”“事思敬”和“修己以敬”，强调行事要严谨认真、不怠慢，时刻加强自身修养，保持恭敬谦逊的态度。宋代朱熹进一步将敬业解释为“专心致志以事其业”。此外，孔子在《论语》中说：“工欲善其事，必先利其器。”孔子认为，工具不好会影响干活的质量，这体现了他对劳动工具的重视，反映了他对工匠做事的态度、标准和方式的思考。《尚书》中的“惟精惟一，允执厥中”以及贾岛对“推敲”的斟酌都体现了古代中国匠人的精神。“离娄之明，公输子之巧，不以规矩，不能成方圆”是孟子对技术规范的认识。“设规矩，陈绳墨，便备用，君子不如工人”则表现了荀子对匠人的尊重及肯定。

| 专栏5-1　拓展阅读 |

贾岛的“推敲”

贾岛初赴举，在京师。一日，于驴上得句云：“鸟宿池边树，僧敲月下门。”又欲“推”字，炼之未定。于驴上吟哦，引手作推敲之势，观者讶之。时韩退之权京兆伊，车骑方出，岛不觉得止第三节，尚为手势未已。俄为左右拥至尹前。岛具对所得诗句，“推”字与“敲”字未定，神游象外，不知回避。退之立马良久，谓岛曰：“‘敲’字佳。”遂并辔而归，共论诗道，留连累日，因与岛为布衣之交。

“推敲”来自唐代诗人贾岛的《诗话总龟》。贾岛是唐朝著名诗人，与孟郊并称被誉为“郊寒岛瘦”。他写作时要逐字逐句思考，反复推敲良久，才敢下笔。他全身心地投入诗词创作，甚至在吃饭睡觉的时候也在想着这些事情。贾岛不断推敲的创作过程表现了一种反复思考、反复斟酌的精益求精的工匠精神。

道家主张道技合一。道家秉持道法自然、无为而无不为的思想，主张人应该按照万物自身运动变化规律去行动。道家主张“道技合一”，“技”是为了达到“道”所采取的手段和具备的条件。《庄子》中的“庖丁解牛，技近乎道”“运斤成风”等，表明能工巧匠通过纯熟的技艺和完美的作品诠释了“道”的真谛。《庄子·天道》的“轮扁斫轮”故事中，面对齐桓公的生死之间，轮扁的回复中有关于其做轮子的“不徐不疾，得之于手而应于心，口不能言，有数存焉于期间”的描述，充分体现了他作为一个车轮工匠的钻研精神。《庄子·知北游》中的捶钩者，从二十岁开始喜爱捶钩（铸剑），直到八十岁时打造的宝剑仍能“不失豪芒”，只因其“于物无视也，非钩无察也”，体现了非常专注的工匠精神。

| 专栏5-2　拓展阅读 |

庖丁解牛

庖丁为文惠君解牛，手之所触，肩之所倚，足之所履，膝之所踦，砉然向然，奏刀騞然，莫不中音。合于《桑林》之舞，乃中《经首》之会。

文惠君曰："嘻，善哉！技盖至此乎?"

庖丁释刀对曰："臣之所好者，道也，进乎技矣。始臣之解牛之时，所见无非牛者。三年之后，未尝见全牛也。方今之时，臣以神遇而不以目视，官知止而神欲行。依乎天理，批大郤，导大窾，因其固然，技经肯綮之未尝，而况大軱乎！良庖岁更刀，割也；族庖月更刀，折也。今臣之刀十九年矣，所解数千牛矣，而刀刃若新发于硎。彼节者有间，而刀刃者无厚；以无厚入有间，恢恢乎其于游刃必有余地矣，是以十九年而刀刃若新发于硎。虽然，每至于族，吾见其难为，怵然为戒，视为止，行为迟。动刀甚微，謋然已解，如土委地。提刀而立，为之四顾，为之踌躇满志，善刀而藏之。"

文惠君曰："善哉！吾闻庖丁之言，得养生焉。"

庖丁解牛出自《庄子·养生主》，讲述的是一名叫庖丁的屠夫，运用其优美、高超的技术，在文惠君面前游刃有余地宰牛的故事。庖丁解牛的故事表明，要想具备高超的技艺需要不懈地反复实践，心到、神到、手到，掌握客观规律之后，才达到得心应手、运用自如、出神入化的境界。该故事也生动体现了庖丁的工匠精神。

墨家崇尚技艺。墨子，名翟（前468—前376年），墨家思想的代表人物，其最具特色的就是理性、逻辑和工匠精神。墨子精通手工技艺，与巧匠公输班（鲁班）齐名，设计了很多军事攻守器械，探索了力学与机械设计原理，形成著作《墨经》。《墨经》比古希腊欧几里得的《几何原本》还要早。墨子主张"必兴天下之利，除天下之害"，其目的在于把"农与工肆之人"培养成掌握实用科技知识和技术工艺的"兼士"。墨子注重"厚乎德行""辩乎言谈"和"博乎道术"的兼有人格意志、道德品质和职业精神的优秀人才。

| 专栏5-3 拓展阅读 |

鲁班的故事

鲁班（又名公输班），我国古代优秀的工匠和杰出的发明家，生活在春秋末战国初。他从小就参加了许多土木建筑工程劳动，掌握了生产劳动的技能，积累了丰富的经验，被尊奉为木匠的祖师。据说，木匠常用的钻、刨子、铲子、曲尺、墨斗等都是鲁班发明的。据明代罗颀所著《物原》记载，在刨子发明之前，木匠制作平滑木板时都是用刀斧之类的工具砍，造出来的东西比较粗糙，即便是技术高超的工匠，遇到木纹粗或结疤多的木料也很难砍得平滑。鲁班经过多次尝试，制造了小小的薄铁斧头，并在上面盖块铁片，只让斧头露出一条窄刃。他用窄刃在木板上推了十几次，把木板推得平整又光滑。为了不卡手，他又设计了木头基座，就此发明了刨子，直到现在木工仍使用刨子处理木板。锯条也是鲁班发明的。鲁班在山上不小心被丝茅草划破手指，以此为启发，他设计了锯齿状的铁锯。总之，每一件工具的发明，都是鲁班在生产实践中得到启发，经过反复研究试验出来的。后世称鲁班为“百工圣主”、中国创造第一人。鲁班富于智慧、勤于思考、勇于探索、善于创新，怀匠心制器，依规矩立身，是工匠精神的代表者。

在国外，工匠本义源自拉丁语“ars”，表示体力劳动。后来随着社会发展，逐渐变为“art”，表示技艺、技能和技巧。国外的也不乏工匠通过不断雕琢产品、改善工艺，打造本行业最卓越产品的例子。其中，最有代表性的是瑞士钟表、德国机械、日本匠人等，这些都体现了工匠精神。同时，拥有工匠精神也是企业长寿的秘诀。据统计，全球寿命超过200年的企业，拥有量最多的是日本，下依次是德国、荷兰和法国。

| 专栏5-4 拓展阅读 |

瑞士钟表

瑞士钟表，从机芯到表壳，整个制表流程需要成百上千道工序，各零件需要紧密衔接，各工序需要精密配合。钟表工匠们对每个钟表的每个零件都是手工精心打磨，对每道工序都无半点松懈，在钟表工匠的眼里，只有对工作的一丝不苟、对质量的精益求精和对完美的孜孜追求。他们把自己的一生都放在了制表工作上，甚至世世代代地精益求精于制表工艺。有的机械表内部有700多个小零件，最小的细如毫发，即使一位顶级的钟表匠全心投入，一年也只能制造一只。瑞士的钟表的工匠精神不仅体现在工匠们专业、专心、专注地雕琢产品和对精益求精的坚定执着，还体现在工匠们开拓创新、不断改善工艺上。瑞士钟表拒绝转型，专注升级，不断将珠宝镶嵌、珐琅漆艺、抛光打磨、深浅防水等新技术应用在钟表上，真正把制表当成了艺术。

德国机械

德国人对品质的坚持和做事的严谨使得他们将质量置于考量之先，注重生产的每一个环节，为了细节拼尽全力。德国人制定的行业标准之高，对质量的把握之严，举世闻名。在德国，标准为先，标准为尊，标准就像法律一样。德国人对工匠非常尊重，对工匠精神格外崇拜，而德国工匠也视工作为天职，一生都保持着对品质的不懈追求，自律、认真、谨慎的行事作风贯穿他们生产生活的始终。德国的工匠精神体现在每件产品、每道工序。德国最擅长的是传统的汽车、机电、机械和仪表等产业，德国工匠的其产品的可靠性和耐用性令人叹服。

日本匠人

日本匠人对职业具有强烈的责任感和敬畏心，这促使他们兢兢业业，十年如一日地坚守在自己的岗位上，不断丰富经验和提高技术水平。对匠人和匠艺的尊敬是日本社会的价值共识。日本匠人信奉职业操守，崇尚职业精神。在日本，从拉面师傅、寿司店老板到顶级设计师、大文豪、大艺术家，只要技艺高超都会被称为巨匠。日本的很多百年老店和传统产业至今经久不衰。

二、工匠精神

（一）工匠精神的内涵

在中华民族千百年的劳动实践中，形成了不断创新、精益求精的工匠精神，这影响着我国各行各业的发展。古代工匠精神的内涵可以如此概括：一是重视技艺，不但提高自身能力；二是追求精益求精，不断雕琢产品；三是改善工艺，享受产品的升华；四是追求“道”，尊重师承道统，敬重和遵循天道精神。古语云：“玉不琢，不成器。”工匠精神不仅体现在对产品精心打造、精工制作，还体现在对技术的不断发展、不断革新。

工匠精神属于职业精神的范畴，是从业者的一种职业价值取向和行为体现。它是对产品精雕细琢、精益求精的理念，是不断雕琢产品、改善工艺、享受产品升华的精神追求。工匠精神兼具精湛技艺、审美志趣、实践精神和人文关怀，其具体内涵包括以下几个方面：

第一，工匠精神是一种专业、敬业的工作观。这主要表现为劳动者选定一份职业后，发自内心地投入、热爱，摒弃功利、浮躁和投机的心理，将工作视为一种信仰。工匠精神是一种纯粹的工作观，是对生命价值的追求和呈现，而非将工作简单地作为取得物质利益报酬或者谋生的手段。

第二，工匠精神是耐心、专注、坚持的良好心理素质。工匠精神讲求的是诚实、勤劳、有爱心、不走捷径。诚实、勤劳的工作态度远比工作知识和能力更重要。技能的提升、经验的丰富通常难以一蹴而就，需要一个循序渐进的过程。有爱众惠民之心才有责任感，视诚信为生命才会视质量为生命。不走捷径，追求极致，方能耐得住寂寞、坐得住冷板凳，方能历经无数次失败后赢得最后的成功。

第三，工匠精神是严谨、精益求精、永不满足的理念。只有将严肃、严谨、认真、持续、专注作为理念，才能把工作做到极致，收获个人品质和产品品质的同步升华。只有对品质无限追求，对质量精益求精，对技术创新孜孜不倦，才能真正到达事业和个人发展的巅峰。工匠们热爱自己的事业，胜过爱金钱，甚至胜过爱生命，他们永远只与自己较劲。

第四，工匠精神体现了一种秩序感。工匠精神强调重视流程的完美，认为只有流程的每一步都做到完美才能实现产品的完美。工匠们的速度不来自工作表面的急促紧迫，而源于每一个工作行为的准确有效。工匠们在工作中遵守操作规范，讲求责任感和万无一失，对标准和秩序怀有深深的敬畏。

丨专栏 5-5　拓展阅读丨

詹天佑：用“工匠精神”筑就中华铁路

张家口为北京通往内蒙古的要冲，南北商旅来往的必经之路。1905 年到 1909 年，詹天佑主持设计修建了我国自建的第一条铁路——京张铁路（北京到张家口）。1905 年 9 月 4 日，京张铁路正式开工，12 月 12 日第一段（丰台到南口）开始铺轨。铺轨的第一天，一列工程车的车钩链子折断，造成脱轨事故。各种诽谤中伤随即纷至沓来，脱轨事故俨然成了中国人不能自己修建铁路的证据。詹天佑冷静处置，在每节车厢间采用自动挂钩法（即“天佑钩”），解决了这个难题。1906 年 9 月 30 日，施工难度最大的第二段工程（南口到康庄）开始建设。在这一段，必须打通居庸关、五桂头、石佛寺、八达岭 4 条隧道，其中最长的八达岭隧道长达 1092 米。当时没有开山机、通风机和抽水机等施工设备，只能靠工人的双手和简单的工具开掘隧道。詹天佑通过精确计算和正确指挥，与施工工人齐心协力，克服了重重困难，终于在 1908 年 9 月完成了第二段工程。在第三段工程（康庄到张家口）施工过程中，詹天佑科学设计、正确指挥，建成了怀来大桥和鸡鸣驿矿区隧道，胜利完成了整条铁路的建设。此外，詹天佑为我国培养了第一批铁路工程人员，为修筑和管理铁路制定了科学周密的行车、养路、机车、电报、巡警等规程。詹天佑为规划中国铁路路网，为设计和修建中国铁路，锲而不舍，奉献了毕生所学和全部精力，在他身上体现出了民族精神与科学精神的高度融合，体现出了以敬业坚守、追求卓越、精益求精、严谨专注为主要内涵的“工匠精神”。这些精神在 100 余年后的今天，仍旧给人们带来无限的启示。

（参见《詹天佑：用“工匠精神”筑就中华铁路》，http://www.zgdazxw.com.cn/culture/2016-10/28/content_162341.htm）

（二）工匠精神的特点

我国历史上有很多非常杰出的工匠，他们的作品流传百世。工匠精神具有重大的时代价值和鲜明的时代特征。此外，工匠精神还有历史传承性和国际性等特点。

1. 时代性。

工匠精神的时代性是指工匠精神在不同的历史时期性，具有不同的内涵。工匠精神是我国经济社会发展的产物，体现了时代的现实需求和价值取向，具有重大而深远的时代价值。在古代，工匠精神主要彰显于官营手工业创造的成果，民间手工业者不仅要为生计劳作，还要缴纳赋税，政治地位低下。在近现代，机器大工业极大程度地代替了传统手工业，工匠则成为工厂流水线上的一个“环节”。新中国成立后，工人阶级成为国家的领导阶级，作为工人阶级主体力量的工匠也完成了从旧社会被迫劳动到积极建设新社会姿态的转变。

2. 历史传承性。

工匠精神具有历史传承性。我国历史上有很多关于工匠精神的记载，马王堆汉墓出土的丝绸虽产生于2000多年前，但薄如蝉翼，用料2.6平方米，仅重49克，闻名世界。从古至今，中国工匠们以自己的扎实创造，赋予民族文明以实体形态，劳动经验源源不断充实着民族文明宝库，体现着中华民族在精神和物质生产领域的浩然活力。纸张摩拓、陶瓷烧制、丝绸制造等都是中华民族的文化经典，为人类文明贡献了不可替代的中国元素，这些贡献的主要技术基础是工匠的劳动。工业化、智能化时代，工匠精神仍为我国科学技术发展指引着方向，实现着到传统的继承发展与超越。

3. 国际性。

工匠精神是国家能够拥有在全球有竞争力的产品和技术的关键。工匠精神不是一国一城独有的，而是所有国家都能产生的，具有国际性特点。德国制造、瑞士钟表、美国制造和日本匠人代表着世界一流的制造水平，也体现着工匠精神。例如，德国、日本等以制造业为主要产业的国家，其工匠精神内涵侧重对工艺的精心设计、对产品品质和性能的精益求精、对生产过程的全心投入、对企业文化的坚持传承等。美国等以高科技、金融为主体的国家，其工匠精神的内涵侧重创新、创业。

4. 创新性。

工匠精神的核心在于创新。工匠精神不仅需要简单的重复和坚守，更需要持续的改进与创新，包括产品创新、技术创新、制度创新、文化创新、思维创新等。在百年未有之大变局当中，工匠精神必将成为引领产业创新发展、高质量发展的重要精神驱动。工匠们最终被后世铭记，不是因为他们日复一日、年复一年的打磨某个产品，而是他们不断提供创造力，通过创新给后世留下了宝贵的财富。

（三）工匠人才的评选

2015 年 11 月，中央全面深化改革领导小组第 18 次会议通过《全国总工会改革试点方案》，明确提出要做强工会品牌，充分发挥工人阶级在实现中国梦中的主力军作用，叫响做实大国工匠品牌。在全国总工会的指导示范下，各地工会纷纷推出工匠培养、宣传计划，一批批地方工匠脱颖而出，学习大国工匠、争当大国工匠的氛围日渐浓厚。

随着《大国重器》《大国工匠》《我在故宫修文物》等节目的热播，“大国尚技”受到热议，“工匠精神”一时声名鹊起。大国工匠的感人故事、生动实践表明，只有那些热爱本职、脚踏实地，勤勤恳恳、兢兢业业，尽职尽责、精益求精的人，才可能成就一番事业，才可望拓展人生价值。

| 专栏 5-6　拓展阅读 |

纪录片《大国工匠》

《大国工匠》从大勇不惧、大术无极、大巧破难、大艺法古、大工传世、大技贵精、大道无疆、大任担当等八个层面，讲述了不同岗位劳动者用灵巧双手匠心筑梦的故事。这群平凡的劳动者在平凡工作中走上了不平凡的成功之路。他们默默坚守、孜孜以求，在平凡岗位上追求技能技艺的完美和极致，最终脱颖而出，成为我国各个领域不可或缺的工匠人才。

第一集《大勇不惧》，讲述了大国工匠们的工匠胆魄——勇者无惧。工匠的工作貌似平常无奇，但是积淀着经年累月淬炼而成的珍贵技艺，承担着身家性命和社会民生的重大责任，包含着常人难以想象的坚韧辛劳；他们是以一身犯险而保大业安全，以一身之力而系万民康乐。

第二集《大术无极》，讲述了大国工匠们的工匠境界——炼技修心。工匠的职业生涯既是技艺磨砺过程、技艺积淀过程，也是心路历程，无数极限式挑战的积累造就了自己，也拓展了人类的认知空间和创造能力。

第三集《大巧破难》，讲述了大国工匠们的工匠破难——巧夺天工。在人类探索之路上工匠破解了创造历程中的无数难题，保证了人类的求索之路永续延伸。

第四集《大艺法古》，讲述了大国工匠们的工匠守艺——传承千古。工匠们跨越时空与古人对话，陋室成为他们屏蔽人间喧嚣、隔离尘世浮华的屏障，只有匠艺才是像心适意的人生栖居、意匠经营的至美胜境。

第五集《大工传世》，讲述了大国工匠们的工匠圣手——续写经典。从上古至今，中国工匠们以自己的扎实创造，赋予民族文明以实体形态，劳动经验源源不断充实着民族文明宝库，体现着中华民族在精神和物质生产领域的浩然活力。

第六集《大技贵精》，讲述了大国工匠们的工匠绝技——精益求精。中国工匠们精到无极的技艺不仅仅在手上，更在不懈探索的心里。巅峰匠艺的核心是精，心有精诚，手有精艺、必出精品。这些精品也许并不总是能够惊天动地，但它们却总会让一份令世人敬重的工匠精神传递久远、贡献人间。

第七集《大道无疆》，讲述了大国工匠们的工匠追求——艺无止境。中国工匠，在勤学苦练中成就自己的技艺，以中国制造来共同制造中国；同时以永不懈怠的跨越精神超越自己、创新事业，既追随时代也推进时代，以新意永续的中国创造，来创造锐意进取的中国。

第八集《大任担当》，讲述了大国工匠们的工匠担当——兼济天下。中国制造业全面腾飞的象征是千百万中国工匠的坚守、钻研、勤奋和所达到的技艺境界。在人类的探索之路上，工匠是迈步的前驱、是操作的手指、是奠基的厚土、是铺路的石子，也是灵光接引的灯火、劈山开隧的斧凿、跨越河川的桥梁，他们奉献于国家建设和人民生活中的劳动成果，就是最好的史册记载。

（参见央视网 CCTV 综合频道纪录片《大国工匠》，http：//tv. cctv. com/2016/09/30/VIDAtVQu8llYDhLV4Cii285o160930. shtml）

全国总工会、中央广播电视台联合举办的 2018 年“大国工匠年度人物”

发布活动，经过自下而上推荐、初选、评委会评选等环节，2019 年 1 月正式产生 10 位 2018 年“大国工匠年度人物”。他们来自国防军工、电子科技、石油钻探、文物修复等多个行业，有焊接火箭发动机的大师和高铁焊接的顶级技师，有被誉为“世界带电作业第一人”的特高压带电检修工和我国第一代核燃料师，有打破国际技术封锁和垄断的技术工人，有为北斗导航等国家重点工程作出突出贡献的高级技师和“天眼”射电望远镜装配人，有坚守大漠油田的“土发明家”以及年近 90 仍坚守一线的文物修复保护专家等。

此外，很多省市开展了工匠评选活动，评选出了具有工匠精神的优秀技能人才。例如，湖北省的“荆楚工匠”、陕西省的“三秦工匠”、浙江省的“浙江工匠”、山东省的“齐鲁工匠”、上海市的“上海工匠”。

2019 年 4 月 3 日，杭州市第十三届人民代表大会常务委员会第十八次会议审议决定，自 2019 年起，将钱塘江大桥建成通车日——9 月 26 日设立为“工匠日”，这是全国首个“工匠日”。杭州设立“工匠日”的意义在于弘扬工匠精神，有助于建设知识型、技能型、创新型劳动者大军，将世代匠心贯穿到人才培养、教学科研、创新创业等各环节，营造劳动光荣的社会风尚和精益求精的敬业风气，培育更多的工匠精英。

| 专栏 5-7　拓展阅读 |

齐鲁工匠孙佑军

山推工程机械股份有限公司推土机事业部磨工班班长孙佑军主要从事半轴类产品磨削加工工作。近 30 年来，他扎根磨削工作岗位，始终如一地保持昂扬的精神、严谨的工作态度，做到经他磨削的产品“零公差”，被誉为有“火眼金睛”的磨削专家。山推在 2012 年研发的 SD90 马力推土机被誉为“开天神推”，在研制过程中，台车部分的枢轴加工成为了技术难点。孙佑军主动请缨，挑战这项难度极高的磨外圆加工。他潜心研究图纸，制定磨削顺序，提出通过一次装夹，以磨代车并靠磨端面的方法来提高工件精度，并展开夜以继日地试磨，终于成功地试制出 SD90-5 枢轴。他自创“一转、二修、三靠近、四慢、五降、六光刀”“六步工作法”来消除磨削裂纹，通结合工件的材质、状态和尺寸，观察火花颜色和大小，运用手腕力量掌握工件磨削进刀量，减少了停车、测量、调整、再测量、开车加工等辅助时间，使更多的推土机核心部件加工达到“零公差”。他的这一绝活成为当前我国研发大马力和新型推土机关键零部件的高、精、尖技术。孙佑军，一个普普通通的磨削工人，用自己的智慧、坚定的信仰、乐观的精神、无私的情怀，在平凡的岗位上践行着人生的价值，实现着自己的工匠梦想。

（参见《齐鲁工匠精神——孙佑军事迹》，http：//jining. sdnews. com. cn/jnxw/201605/t20160525_ 2084948. htm）

第二节　工匠精神的时代价值

《中国制造 2025 规划纲要》指出，我国经济发展进入新常态，制造业发展面临新挑战。工匠精神契合我国经济发展新常态下经济发展方式转变、产业结构升级、经济增长动力转化和供给侧改革等客观需求。工匠精神是优良制造、自主创新的灵魂所在。对工匠精神的推崇，不仅有助于工匠自我价值的实现和回归，还是“中国制造 2025”实现的关键所在。因此，工匠精神在当代社会是具有重大价值的。

近年来，一批重大标志性项目和工程陆续落地。卫星上天、北斗组网、航母的弹射器研制、飞机发动机研发、高铁改进、大跨度桥梁建设，所有这些浩大的工程和尖端的技术的实现，都离不开新时代的工匠精神。这些科技含量高、研发难度大，具有自主知识产权的“中国制造”，向世界展示着中国制造业的强劲实力，增添了中国底气。全球化监测和数据分析公司尼尔森发布的 2019 年第二季度中国消费趋势指数报告显示，68% 的中国消费者偏好国产品牌[①]。过去，

---

① 《68% 中国消费者偏好国货性价比成首要考量》，http://finance. sina. com. cn/stock/relnews/us/2019 - 08 - 14/doc - ihytcern0723593. shtml。

“Made in China”容易被打上廉价的标签；如今，“新国货”在全球已经成为中国崭新亮丽的名片，无人机、虚拟现实装备、3D 打印……这些高科技含量的中国制造，正日益走入世界各国人民的日常生活。

| 专栏 5-8　拓展阅读 |

我国近年来的主要科技成就

2016 年 9 月，“天眼”500 米口径球面射电望远镜在贵州落成启用，可“一眼望穿”137 亿光年。

2016 年 9 月，“天宫二号”空间实验室发射成功，中国第一个真正意义上的空间实验室落户太空。

2017 年 5 月，国产大飞机 C919 首飞成功，它的最大航程超 5000 公里，综合性能处于国际领先水平，是中国首款具有自主知识产权的大型喷气式干线民用飞机。

2018 年 2 月，中国自主研制的五代机歼-20 列装空军作战部队。

2019 年 11 月，时速 350 公里的中国标准动车组“复兴号”已经通达全国 27 个省会城市和香港特别行政区，累计发送旅客 4.5 亿人次。“复兴号”的投入使用，让中国成为世界上高铁商业运营速度最快的国家。

2020 年，我国北斗导航系统全面建成，并提供全球服务。

2020 年，嫦娥五号探测器完成我国首次地外天体采样返回之旅。

2020 年，我国率先实现新冠疫苗的研制工作。

2021 年，神舟十二号载人飞船发射成功。

2021 年，天问号成功登陆，中国成踏上火星的第三个国家。

一、工匠精神是制造强国的重要保障

实现质量强国、制造强国是我国的强国战略，需要弘扬工匠精神以提升我国产品、服务、技术的全球竞争力。当前，我国正处于经济社会转型变革的关键时期，经济已由高速增长转向高质量发展。2017 年政府工作报告指出，要大力弘扬工匠精神，厚植工匠文化，恪尽职业操守，崇尚精益求精，完善激励机制，培育众多中国工匠，打造更多享誉世界的“中国品牌”。[①] 改革开放以来，中国制造逐渐从低端制造业迈向高端制造业。目前，中国在高端制造业方面与西方发达国家还存在一定差距。弘扬“工匠精神”，有助于推动中国制造进入高质量时代，从而追赶西方发达国家，甚至实现“弯道超车”。我国是制造大国，世界各地都可以看到“made in China”，但是我们也应该清楚地看到，目前还有很多核心技术被世界发达国家掌握，我们还经常被人家“卡脖子”。因此，我们要努力把中国制造业从“中国制造”提升到“中国质造”，再提升到“中国智造”“中国创造”；要提高劳动者的素质，围绕创新驱动，掌握更多核心技术，解决被人“卡脖子”的问题。

| 专栏 5-9　拓展阅读 |

戎鹏强：以手当“眼”的大国工匠

戎鹏强在包头出生、长大，自小能吃苦、好钻研。他一点点摸索、一次次试验，终于掌握了高强度合金深孔加工技术，像镜面一样光溜的镗刀在他手里变得服服帖帖。1983 年，戎鹏强进入北重集团特种机械厂 502 车间，成为一名深孔镗工。深管镗孔，就是对火炮身管内膛进行精镗。“没有捷径，只有苦练。当年师傅这样对我说，后来我也这样教徒弟。”2012 年，一个国内某试验装置的关键部件订单在国内转了几圈，无人敢接。在长 8 米的钢质圆棒料上打一个孔径 28 毫米的通孔，通孔只有大拇指粗细，加工深度却有三层楼高。管体孔深长度与孔径长度之比大于 100 倍的圆柱孔即被称为超长径比深孔，而该部件的长径比却达到了近 300 倍。超长小孔径身管由于管体孔径小，加工时根本看不到刀具在零件内部的切削状况。没有参照物，没有编程，只能以手当“眼”。戎鹏强总结出“摸、听、看、量”四字诀，摸刀杆感受刀在行走时的状态，听机床发出的声音和硫化油流动的声音，看铁屑形状和电流表读数，量

① 《政府工作报告(全文)》,http://www.gov.cn/guowuyuan/2017-03/16/content_5177940.htm。

刀杆每分钟行走的距离，以此判断机床运转是否正常。孔径小、刀杆细长，极易出现刀头震动、烧刀或者崩刃情况，有时戎鹏强干一天活儿，只能走刀六七十毫米。走刀过程中还要反复测量加工内孔的尺寸，有丝毫异常就得退刀从头再来。最终，戎鹏强还是啃下了这块“硬骨头”。这项技术的诞生打破了国际垄断，填补了国内深孔加工领域的空白，戎鹏强成为国内掌握“超长径比身管加工”技术的人。2014 年，“戎鹏强超长径比小口径管体深孔加工先进操作法”被中国兵器工业集团命名为特色操作法。

（参见戎鹏强：《以手当“眼”的“大国工匠”》，https：//www. jc35. com/news_ People/detail/851. html）

二、工匠精神是企业的核心竞争力

党的十九大报告指出，要促进我国产业迈向全球价值链中高端，培育若干世界级先进制造业集群。同时，要推动企业的创新，提高中国制造的核心竞争力，推动我国制造业转型升级，打破低端制造、淘汰落后产能，最终实现增品种、提质量、创品牌的目标。而工匠精神是企业创新发展的重要引擎，其强企关键就在于它有助于提升产品、服务或技术竞争力，有利于促进产业升级转型，提升中国制造的品质和品位。

德国从机械产品、化工产品，到厨房用具、体育用具，质量无不为世界所称道，令德国制造成为高质量和良好信誉的代名词。我国也有很多百年中华老字号企业，其成功的秘诀也在于其所具备的工匠精神。中药老字号同仁堂，遵循手工制作“炮制虽繁必不敢省人工，品味虽贵必不敢减物力”的古训，树立了“无人见，有神知”的自律意识，造就了制药过程中一丝不苟、精益求精的工匠精神。张小泉在其父亲的悉心指教下，在成百上千次的实践中，练就了制剪的好手艺。他改革生铁锻打制剪手艺，在打制剪刀中运用“嵌钢”工艺，手工锻打、千锤百炼，每一道工序都精雕细琢地敲“缝道”，经过他精心磨制的剪刀光亮照人。

工匠精神既体现在对生产环节和生产工艺的精雕细琢，也体现在将精益求精作为生产经营的理念。当今社会，很多企业缺乏工匠精神，心浮气躁地追求投资少、周期短、收益快的即时利益，忽略产品品质。这不利于企业的竞争和发展，最终将导致企业走向破产。而坚持工匠精神的企业，在关键技术和产品上不断强化创新变革，坚持以精湛的工艺和优良的品质保持市场竞争力，最终成就百年基业。

| 专栏5-10 拓展阅读 |

华为的例子

质量文化是华为最基础、最根本和最核心的企业文化，优先满足客户需求则是华为的企业精神，根植质量意识和服务意识是华为对员工最基本的要求。华为鼓励员工，要用持之以恒的精神不断奋斗，不要追求一时的热闹和繁华，要耐得住坐20年、30年“冷板凳”的寂寞；只有在这种工匠精神的指导下，华为才能厚积薄发，在未来的竞争中凝聚更强的爆发力。在华为人的眼里，只有对质量的精益求精、对制造的一丝不苟、对完美的孜孜追求，除此之外没有其他。2016年3月29日，中国知名企业华为荣获第二届“中国质量奖”。

历经三十年，华为从一个小公司发展为世界ICT领航者、世界三大智能机制造商之一，依靠的正是这种凝神专一的工匠精神。由量到质的突围，是中国制造的最后一公里。在这个快速变化的时代，希望能有更多企业像华为一样，慢下来打磨产品、专注品质，始终保有珍贵的工匠精神。

（参见《快时代的慢坚守：华为诠释工匠精神》，https://www.sohu.com/a/233118850_100153705,2018-05-31）

三、工匠精神是培养创新人才的重点

工匠精神既是职业道德的重要价值标尺，也是人才培养的衡量评价指标。以工匠精神助力培养追求完美的优秀人才，企业才能以极致的产品和服务赢得国内外市场。走新型工业化道路，建设创新型国家，需要培养大批具有现代先进工业文化内涵和素养的建设者，而大学生群体正是即将进入社会主义现代化建设各劳动生产岗位的主力军。因此，围绕制造强国建设战略，探索开展高校劳动教育、职业技术教育、工业文化普及、先进制造业人才培养，显得尤为重要。工匠精神可以引领大学生树立正确的世界观、人生观和价值观，有助于大学生追逐梦想、实现人生价值。工匠精神可以塑造大学生的职业观、创业观和创造观，鼓励他们将来用过硬的业务能力和优良的职业素养，把产品和服务做精做强，在平凡的岗位上实现不平凡的事业。工匠精神可以培养大学生求真务实的良好学风，激发对专业的兴趣与热爱，令他们化被动学习为主动学习，克服浮躁心态，脚踏实地、深入钻研，积极主动的思考问题。此外，我们还要提升新时期技能工人的社会地位，增强技能人才的光荣感和责任感，形成“崇尚一技之长、不唯学历凭能力”的社会氛围，让更多的年轻人传承工匠精神，专注钻研技能，努力使我国成为技能人才强国。

第三节　新时代工匠精神

长期实践中形成的工匠精神能促进劳动者树立正确价值取向，保持优良的行为表现，恪守追求高品质、精益求精的职业操守。工匠精神是劳模精神和劳动精神的集中体现和升华。新时代背景下，职业分类越来越多，岗位分工也越来越细，执着专注、精益求精、一丝不苟、追求卓越的工匠精神需要我们时刻铭记。

一、执着专注

执着专注体现了劳动者锲而不舍的追求，体现了淡泊宁静的心境，也是要求劳动者具备的做事态度和行为习惯。在工作中耐心、静心、专注，才能最大程度地发挥个人潜力；将有限的精力专注到一个领域，刻苦钻研、日积月累，才能成就伟业。作为新时代的劳动者，我们应该把执着融入血脉，将专注刻入使命，在平凡的岗位上建功立业，应避免好高骛远、心浮气躁的工作和处事态度。

| 专栏5-11 拓展阅读 |

执着专注的高凤林

《大国工匠》第八集介绍了执着专注的中国航天科技集团公司第一研究院焊工高凤林。35年来，高凤林几乎每天都在做同样一件事，即为火箭“心脏”——发动机进行喷管焊接。对高凤林来说，每一次焊接都是一次全新的挑战。“长征五号”火箭发动机的喷管上，有数百根几毫米粗的空心管线，管壁的厚度只有0.33毫米，高凤林需要通过3万多次精密的焊接才能把它们编织在一起，而且每个焊点只有0.16毫米，允许时间误差是0.1秒，焊缝细到接近头发丝，每一个细小的失误都可能导致一场灾难。

为保障精准焊接，他需要高度的专注，需要发力精准、心平手稳，需要在焊接时得紧盯着微小的焊缝，因为一眨眼就会有闪失。为避免失误，他练习十分钟不眨眼，更冒着高温观察铁水的流动规律。有的实验，需要在高温下持续操作，焊件表面温度达几百摄氏度，高凤林咬牙坚持，双手被烤得鼓起一串串水泡。为了练好基本功，他吃饭时拿筷子比画焊接送丝的动作，喝水时端着盛满水的缸子练稳定性，休息时举着铁块练耐力。他不断学习、不断投入，不断提高着自己的焊接水平。

自学、实践、总结、再实践，他的执着专注来自经他焊接的火箭把卫星成功送到太空的自豪感。正是这份自豪感，让高凤林一直以来都坚守在这里。火箭的研制离不开众多的院士、教授、高工，但火箭从设计蓝图落到实物，靠的是一个个焊接点的累积，靠的是一位位普通工人的匠心。专注做一样东西，创造别人认为不可能的可能，高凤林用35年的坚守，诠释了一个航天匠人对理想信念的执着追求。

（参见央视网CCTV综合频道纪录片《大国工匠》，http：//tv.cctv.com/2016/09/30/VIDAtVQu8llYDhLV4Cii285o160930.shtml）

二、精益求精

精益求精强调劳动者对产品反复雕琢、追求极致，打造有生命有灵魂的产品。劳动者要以一颗上进的心，以没有最好只有更好的态度追求更高层级的技艺。现代生产生活实践中，更需要精益求精的专业精神。只有甘于寂寞、静心钻研，才能打造出一流的产品。精益求精还体现在劳动者以严苛的标准严格要求自己，注重产品的细节，完善每一道工序，把每个细小的环节都尽可能做到极致，并在关键技术和产品上不断强化创新引领。

| 专栏 5-12　拓展阅读 |

精益求精的李峰

《大国工匠》第六集介绍了航天科技集团 13 所铣工李峰。20 多年里他只干过铣工一个工种，这也将是他一辈子坚守的行当，他努力将工作做到了极致。虽然他只有大专文凭，但为了更好地实现精铣以及精密加工，他自学《机械加工原理》《金属材料力学》等专业书籍，一有空就学习设备工作原理。他在上万次的加工中，找准了自己对事业的定位，那就是凝神专注、精益求精。

他负责长征七号惯组加速度计的加工。惯性器件关键零件每减少 1 微米变形，就能缩小火箭几公里的太空轨道误差。为缩小 5 微米的公差，他要在高倍显微镜下亲手细心打磨刀具，靠现有的工具、眼观手测完成精密加工。他的速度不来自于表面的急促紧迫，而源于每一个工作行为的准确有效。虽然他的产品在 5 微米公差内，属于合格产品了，但是追求精益求精的信仰让他对产品吹毛求疵，仍“执拗”地回去返工。虽然在他人看来，李峰非常执拗，“缺一根筋”，“钻牛角尖”，但他始终坚持自己心里的零公差。

他经常说，“如果一开始就马马虎虎地在悬崖边缘徘徊，任何一个小小误差，零件就废了”；“干活、干活，干一次比一次灵活，干一次有一次的收获，不能稀里糊涂地干下去，人一辈子要有长进”。工匠的手上积淀着他们的技艺磨砺、心智淬炼和人生阅历。他是航天人中最平凡的一个角色，也是千万工匠中最普通的一员，但是正是千千万万个“他”的平凡存在和坚守，才创造了我国航天事业的一个又一个奇迹。

（参见央视网 CCTV 综合频道纪录片《大国工匠》，http：//tv. cctv. com/2016/09/30/VIDAtVQu8llYDhLV4Cii285o160930. shtml）

三、一丝不苟

一丝不苟体现在劳动者以对劳动和对工作的敬畏，恪守规则、集中精神、心无杂念地完成工作的职业态度。劳动者应该持有精准态度，坚持精准原则，对自己所从事的工作及岗位认真负责、严谨细致，不允许有一分一厘的偏差、一分一秒的疏忽、一丝一毫的失误，不断追求完美。在社会分工细化和专业化程度越来越高的今天，细节往往成为决定成败的关键因素。“细微之处见精神”，只有在细微处用心，做到极致，才能体现工匠精神。

| 专栏 5-13　拓展阅读 |

一丝不苟的顾秋亮

《大国工匠》第六集介绍了中国船舶重工集团公司第 702 研究所组装工人顾秋亮。他仅凭一双手捏捻搓摸，便可精准感知细如发丝的钢板厚度。43 年来，他埋头苦干、踏实钻研，不断挑战极限。

载人潜水器有十几万个零部件，其组装对精密度要求达到了“丝”级。1 丝，只有 0. 01 毫米，也就是一根头发丝的 1/10 那么细。载人潜水器所有密封面的装配精度，必须控制在几丝以内，这样才能确保潜水器在深海里既不漏水，又能缓冲巨大的水压。顾秋亮和工友们把安装的精度标准视为生命线，为练成 0. 2 丝这门功夫，他把铁板慢慢手工锉薄，在铁板层层变薄的过程中不断用手捏捻搓摸，以提升手对厚薄的精准感受力。一遍遍地锉钢板，一遍遍地动脑筋琢磨，渐渐地，顾秋亮手里的活儿有了灵性，为此他锉了十几块方铁，锉刀用断了几十把。同时，在此过程中他也锻炼了自己的心性，“两丝”的名号也渐渐被叫响了。

成功把“蛟龙”送入海底后，他的新挑战是组装中国首个完全自主设计制造的4500米载人潜水器。心有精诚，手有精艺，靠手触摸，安装缝隙控制在一根头发粗细的五十分之一，普通钳工顾秋亮磨成了工匠顾两丝。

（参见央视网CCTV综合频道纪录片《大国工匠》，http://tv.cctv.com/2016/09/30/VIDAtVQu8lYDhLV4Cii285o160930.shtml）

四、追求卓越

追求卓越是指劳动者要积极进取、超越自我、追求极致，进而实现创新创造。工匠精神是敬业态度、严谨作风、担当精神与卓越品质的综合体现。追求卓越要勇于超越自我，对自己的岗位、职业、行业充满敬畏和热爱，用心去对待、用心去聆听，全身心投入，实现技艺的完美、产品的完美。追求卓越还意味着打破陈规，跳出原有的思维框架，结合社会的需求不断探索和创新，在追求极致中挑战技术难题，进而探索问题解决之道。

| 专栏5-14　拓展阅读 |

追求卓越的朱文立

《大国工匠》第五集介绍了追求卓越的朱文立。中国古代陶瓷技艺创造了无数的经典，而创烧于北宋晚期的汝瓷被视为达到了中国瓷器烧制技艺的巅峰。汝瓷曾绝迹800年，陶瓷工匠们都在苦苦摸索，不惜呕心沥血，试图将之仿制重现。1978年，朱文立在一次烧制中竟然发现多件瓷器出现了汝瓷的天青色。在接下来的几十年里，朱文立烧制的汝瓷仿品有几十万件，但是真正呈现完美天青色的精美汝瓷仅有几十件。虽然他名气大增，但是他觉得自己的成功仍处于偶然性阶段，仍不断探索汝瓷的技艺。汝瓷烧制过程分为12个阶段，每个阶段的瓷器釉色都有变化。在烧制的整整8个小时里，他都守在窑边，观察火照，把控汝瓷的窑变以求实现天青色。

真正的工匠从不自欺，更不会欺世盗名。为追求完美，不合格的瓷器被他全部砸碎。为探索每窑都能成功的古法，他跑了无数个建筑工地，发现了十多个古窑址。虽然汝瓷的釉料配方早已经与汝瓷一同失传了，但他坚信自己一定能使配方再现，为此他每隔 3 天进一次山，寻找汝窑的配料和土壤，然后不厌其烦地配制、试验。他走遍了汝州的每一座山，一直在坚持和等待，不断在追求和寻找。哪怕寻觅之路再长再难，也不能阻止他的努力。

（参见央视网 CCTV 综合频道纪录片《大国工匠》，http：//tv. cctv. com/2016/09/30/VIDAtVQu8llYDhLV4Cii285o160930. shtml）

第四节　弘扬工匠精神

工匠精神是中华优秀传统文化，铸造新时代工匠精神既要传承和弘扬中国传统工匠精神，又要吸收借鉴国外工匠精神。当今时代，新一轮科技革命和产业变革风起云涌，新技术、新模式、新业态层出不穷。在我国大力推进制造业转型升级的时代背景下，要实现经济发展方式转型和产业结构升级，特别是实现由制造大国向制造强国转变，需要弘扬工匠精神。弘扬工匠精神，就要具备无私奉献的职业情操、求真务实的实干精神、精益求精的极致追求。工匠精神促进素质教育，提升产业水平，引领创新发展，能为中国由制造大国向制造强国转变提供有力支撑。

一、塑造正确价值观和就业观

大学生劳动教育中的工匠精神教育在于培养有理论知识和技术能力的复合型人才。弘扬工匠精神要培养大学生树立正确的价值观和就业观，帮助大学生实现职业理念、职业态度和职业能力的内化和提升。大学生要正确认知职业，坚定将职业转化为毕生事业的理想，只有对自己的职业真正了解、热爱了，才能长期坚持、反复磨炼和刻苦钻研，才能具备高超的技艺、精湛的技能。不应将职业单单视为谋生的工具，而更应将其作为自己终生奋斗的事业，心怀工匠精神，为国为民作贡献。

首先，大学生要熟悉自己的专业，主动了解将来所从事的职业及岗位的工作内容，客观分析自身的兴趣和特长，确定自己毕生奋斗的职业目标，进而沉下心来进行专业知识和技能的学习，守得住初心，耐得住寂寞。

其次，用积极情感正确认识工匠精神。大学生要摒弃对匠人的轻视，纠正“学而优则仕”“学习不好的同学才选择职业教育”等错误观点，树立“三百六十行，行行出状元”、行行需要工匠精神的意识，主动将工匠精神融入敬业、文明的社会主义核心价值观，融入自己的学习和生活中。

再次，工匠精神需要爱岗敬业。爱岗敬业是社会主义核心价值观中的内容之一。爱岗敬业是筑就人生美丽梦想、践行核心价值观的重要要求。大学生要正确认识工匠精神的价值，培养爱岗敬业、精益求精的职业意识，为将来的发展打下基础。

最后，工匠精神体现和具化为平凡人做不平凡的事。工匠精神既不是虚无缥缈的，也不是高不可攀的。工匠工作看似平淡无奇，但是都沉淀着经年累月淬炼而成的珍贵技艺，承担着社会民生的重大责任。平凡的劳动者只要坚持和弘扬工匠精神，定能在其工作岗位上做出不平凡的成绩。《大国工匠》中介绍的“国宝”级大国工匠都是奋斗在生产一线的杰出劳动者，他们工作在最普通的岗位上，做着最平凡的工作。他们是当今中国千千万万一线工人中的一员，他们所做的工作，正是千千万万中国工人每天都在做的工作，只不过他们用了心，做出了不平凡的成绩。

二、培养求真务实、执着专注的良好作风

弘扬工匠精神，要培养大学生求真务实、坚忍不拔、执着专注的劳动热情，引导大学生立足勤奋学习、立志劳动创造。古人云，古之立大事者，不惟有超世之才，亦有坚忍不拔之志。大学生培养工匠精神，不仅需要天赋和才华，更需要有坚忍不拔、执着专注的精神。

一是要有执着专注的良好作风。专注是内心笃定的耐心、执着和坚持。很

多人一生只做一件事，几十年如一日，把事情做到了极致，实现了不平凡的蜕变。工匠精神追求慢工出细活，需要时间的积累和实践的沉淀。艺术家、科学家等大国工匠无不是浸淫多年、苦心造诣、执着专注才成就的。

二是要有坚忍不拔的意志力。劳动者要在创作过程中有技艺的突破、提高和创新，需要无数次反复实践，在实践过程中难免会有竞争、挫折、失败和瓶颈等压力，此时仅靠一时的激情是不行的，更需要锻炼顽强的意志，培养吃苦耐劳的精神，磨炼不怕挫折的抗打击能力和坚忍不拔的意志力。

三、养成精益求精的习惯和态度

大学生要养成细致、静心、认真、一丝不苟的习惯和态度，对于任何细节、任何小事都应该以完美的态度对待，绝不能粗心大意。大国工匠们无不是以孜孜不倦的刻苦钻研精神立足本职工作，将自己的能力发挥到极致和完美。即使再小的细节，他们都会全心专注，全力以赴；即便再苦再累，付出再多，他们也没有任何怨言。他们善于从细微处入手，努力在技术、技能上寻发展、求突破。作为大学生，我们应该学习大国工匠，学习劳模，做好以下几点：

一要注重细节。每一项细微的工作，如纠正一个错误、修正一个标点等，都会对大学生的未来产生重要影响，因此无论做什么事情，都要养成精益求精的精神，绝不忽视工作中的每一个细节，只有把平凡的小事做好，才有做大事的能力，也才能把大事做好。

二要拒绝“差不多”的凑合心态。“差不多”是有距离，“差不多”其实就是差很多，差很多的结果就是形成问题、造成损失。不要觉得自己工作完成得差不多即可，每一项事务只要接手就要全力以赴做到最好。平凡与不平凡差的就是一点点的超越。现实生活中有很多事情都是努力了99%，只差一点点就能成功，但就是这一点点，导致了失败或形成了巨大差距。在工作中，一定要传承工匠精神中的精益求精精神，从思想深处杜绝“差不多”心态，杜绝粗心大意。

四、提高实践能力

工匠们文化程度不同，年龄有别，但都拥有一个共同的闪光点——热爱本职、敬业奉献。他们技艺精湛，有人能在牛皮纸一样薄的钢板上焊接而不出现一丝漏点，有人能把密封精度控制在头发丝粗细的五十分之一，还有人手工检测精度堪比机器。他们之所以能够匠心筑梦，凭的是传承和钻研，靠的是专注与磨砺。“纸上得来终觉浅，绝知此事要躬行”，大学生更多接触自然、了解社会，从而启迪心智、孕育潜力、培养能力，通过辛勤劳动、诚实劳动和创造性劳动实现人生梦想。

大学生要培养和提升自身的实践能力，要真刀真枪地干起来。一要积极参加专业实习和实践，在真实的生产环境中实现理实相兼、专业知识与专业文化相融、专业能力与专业技术相长。二要有螺丝钉精神，作为未来的求职者要做好自己的本职工作，在平凡的岗位上兢兢业业。要从价值理念和实践出发，从社会和公众的需要出发，日复一日、年复一年地向行家里手和能工巧匠学习，不断革新技艺。三要积极参与创新创业行动，拥有高度的责任感和创新意识，发挥团队精神，这样才能顺利实现从制造到创新的转型。

| 专栏5-15 拓展阅读 |

文墨精度

《大国工匠》第七集介绍了中航工业沈飞标准件厂钳工方文墨，他的工作任务是为歼-15舰载机加工高精度零件，加工精度挑战着世界级水平。他打破了教科书上手工锉削精度极限，达到千分之三毫米，相当于头发丝的二十五分之一，远超数控机床的加工精度，加工精度逼近零公差，实现“文墨精度”。他从无优势的起跑线上出发，最终稳健占据领跑者的位置，做到了不靠眼睛纯粹凭手感加工原材料。在工业化时代，尽管大多数零件可以自动化生产，但是有的战机零件因为数量少，加工精度高、难度大，还是需要手工打磨，所以精湛的锉磨手艺还是钳工的必备功夫。他少年时代便从父辈那里继承了一个造飞机梦想，现在梦想成真，成为中国航空舰载机生产的一线工作者。“你只要把自己的技术练好了，让别人挑不出毛病来，那么你的腰杆是最直、最挺的”，手有功夫腰杆硬，这是工匠普遍认可的真理。身高和平台不搭，他把家里阳台改成练功房，每天连续四五个小时苦练技术，甚至把锉刀锉断，一年换了200多把锉刀。他凭精湛技术获得成长，却依旧虚心向他人请教，并集纳各家之长，使手艺再次突飞猛进，有了质的提升。他不懈怠、不间断地自我超越，工作30多年里，改进工艺方法60多项，自制新型工具100多件，整理钳工技术资料20多万字。他的事迹说明，要成为优秀工匠、大国工匠，不光要会干活，还要会工艺、会设计；不光要懂，而且要通；不光要通，而且要精。

（参见央视网CCTV综合频道纪录片《大国工匠》，http：//tv. cctv. com/2016/09/30/VIDAtVQu8llYDhLV4Cii285o160930. shtml）

五、形成追求卓越的创新精神

创新表现为科学发现、技术发明、文学创作、理论突破等方方面面。现代的工匠精神，体现的并非只是重复与坚守，更是改进与创新。对于企业来说，工匠精神的践行包括了技术创新、组织创新和商业模式创新等。对于劳动者来说，工匠精神的践行则包括改进工作方式方法，提高效率，为简单的工作带来创造力和活力，等等。创新创业是大学生追逐梦想的过程，也是他们服务社会的过程。大学生要形成人人都可以进行创新创造的精神，要敢于打破陈旧的规则，跳出固定思维，利用现有的知识和物质，根据满足社会需要去改进或创造新的事物、方法、路径。

| 专栏5-16　拓展阅读 |

裴永斌的自我超越和创新

《大国工匠》第七集介绍了哈尔滨电机厂车工裴永斌。30多年来他一直从事机械加工工作，主要加工水轮发电机的弹性油箱。由于弹性油箱槽又窄又深，同行大多以折射镜侧反光看内孔槽深，而他却可以用手摸油箱壁的厚度，他用手指触摸测量的精度和效率甚至超过了一些专用仪器。为了更好地实现量化生产，他为数控机床自制改进个性化工具数百件。他反复地琢磨和修改，刀具在他手中强度和稳定性越来越好，他对刀刃角度、切削弧度、曲线走向的追求几近极致和完美。他还将自己30年来的精准手感和经验一点点转化为详尽的数据输入数控机床中，为提高生产精度的稳定性作出了突出贡献。他不断突破各种技艺瓶颈，永远充满创新精神，对传统工艺采取了消化吸收、技术革新的态度，实现了从经验型顶级高手到数字化科技型高手的自我跨越。

（参见央视网CCTV综合频道纪录片《大国工匠》，http://tv.cctv.com/2016/09/30/VIDAtVQu8llYDhLV4Cii285o160930.shtml）

本章小结

劳动人民在长期的实践中形成了工匠精神。“技可进乎道，艺可通乎神。”工匠精神是指匠人在制造产品时追求高品质、一丝不苟的作风，是从业人员的价值取向与行为表现。工匠精神既是一种职业操守，也是一种文化传承，是劳模精神、劳动精神的集中体现和升华，具体表现为执着专注、精益求精、一丝不苟、追求卓越。新时代工匠精神具有明显的时代意义。作为大学生要弘扬工匠精神，必须努力做到：塑造正确价值观和就业观，培养求真务实、执着专注的良好作风，养成精益求精的习惯和态度，提高实践能力，形成追求卓越的创新精神。

主要术语

工匠　大国工匠　工匠精神　工匠文化　执着专注　精益求精　一丝不苟　追求卓越

复习思考题

1. 简述我国古代的工匠精神的内涵。
2. 简述我国新时代工匠精神的内涵。

3. 简述工匠精神的时代意义。

4. 简述工匠精神的特点。

5. 结合自身的学习、生活体会，谈谈作为一名大学生应该怎样弘扬工匠精神。

6. 观看纪录片《大国工匠》，并撰写一篇有关工匠精神的观后感。

推荐阅读

1. 付守永：《工匠精神：向价值型员工进化》，中华工商联合出版社 2015 年版。

2. 付守永：《工匠精神：国家战略行动路线图》，北京大学出版社 2018 年版。

第六章

劳动关系

学习目标

1. 了解劳动关系的概念和特点。
2. 掌握劳动关系的建立、维持和终止。
3. 掌握劳动争议的处理途径。
4. 理解建立和谐劳动关系的体制机制。

导 读

要健全党政主导的维权服务机制，完善政府、工会、企业共同参与的协商协调机制，健全劳动法律法规体系，为维护工人阶级和广大劳动群众合法权益提供法律和制度保障。

——2020 年 11 月 24 日，习近平总书记在全国劳动模范和先进工作者表彰大会上的讲话

第一节 劳动关系概述

一、劳动关系的概念

劳动关系是生产关系的重要组成部分，是最基本、最重要的社会关系之一。它是指雇主方与劳动者之间各种权利义务关系的总和，它受到经济的、法律的、社会的、心理的以及政治的等诸多方面因素影响。在劳动关系中，劳动者投入自己的时间和专业知识为用人单位谋利，以此换取一系列个性化的经济和非经济的报酬。

一般来说，劳动关系有广义和狭义两种看法。广义上的劳动关系是指雇主方、管理方与劳动者个人及团体之间的各种合作、冲突、权力关系的综合，包括所有的用人主体和劳动主体。狭义的劳动关系是指劳动者与用人单位依法签订劳动合同而在劳动者与用人单位之间产生的法律关系。劳动者接受用人单位的管理，从事用人单位安排的工作，成为用人单位的成员，从用人单位领取劳动报酬和受劳动保护。在我国劳动关系的建立、变更、终止等语境和实践中，劳动关系一般指的是狭义上的劳动关系。

劳动关系就其构成形态而言，可以分为个别劳动关系和集体劳动关系。个别劳动关系是劳动者个人与雇主之间形成的社会经济关系，是劳动关系的基本形态，体现为劳动者个人与雇主之间通过书面劳动合同来确定和规范双方的权利义务。集体劳动关系是指劳动者通过行使团结权，组成工会来实现自我保护，进而平衡和协调劳动关系。它是劳动者的团体（如工会），为维持或提高劳动条件与管理方之间的互动关系。集体劳动关系的一方是工会，另一方为雇主或雇主组织，是团体对团体的社会经济关系。在集体劳动关系中，双方主要通过集体谈判和集体协议的形式达成共识。

| 专栏6-1　拓展阅读 |

山东济南的刘先生2021年9月1日通过网络在一家互联网公司（该公司的登记业务范围为技术咨询）注册成为维修工，由公司通过APP对其进行业务派单。刘先生接单之后携带自己的工具为客户提供上门维修服务，公司每月按照维修成功率发放提成。12月2日，刘先生在去客户家维修电视机途中发生交通事故。事后，公司以刘先生与公司之间不存在劳动关系为由，拒绝为其办理工伤事宜。

问题：刘先生和这家互联网公司之间有劳动关系吗？

【案例分析】

刘先生和互联网公司之间的劳动关系不成立。

劳动关系是劳动者与用人单位之间建立的由劳动者提供劳动、用人单位支付报酬的法律关系。劳动和社会保障部《关于确立劳动关系有关事项的通知》（劳社部发〔2005〕12号）第1条规定，用人单位招用劳动者未订立书面劳动合同，但同时具备下列情形的，劳动关系成立：（1）用人单位和劳动者符合法律、法规规定的主体资格；（2）用人单位依法制定的各项劳动规章制度适用于劳动者，劳动者受用人单位的劳动管理，从事用人单位安排的有报酬的劳动；（3）劳动者提供的劳动是用人单位业务的组成部分。由此可见，劳动关系的成立至少要满足三个条件：一是劳动者对用人单位具有“人身隶属性”，即劳动者要受用人单位的管理、指挥和监督；二是用人单位需要定期支付劳动者工资；三是劳动者的工作内容属于用人单位的业务范围。就上述案例来说，刘先生与互联网公司之间的关系不满足任何一个条件。

首先，刘先生对互联网公司没有“人身隶属性”。虽然公司通过APP向刘先生派发客户保修单，但是刘先生对于是否接单有充分的自由选择权。如果拒绝接单的话，只需告知客服即可，并不会因此遭受公司惩罚。公司对刘先生的工作时间、地点和工作量没有强制性要求，刘先生亦无须去公司打卡和坐班，因此二者之间不存在人身隶属和依附关系。

其次，公司未与刘先生约定固定工资，而是根据维修单数和维修成功率进行提成。在没有维修单的情况下，刘先生就没有工资，这与劳动关系中用人单位支付劳动对价的法律关系明显不同。

最后，该公司的登记业务范围仅为技术咨询，并不包括线下维修。公司扮演的角色实际是为刘先生和潜在客户提供信息、促成交易的中介，业务是否成立取决于刘先生和客户之间的彼此协商，刘先生的劳动成果最终归于客户而非公司。这与劳动者提供服务，用人单位支付报酬的劳动关系性质不同，不能认定刘先生与用人单位之间存在劳动关系。

综上，公司和刘先生之间不具有劳动关系的法律特征，不成立劳动法意义的劳动关系，故公司没有为其办理工伤的法定义务。

二、劳动关系的主体

劳动关系的主体是指劳动关系中的各方参与者，一般来说包括劳动方、雇主方和政府。作为劳动主体的劳动方包括劳动者和工会组织，作为用人主体的雇主方包括雇主和雇主组织。狭义的劳动关系仅指劳动方和用人单位之间的关系；广义的劳动关系主体还包括政府。世界各国对于劳动关系各主体的构成要件、权利义务、社会地位等都有专门的法律法规进行规范和确认。

劳动者又称员工、雇员。广义上的劳动者是指具有劳动主体资格的自然人，包括所有通过体力或脑力劳动来获取工资或报酬的工作者。狭义上的劳动者仅指劳动关系中的劳动者，即《中华人民共和国劳动法》（以下简称《劳动法》）第二条规定的与企业、个体经济组织建立劳动法律关系的劳动者，以及与国家机关、事业单位、社会团体有劳动合同关系的劳动者。《劳动法》中的相关制度，如工资、工时、劳动条件、劳动争议处理程序等都是为狭义劳动者所设计的。我国相关法律规定，劳动者除文艺、体育和特种工艺行业外，必须是达到法定就业年龄（16 周岁）、具有劳动权利能力和劳动行为能力、能够依法签订劳动合同、独立给付劳动并获得劳动报酬的自然人。

工会组织是指劳动者因为共同的利益、兴趣或目标而组成的特殊组织或职业协会。其主要目标是代表劳动者与用人单位进行集体谈判，维护劳动者的劳动权益，如就劳动内容、工作时长、福利待遇等问题与用工方进行交涉。在西方国家，工会组织是在企业生产客观形势的需要和劳动者集体需求的条件下产生的，企业工会为劳动者采取统一和有效的集体行动提供了组织载体。我国最主要的工会组织是成立于1925年的中华全国总工会，它是中国共产党领导的职工自愿结合的工人阶级群众组织，由中国共产党中央委员会书记处领导。

雇主也称管理方或资方，是指雇佣他人为其工作，并支付工资或报酬的法人或自然人。雇主处于管理方地位，不仅享有对就业组织的经营决策权，而且享有对劳动者的劳动请求权和指示命令权。在就业组织的具体实践中，管理权往往集中在一个或少数几个最高层管理者手中，其他管理者会同时处于服从上级和指挥下级这两种关系之中。低层管理者只负责监督和分配，而无权命令或奖惩下属，所以他们属于雇员的范畴，而不属于雇主方。

雇主组织的主要形式是雇主协会，它们以行业或贸易组织为纽带，一般不直接介入雇员与雇主的具体劳动关系事务。雇主组织的主要任务是与工会或工会代表进行集体谈判，在劳动争议处理程序中向其成员提供支持，通过参与同劳动关系有关的政治活动、选举和立法改革（比如修订劳动法）来间接影响劳动关系。

用人单位是我国劳动法中独有的概念。我国法律规定的用人单位是指在中华人民共和国境内注册成立的企业、个体经济组织、民办非企业单位等组织。个人及未经注册的组织无法成为用人单位，比如家庭保姆的雇主是自然人，不构成用人单位。国家机关、事业单位、社会团体一般情况下也不能成为劳动关系中的用人单位，但随着劳动用工方式的不断演变，国家机关、事业单位、社会团体除了聘用有编制的人员以外，也会与其他劳动者签订劳动合同，这种情况下它们也可以成为劳动法规定的用人单位。

政府是劳动关系中不可或缺的主体，其在劳动关系中的角色主要有以下四种：一是劳动关系立法的制定者，通过立法介入和影响劳动关系，为劳动关系的调整提供法律保障和依据；二是公共利益的维护者，通过监督、干预等手段促进劳动关系的协调发展，并建立一整套执法和解决劳动争议的司法制度和程序；三是公共部门的雇主，以雇主身份直接参与和影响劳动关系；四是有效服务的提供者，重点是加强对用工双方的培训，并为双方谈判提供高质量的信息服务和指导。

三、劳动关系的特征

（一）法律上的平等性兼管理上的隶属性

劳动关系是一种特殊民事法律关系，主体双方在法律面前享有平等的权利。劳动者向用人单位提供劳动或服务，帮助实现用人单位的利益；用人单位为劳动者实施劳动行为提供有利条件和物质保障，并向劳动者支付劳动报酬。双方在平等自愿协商一致的基础上建立劳动关系。

劳动者虽然有权力决定是否与用人单位建立劳动关系，但是劳动关系一旦确立，劳动者就要在一定限度内将自身交给用人单位支配，遵守用人单位的规章制度和劳动纪律，服从用人单位的管理、指挥和监督。劳动关系与其他用工关系的本质区别之一就在于劳动者对用人单位有一定的隶属性和依附性。

（二）经济上的依赖性兼权益上的冲突性

劳动者以提供劳动的形式与用人单位交换薪酬福利，以满足经济方面的需求，而用人单位需要借助劳动者的劳务生产社会产品或服务，实现组织发展目标，所以劳动关系双方在经济上互相依赖。通常来说，这种依赖性是不对等的，劳动者对用人单位的依赖程度更强一些。

在劳动双方彼此依存的同时，二者在权益方面又有难以调和的冲突性。大多数劳动者都希望能以最少的劳动交换最多的薪酬福利，而用人单位则希望能以最低的劳动成本换取最高的产量和产值。这种内在矛盾会引发诸多显性或隐性冲突，带来不和谐的劳动关系。

（三）体现了国家意志兼双方当事人意志

为了更好保护劳动者的合法权益，我国劳动合同法以强制性法律的形式对用人单位的权利特别是义务进行了规定，如社会保险金的缴纳、最低工资、最高工时、保障劳动者的劳动安全与卫生等强制性条款，同时也对劳动者的权利和义务作出了明确规定，体现了强力干预劳动关系的国家意志。

与此同时，劳动关系的双方当事人可以在平等自愿的原则下订立劳动合同，在不违反国家相关法律法规的基础上进行协商，自主约定劳动合同期限、工作内容、劳动报酬、违约责任等，表达双方当事人的意志，体现了契约自由的本质属性。

四、劳动关系与劳务关系的区别

劳动关系是指用人单位招用劳动者为其成员，劳动者在用人单位的管理下提供由用人单位支付报酬的劳动而产生的权利义务关系。劳动关系双方主体之间存在人身上的隶属性和经济上的依赖性。劳务关系也叫民事雇佣关系，是指平等民事主体之间一方向另一方提供劳务，另一方接受劳务并支付对价而相互形成的权利义务关系。在司法实践中，这两种关系极易混淆，有区分的必要。归纳起来，二者的区别大致有以下要点：

第一，主体的范围不同。劳动关系的主体一方应当是符合法定条件的法人或者其他组织，即用人单位，另一方必须是劳动者个人，劳动合同的主体不能同时都是自然人；而劳务关系的主体可以同时都是法人、其他组织、自然人，也可以单方是自然人与法人、其他组织。

第二，主体的性质和关系不同。劳动关系的主体之间不仅存在财产关系，还存在着人身关系，即管理上的隶属关系。劳动者除了提供劳动之外，还要服从用人单位的工作安排，遵守规章制度等，成为用人单位的成员；劳务关系的主体地位是平等的，双方只存在“劳务”“报酬”的财产关系，没有隶属关系，受雇人可以不遵守雇佣方的内部规定，也可以同时给两个以上的雇佣方提供劳务。

第三，客体不同。劳动关系的客体是劳动力，劳务关系的客体是劳务；劳动力作为一种生产要素而存在，劳务作为一种“产品”而存在，将劳动力与其他生产要素结合则生产出劳务。

第四，主体的待遇不同。在劳动关系中，用人单位按照劳动者劳动的数量和质量以及国家规定给付劳动报酬，体现了同工同酬和按劳分配的原则，劳动者除获得劳动报酬之外，还有社会保险、福利待遇等；劳务关系的劳动者一般只取得劳务报酬，劳务价格按照市场原则支付，完全由双方当事人协商确定。

第五，内容的任意性和受国家干预的程度不同。劳动关系的重要内容由法律明确规定，不容有当事人协商的余地，如劳动法对工作时间、最低工资、休息制度、工伤保险等作出的规定，体现了国家强力干预的特征；而劳务关系作为一种民事关系，以私法自治为原则，尊重双方当事人的真实意思表示，受国家干预程度低。

第六，法律调整的依据不同。劳动关系主要由劳动法和社会保障法来调整，如《劳动法》《劳动合同法》《社会保险法》等；劳务关系则主要由《民法典》等民商事法律来调整，遵从双方当事人的意思自治。如劳动关系的保护时效一般为一年；而劳务关系的保护时效一般为三年。

第七，法律责任不同。劳动合同的不履行、非法履行等所产生的责任不仅有民事责任，而且还有行政责任。如《劳动合同法实施条例》第三十三条规定，用人单位违反劳动合同法有关建立职工名册规定的，由劳动行政部门责令限期改正；逾期不改正的，由劳动行政部门处 2000 元以上 2 万元以下的罚款。劳务关系所产生的责任只有民事责任中的违约责任和侵权责任，一般不存在行政责任。

第八，争议处理程序不同。劳动关系争议，必须先向劳动争议仲裁委员会申请仲裁，只有对仲裁裁决不服的，才可以在法定期限内向人民法院提起诉讼，即劳动争议仲裁是提起民事诉讼的前置程序；而劳务关系主体之间产生劳动纠纷，则适用民事诉讼处理程序，当事人可直接向人民法院起诉，即劳动争议仲裁并非是民事诉讼的前置程序。

| 专栏 6-2　拓展阅读 |

2021 年 2 月，22 岁的大四学生王某通过招聘网站看到某房地产公司招聘行政文员，投递简历后不久接到公司的面试通知，并按公司要求携带学校《毕业生双向选择就业推荐表》前往应聘。双方于 2021 年 3 月 1 日签订了劳动合同，并约定王某担任行政文员，劳动合同期限自 2021 年 3 月 1 日至 2023 年 2 月 28 日，期限为两年，试用期 2 个月。

因大四下学期已无课程安排，自2021年3月2日起，王某基本上每天都在公司上班，并因工作表现好而得到公司认可，按期办理了转正。2021年6月初，王某在去公司上班路上不慎摔倒，导致右腿膝盖粉碎性骨折，经公司批准可在家休养至2021年8月底。其间，王某于2021年7月1日正式毕业。

2021年10月，王某提出工伤认定申请，但公司认为王某与公司签订劳动合同时，还是在校学生，双方的劳动合同属于无效合同；且王某受伤时还未毕业，双方之间并非劳动关系，而是实习关系，依法不应认定为工伤。

问题：王某与房地产公司签订的劳动合同是否合法有效？

【案例分析】

实践中，企业聘用未毕业学生的情况屡见不鲜，但企业与未毕业学生之间的关系该如何定性，是实习关系还是劳动关系呢？原劳动部《关于贯彻执行〈中华人民共和国劳动法〉若干问题的意见》（劳部发〔1995〕309号）第十二条明确规定："在校生利用业余时间勤工助学，不视为就业，未建立劳动关系，可以不签订劳动合同。"发生劳动争议后，很多用人单位会以此为依据，来规避履行的责任和义务。在本案例中，不能仅仅以未毕业学生具有学籍，就认定双方不是劳动关系，而应该具体问题具体分析：

首先，王某并非勤工俭学和实习，而是基于就业目的到房地产公司工作。勤工助学是指在校学生在学习之余做兼职以补贴学费、生活费，一般具有短期性或不定期性，强调"利用业余时间"；至于未毕业学生毕业前到企业实习，其目的是获取社会实践经验，或者是完成学校的学业安排。但是本案中，王某持《毕业生双向选择就业推荐表》到房地产公司应聘行政文员，其就业目的是明确的、唯一的，这显然与勤工助学、实习等并非同一性质。

其次，王某具备与企业建立劳动关系的合法主体资格。法律法规并未将未毕业学生排除在可建立劳动关系的劳动者主体范围之外。《劳动法》第十五条规定，年满16周岁的完全民事行为能力人可以依法与企业建立劳动关系并签订劳动合同。王某入职房地产公司时已满22周岁，符合法律规定的劳动者年龄条件；且王某应聘时已基本完成学业，并持《毕业生双向选择就业推荐表》应聘，其就业行为已不再受学校或教育管理制度的限制。

最后，房地产公司与王某签订的劳动合同合法有效。房地产公司系依法登记注册而成立的企业，具有用工主体资格；而王某同样具备与企业建立劳动关系的劳动者主体资格。同时，房地产公司在招聘行政文员时并未就应聘者的身份进行限制，王某在应聘过程中也并未隐瞒自己尚未毕业的事实，不存在欺诈等情形。因此，双方签订的劳动合同符合法律规定，应认定为合法有效。

上述案例虽然是个案，但对于企业与未毕业学生之间关系的处理，具有指导意义。对于实践中企业经常使用未毕业学生，如果符合以实习为名、但实为劳动关系情形的，则应按《劳动合同法》的相关规定确定双方关系。一般来说，以下情形被认定为劳动关系的可能性较大：一是企业进行校园招聘，并要求学生毕业前即到企业工作；二是企业在招聘广告中明确规定应聘对象为未毕业学生；三是与企业建立常年就业关系的学校安排学生在毕业前到企业工作；四是未毕业学生与企业签署就业协议书并在毕业前到企业工作。①

五、构建和谐的劳动关系

劳动关系是生产关系的重要组成部分，是最基本、最重要的社会关系之一。在新的历史条件下，努力构建中国特色和谐劳动关系，是加强和创新社会管理、保障和改善民生的重要内容，是经济持续健康发展的重要保证，是增强党的执政基础、巩固党的执政地位的必然要求。构建和谐劳动关系重在体制机制建设。2015 年中共中央国务院发布的《关于构建和谐劳动关系的意见》对于构建和谐劳动关系的体制机制作出了具体规定。

（一）健全劳动关系协调机制

1. 全面实行劳动合同制度。

贯彻落实好劳动合同法等法律法规，加强对企业实行劳动合同制度的监督、指导和服务，在用工季节性强、职工流动性大的行业推广简易劳动合同示范文本，依法规范劳动合同订立、履行、变更、解除、终止等行为，切实提高

① 潘辉:《HR 劳动关系经典管理案例》,中国法制出版社 2019 年版,第 40 页。

劳动合同签订率和履行质量。

2. 推行集体协商和集体合同制度。

以非公有制企业为重点对象，依法推进工资集体协商。完善工资指导线制度，加快建立统一规范的企业薪酬调查和信息发布制度，为开展工资集体协商提供参考。推动企业与职工就工作条件、劳动定额、女职工特殊保护等开展集体协商，订立集体合同。

3. 健全协调劳动关系三方机制。

完善协调劳动关系三方机制组织体系，建立健全由人力资源社会保障部门会同工会和企业联合会、工商业联合会等企业代表组织组成的三方机制，根据实际需要推动工业园区、乡镇（街道）和产业系统建立三方机制。

（二）加强企业民主管理制度建设

1. 健全企业民主管理制度。

完善以职工代表大会为基本形式的企业民主管理制度，丰富职工民主参与形式，畅通职工民主参与渠道，依法保障职工的知情权、参与权、表达权、监督权。推进企业普遍建立职工代表大会，充分发挥职工代表大会在企业发展重大决策和涉及职工切身利益等重大事项上的重要作用。

2. 推进厂务公开制度化、规范化。

进一步提高厂务公开建制率，加强国有企业改制重组过程中的厂务公开，积极稳妥推进非公有制企业厂务公开制度建设。完善公开程序，充实公开内容，探索和推行经理接待日、劳资恳谈会、总经理信箱等多种形式的公开。

3. 推行职工董事、职工监事制度。

按照《中华人民共和国公司法》（以下简称《公司法》）规定，在公司制企业建立职工董事、职工监事制度。依法规范职工董事、职工监事履职规则。在董事会、监事会研究决定公司重大问题时，职工董事、职工监事应充分发表意见，反映职工合理诉求，维护职工和公司合法权益。

（三）健全劳动关系矛盾调处机制

1. 健全劳动保障监察制度。

全面推进劳动保障监察网格化、网络化管理，实现监察执法向主动预防和统筹城乡转变。创新监察执法方式，规范执法行为，强化对突出问题的专项整治。建立健全违法行为预警防控机制，完善多部门综合治理和监察执法与刑事司法联动机制。

2. 健全劳动争议调解仲裁机制。

完善劳动争议调解制度，充分发挥协商、调解在处理劳动争议中的基础性作用。完善劳动人事争议仲裁办案制度，进一步提高仲裁效能和办案质量，促进案件仲裁终结。加强裁审衔接与工作协调，积极探索建立诉讼与仲裁程序有效衔接、裁审标准统一的新规则、新制度。

3. 完善劳动关系群体性事件预防和应急处置机制。

建立劳动关系群体性纠纷的经常性排查和动态监测预警制度，及时发现和积极解决劳动关系领域的苗头性、倾向性问题，有效防范群体性事件。完善应急预案，明确分级响应、处置程序和处置措施。

（四）营造构建和谐劳动关系的良好环境

1. 加强对职工的教育引导。

在广大职工中加强思想政治教育，引导职工树立正确的世界观、人生观、价值观，培养良好的职业道德。加强有关法律法规政策宣传工作，引导职工正确对待社会利益关系调整并以理性合法形式表达利益诉求、解决利益矛盾、维护自身权益。

2. 加强对职工的人文关怀。

培育富有特色的企业精神和健康向上的企业文化，为职工构建共同的精神家园。注重职工的精神需求和心理健康，建立心理危机干预预警机制。加强企业文体娱乐设施建设，丰富职工文化生活。

3. 教育引导企业经营者积极履行社会责任。

加强对广大企业经营者的思想政治教育，引导其践行社会主义核心价值观，切实承担报效国家、服务社会、造福职工的社会责任。建立符合我国国情的企业社会责任标准体系和评价体系，营造鼓励企业履行社会责任的环境。

4. 优化企业发展环境。

加强和改进政府的管理服务，减少和规范涉企行政审批事项，提高审批工作效率，激发市场主体创造活力。加大对中小企业政策扶持力度，进一步减轻企业负担。通过促进企业发展，为构建和谐劳动关系创造物质条件。

5. 加强构建和谐劳动关系的法治保障。

进一步完善劳动法、劳动合同法、劳动争议调解仲裁法、社会保险法、职业病防治法等法律的配套法规、规章和政策，逐步健全劳动保障法律法规体系。深入开展法律法规宣传教育，加强行政执法和法律监督，促进各项劳动保障法律法规贯彻实施。

第二节　劳动关系的建立、维持与结束

一、劳动合同法概述

为了完善劳动合同制度，明确劳动合同双方当事人的权利和义务，《中华人民共和国劳动合同法》（以下简称《劳动合同法》）于2007年获得全国人大常委会通过，并于2012年进行修订。《劳动合同法》的贯彻实施，不仅有利于更加切实有效地保护劳动者的合法权益，同时也有利于促进企业长远发展，对于实现劳动关系双方利益的平衡、促进劳动关系规范有序发展、构建和谐稳定的劳动关系，进而促进社会和谐都具有十分重要的意义。

（一）劳动合同的概念

劳动合同也称劳动契约或劳动协议，是劳动者和用人单位之间确立劳动关系，明确双方权利和义务，规范劳动合同订立、履行、变更、解除和终止行为的协议。按照国家法律规定，订立劳动合同应采取书面形式。

劳动合同的主体一方是劳动者个人，另一方是用人单位。劳动合同的订立遵循合法、公平、平等自愿、协商一致、诚实信用的原则，是双方“合意”达成的协议，对双方都具有约束力。劳动者有义务按照合同约定的岗位、工种或职务提供劳动，完成劳动任务，执行劳动安全卫生规程，遵守用人单位依法

制定的规章制度和职业道德。同时，用人单位有义务建立和完善劳动规章制度，为劳动者提供符合国家规定的劳动安全卫生条件和必要的劳动防护用品等。

（二）劳动合同的内容

劳动合同的内容包括必备条款和约定条款。必备条款是指根据劳动合同法律，双方当事人签订劳动合同必须具备的内容。《劳动合同法》第十七条规定，劳动合同应当具备以下条款：（1）用人单位的名称、住所和法定代表人或者主要负责人；（2）劳动者的姓名、住址和居民身份证或者其他有效身份证件号码；（3）劳动合同期限；（4）工作内容和工作地点；（5）工作时间和休息休假；（6）劳动报酬；（7）社会保险；（8）劳动保护、劳动条件和职业危害防护；（9）法律、法规规定应当纳入劳动合同的其他事项。

约定条款是指双方当事人在必备条款之外，经过平等协商自主约定的内容。约定条款只要不违反法律和行政法规，具有与必备条款同等的约束力。《劳动法》和《劳动合同法》都规定，劳动合同除上述规定的必备条款外，用人单位与劳动者可以协商约定其他内容，如试用期、培训、保守秘密、补充保险和福利待遇等其他事项。

（三）劳动合同的种类

劳动合同可以按照不同的标准划分为不同的种类。根据《劳动合同法》相关规定，按照劳动合同的期限，劳动合同分为固定期限劳动合同、无固定期限劳动合同和以完成一定工作任务为期限的劳动合同。

1. 固定期限劳动合同。

固定期限劳动合同是指用人单位与劳动者约定合同终止时间的劳动合同。固定期限劳动合同必须对劳动合同履行的起始和终止日期有具体明确的规定。合同期限届满，除非法律规定须续订或双方协商一致续订以外，双方的劳动关系即行终止。固定期限劳动合同的期限可长可短，用人单位和劳动者可以基于各自需求进行协商。

2. 无固定期限劳动合同。

无固定期限劳动合同是指用人单位与劳动者约定无确定终止时间的劳动合

同。无固定期限劳动合同虽然没有确定的终止时间，但并不等于“终身制”“铁饭碗”“保险箱”，而是指只要符合法律法规的规定，任何一方均可解除或终止劳动合同。与固定期限劳动合同相比，无固定期限劳动合同更有利于保护劳动者权益，更有利于保护劳动者就业稳定。

3. 以完成一定工作任务为期限的劳动合同。

以完成一定工作任务为期限的劳动合同是指用人单位与劳动者约定以某项工作的完成为合同期限的劳动合同。这类合同多适用于建筑业、铁路交通和水利工程建设等。劳动合同双方把完成某项工作作为确定劳动合同起始和终止时间的依据，该项工作开始的时间就是劳动合同履行的起始时间，该项工作完成的时间就是劳动合同的终止时间。

二、劳动合同的订立

（一）劳动关系的建立

劳动关系建立的时间，决定了用人单位与劳动者权利义务开始履行的时间。《劳动合同法》第七条明确规定：“用人单位自用工之日起即与劳动者建立劳动关系。用人单位应当建立职工名册备查。”这一规定明确了劳动关系开始的时间是用工之日，而非签订书面劳动合同之日。换句话说，从劳动者到用人单位工作的第一天起，不论双方是否订立书面劳动合同，劳动关系就成立了。如果用人单位不签订书面劳动合同，则构成事实劳动关系，劳动者同样受到劳动法的保护。

（二）建立劳动关系应当签订书面劳动合同

一般合同按照表示方式的不同，可以分为书面形式和口头形式两种。书面形式是合同书、信件、电报、电传、传真等可以有形地表现所载内容的形式，其优点是内容明确、便于举证，缺点是操作复杂、订约成本高。口头形式是指以语言为意思表示订立合同，其优点是简易方便、缔约成本低，缺点是发生纠纷时难以举证和分清责任。《劳动合同法》第十条规定：“建立劳动关系，应当订立书面劳动合同。已建立劳动关系，未同时订立书面劳动合同的，应当自用工之日起一个月内订立书面劳动合同。”即法律要求劳动合同采用书面形式，以保持劳动合同特有的严肃性。需要补充的是，非全日制用工劳动者与用人单位可以订立口头协议。

（三）试用期

试用期是指劳动合同双方当事人在合同中约定的互相考察了解以确定是否继续履行劳动合同的期间。在试用期内，劳动者享有合同期内法律赋予劳动者的一切权利，包括社会保险权利和住房公积金权利。在试用期内，劳动者不符合录用条件的，用人单位可以解除劳动合同。劳动者在试用期内可以解除合同，但须提前 3 天通知用人单位。

1. 试用期的时间规定。

《劳动合同法》将试用期的长短与劳动合同的期限挂钩，合同期限越长，相应的试用期越长。劳动合同期限三个月以上不满一年的，试用期不得超过一个月；劳动合同期限一年以上不满三年的，试用期不得超过二个月；三年以上固定期限和无固定期限的劳动合同，试用期不得超过六个月。同一用人单位与同一劳动者只能约定一次试用期。以完成一定工作任务为期限的劳动合同或者劳动合同期限不满三个月的，不得约定试用期。试用期包含在劳动合同期限内。劳动合同仅约定试用期的，试用期不成立，该期限为劳动合同期限。

2. 试用期的工资规定。

试用期的工资相对较低，但是为了避免过度压低报酬，《劳动合同法》《劳动合同法实施条例》对试用期劳动者的工资作了限制性规定：劳动者在试用期的工资不得低于本单位相同岗位最低档工资的 80% 或者不得低于劳动合同约定工资的 80%，并不得低于用人单位所在地的最低工资标准。之所以这样规定，是因为劳动者虽然处于试用期，但也付出了正常的劳动，为用人单位创造了价值，用人单位应当给予他们适当的劳动报酬。

3. 试用期劳动合同的解除。

在试用期内用人单位不能随意与劳动者解除劳动合同，而应符合一定的法定条件，比如劳动者不符合录用条件、因病不能工作或者不能胜任工作等，且须向劳动者说明理由。

（四）违约金

劳动合同约定的违约金是指劳动合同中的用人单位或者劳动者违反了劳动合同的有关约定，应当向对方支付的赔偿金。实践中，部分用人单位滥用违约金条款，侵害了劳动者的自主择业权。为防止此类侵权行为的发生，《劳动合同法》规定，只有在以下两种情形下，用人单位可以约定由劳动者承担违约金。

1. 在培训服务期约定中可以约定违约金。

为了适度保护用人单位的利益，法律作出了服务期相关规定，劳动者在服务期内解除劳动合同，要向用人单位支付违约金。同时为了保护劳动者的利益，法律对违约金的数额作了封顶。《劳动合同法》第二十二条规定：“用人单位为劳动者提供专项培训费用，对其进行专业技术培训的，可以与该劳动者订立协议，约定服务期。劳动者违反服务期约定的，应当按照约定向用人单位支付违约金。违约金的数额不得超过用人单位提供的培训费用。用人单位要求劳动者支付的违约金不得超过服务期尚未履行部分所应分摊的培训费用。”

| 专栏6-3　拓展阅读 |

2013 年 6 月 1 日，张某与某体检公司签订无固定期限劳动合同，到体检公司工作。2014 年 7 月 3 日，张某与体检公司签订培训协议，该公司安排张某到外地参加一年专业技术培训。培训协议约定：由体检公司支付培训费、差旅费，并按照劳动合同约定正常支付张某培训期间工资；张某培训完成后在体检公司至少服务 5 年；若张某未满服务期解除劳动合同，应当按照体检公司在培训期间所支出的所有费用支付违约金。培训期间，体检公司实际支付培训费 47000 元、差旅费 5600 元，同时支付张某工资 33000 元。培训结束后，张某于 2015 年 7 月 3 日回体检公司上班。2018 年 3 月 1 日，张某向体检公司递交书面通知，提出于 2018 年 4 月 2 日解除劳动合同。体检公司要求张某支付违约金 85600 元（47000 元 +5600 元 +33000 元），否则拒绝出具解除劳动合同的证明。为顺利入职新用人单位，张某支付了违约金，但认为违约金数额违法，遂向劳动人事争议仲裁委员会申请仲裁，要求裁决体检公司返还违法收取的违约金85600元。

问题：张某的诉求能得到劳动争议仲裁机构的支持吗？

【案例分析】

本案的争议焦点是体检公司支付给张某培训期间的工资是否属于专项培训费用。专项培训费用与工资存在明显区别：（1）从性质看，专项培训费用是用于培训的直接费用，工资是劳动合同履行期间用人单位支付给劳动者的劳动报酬；（2）从产生依据看，专项培训费用是因用人单位安排劳动者参加培训产生，工资是依据国家有关规定或劳动合同约定产生；（3）从给付对象看，专项培训费用由用人单位支付给培训服务单位等，工资由用人单位支付给劳动者本人。

本案中，张某脱产参加培训是在劳动合同履行期间，由体检公司安排，目的是提升其个人技能，使其能够创造更大的经营效益，张某参加培训的行为，应当视为履行对体检公司的劳动义务。综合前述法律规定，体检公司支付给张某培训期间的33000元工资不属于专项培训费用。仲裁委员会结合案情依法计算得出：培训期间体检公司支付的专项培训费用为52600元（47000元+5600元）；培训协议约定张某培训结束后的服务期为5年（即60个月），张某已实际服务33个月，服务期未履行部分为27个月。因此，张某依法应当支付的违约金为23670元（52600元÷60个月×27个月），体检公司应当返还张某61930元（85600元-23670元）。

［参见人力资源和社会保障部、最高人民法院：《人力资源社会保障部最高人民法院关于联合发布第一批劳动人事争议典型案例的通知》（人社部函〔2020〕62号），http://www.ctaxnews.com.cn/2020-08/06/content_969448.html］

2. 在竞业限制约定中可以约定违约金。

竞业限制是指用人单位对知悉本单位商业秘密或者其他对本单位经营有重大影响的劳动者作出的限制，具体为：该劳动者在终止或解除劳动合同后的，一定期限内不得在生产与原单元所生产之同类产品、经营与原单位所经营之同类业务或有其他与原单位存在竞争关系的用人单位任职，也不得自己生产与原单位有竞争关系的同类产品或经营与原单位有竞争关系的同类业务。《劳动合同法》第二十三条规定："对负有保密义务的劳动者，用人单位可以在劳动合同或者保密协议中与劳动者约定竞业限制条款，并约定在解除或者终止劳动合同后，在竞业限制期限内按月给予劳动者经济补偿。劳动者违反竞业限制约定的，应当按照约定向用人单位支付违约金。"需要补充的是，约定经济补偿金是竞业限制条款生效的必要条件，没有约定经济补偿金的，劳动者可以不必履行竞业限制义务。竞业限制的人员并非全体劳动者，而是仅限于用人单位的高级管理人员、高级技术人员和其他负有保密义务的人员。竞业限制期限不得超过两年。竞业限制违约金的具体数额、支付方式由双方当事人自主约定，但应遵循公平原则，根据劳动者的劳动报酬等因素合理确定。

三、劳动合同的履行

劳动合同的履行是指劳动合同双方当事人按照劳动合同的约定，全面履行各自的义务，并享受相应的权利，任何一方都不得擅自更改约定内容。《劳动合同法》第二十九条规定，用人单位与劳动者应当按照劳动合同的约定，全面履行各自的义务。劳动合同的履行一般有以下几种特殊情况：

（一）用人单位名称、法定代表人变更

《劳动合同法》第三十三条规定："用人单位变更名称、法定代表人、主要负责人或者投资人等事项，不影响劳动合同的履行。"这一规定明确了劳动合同的履行不受用人单位有关事项变更的影响。用人单位变更名称，只是用以代表用人单位的称谓发生了变化，其性质、对外的实体权利义务等并没有发生变化；用人单位变更法定代表人、主要负责人或者投资人，只是其内部有关人员发生了变化，这种变化并不影响其对外的权利义务。在这种情况下，用人单位对劳动者的权利义务不应发生改变，其与劳动者订立的劳动合同也不应受到影响。

（二）用人单位合并或者分立

用人单位合并是指用人单位并入其他用人单位或者其他用人单位并入该用人单位，或者用人单位与其他用人单位合在一起共同成立一个新的用人单位。用人单位分立是指用人单位将其一部分分出去成立一个新的用人单位，或者用人单位分割为两个以上的新用人单位。《劳动合同法》第三十四条规定：“用人单位发生合并或者分立等情况，原劳动合同继续有效，劳动合同由承继其权利和义务的用人单位继续履行。”这一规定明确了用人单位的合并或者分立，不影响劳动者与原用人单位订立的劳动合同的有效性。鉴于原用人单位已经发生变化或者不复存在，原用人单位在劳动合同中的权利义务由新用人单位承继。

（三）劳动合同履行地与用人单位注册地不一致

劳动合同履行地是指劳动者提供劳动、用人单位支付工资和提供劳动条件的地点，用人单位注册地是指用人单位在工商部门、民政部门等行政管理机关登记的地点。由于各地区经济发展水平不同，工资标准和其他福利水平也有所差别。有的用人单位为了降低用工成本，可能会在工资水平较低的地区注册，但在工资水平较高的地区用工，并按照注册地的工资及福利标准支付劳动者。对此，《劳动合同法实施条例》第十四条规定了“就高不就低”原则，即如果合同履行地劳动标准高于用人单位注册地，则按照合同履行地的有关标准执行，以避免给劳动者的工作和生活造成困难；如果合同履行地标准低于用人单位注册地，则由用人单位和劳动者协商确定。

四、劳动合同的变更

劳动合同的变更是指劳动合同依法订立后，在合同尚未履行或者履行过程中，经用人单位和劳动者双方当事人协商同意，对合同部分条款进行修改、补充或者删减的法律行为。常见的变更包括工作内容、工作地点、工种或职务、工资福利、合同期限的变更等。劳动合同的变更方式一般有以下几种情形：

（一）协商一致变更

在履行劳动合同过程中，可能会出现多种需要变更劳动合同的情形，比如签订劳动合同时的法律、行政法规发生变化，用人单位生产经营状况发生变化，或者劳动者工作、生活情况发生变化等，都可以变更劳动合同。《劳动法》第十七条规定：“订立和变更劳动合同，应当遵循平等自愿、协商一致的原则，不得违反法律、行政法规的规定。”可见，劳动合同变更的基本原则之一就是用人单位和劳动者协商一致，达成合意，任何一方都不得将自己的意志强加给对方。

（二）用人单位单方变更

用人单位单方变更劳动合同是指用人单位未与劳动者协商一致而进行合同变更，经常涉及调岗变薪。根据《劳动合同法》的相关规定，用人单位有权单方变更劳动合同的情形主要有两种：（1）劳动者患病或者非因工负伤，在规定的医疗期满后不能从事原工作；（2）劳动者不能胜任工作。由于用人单位单方变更合同缺乏双方合意，因此很容易引发劳动争议。用人单位应对调整劳动者工作岗位的合理依据承担举证责任。

（三）事实变更

变更劳动合同应当采用书面形式，但在现实中普遍存在未对工作地点、岗位、报酬等要素采取书面变更，但劳动合同却得以正常履行的现象。用人单位和劳动者双方协商过程虽难证明，合意存在却不可否认。故 2021 年 1 月 1 日起施行的《最高人民法院关于审理劳动争议案件适用法律问题的解释（一）》（法释〔2020〕26 号）第十一条规定：“变更劳动合同未采用书面形式，但已经实际履行了口头变更的劳动合同超过一个月，且变更后的劳动合同内容不违反法律、行政法规、国家政策以及公序良俗，当事人以未采用书面形式为由主张劳动合同变更无效的，人民法院不予支持。”可见，特定情形下的劳动合同变更即使不通过书面形式也会被认定，即法律确认了劳动合同的事实变更。

五、劳动合同的解除

劳动合同的解除是指在劳动合同订立后，尚未履行完毕之前，由于某种因素导致劳动合同的一方或双方提前终止合同效力的法律行为。劳动合同解除可以分为以下三种情况：

（一）双方协商解除劳动合同

协商解除劳动合同是指用人单位与劳动者在平等自愿基础上，互相协商，理性选择，通过合意来消灭劳动关系的行为。协商解除劳动合同没有规定实体、程序上的限定条件，只要双方达成一致，内容、形式、程序不违反法律禁止性、强制性规定即可。劳动者需要按照双方约定，办理好工作交接手续；用人单位应在劳动者办理好工作交接后支付双方协议约定的经济补偿以及结清应付未付工资，还应当出具解除劳动合同证明，为劳动者办理档案和社会保险关系转移手续。

协商解除劳动合同过程中需要注意两个方面的问题：一是双方必须遵循平等自愿、协商一致的原则，一方不得有利诱、胁迫另一方的违法行为。二是不同当事人首先提出解除劳动合同的动议，其法律后果是不同的。如果是劳动者首先提出解除合同的动议，法律没有规定用人单位有支付经济补偿的义务。但如果是用人单位首先提出解除合同的动议，用人单位应当向劳动者支付经济补偿。

（二）劳动者单方解除劳动合同

劳动者单方解除劳动合同又称辞职，是指在符合法律规定的情形下，劳动者享有单方解除权，无须劳动合同双方协商达成一致意见，也无须征得用人单位的同意。具体又可以分为预告解除和即时解除。

1. 劳动者预告解除。

所谓劳动者预告解除劳动合同实质是劳动者行使一般解除权单方解除劳动合同，不需要任何实质条件，只需提前通知用人单位即可。根据《劳动合同法》第三十七条规定："劳动者提前三十日以书面形式通知用人单位，可以解除劳动合同。劳动者在试用期内提前三日通知用人单位，可以解除劳动合同。"这一规定明确了劳动者享有辞职权。劳动者有权根据自己的能力、特长、志趣和爱好，选择适合自己的工作。通过预告方式解除劳动合同，劳动者无须提供任何理由，同时用人单位也不承担支付劳动者经济补偿的义务。

2. 劳动者即时解除。

劳动者即时解除劳动合同是指劳动者行使无条件单方解除劳动合同权，劳动者无须提前告知用人单位就可以随时通知用人单位解除劳动合同，包括随时解除和立即解除两种。随时解除往往适用于用人单位存在违约或违法行为的情况。《劳动合同法》第三十八条规定：用人单位有下列情形之一的，劳动者可以解除劳动合同：（1）未按照劳动合同约定提供劳动保护或者劳动条件的；（2）未及时足额支付劳动报酬的；（3）未依法为劳动者缴纳社会保险费的；（4）用人单位的规章制度违反法律、法规的规定，损害劳动者权益的；（5）因本法第二十六条第一款规定的情形致使劳动合同无效的；（6）法律、行政法规规定劳动者可以解除劳动合同的其他情形。

立即解除适用于用人单位采用非法手段强令劳动者进行危及自身生命安全以及身体健康的情形。《劳动合同法》第三十八条规定："用人单位以暴力、威胁或者非法限制人身自由的手段强迫劳动者劳动的，或者用人单位违章指挥、强令冒险作业危及劳动者人身安全的，劳动者可以立即解除劳动合同，不需事先告知用人单位。"劳动者在上述情况下可以立即与用人单位解除劳动合同，无须提前通知用人单位或征得用人单位的同意，同时可以向用人单位要求经济补偿。

| 专栏6-4　拓展阅读 |

李某系北京某公司员工。受新冠肺炎疫情防控要求影响，该公司于2020年3月6日向徐某发出待岗通知，并于2020年3月21日通过"钉钉系统"向徐某发出复工通知，要求徐某于3月23日正式复工。徐某收到通知后未到岗，并于2020年3月23日向公司发出律师函，要求明确待岗期间的工资标准、以及上个月工资的组成部分。该公司分别又于2020年3月25日、26日再次通过"钉钉系统"通知徐某复工，徐某仍未到岗。2020年4月3日该公司依据员工手册向徐某发出解除劳动合同通知书，与徐某解除劳动合同。徐某对解除通知不服，提起劳动仲裁，要求公司支付违法解除劳动合同的经济赔偿金。

问题：公司是否构成违法解除劳动合同？

【案例分析】

劳动者作为单位员工应当接受用人单位的管理，并遵守劳动纪律。该公司提供的员工手册第二条奖励与惩罚规定第二款规定："连续旷工 3 天以上、月累计旷工 6 天以上或年累计旷工 10 天以上者，视为严重违反公司规章制度行为，予以辞退处理"。该员工手册依法经民主程序制定，因此可以作为用人单位维持生产经营、保障工作秩序的依据。本案中因新冠肺炎疫情防控要求，公司要求员工停工待岗并未违反相关政策规定。在公司要求徐某复工后，徐某应到岗后再采用协商等解决方法行使其权利，而不应采取拒绝到岗、旷工等行为。徐某自 2020 年 3 月 23 日至 2020 年 4 月 3 日连续旷工数日，公司以此为由根据员工手册相关规定与徐某解除劳动合同并无不当，仲裁委员会对徐某主张赔偿金的请求不予支持。

在实务中，劳动者与用人单位发生争议，应当采取协商或请工会与用人单位协商等方式进行维权，而不应采取拒绝到岗、旷工或其他对抗性措施。同时用人单位应当充分听取劳动者或工会的意见，并依法建立和完善公司规章制度。完备的规章制度，不仅可以帮助公司规避风险、减少损失，还可以扩展公司的无形资产，对于提高企业劳动生产效率、保护职工和公司双方的合法权益、促进公司和谐稳定的劳动关系具有重要的意义。

［参见无锡市人力资源与社会保障局：《2020 年度劳动人事争议仲裁典型案例》(上)，https：//www.163.com/dy/article/GRU3E9HO0518JG8M.html］

（三）用人单位单方解除劳动合同

用人单位单方解除劳动合同又称辞退或解雇，是指当具备法律规定的条件时，用人单位单方解除劳动合同，无须与劳动者协商达成一致意见。主要包括过失性解除、非过失性解除和经济性裁员三种类型。

1. 过失性解除。

过失性解除是指在劳动者存在重大过失的情况下，用人单位有权随时解除劳动合同，无须提前 30 天通知，不受用人单位不得解除劳动合同的法律限制，亦无须支付经济补偿。《劳动合同法》第三十九条规定：劳动者有下列情形之一的，用人单位可以解除劳动合同：（1）在试用期间被证明不符合录用条件的；（2）严重违反用人单位的规章制度的；（3）严重失职，营私舞弊，给用人单位造成重大损害的；（4）同时与其他用人单位建立劳动关系，对完成本单位的工作任务造成严重影响，或者经用人单位提出，拒不改正的；（5）因本法第二十六条第一款第一项规定的情形致使劳动合同无效的；（6）被依法追究刑事责任的。

2. 非过失性解除。

非过失性解除是指用人单位基于外部环境变化或劳动者的客观条件单方面解除劳动合同，而劳动者主观上并无过失。《劳动合同法》第四十条规定：有下列情形之一的，用人单位提前三十日以书面形式通知劳动者本人或者额外支付劳动者一个月工资后，可以解除劳动合同：（1）劳动者患病或者非因工负伤，在规定的医疗期满后不能从事原工作，也不能从事由用人单位另行安排的工作的；（2）劳动者不能胜任工作，经过培训或者调整工作岗位，仍不能胜任工作的；（3）劳动合同订立时所依据的客观情况发生重大变化，致使劳动合同无法履行，经用人单位与劳动者协商，未能就变更劳动合同内容达成协议的。

3. 经济性裁员。

经济性裁员是指用人单位为降低劳动成本，改善经营管理，裁减工作人员以摆脱困境。法律对经济性裁员限定了严格的条件和程序，以规范用人单位的裁员行为。《劳动合同法》第四十一条规定：有下列情形之一，需要裁减人员二十人以上或者裁减不足二十人但占企业职工总数百分之十以上的，用人单位提前三十日向工会或者全体职工说明情况，听取工会或者职工的意见后，裁减人员方案经向劳动行政部门报告，可以裁减人员：（1）依照企业破产法规定进行重整的；（2）生产经营发生严重困难的；（3）企业转产、重大技术革新或者经营方式调整，经变更劳动合同后，仍需裁减人员的；（4）其他因劳动合同订立时所依据的客观经济情况发生重大变化，致使劳动合同无法履行的。

（四）用人单位不得解除劳动合同的情形

为保护特定劳动者的合法权益，《劳动法》和《劳动合同法》规定了在六类情况下，禁止用人单位单方解除劳动合同：（1）从事接触职业病危害作业的劳动者未进行离岗前职业健康检查，或者疑似职业病病人在诊断或者医学观察期间的；（2）在本单位患职业病或者因工负伤并被确认丧失或者部分丧失劳动能力的；（3）患病或者非因工负伤，在规定的医疗期内的；（4）女职工在孕期、产期、哺乳期的；（5）在本单位连续工作满十五年，且距法定退休年龄不足五年的；（6）法律、行政法规规定的其他情形。

（五）工会对用人单位单方解除的干预

对用人单位单方解除劳动合同进行干预，是工会的一项非常重要的维权职能。《劳动合同法》第四十三条规定："用人单位单方解除劳动合同，应当事先将理由通知工会。"《劳动法》第三十条规定："用人单位解除劳动合同，工会认为不适当的，有权提出意见。"2022 年 1 月 1 日起施行的《工会法》第二十二条规定："用人单位单方面解除职工劳动合同时，应当事先将理由通知工会，工会认为用人单位违反法律、法规和有关合同，要求重新研究处理时，用人单位应当研究工会的意见，并将处理结果书面通知工会。"上述规定表明，工会对用人单位单方面辞退劳动者的干预，主要有以下几个方面：第一，工会对辞退有知情权，即用人单位单方解除劳动合同，应当事先将理由通知工会；第二，工会对不当辞退有要求纠正权，即用人单位违反相关法律规定的，工会有权要求用人单位纠正；第三，工会有义务支持和帮助劳动者提起仲裁和诉讼。

六、劳动合同的终止

（一）劳动合同终止的概念

劳动合同终止是指劳动合同所确立的劳动关系由于一定法律事实的出现而终结，用人单位与劳动者之间原有的权利和义务消灭。与劳动合同的解除相比，劳动合同的终止往往并非出于合同双方当事人的主观意思表示，而是由于合同本身的因素、法律规定或不可抗力等客观因素所致。

（二）劳动合同终止的事由

根据《劳动合同法》第四十四条的规定，有下列情形之一的，劳动合同终止：（1）劳动合同期满的；（2）劳动者开始依法享受基本养老保险待遇的；（3）劳动者死亡，或者被人民法院宣告死亡或者宣告失踪的；（4）用人单位被依法宣告破产的；（5）用人单位被吊销营业执照、责令关闭、撤销或者用人单位决定提前解散的；（6）法律、行政法规规定的其他情形。

此外，《劳动合同法实施条例》第二十一条规定："劳动者达到法定退休年龄的，劳动合同终止。"该规定与《劳动合同法》第四十四条第二款规定的劳动合同终止条件表述不同，一个强调"达到法定退休年龄"，一个强调"享受基本养老保险待遇"。实践中，确实存在劳动者达到了法定退休年龄，而不能享受基本养老保险待遇的情况。对此《最高人民法院关于审理劳动争议案件适用法律若干问题的解释（三）》（法释〔2010〕12号）第七条规定，劳动者达到法定退休年龄但未开始依法享受基本养老保险待遇的，劳动合同可不终止，即用人单位与劳动者依然是劳动关系而非劳务关系，属于《劳动法》调整范围。

七、经济补偿

经济补偿也称经济补偿金，是指在劳动合同解除或终止后，用人单位依法一次性支付给劳动者的经济上的补助，是对劳动者由于劳动关系终止带来的利益损失的补偿。我国经济补偿制度有两个特点：一是由用人单位单方面向劳动者支付；二是经济补偿的标准和支付情形由法律统一规定。[①]

（一）用人单位向劳动者支付经济补偿的情形

根据《劳动合同法》《劳动合同法实施条例》《最高人民法院关于审理劳动争议案件适用法律若干问题的解释》等相关规定，用人单位应当向劳动者支付经济补偿的有二十多种情形，主要分为四种类型：（1）劳动者被迫解除劳动合同的；（2）用人单位依法向劳动者提出解除劳动合同并与劳动者协商一致解除劳动合同的；（3）用人单位依法解除劳动合同的；（4）法律、行政法规规定的其他情形。

（二）经济补偿金的计算

经济补偿金的数额主要取决于"月工资"和本单位工作年限两个参数。

---

① 程延园、王甫希编著：《劳动关系》，中国人民大学出版社2021年版，第209页。

按劳动者在本单位工作的年限，每满一年支付一个月工资的标准向劳动者支付。六个月以上不满一年的，按一年计算；不满六个月的，向劳动者支付半个月工资的经济补偿。劳动者月工资高于用人单位所在直辖市、设区的市级人民政府公布的本地区上年度职工月平均工资三倍的，向其支付经济补偿的标准按职工月平均工资三倍的数额支付，向其支付经济补偿的年限最高不超过十二年。劳动者在劳动合同解除或者终止前 12 个月的平均工资低于当地最低工资标准的，按照当地最低工资标准计算。

第三节　劳动争议及其处理

随着改革开放的不断深化和市场经济的逐步确立，我国的劳动争议日益增多，现状日趋复杂。劳动争议的发生，不仅使正常的劳动关系得不到维护，还会使劳动者的合法利益受到损害，不利于社会的稳定。因此，应当正确把握劳动争议的特点，积极预防劳动争议的发生，对已经发生的劳动争议，按照法律规定进行及时有效地处理。

一、劳动争议概述

（一）劳动争议的概念

劳动争议的概念通常有广义和狭义两种。广义的劳动争议是指用人单位和劳动者因劳动关系所发生的一切纠纷。狭义的劳动争议是指用人单位和劳动者因对劳动权利、劳动义务发生分歧而引起的争议。相对来说，广义的劳动争议范畴更加宽泛，包含了除狭义劳动关系之外的很多方面，需要通过民事、行政甚至刑事等多种救济途径进行处理。而本书所指的劳动争议是指狭义的劳动争议，仅指用人单位和劳动者因实现劳动权利或履行劳动义务而发生的争议，以及用人单位及雇主组织和劳动者及工会因劳动权利、义务所发生的纠纷。

（二）劳动争议的特征

1. 劳动争议基于劳动关系而产生。

劳动关系的成立是劳动争议产生的前置条件，如果用人单位和劳动者之间不存在劳动关系，就不可能产生劳动争议。与此同时，用人单位与劳动者之间非因劳动关系而产生的争议也不是劳动争议。

2. 劳动争议主要发生在用人单位和劳动者之间。

绝大部分情况下，劳动争议的主体限于用人单位和劳动者之间。此外，有少数特殊情况，比如工会和用人单位之间因为签订和履行集体合同而产生的争议亦属于劳动争议。

3. 劳动争议主体之间的关系具有双重属性。

劳动关系是一种特殊民事法律关系，一方面它基于用人单位和劳动者的合意而建立，双方主体地位平等；另一方面，一旦用人单位与劳动者建立了劳动关系，二者就会形成管理与被管理的隶属关系，双方主体地位不平等。

4. 劳动争议与企业生产和劳动者生活密切相关。

劳动争议产生于劳动生产过程中，如果不能及时、妥善解决，既可能影响用人单位正常的生产秩序，也可能会影响劳动者的切身利益。正因如此，快速有效处理劳动争议是维护劳动关系当事人的合法权益、构建和谐劳动关系的重要举措。

（三）劳动争议处理的适用范围

劳动争议处理的适用范围是指法律规定由劳动争议处理机构受理劳动争议案件的范围。《中华人民共和国劳动争议调解仲裁法》对调解和仲裁的受案范围作出了规定，主要包括：（1）因确认劳动关系发生的争议；（2）因订立、履行、变更、解除和终止劳动合同发生的争议；（3）因除名、辞退和辞职、离职发生的争议；（4）因工作时间、休息休假、社会保险、福利、培训以及劳动保护发生的争议；（5）因劳动报酬、工伤医疗费、经济补偿或者赔偿金等发生的争议；（6）法律、法规规定的其他劳动争议。

（四）劳动争议的处理机制

我国劳动争议处理机制建立于新中国成立之后，在发展中逐渐形成了包含协商、调解、仲裁、诉讼在内的较为成熟的劳动争议处理机制。2008 年 5 月 1 日起施行的《劳动争议调解仲裁法》是目前劳动争议处理方面的专门法律，在劳动争议的调解和仲裁方面具有重要地位。

我国劳动争议处理的基本程序是协商、调解、仲裁和诉讼。协商和调解是非必经、可选择程序。仲裁是前置性的、强制性的程序。不服仲裁裁决的，除“一裁终局”的案件外，可以向人民法院提起诉讼。学界普遍将我国现行的劳动争议处理体制概括为“一调一裁两审，仲裁前置，先裁后审”，并辅之以仲裁和诉讼环节的重大制度性突破即部分案件的“一裁终局”。

二、劳动争议调解

劳动争议调解是指劳动争议调解组织在查明事实、分清是非、明确责任的基础上，依照国家法律、法规以及依法制定的单位规章和劳动合同，通过平等协商，推动争议双方互谅互让、达成协议、消除争议的一种活动。调解虽然不是劳动争议处理的必经程序，但却是劳动争议处理制度的“第一道防线”，对解决劳动争议发挥着重要作用。尤其对于希望维持劳动关系的一方来说，调解通常是解决劳动争议的首选步骤。

（一）劳动争议调解组织和调解员

劳动争议调解组织是指依法设立的履行劳动争议调解职责或具有劳动争议调解功能的社会机构。劳动争议调解委员会由职工代表、用人单位代表和工会代表组成。劳动争议调解委员会主任由工会代表担任。企业劳动争议调解委员会由职工代表和企业代表组成。企业劳动争议调解委员会主任由工会成员或者双方推举的人员担任。

劳动争议调解员是劳动争议调解组织中负责劳动争议调解工作的人员。多部法律法规都对调解员的任职条件和职责作出了具体规定，如《劳动争议调解仲裁法》《人民调解委员会组织条例》《人民调解法》等。一般规定，调解员由公道正派、联系群众、热心调解工作，并具有一定法律知识、政策水平和文化水平的成年公民担任。

（二）劳动争议调解的程序与期限

当事人申请劳动争议调解时可以书面申请，也可以口头申请。口头申请的，调解组织应当当场记录申请人基本情况及申请调解的争议事项、理由和时间。调解劳动争议，应当充分听取双方当事人对事实和理由的陈述，耐心疏导，帮助其达成协议。经调解达成协议的，应当制作调解协议书。自劳动争议调解组织收到调解申请之日起 15 日内未达成调解协议的，当事人可以依法申请仲裁。达成调解协议后，一方当事人在协议约定期限内不履行调解协议的，另一方当事人可以依法申请仲裁。

（三）劳动争议调解协议的效力

《劳动争议调解仲裁法》规定，调解协议书对双方当事人具有约束力。但是这种约束力只是劳动合同的约束力，并不具有强制执行力。但是，在案件进入司法程序后，调解协议会成为法院裁判的重要参考。某些调解协议具有据以申请支付令的效力。《劳动争议调解仲裁法》第十六条规定："因支付拖欠劳动报酬、工伤医疗费、经济补偿或者赔偿金事项达成调解协议，用人单位在协议约定期限内不履行的，劳动者可以持调解协议书依法向人民法院申请支付令。人民法院应当依法发出支付令。"即特定条件下的调解协议是可以向人民法院申请强制执行的，这样就部分地解决了调解协议的效力问题。

三、劳动争议仲裁

（一）劳动争议仲裁的概念

劳动争议仲裁是指劳动争议仲裁机构对当事人请求解决的劳动争议，依法居中公断的执法行为，包括对劳动争议依法审理并进行调解、裁决的一系列活动。在我国的劳动争议处理体制中，它作为诉讼前的法定必经程序，是处理劳动争议的一种主要方式。

（二）劳动争议仲裁的机构和参加人

1. 劳动争议仲裁委员会。

劳动争议仲裁委员会是依法设立的，经国家授权依法独立仲裁处理劳动争议案件的专门机构。在劳动争议和人事争议整合处理的新模式下，其名称为劳动人事争议仲裁委员会。劳动争议仲裁委员会按照统筹规划、合理布局和适应实际需要的原则设立。省、自治区人民政府可以决定在市、县设立，直辖市人民政府可以决定在区、县设立。直辖市、设区的市也可以设立一个或者若干个劳动争议仲裁委员会。劳动争议仲裁委员会不按行政区划层层设立。劳动争议仲裁委员会的组成采用“三方原则”，即由劳动行政部门代表、工会代表和企业方面代表组成。劳动争议仲裁委员会组成人员应当是单数，且三方代表人数相等。仲裁委员会实行集体领导，在召开会议决定有关事项时应有2/3以上的委员参加，并且应当按照少数服从多数的原则作出决定。

2. 劳动争议仲裁委员会办事机构。

劳动争议仲裁委员会办事机构（通常称仲裁办公室）负责办理劳动争议仲裁委员会的日常事务。该办事机构具有双重身份和双重职能，它既是仲裁委员会的办事机构，又是劳动行政部门的职能机构。

3. 劳动争议仲裁庭。

劳动争议仲裁委员会裁决劳动争议案件实行仲裁庭制。仲裁庭是代表仲裁委员会对具体劳动争议案件行使仲裁权，由经一定程序选出的仲裁员组成的非常设性处理劳动争议的专门机构。仲裁庭的组织形式可分为独任制和合议制两种。独任制是由仲裁委员会指定1名仲裁员独任审理仲裁，适用于事实清楚、情节认定容易、法律适用明确的劳动争议案件。合议制是由劳动争议仲裁委员会指定3名或3名以上单数仲裁员共同审理争议仲裁。合议制仲裁庭虽然花费的时间更多，成本更高，但却能最大限度地保证争议案件仲裁的合理性，因此是最常见的仲裁庭组成方式。

4. 劳动争议仲裁员。

劳动争议仲裁员是指由劳动争议仲裁委员会依法聘任的，可以成为仲裁庭组成人员而从事劳动争议处理工作的职员。仲裁员应当公道正派并符合下列条件之一：（1）曾任审判员的；（2）从事法律研究、教学工作并具有中级以上职称的；（3）具有法律知识、从事人力资源管理或者工会等专业工作满5年的；（4）律师执业满3年的。

5. 劳动争议仲裁的参加人。

（1）劳动争议当事人。发生劳动争议的劳动者和用人单位为劳动争议仲裁案件的双方当事人。劳务派遣单位或者用工单位与劳动者发生劳动争议的，劳务派遣单位和用工单位为共同当事人。（2）代表人。用人单位由其法定代表人或主要负责人参加仲裁活动；职工方当事人在10人以上并有共同理由的，应当推举代表参加仲裁活动，代表人数由仲裁委员会确定。（3）代理人。当事人可以委托代理人参加仲裁活动。丧失或者部分丧失民事行为能力的劳动者，由其法定代理人代为参加仲裁活动；无法定代理人的，由仲裁委员会为其指定代理人。劳动者死亡的，由其近亲属或者代理人参加仲裁活动。（4）第三人。与劳动争议案件的处理结果有利害关系的第三人，可以申请参加仲裁活动或者由仲裁委员会通知其参加仲裁活动。

（三）劳动争议仲裁时效

劳动争议仲裁时效是指劳动者和用人单位在法定期限内不向劳动争议仲裁机构申请仲裁，而丧失请求劳动争议仲裁机构保护其权利实现之权利的制度。

1. 仲裁时效的起点和期间。

劳动争议申请仲裁的时效期间为一年。仲裁时效期间从当事人知道或者应当知道其权利被侵害之日起计算。劳动关系存续期间因拖欠劳动报酬发生争议的，劳动者申请仲裁不受此时效期间的限制；但是，劳动关系终止的，应当自劳动关系终止之日起一年内提出。

2. 仲裁时效的中断。

仲裁时效的中断是指在具备法定事由时，已经计算的仲裁时效归零，从中断时起，仲裁时效期间重新计算。在申请仲裁的时效期间内，有下列情形之一的，仲裁时效中断：（1）一方当事人通过协商、申请调解等方式向对方当事人主张权利的；（2）一方当事人通过向有关部门投诉，向仲裁委员会申请仲裁，向人民法院起诉或者申请支付令等方式请求权利救济的；（3）对方当事人同意履行义务的。

3. 仲裁时效的中止。

仲裁时效的中止是指因不可抗力因素或者有其他正当理由，当事人不能在规定的仲裁时效期间内申请仲裁的，暂停时效的计算。自不可抗力因素或者正当理由消失之日起，时效继续计算。仲裁时效中止的时间不计入仲裁时效，而将中止前后的时效时间合并计算为仲裁时效期间。

（四）劳动争议仲裁的程序

1. 申请。

申请人申请仲裁应当提交书面仲裁申请，并按照被申请人人数提交副本。仲裁申请书应当载明下列事项：（1）劳动者和用人单位的相关信息；（2）仲裁请求和所根据的事实、理由；（3）证据和证据来源，证人姓名和住所。

2. 受理。

劳动争议仲裁委员会收到仲裁申请之日起 5 日内，认为符合受理条件的，应当受理，并通知申请人；认为不符合受理条件的，应当书面通知申请人不予受理，并说明理由。

3. 开庭。

开庭审理时，由仲裁员宣布开庭、案由和仲裁员、记录人员名单，核对当事人，告知当事人有关的权利义务，询问当事人是否提出回避申请。开庭审理中，仲裁员应当听取申请人的陈述和被申请人的答辩，主持庭审调查、质证和辩论并征询当事人最后意见。仲裁庭应当将开庭情况记入笔录。

4. 裁决。

裁决应当按照多数仲裁员的意见作出，少数仲裁员的不同意见应当记入笔录。仲裁庭不能形成多数意见时，裁决应当按照首席仲裁员的意见作出。裁决书应当载明仲裁请求、争议事实、裁决理由、裁决结果和裁决日期。裁决书由仲裁员签名，加盖劳动争议仲裁委员会印章。

（五）劳动争议仲裁的效力

1. 终局裁决。

劳动争议仲裁的终局裁决是指劳动争议仲裁庭在案件审理终结时对当事人提交的全部实体争议所作的、裁决书自作出之日起发生法律效力的裁决。终局裁决仅限于两种情况：一是追索劳动报酬、工伤医疗费、经济补偿和赔偿金，不超过当地月最低工资标准 12 个月金额的争议；二是因执行劳动标准在工作时间、休息休假、社会保险等方面发生的争议。

2. 普通裁决。

普通裁决也称非终局裁决，是指当事人不服劳动争议仲裁裁决的情况下，可以依规定向法院提起诉讼的裁决。当事人对拖欠争议、执行劳动标准争议以外的其他劳动争议案件的仲裁裁决不服的，可以自收到仲裁裁决书之日起15日内向法院提起诉讼；期满不起诉的，裁决书发生法律效力。

3. 先予执行裁决。

仲裁庭对追索劳动报酬、工伤医疗费、经济补偿或者赔偿金的案件，根据当事人的申请，可以裁决先予执行，移送人民法院执行。[①] 裁决先予执行的，应当符合两项条件：（1）当事人之间权利义务关系明确；（2）不先予执行将严重影响申请人的生活。劳动者申请先予执行的，可以不提供担保。

四、劳动争议诉讼

劳动争议诉讼是解决劳动争议的最终程序，它通过司法程序保证了劳动争议的最终彻底解决。由人民法院参与处理劳动争议，从根本上将劳动争议处理工作纳入法制轨道，有利于保障当事人的诉讼权，有利于监督仲裁委员会的裁决，有利于生效的调解协议、仲裁裁决和法院判决的执行。

（一）劳动争议诉讼的概念

劳动争议诉讼是指劳动争议当事人不服劳动争议仲裁委员会的裁决，在规定的期限内向人民法院起诉，人民法院依照民事诉讼程序，依法对劳动争议案件进行审理和判决的活动。此外，劳动争议的诉讼，还包括当事人一方不履行仲裁委员会已发生法律效力的裁决书或调解书，另一方当事人申请人民法院强制执行的活动。

（二）劳动争议诉讼的受案范围

根据《劳动争议调解仲裁法》《中华人民共和国民事诉讼法》以及相关司法解释，劳动争议诉讼的受案范围主要包括以下五种情形：（1）对仲裁裁决

① 王全兴:《劳动法》,法律出版社2017年版,第489页。

不服的；（2）申请劳动仲裁但仲裁委员会不予受理的；（3）仲裁委员会逾期未作出受理决定或仲裁裁决的；（4）不需要申请调解和仲裁，直接进入诉讼的，比如根据《劳动合同法》第三十条的规定，用人单位拖欠或者未足额支付劳动者报酬的，劳动者可以依法向人民法院申请支付令，从而直接进入民事诉讼程序；（5）经过调解进入诉讼的。

（三）劳动争议诉讼的管辖

劳动争议案件由用人单位所在地或者劳动合同履行地的基层人民法院管辖。劳动合同履行地不明确的，由用人单位所在地的基层法院管辖。当事人双方就同一仲裁裁决分别向有管辖权的法院起诉的，由先受理的法院管辖，后受理的法院应当将案件移送给先受理的法院。同一天受理立案的，由劳动合同履行地的基层人民法院管辖。

（四）劳动争议诉讼的当事人

劳动争议诉讼当事人（原告人与被告人）仅限于劳动者和用人单位，不服仲裁裁决的劳动者或用人单位，只能以仲裁阶段的对方当事人为被告人向法院起诉，而不能以仲裁机构为被告人。当事人双方不服仲裁委员会作出的同一仲裁裁决，均向同一法院起诉的，先起诉的一方当事人为原告，但对双方的诉讼请求，法院应当一并作出裁决。

| 专栏6-5　拓展阅读 |

张某于2017年7月入职某建筑公司从事施工管理工作，2020年2月离职。工作期间，张某存在加班情形，但某建筑公司从未向其支付加班费。2020年12月，张某向劳动人事争议仲裁委员会申请仲裁，请求裁决某建筑公司依法支付其加班费，某建筑公司以张某的请求超过仲裁时效为由抗辩。张某不服仲裁裁决，诉至人民法院，请求法院判决某建筑公司支付加班费46293元。

一审法院判决：某建筑公司支付张某加班费18120元。张某与某建筑公司均未提起上诉，一审判决已生效。

【案例分析】

对于劳动争议的时效问题，有仲裁时效和诉讼时效之分。仲裁时效，是指当事人在一定期间内不提起劳动仲裁，对方就可提起不履行义务抗辩的仲裁制度。诉讼时效，是指当事人在一定期间不提起诉讼，对方就可提起不履行义务抗辩的诉讼制度。诉讼时效有普通诉讼时效与特别诉讼时效之分；仲裁时效也由普通仲裁时效与特别仲裁时效之分。关于普通诉讼时效，2021 年 1 月 1 月生效的《民法典》规定的是三年。《劳动争议调解仲裁法》第二十七条规定："劳动争议申请仲裁的时效期间为一年。仲裁时效期间从当事人知道或者应当知道其权利被侵害之日起计算。"即普通仲裁时效是一年，可发生中断、中止。

本案中，劳动者张某于2020 年 2 月离职，应在劳动关系终止之日起一年内即 2021 年 2 月前提起劳动仲裁，其于 2020 年 12 月提起劳动仲裁，没有超过仲裁时效，因此，某建筑公司的仲裁时效抗辩理由不成立。另外，需要说明的是，《民法典》规定的三年和《劳动争议调解仲裁法》规定的一年是不一致的。但是按照特别法优于普通法的原则，涉及劳动仲裁的时效应当优先适用《劳动争议调解仲裁法》中关于时效的规定，即一般情况下劳动仲裁时效是一年。

本章小结

劳动就业是民生之本，劳动关系是现代社会中的主要社会关系。劳动关系有广义和狭义两种界定，涉及用人单位、劳动者、工会、政府等多个主体。鉴于劳动关系具有平等性兼隶属性、人身性兼财产性、依附性兼冲突性等体现内在张力的复合特征，实践中的劳动关系错综复杂，用以规范劳动关系的规范性法律文件必须充分全面并且动态调整。我国陆续出台了包括《劳动法》《劳动合同法》《劳动合同法实施条例》《劳动争议调解仲裁法》《工会法》等在内的多部法律法规，构建了较为完善的劳动法律体系，对于订立劳动合同、解决劳动争议、构建和谐劳动关系等提供了重要的法律依据。

主要术语

劳动关系　劳务关系　人事关系　劳动合同　劳动争议　劳动调解　劳动

仲裁　劳动诉讼　构建和谐劳动关系

复习思考题

1. 简述劳动关系的概念和特征。

2. 简述劳动关系、劳务关系和人事关系的区别。

3. 简述劳动合同中关于违约金的相关规定。

4. 简述用人单位不得解除劳动合同的法定情形。

5. 简述用人单位向劳动者支付经济补偿金的法定情形。

6. 论述我国劳动争议的处理机制。

7. 请结合自身的理解体会，谈谈构建和谐劳动关系的重要性和实现路径。

推荐阅读

1. 程延园、王甫希编著：《劳动关系》，中国人民大学出版社 2021 年版。

2. 王全兴：《劳动法》，法律出版社 2017 年版。

3. 潘辉：《HR 劳动关系经典管理案例》，中国法制出版社 2019 年版。

4. 刘金祥、高建东：《大学生劳动就业法律问题解读》，高等教育出版社 2015 年版。

第七章

劳动保障

学习目标

1. 掌握劳动保障的相关法律法规。

2. 了解劳动保障监察条例的规定。

3. 明确社会保险与社会福利的内涵与制度框架。

导 读

党和国家要实施积极的就业政策，创造更多就业岗位，改善就业环境，提高就业质量，不断增加劳动者特别是一线劳动者劳动报酬。要建立健全党和政府主导的维护群众权益机制，抓住劳动就业、技能培训、收入分配、社会保障、安全卫生等问题，关注一线职工、农民工、困难职工等群体，完善制度，排除阻碍劳动者参与发展、分享发展成果的障碍，努力让劳动者实现体面劳动、全面发展。

——2015 年 4 月 28 日，习近平在庆祝“五一”国际劳动节暨表彰全国劳动模范和先进工作者大会上的讲话

第一节　劳动保障法规

劳动法是调节和规范劳动关系的各项法律法规的总称。在劳动关系领域，劳动法通过规定用人单位和劳动者双方的权利、义务关系，确定基本的劳动标准，以解决纠纷，提供保护，维持正常的劳动关系。《中华人民共和国劳动法》（以下简称《劳动法》）规定，劳动者享有平等就业和选择职业的权利、取得劳动报酬的权利、休息休假的权利、获得劳动安全卫生保护的权利、接受职业技能培训的权利、享受社会保险和福利的权利、提请劳动争议处理的权利以及法律规定的其他劳动权利。同时，劳动者应当完成劳动任务，提高职业技能，执行劳动安全卫生规程，遵守劳动纪律和职业道德。

一、工资、工作时间和休息休假

（一）工资

1. 工资的概念。

工资是指劳动者通过提供劳动，从其所在单位获得的全部劳动报酬。包括用人单位以各种形式支付的基本工资、奖金、津贴、补贴、加班加点工资以及特殊情况下支付的工资等。

2. 工资的形式。

工资形式，是指计算劳动工作量和支付工资的形式。我国现行的工资形式主要包括以下类型：

（1）计时工资。计时工资是指按计时工资标准和工作时间支付给劳动者个人的工资报酬。按照工资支付时间不同，计时工资可以分为年薪工资、月工资、周工资和日工资，即按照年、月、周和日计算和发放的工资。[1] 计时工资

① 程延园、王甫希编著:《劳动关系》,中国人民大学出版社 2021 年版,第 143 页。

的优点是操作简单易行，适用于任何企业和工种；缺点是以劳动时间作为计算工资报酬的依据，不能完全将工资报酬与劳动的数量和质量挂钩。①

（2）计件工资。计件工资是指根据劳动者提供的合格产品的数量和规定的计件单价支付工资的一种形式，实际上是按产品数量支付工资。计件工资的优点是能够使劳动成果与劳动报酬直接联系起来，更好地体现按劳分配的原则，缺点是容易因追求数量而忽视了质量，甚至影响安全生产。②

（3）奖金。奖金是指为奖励劳动者的超额绩效而支付的劳动报酬，其目的是奖励目标完成者和激励追求者，强调薪酬与绩效表现之间的联系。

（4）津贴和补贴。津贴和补贴是对劳动者额外劳动付出或是为了补偿物价变动而给予的一种补偿。津贴和补贴的种类很多，主要有矿山井下津贴、高温津贴、野外工作津贴、林区津贴、生活费补贴、价格补贴等。

（5）加班加点工资。加班加点工资是指劳动者在法定工作时间以外提供劳动、加班加点的，用人单位应当按照法定标准支付高于劳动者正常工作时间工资的工资报酬。

（6）特殊情况下支付的工资。劳动者在法定工作时间内依法参加社会活动（因病、产假、婚丧假、探亲假等）期间，用人单位应视同其提供了正常劳动而支付的工资。

3. 最低工资制度。

《劳动法》规定，国家实行最低工资保障制度。所谓最低工资，是指劳动者在法定工作时间或依法签订的劳动合同约定的工作时间内提供了正常劳动的前提下，用人单位依法应支付的最低劳动报酬。所谓正常劳动，是指劳动者按依法签订的劳动合同约定，在法定工作时间或劳动合同约定的工作时间内从事的劳动。最低工资标准一般采取月最低工资标准和小时最低工资标准的形式。月最低工资标准适用于全日制就业劳动者，小时最低工资标准适用于非全日制就业劳动者。

---

① 黎健飞：《劳动与社会保障法教程》，中国人民大学出版社 2019 年版，第 114 页。
② 黎健飞：《劳动与社会保障法教程》，中国人民大学出版社 2019 年版，第 114 页。

4. 工资支付。

根据《劳动法》有关规定，用人单位应当以货币形式按月支付工资给劳动者本人，不得克扣或者无故拖欠劳动者的工资。劳动者在法定休假日和婚丧假期间以及依法参加社会活动期间，用人单位应当依法支付工资。

（二）工作时间

1. 工作时间的概念。

工作时间是指劳动者为用人单位从事生产和工作的时间。工作时间一般以小时或天为计算单位，包括每周工作的天数和小时数，以及每天工作的小时数。工作时间通常由法律规定，工作时间制度是否合理，不仅影响劳动者的工作权益，也影响用人单位的生产经营活动。

2. 工作时间的类型。

根据《劳动法》和相关的法律法规，我国现行的工作时间类型分为标准工作日、缩短工作日、不定时工作日、综合计算工作日、计件工作时间等类型。

（1）标准工作日。标准工作日是指由国家法律统一规定的，在一般情况下，劳动者从事工作或劳动的时间。1995 年《国务院关于修改〈国务院关于职工工作时间的规定〉的决定》第 3 条规定："职工每日工作 8 小时，每周工作 40 小时。"即从 1995 年 5 月 1 日起，我国的标准工作日为每天工作 8 小时，每周工作 40 小时。标准工作日是计算其他工作日种类的依据。

（2）缩短工作日。缩短工作日是指劳动者在每个工作日的工作时间少于标准工作日时间长度的工作时间。实行缩短工作日的情况主要有：从事有毒有害、矿山井下、高山、特别繁重体力劳动的劳动者；夜班工作者；怀孕或哺乳期工作的女职工；未成年工，等等。

（3）不定时工作日。不定时工作日是指没有固定工作时间限制的工作日，主要适用于因工作性质和工作职责限制，不能实行标准工作日的劳动者。实行不定时工作日的情况主要有：企业的高级管理人员、外勤人员、推销人员、部分值班人员和其他工作无法按标准工作时间衡量的职工；企业中的长途运输人员、出租汽车司机和铁路、港口、仓库的部分装卸人员以及因工作性质特殊需机动作业的职工；其他因生产特点、工作特殊需要或职责范围的关系，适合实行不定时工作制的劳动者。

（4）综合计算工作日。综合计算工作日是指针对因工作性质特殊、需连续作业或受季节及自然条件限制的企业的部分职工，分别以周、月、季或年为周期，以标准工时制为基础综合计算的工作时间制度。主要包括：交通、铁路、邮电、水运、航空、渔业等行业中因工作性质特殊，需连续作业的职工；地质及资源勘探、建筑、制盐、制糖、旅游等受季节和自然条件限制的行业的部分职工；其他适合实行综合计算工时的职工。

（5）计件工作时间。计件工作时间是指以劳动者完成一定劳动定额为标准的工作时间。《劳动法》规定，对实行计件工作的劳动者，用人单位应当根据标准工时制度合理地确定其劳动定额和计件报酬标准。

3. 延长工作时间的规定和工资支付。

《劳动法》对延长工作时间有专门的限制规定。《劳动法》第四十一条规定，用人单位由于生产经营需要，经与工会和劳动者协商后可以延长工作时间，一般每日不得超过 1 小时；因特殊原因需要延长工作时间的，在保障劳动者身体健康的条件下延长工作时间每日不得超过 3 小时，每月不得超过 36 小时。《劳动法》第四十二条规定，有下列情形之一的，延长时工作时间不受该法第四十一条的限制：①发生自然灾害、事故或者因其他原因，威胁劳动者生命健康和财产安全，需要紧急处理的；②生产设备、交通运输线路、公共设施发生故障，影响生产和公众利益，必须及时抢修的；③法律、行政法规规定的其他情形。

用人单位延长工作时间，应当按照下列标准支付劳动者工资报酬：①安排劳动者延长工作时间的，支付不低于劳动者本人工资 150% 的工资报酬；②休息日安排劳动者工作又不能安排补休的，支付不低于劳动者本人工资 200% 的工资报酬；③法定休假日安排劳动者工作的，支付不低于劳动者本人工资的 300% 的工资报酬。

（三）休息休假

休息休假时间是指根据法律规定，劳动者不必从事工作而自行支配的时间。《劳动法》对劳动者休息休假时间做了明确规定。

1. 公休假日。

公休假日是指劳动者工作满一个工作周以后的休息时间。《劳动法》第三十八条规定，用人单位应当保证劳动者每周至少休息1日。

2. 法定节假日。

法定节假日是指国家法定的用于开展庆祝、纪念活动的休息时间。按照《劳动法》及2013年《全国年节及纪念日放假办法》规定，法定节假日包括：(1) 属于全体公民放假休息的公共节日：新年，放假1天（1月1日）；春节，放假3天（农历正月初一、初二、初三）；清明节，放假1天（农历清明当日）；劳动节，放假1天（5月1日）；端午节，放假1天（农历端午当日）；中秋节，放假1天（农历中秋当日）；国庆节，放假3天（10月1日、2日、3日）。(2) 属于部分公民放假的节日及纪念日：妇女节（3月8日），妇女放假半天；青年节（5月4日），14周岁以上的青年放假半天；儿童节（6月1日），不满14周岁的少年儿童放假1天；中国人民解放军建军纪念日（8月1日），现役军人放假半天。

3. 年休假。

《劳动法》第四十五条规定，国家实行带薪年休假制度，劳动者连续工作1年以上的，享受带薪年休假。2008年实施的《职工带薪年休假条例》规定，机关、团体、企业、事业单位、民办非企业单位、有雇工的个体工商户等单位的职工连续工作1年以上的，享受带薪年休假。职工累计工作已满1年不满10年的，年休假5天；已满10年不满20年的，年休假10天；已满20年的，年休假15天。

二、劳动安全和劳动健康

劳动安全和劳动卫生属于劳动保护范畴，涉及保护劳动者的安全与健康的诸多方面。我国的劳动保护制度主要有《中华人民共和国劳动法》中的劳动保护规定和《中华人民共和国安全生产法》《中华人民共和国职业病防治法》《矿山安全法》等法律，以及《尘肺病防治条例》《女职工劳动保护规定》等法规。

（一）劳动安全

1. 劳动安全的概念。

劳动安全又称职业安全，是指国家以保护劳动者和协调社会生产秩序、预防和解决职工在职业活动过程中发生各种伤亡事故为目的所建立的一系列法律规范标准体系。①

2. 劳动安全的主要内容。

《劳动法》第五十二条规定，用人单位必须建立、健全劳动安全卫生制度，严格执行国家劳动安全卫生规程和标准，对劳动者进行劳动安全卫生教育，防止劳动过程中的事故，减少职业危害。《安全生产法》第四规定，生产经营单位必须遵守本法和其他有关安全生产的法律、法规，加强安全生产管理，建立、健全安全生产责任制和安全生产规章制度，改善安全生产条件，推进安全生产标准化建设，提高安全生产水平，确保安全生产。具体包括以下：

（1）安全生产责任制度。用人单位负责人对安全生产工作全面负责，应当建立、健全本单位安全生产责任制；组织制定本单位安全生产规章制度和操作规程；保证安全生产投入的有效实施；督促、检查安全生产工作，及时消除生产安全事故隐患；组织制定并实施生产安全事故应急救援预案；及时、如实报告生产安全事故等。

（2）安全生产教育培训制度。用人单位应当对从业人员进行安全生产教育和培训，保证从业人员具备必要的安全生产知识，熟悉有关的安全生产规章制度和安全操作规程，掌握本岗位的安全操作技能；未经安全生产教育和培训合格的从业人员，不得上岗作业；特种作业人员必须按照国家有关规定经专门的安全作业培训，取得特种作业操作资格证书，方可上岗作业。

（3）安全认证制度。安全认证主要有对矿山、建筑、民用爆炸、烟花爆竹等企业的安全资格认证，对矿长资格证、矿长安全资格认证，电工、金属焊接、切割作业、起重机械作业等岗位人员资格认证，对客运索道、大型游乐设施的认证等。

① 《劳动与社会保障法学》编写组:《劳动与社会保障法学》,高等教育出版社 2018 年版,第 173 页。

(4) 安全生产检查制度。安全生产检查有一系列制度规定，如规定工会对用人单位违反安全生产法律、法规，侵犯从业人员合法权益的行为，有权要求纠正；发现单位违章指挥、强令冒险作业或者发现事故隐患时，有权提出解决的建议；发现危及从业人员生命安全的情况时，有权向单位建议组织从业人员撤离危险场所等。①

(5) 生产安全事故报告和处理制度。安全事故报告主要是针对职工在劳动过程中发生的人身伤害、急性中毒事故，包括职工在本岗劳动或不在本岗劳动，但由于企业的设备和设施不安全、劳动条件和作业环境不良所发生的轻伤、重伤、死亡事故，规定的报告时间及程序，以及调查、处理的程序及要求。

(二) 劳动健康

1. 劳动健康的概念。

劳动健康又称职业健康或劳动卫生，是指国家为了保护劳动者在劳动过程中的身体健康，防止有毒有害物质的危害和防止职业病的发生而制定的法律规范及操作规范。②

2. 劳动健康的主要内容。

根据《职业病防治法》的规定，我国劳动者的劳动健康保障权包括：获得职业卫生教育、培训的权利；获得职业健康检查、职业病诊疗和康复等职业病防治和服务的权利；了解工作场所产生或者可能产生的职业病危害因素、危害后果和应当采取的职业病防护措施的权利；要求用人单位提供符合防治职业病要求的职业病防护设施和个人职业病防护用品，改善工作条件的权利；对违反职业病防治法律、法规以及危及生命健康的行为提出批评、检举和控告的权利；拒绝违章指挥和强令进行导致职业病的作业的权利；参与用人单位职业卫生工作的民主管理，对职业病防治工作提出意见和建议的权利。③ 具体包括以下：

(1) 防止粉尘危害。《尘肺病防治条例》第七条规定，凡有粉尘作业的企

---

① 程延园、王甫希编著：《劳动关系》，中国人民大学出版社 2021 年版，第 161 页。

② 《劳动与社会保障法学》编写组：《劳动与社会保障法学》，高等教育出版社 2018 年版，第 174 页。

③ 黎健飞：《劳动与社会保障法教程》，中国人民大学出版社 2019 年版，第 147 页。

业、事业单位应采取综合防尘措施和无尘或低尘的新技术、新工艺、新设备，使作业场所粉尘浓度不超过国家卫生标准。

（2）防止有毒有害物质危害。《使用有毒物品作业场所劳动保护条例》第十二条规定，使用有毒物品作业场所应当设置黄色区域警示线、警示标识和中文警示说明。高毒作业场所应当设置红色区域警示线、警示标识和中文警示说明，并设置通讯报警设备。

（3）防止噪声和强光刺激。《工业企业厂界环境噪声排放标准》提出，产生强烈噪声的生产应当尽量在设有消声设备的单独工作房中进行；对在有噪声、强光、辐射热和溅火花、碎片、刨屑场所操作的劳动者提供和要求戴护耳器、防护镜、面具和帽盔等。

（4）防暑、降温和防冻取暖。室内工作地点的温度如果经常高于35℃时，应采取降温措施；低于5℃时，应设置取暖设备；采取保健措施，实行入暑前健康检查；按规定要求提供防暑、防冻劳动保护用品等。

（三）女职工特殊保护

1. 女职工劳动就业保护。

根据《劳动法》规定，妇女享有与男子平等的就业权利，除国家规定的不适合妇女的工种或者岗位外，不得以性别为由拒绝录用妇女或者提高对妇女的录用标准。女职工在孕期、产期、哺乳期内，用人单位一般不得解除劳动合同。男女同工同酬，用人单位不得因女职工怀孕、生育、哺乳降低其基本工资、予以辞退、解除劳动或聘用合同。

2. 女职工禁忌劳动。

女职工禁忌从事的劳动包括：矿山井下作业；体力劳动强度分级标准中规定的第四级体力劳动强度的作业；每小时负重6次以上、每次负重超过20千克的作业，或者间断负重、每次负重超过25千克的作业。

3. 女职工“四期”保护。

针对女性的生理特点，《劳动法》和《女职工劳动保护特别规定》对女职工在经期、孕期、产期和哺乳期（简称“四期”）实行特殊保护。

（1）经期保护。不得安排女职工在经期从事高处、低温、冷水作业和国家规定的第三级体力劳动强度的劳动。

（2）孕期保护。不得安排女职工在怀孕期间从事国家规定的第三级体力劳动强度的劳动和孕期禁忌从事的劳动。对怀孕 7 个月以上的女职工，不得安排其延长工作时间和夜班劳动。

（3）产期保护。女职工生育享受不少于 98 天的产假。难产的增加产假 15 天。多胞胎生育的，每多生育一个婴儿，增加产假 15 天。女职工怀孕未满 4 个月流产的，享受 15 天产假，怀孕满 4 个月流产的，享受 42 天产假。

（4）哺乳期保护。不得安排女职工在哺乳未满一周岁的婴儿期间从事国家规定的第三级体力劳动强度的劳动和哺乳期禁忌从事的其他劳动，不得安排其延长工作时间和夜班劳动。对有不满一周岁婴儿的女职工，用人单位应每天给予其 1 小时哺乳时间。

（四）未成年工特殊保护

1. 最低就业年龄。

根据《未成年工特殊保护规定》，未成年工是指年满 16 周岁未满 18 周岁并与用人单位建立劳动关系的劳动者。法律禁止用人单位招收未满 16 周岁的未成年人，但文艺、体育及特种工艺单位招用未满 16 周岁的未成年人，在履行有关审批之后，可以从事相关活动。

2. 未成年工禁忌劳动。

不得安排未成年工从事矿山井下、有毒有害、国家规定的第四级体力劳动强度的劳动和其他禁忌从事的劳动。

3. 定期健康检查。

用人单位应当对未成年工定期进行健康检查。

4. 未成年工使用登记制度。

用人单位招收使用未成年工，除符合一般用工要求外，还须向所在地的县级以上劳动行政部门办理登记。

三、就业促进和就业服务

就业是民生之本，发展之基，安国之策。就业不仅是维持劳动力再生产的基本途径，也对国家的经济发展和社会稳定具有重要意义。我国是人口大国，劳动力数量稳居世界第一，同时也面临着巨大的就业压力。《就业促进法》作为我国就业促进领域的重要法律，在增加和开发就业岗位、提升劳动者素质、开展就业服务和就业管理、反就业歧视等方面发挥着重要作用。

（一）促进就业

促进就业是国家的责任，《就业促进法》第二条规定，国家把扩大就业放在经济社会发展的突出位置，实施积极的就业政策，坚持劳动者自主择业、市场调节就业、政府促进就业的方针，多渠道扩大就业。

国家通过促进经济和社会发展，创造就业条件，扩大就业机会。国家鼓励企业、事业组织、社会团体在法律、行政法规规定的范围内兴办产业或者拓展经营，增加就业。国家支持劳动者自愿组织起来就业和从事个体经营实现就业。地方各级政府要把扩大就业作为经济和社会发展的重要目标，纳入国民经济和社会发展规划，制定促进就业的中长期规划和年度工作计划，通过发展经济和调整产业结构、规范人力资源市场、完善就业服务、加强职业教育和培训、提供就业援助等措施，创造就业条件，扩大就业。国家倡导劳动者树立正确的择业观念，提高就业能力和创业能力，地方各级政府要为劳动者自主创业、自谋职业提供便利。

（二）平等就业

《就业促进法》第三条规定，劳动者依法享有平等就业和自主择业的权利。劳动者就业，不因民族、种族、性别、宗教信仰等不同而受歧视。在保证平等就业和自主择业方面主要有以下规定：

各级人民政府创造公平就业的环境，消除就业歧视，制定政策并采取措施对就业困难人员给予扶持和援助。用人单位招用人员、职业中介机构从事职业中介活动，应当向劳动者提供平等的就业机会和公平的就业条件，不得实施就业歧视。国家保障妇女享有与男子平等的劳动权利。用人单位招用人员，除国家规定的不适合妇女的工种或者岗位外，不得以性别为由拒绝录用妇女或者提高对妇女的录用标准。用人单位录用女职工，不得在劳动合同中规定限制女职工结婚、生育的内容。用人单位招用人员，不得以是传染病病原携带者为由拒绝录用。但是经医学鉴定传染病病原携带者在治愈前或者排除传染嫌疑前，不得从事法律、行政法规和国务院卫生行政部门规定禁止从事的易使传染病扩散的工作。农村劳动者进城就业享有与城镇劳动者平等的劳动权利，不得对农村劳动者进城就业设置歧视性限制。劳动者年满16周岁，有劳动能力且有就业愿望的，可凭本人身份证件，通过公共就业服务机构、职业中介机构介绍或直接联系用人单位等渠道求职。①

（三）就业服务

就业服务是指公共就业服务机构或职业中介机构，为劳动者求职或用人单位招聘提供的一系列服务。

1. 公共就业服务。

公共就业服务是政府的责任，是指由政府出资免费向劳动者提供的公益性就业服务。《就业促进法》第三十五条规定，县级以上人民政府建立健全公共就业服务体系，设立公共就业服务机构，为劳动者免费提供公共就业服务。

公共就业服务机构为劳动者免费提供的服务，主要包括：（1）就业政策法规咨询；（2）职业供求信息、市场工资指导价位信息和职业培训信息发布；（3）职业指导和职业介绍；（4）对就业困难人员实施就业援助；（5）办理就业登记、失业登记等事务；（6）其他公共就业服务。

公共就业服务机构根据用人单位需求提供的服务，主要包括：（1）招聘用人指导服务；（2）代理招聘服务；（3）跨地区人员招聘服务；（4）企业人力资源管理咨询等专业性服务；（5）劳动保障事务代理服务；（6）为满足用人单位需求开发的其他就业服务项目。

2. 职业中介机构。

职业中介机构是指由法人、其他组织和公民个人举办，为用人单位招用人员和劳动者求职提供中介服务以及其他相关服务的经营性组织。

（1）设立职业中介机构的条件：①有明确的章程和管理制度；②有开展

① 全国社会工作者职业水平考试教材编委会：《2021社会工作法规与政策》，中国社会出版社2021年版，第309页。

业务必备的固定场所、办公设施和一定数额的开办资金；③有一定数量具备相应职业资格的专职工作人员；④法律、法规规定的其他条件。

（2）职业中介机构的业务范围：①为劳动者介绍用人单位；②为用人单位和居民家庭推荐劳动者；③开展职业指导、人力资源管理咨询服务；④收集和发布职业供求信息。⑤根据国家有关规定从事互联网职业信息服务；⑥组织职业招聘洽谈会；⑦经劳动保障行政部门核准的其他服务项目。

（四）就业援助

就业援助是指政府以就业困难人员为主要对象，制定各类特殊扶持政策，多渠道开发公益性就业岗位，有针对性地提供援助措施，帮扶就业困难人员尽快就业再就业。① 现行的就业援助政策和制度主要包括以下方面：

1. 税费减免政策。

就业困难人员从事个体经营，以及符合条件的企业新招录符合条件的劳动者，订立1年以上期限劳动合同并交纳社会保险费用的，将按规定享受限额内依次减免营业税、城市维护建设税、教育费附加和个人所得税的权利。

2. 信贷优惠政策。

就业困难人员自谋职业、自主创业或组织起来就业的，自筹资金不足部分，由政府建立担保基金，提供贷款担保，银行发放小额担保贷款，政府提供一定程度的贷款贴息；符合贷款条件的劳动密集型小企业，其新增加岗位中新招录的就业困难劳动者的比例达到现有职工总数一定比例之上，并与其签订一年以上的劳动合同的，可依法获得不超过人民币100万元的贷款。

3. 社保补贴政策。

国家对通过灵活就业等方式实现就业的就业困难人员给予一定比例的社会保险补贴；各类企业招用就业困难人员并签订劳动合同，交纳社会保险费的，国家在相应期限内给予基本养老保险、基本医疗保险和失业保险补贴。

4. 开发公益性岗位。

公益性岗位是由政府作为出资主体或通过社会筹集资金开发的，主要用于

① 郜风涛、张小建：《中国就业制度》，中国法制出版社2009年版，第324页。

安置就业困难人员、符合社会公共利益需要的服务岗位和协助管理岗位。[①]

第二节 劳动保障监察

劳动保障监察是劳动保障行政部门以用人单位为监察对象，以劳动基准法为核心内容，以劳动法律法规的相关规定为基本框架的执法行动。实施劳动保障监察的目的在于约束、纠正与惩罚用人单位侵害劳动者合法权益的行为，保障劳动者的合法权益。

一、劳动保障监察的概念

劳动保障监察是指劳动保障行政机关依法对用人单位遵守劳动保障法律法规的情况进行监督检查，发现和纠正违法行为，并对违法行为依法进行行政处理或行政处罚的行政执法活动。国务院于2004年颁布实施的《劳动保障监察条例》，规定了劳动保障监察范围和机构、劳动保障监察事项、劳动保障监察的实施，同时为了规范劳动保障监察行为，人力资源和社会保障部公布了《关于实施〈劳动保障监察条例〉若干规定》，对实施劳动保障监察作了进一步规定。

二、劳动保障监察的原则、范围和机构

（一）劳动保障监察的原则

《劳动保障监察条例》第八条规定，劳动保障监察遵循公正、公开、高效、便民的原则。实施劳动保障监察，坚持教育与处罚相结合，接受社会监督。劳动保障监察的法律依据、处理程序、处理结果等内容应向社会公开，接受社会监督。

---

① 《劳动与社会保障法学》编写组:《劳动与社会保障法学》,高等教育出版社2018年版,第62页。

（二）劳动保障监察的范围

《劳动保障监察条例》第二条规定，对企业和个体工商户进行劳动保障监察，适用本条例。对职业介绍机构、职业技能培训机构和职业技能考核鉴定机构进行劳动保障监察，依照本条例执行。可见，劳动保障监察的对象范围包括：企业、个体工商户、职业介绍机构、职业技能培训机构和职业技能考核鉴定机构。

（三）劳动保障监察的机构

根据《劳动保障监察条例》的规定，国务院劳动保障行政部门主管全国的劳动保障监察工作。县级以上地方各级人民政府劳动保障行政部门主管本行政区域内的劳动保障监察工作。县级以上各级人民政府有关部门根据各自职责，支持、协助劳动保障行政部门的劳动保障监察工作。县级、设区的市级人民政府劳动保障行政部门可以委托符合监察执法条件的组织实施劳动保障监察。

三、劳动保障监察职责和监察事项

（一）劳动保障监察职责

劳动保障行政部门依法对用人单位遵守劳动保障法律、法规和规章的实施情况进行监督检查。根据《劳动保障监察条例》第十条规定，劳动保障行政部门履行下列职责：（1）宣传劳动保障法律、法规和规章，督促用人单位贯彻执行；（2）检查用人单位遵守劳动保障法律、法规和规章的情况；（3）受理对违反劳动保障法律、法规或者规章的行为的举报、投诉；（4）依法纠正和查处违反劳动保障法律、法规或者规章的行为。

（二）劳动保障监察事项

根据《劳动保障监察条例》第十一条规定，劳动保障行政部门对下列事项实施劳动保障监察：（1）用人单位制定内部劳动保障规章制度的情况；（2）用人单位与劳动者订立劳动合同的情况；（3）用人单位遵守禁止使用童工规定的情况；（4）用人单位遵守女职工和未成年工特殊劳动保护规定的情况；（5）用人单位遵守工作时间和休息休假规定的情况；（6）用人单位支付劳动者工资和执行最低工资标准的情况；（7）用人单位参加各项社会保险和缴纳社会保险费的情况；（8）职业介绍机构、职业技能培训机构和职业技能考核鉴定机构遵守国家有关职业介绍、职业技能培训和职业技能考核鉴定的规定的情况；(9）法律、法规规定的其他劳动保障监察事项。

四、劳动保障监察的实施

（一）劳动保障监察的管辖

对用人单位的劳动保障监察，由用人单位用工所在地的县级或者设区的市级劳动保障行政部门管辖。上级劳动保障行政部门根据工作需要，可以调查处理下级劳动保障行政部门管辖的案件。劳动保障行政部门对劳动保障监察管辖发生争议的，报请共同的上一级劳动保障行政部门指定管辖。省、自治区、直辖市人民政府可以对劳动保障监察的管辖制定具体办法。

（二）劳动保障监察的形式

劳动保障监察以日常巡视检查、审查用人单位按照要求报送的书面材料以及接受举报投诉等形式进行。劳动保障行政部门认为用人单位有违反劳动保障法律、法规或者规章的行为，需要进行调查处理的，应当及时立案。劳动保障行政部门或者受委托实施劳动保障监察的组织应当设立举报、投诉信箱和电话。对因违反劳动保障法律、法规或者规章的行为引起的群体性事件，劳动保障行政部门应当根据应急预案，迅速会同有关部门处理。

（三）劳动保障监察的措施

劳动保障行政部门实施劳动保障监察，有权采取下列调查、检查措施：(1）进入用人单位的劳动场所进行检查；（2）就调查、检查事项询问有关人员；(3）要求用人单位提供与调查、检查事项相关的文件资料，并作出解释和说明，必要时可以发出调查询问书；（4）采取记录、录音、录像、照相或者复制等方式收集有关情况和资料；（5）委托会计师事务所对用人单位工资支付、缴纳社会保险费的情况进行审计；（6）法律、法规规定可以由劳动保障行政部门采取的其他调查、检查措施。

劳动保障行政部门对事实清楚、证据确凿、可以当场处理的违反劳动保障法律、法规或者规章的行为有权当场予以纠正。

（四）劳动保障监察的程序

劳动监察的程序主要分为受理与立案、调查与检查，以及案件处理等。劳动监察的受理与立案主要规范劳动保障行政部门受理案件的途径以及对不同情形的处理方式等。调查与检查程序主要规范劳动保障监察员的义务、回避制度、证据登记保存、协助调查、调查期限等。案件处理程序主要规范当场处理、听证、制作处罚决定书、送达、执行等。

第三节　社会保险与社会福利

社会保险与社会福利都属于社会保障范畴，社会保障在现代社会发挥着“减震器”“安全网”的作用，其在满足个体基本需求的同时，能够有效减少贫富差距、缓解社会矛盾、化解社会冲突。

社会保险是指国家为了预防和分担年老、疾病、失业、工伤和生育等社会风险，实现社会安全而强制劳动者参加的，由国家、企业和个人三方共同出资，具有再分配功能的非营利性社会保障制度。主要包括养老保险、医疗保险、失业保险、工伤保险、生育保险。

社会福利是指国家和社会为全体成员提供的旨在提高生活水平和生活质量的各种设施、资金、实物、服务等的社会保障制度。如果按照人群划分，可以分为老年人福利、妇女儿童福利、残疾人福利、劳动者福利和公共福利等。

一、养老保险

养老是个体生存与发展的客观需求。当一个人步入老年后，就可能部分或全部丧失劳动力，需要他人的供养。在传统农业社会中，家庭是养老保障的提供者。进入工业社会后，由于生产方式与生活方式的社会化，社会化的养老保险成为应对养老问题的主要选择。

（一）养老保险的概念

养老保险是指国家和社会通过相应的制度安排为劳动者解除养老后顾之忧的一种社会保险，目的是增强劳动者抵御老年风险的能力，弥补家庭养老的不足，在劳动者退出劳动岗位后为其提供相应的收入保障。

（二）养老保险的特征

养老保险作为社会保险制度的主要项目，主要特征包括养老需求的普遍性、养老基金支出规模庞大、养老金支出的长期性、养老保险管理的复杂性。

1. 养老保险需求的普遍性。

年老是人生不可避免的自然规律，这就决定了任何人如果想要安享晚年，都需要有相应的养老保险。相对于失业、疾病、伤残等不确定事件而言，进入老年是一个十分确定的、可以清晰预见的、人人都会遇到的事件。因此，在养老风险日益成为最普遍的社会风险的同时，养老保险亦成为社会成员最普遍的需求。

2. 养老金支出的长期性。

养老保险通常都是劳动者在年轻时参加，达到退休年龄办理退休手续后再领取，直到退休者死亡时终止，缴费时间长达数十年，领取养老金的时间也长达十多年到数十年不等。这种长期积累性是社会养老保险固有的特性。

3. 养老保险管理的复杂性。

养老保险管理的复杂性，不仅在于其长期性带来了制度设计与管理的难度，而且由于基金规模庞大，基金保值增值的负担也十分繁重，需要有专门的机构和人员来进行运营和管理，而其他社会保险项目则没有如此大的压力。

（三）我国的养老保险制度

目前我国已建立覆盖广大职工和城乡居民的多层次养老保险制度体系，主要包括职工养老保险和居民养老保险。

1. 职工养老保险制度。

职工养老保险制度是我国重要的养老保障制度安排，我国现行的职工养老保险制度主要包括基本养老保险和企业（职业）年金。

（1）职工基本养老保险

1997 年，国务院发布了《关于建立统一的企业职工基本养老保险制度的决定》，标志着社会统筹与个人账户相结合的职工养老保险模式初步确立，统一了企业和职工个人的缴费比例，统一了个人账户的规模，统一了基本养老金的计发办法。2005 年 12 月，国务院颁布了《关于完善企业职工基本养老保险制度的决定》，强调了职工养老保险制度的覆盖范围是城镇各类企业职工、个体工商户和灵活就业人员。2011 年 7 月实施的《中华人民共和国保险法》规定，非全日制从业人员以及其他灵活就业人员均可以参加基本养老保险，标志着职工的社会养老保险制度可以实现城镇从业人员的全覆盖。2015 年 1 月，国务院印发《关于机关事业单位工作人员养老保险制度改革的决定》，决定从 2014 年 10 月 1 日起对机关事业单位工作人员养老保险制度进行改革，建立与企业职工等城镇从业人员统一的社会统筹与个人账户相结合的基本养老保险制度，实行同样的缴费标准、计发办法、调整机制，从制度和机制上化解“双轨制”矛盾。

①职工基本养老保险的覆盖范围。《社会保险法》第十条第 1、2 款规定，职工应当参加基本养老保险；无雇工的个体工商户、未在用人单位参加基本养老保险的非全日制从业人员以及其他灵活就业人员可以参加基本养老保险。职工的范围包括城镇国有企业、集体企业、外商投资企业、私营企业的职工。

②职工基本养老保险的筹资机制。职工基本养老保险基金由用人单位和个人缴费以及政府补贴等组成。用人单位应当按照国家规定的本单位职工工资总额的比例缴纳基本养老保险费，一般不得超过企业工资总额的 20%；职工应当按照国家规定的本人工资的比例缴纳基本养老保险费，缴费比例为本人缴费工资的 8%。无雇工的个体工商户、未在用人单位参加基本养老保险的非全日制从业人员以及其他灵活就业人员参加基本养老保险的，应当按照国家规定缴纳基本养老保险费。由于不承担历史债务，他们的缴费基数为当地上年度在岗职工平均工资，缴费比例统一为 20%。

职工基本养老保险的筹资采取统筹账户与个人账户相结合（简称“统账结合”）的制度。用人单位缴费全部计入统筹账户，个人缴费全部计入个人账户，城镇个体工商户和灵活就业人员缴费的 8% 计入个人账户。个人账户不得提前支取，记账利率不得低于银行定期存款利率，免征利息税。职工调动时，个人账户全部随同转移，缴费期限累计计算。个人死亡的，个人账户余额可以继承。

③职工基本养老保险的享受条件和待遇水平。享受职工基本养老保险金需要具备的条件有：一是在基本养老金覆盖范围内并且参保，二是达到了国家法定退休年龄，三是个人缴费年限累计满 15 年。《社会保险法》规定，参加基本养老保险的个人，达到法定退休年龄时累计缴费不足 15 年的，可以缴费至满 15 年，按月领取基本养老金。基本养老金由基础（统筹）养老金和个人账户养老金组成。基本养老金根据个人累计缴费年限、缴费工资、当地职工平均工资、个人账户金额、城镇人口平均预期寿命等因素确定。

由于我国在 1997 年实施了“统账结合”的养老保险筹资制度，针对每个人不同的时间状态，在基本养老保险计发办法上，实行了区别对待的办法。具体为：从 2006 年 1 月 1 日起，以《国务院关于建立统一的企业职工基本养老保险制度的决定》（1997）为时间点，对养老保险金计发实行老人老办法、中人中办法、新人新办法。

老人老办法：本决定实施前已经退休的人员，仍按国家原有规定发给基本养老金，并随基本养老金调整而增加养老保险待遇。

中人中办法：本决定实施前参加工作、本决定实施后退休且缴费年限累计满 15 年的人员。由于他们以前个人账户的积累很少，退休后在发给基础养老金和个人账户养老金的基础上，增发过渡性养老金，实行过渡期政策。

新人新办法：本决定实施后参加工作、缴费年限（含视同缴费年限，下同）累计满 15 年的人员，退休后按月发给基本养老金。基本养老金由基础养老金和个人账户养老金组成。

④职工基本养老保险关系的转移接续。人力资源和社会保障部在 2009 年 12 月出台《城镇企业职工基本养老保险关系转移接续暂行办法》，对跨省流动参保人员的养老保险关系转移办理方法、转移资金的计算、待遇领取地点以及养老保险金缴费中断或续缴等问题进行了规定。

(2) 企业（职业）年金

企业（职业）年金，是指用人单位在国家政策指导和鼓励下，根据自身经济实力自愿建立的，为员工提供退休收入保障的补充养老保险制度。

①企业（职业）年金的覆盖范围。根据 2018 年施行的《企业年金办法》规定，企业和职工建立企业年金，应当依法参加基本养老保险并履行缴费义务，企业具有相应的经济负担能力。根据 2015 年国务院办公厅印发的《机关事业单位职业年金办法》规定，职业年金是指机关事业单位及其工作人员在参加机关事业单位基本养老保险的基础上建立的补充养老保险制度。

②企业（职业）年金的筹资机制。企业（职业）年金由用人单位、职工个人缴费以及基金投资运营收益形成。其中，用人单位缴费每年不超过职工工资总额的 8%，用人单位和职工的个人缴费合计一般不超过职工工资总额的 12%，具体由用人单位和职工协商确定。企业（职业）年金基金实行完全积累，采用个人账户方式进行管理，企业缴费应当按照企业年金方案规定比例计算的数额计入职工企业年金个人账户，职工个人缴费额计入本人企业年金个人账户。

③企业（职业）年金的待遇支付。参加企业（职业）年金计划的职工在达到国家规定的领取条件时，可以从本人企业年金个人账户中一次或定期领取企业年金。

2. 居民基本养老保险制度。

居民基本养老保险是指覆盖除职工群体以外的广大城乡居民的养老保险制度。我国现行的居民基本养老保险制度，由新型农村社会养老保险和城镇居民社会养老保险两项制度合并而成。2009 年，国务院发布《国务院关于开展新型农村社会养老保险试点的指导意见》（国发〔2009〕32 号），开始在农村试点建立新型农村社会养老保险（简称“新农保”）。2011 年，国务院发布《国务院关于开展城镇居民社会养老保险试点的指导意见》（国发〔2011〕18 号），开始在城市试点建立城镇居民养老保险（简称“城居保”）。2014 年，国务院发布《国务院关于建立统一的城乡居民基本养老保险制度的意见》（国发〔2014〕8 号），决定将新农保和城居保两项制度合并实施，开始在全国范围内建立起统一的城乡居民基本养老保险制度。

（1）居民基本养老保险的覆盖范围。年满 16 周岁（不含在校学生），非国家机关和事业单位工作人员及不属于职工基本养老保险制度覆盖范围的城乡居民，可以在户籍地参加城乡居民养老保险。

（2）居民基本养老保险的筹资机制。城乡居民养老保险基金由个人缴费、集体补助、政府补贴构成。

①个人缴费。参加城乡居民养老保险的人员应当按规定缴纳养老保险费。缴费标准目前设为每年100元、200元、300元、400元、500元、600元、700元、800元、900元、1000元、1500元、2000元12个档次，省（区、市）人民政府可以根据实际情况增设缴费档次，最高缴费档次标准原则上不超过当地灵活就业人员参加职工基本养老保险的年缴费额，并报人力资源和社会保障部备案。

②集体补助。有条件的村集体经济组织应当对参保人缴费给予补助，补助标准由村民委员会召开村民会议民主确定，鼓励有条件的社区将集体补助纳入社区公益事业资金筹集范围。鼓励其他社会经济组织、公益慈善组织、个人为参保人缴费提供资助。

③政府补贴。政府对符合领取城乡居民养老保险待遇条件的参保人全额支付基础养老金。地方人民政府应当对参保人缴费给予补贴，对重度残疾人等缴费困难群体，地方人民政府为其代缴部分或全部最低标准的养老保险费。国家为每个参保人员建立终身记录的养老保险个人账户，个人缴费、地方人民政府对参保人的缴费补贴、集体补助及其他社会经济组织、公益慈善组织、个人对参保人的缴费资助，全部记入个人账户，个人账户储存额按国家规定计息。

（3）居民基本养老保险的享受条件和待遇水平。参加居民养老保险的个人，年满60周岁、累计缴费满15年，且未领取国家规定的基本养老保障待遇的，可以按月领取城乡居民养老保险待遇。在制度实施时已年满60周岁，不用缴费，可以按月领取城乡居民养老保险基础养老金；距规定领取年龄不足15年的，应逐年缴费，也允许补缴，累计缴费不超过15年；距规定领取年龄超过15年的，应按年缴费，累计缴费不少于15年。城乡居民养老保险待遇领取人员死亡的，从次月起停止支付其养老金。有条件的地方人民政府可以结合本地实际探索建立丧葬补助金制度。

居民养老保险待遇由基础养老金和个人账户养老金构成，支付终身。基础养老金由中央确定最低标准，并建立基础养老金最低标准正常调整机制。个人账户养老金的月计发标准，目前为个人账户全部储存额除以139。参保人死亡，个人账户资金余额可以依法继承。

二、医疗保险

疾病是人类面临的重要风险，健康是人类的基本需要，医疗是恢复健康的手段，医疗保险是现代社会保障的支柱项目之一，同时也是涉及面最广、内部关系最复杂的一项社会保险制度。[①]

（一）医疗保险的概念

医疗保险是指国家通过立法方式强制性地向社会成员征缴医疗保险基金，在劳动者（或公民）因患病或非因工负伤需要支付医疗费用时，由国家和社会提供医疗和物质保障的社会保险制度。

（二）医疗保险的特征

由于疾病风险的特征和医疗保健服务需求与供给的特殊性，医疗社会保险与其他社会保险险种有着明显的区别，具有自己的特点。

1. 医疗保险的普遍性。

由于疾病风险是每个人都要面对的，所以医疗保险覆盖对象原则上应是全体公民。因此医疗保险是社会保障体系中覆盖面最广、作用最频繁的社会保险。

2. 医疗保险的复杂性。

一方面，医疗保险系统涉及面广。医疗保险系统不仅涉及保险需求者、保险供给者以及保险管理者、医疗服务的提供者，而且涉及各用人单位，这些构成了复杂的权利义务关系。另一方面，医疗保险除了要解决上述各个方面的关系外，还要具有一种行为导向和控制功能，即医疗保险要引导和控制医疗保险需求者、医疗服务提供者的行为，使其行为合理化。

---

① 史柏年主编：《社会保障概论》，高等教育出版社2012年版，第127页。

3. 医疗保险的波动性与经常性。

由于疾病的发生是随机的、偶然的，医疗保险费用的发生也具有不可预测性，因而医疗保险提供的补偿也只能是波动性、经常性的，不像其他社会保险如养老保险那样是长期稳定的、可预测的，这使医疗保险的风险预测和费用控制成为一个困难问题①，因此医疗保险在财务处理方式上也与其他社会保险有所不同。

4. 医疗费用的偿付与医疗服务的享受相分离。

在传统的医疗服务中，医生和患者直接发生交换关系，即医生提供医疗服务，患者支付医疗费用。而在医疗保险制度下，原来的“医生—病人”双方关系变成了“参保者—医疗服务提供者—医疗保险提供者”三方关系。在这个新的关系链中，医疗费用由医疗保险提供者为参保者给付。

（三）我国的医疗保险制度

目前我国已建立覆盖全体国民的基本医疗保险制度体系，主要包括职工基本医疗保险和居民基本医疗保险。

1. 职工基本医疗保险。

我国当前的职工基本医疗保险是在改革传统劳保医疗制度的基础上建立起来的。从20世纪80年代开始，全国各地开始探索实行医疗费用与个人挂钩的改革措施。1998年12月国务院发布了《关于建立城镇职工基本医疗保险制度的决定》，开始在全国范围内全面改革城镇职工基本医疗保险制度，以此为标志，我国建起了职工基本医疗保险制度框架。

（1）职工基本医疗保险的覆盖范围。职工基本医疗保险的覆盖范围为城镇所有用人单位，企业（国有企业、集体企业、外商投资企业、私营企业等）、机关、事业单位、社会团体、民办非企业单位及其职工，都要参加基本医疗保险。乡镇企业及其职工、城镇个体经济组织业主及其从业人员是否参加基本医疗保险，由各省、自治区、直辖市人民政府决定。无雇工的个体工商户、未在用人单位参加职工基本医疗保险的非全日制从业人员以及其他灵活就

① 史柏年主编：《社会保障概论》，高等教育出版社2012年版，第128页。

业人员可以参加职工基本医疗保险，由个人按照国家规定缴纳基本医疗保险费。

（2）职工基本医疗保险的筹资机制。职工基本医疗保险费由用人单位和职工共同缴纳。用人单位缴费率各地不同，一般为在职工工资总额的6%—9%，职工缴费率一般为本人缴费工资的2%。基本医疗保险基金由统筹基金和个人账户构成。用人单位缴纳的基本医疗保险费全部计入统筹账户，职工个人缴纳的基本医疗保险费，全部计入个人账户。

（3）职工基本医疗保险的享受条件和待遇水平。《社会保险法》第二十七条规定，参加职工基本医疗保险的个人，达到法定退休年龄时累计缴费达到国家规定年限的，退休后不再缴纳基本医疗保险费，按照国家规定享受基本医疗保险待遇；未达到国家规定年限的，可以缴费至国家规定年限。医疗保险统筹基金和个人账户划定各自的支付范围，分别核算，不得互相挤占。确定统筹基金的起付标准和最高支付限额，起付标准原则上控制在当地职工年平均工资的10%左右，最高支付限额提高到当地职工年平均工资的6倍以上。起付标准以下的医疗费用，从个人账户中支付或由个人自付。起付标准以上、最高支付限额以下的医疗费用，主要从统筹基金中支付，个人负担一定比例。超过最高支付限额的医疗费用，可以通过大病保险、商业医疗保险等途径解决。

（4）职工基本医疗保险关系的转移接续。2009年12月，人力资源和社会保障部、卫生部、财政部发布《流动就业人员基本医疗保险保障关系转移接续暂行办法》，规定了职工流动异地就业时的医疗保险关系的转移接续办法。《社会保险法》第三十二条也明确规定，个人跨统筹地区就业的，其基本医疗保险关系随本人转移，缴费年限累计计算。

2. 居民基本医疗保险。

居民基本医疗保险是指覆盖广大城乡居民的医疗保险制度。我国现行的居民基本医疗保险制度，是由新型农村合作医疗保险和城镇居民基本医疗保险两项制度整合而成。2003年，国务院办公厅转发了卫生部、财政部、农业部《关于建立新型农村合作医疗制度的意见》，标志着覆盖农村居民的基本医疗保险的全面建立（简称“新农合”）。2009年，人力资源和社会保障部印发了《关于全面开展城镇居民基本医疗保险工作的通知》（简称“城镇居民医保”），城镇居民基本医疗保险全面建立。2016 年，国务院发布《关于整合城乡居民基本医疗保险制度的意见》（国发〔2016〕3 号），提出整合城镇居民基本医疗保险和新型农村合作医疗两项制度，建立统一的城乡居民基本医疗保险制度。

（1）居民基本医疗保险的覆盖范围。居民基本医疗保险覆盖范围包括现有城镇居民和新农合所有应参保（合）人员，即覆盖除职工基本医疗保险应参保人员以外的其他所有城乡居民。农民工和灵活就业人员依法参加职工基本医疗保险，有困难的可按照当地规定参加城乡居民基本医疗保险。

（2）居民基本医疗保险的筹资机制。居民基本医疗保险实行个人缴费与政府补助相结合为主的筹资方式，鼓励集体、单位或其他社会经济组织给予扶持或资助。2021 年居民医保人均财政补助标准达到每人每年不低于 580 元，个人缴费标准达到每人每年 320 元。中央财政按规定对地方实行分档补助，对西部、中部地区分别按照 80%、60% 的比例进行补助，对东部地区各省分别按照一定比例进行补助。

（3）居民基本医疗保险的待遇水平。居民基本医疗保险基金主要用于支付参保人员发生的住院和门诊医药费用。按照国家医保局的规定，居民基本医疗保险政策范围内住院费用支付比例保持在 75% 左右，并逐步缩小政策范围内支付比例与实际支付比例间的差距。

三、生育保险

生育不仅是一种生理行为，也是一种社会行为。实施生育保险有利于维护妇女权益，促进男女的实质平等，保障劳动力的再生产，维护社会的和谐与稳定。

（一）生育保险的概念

生育保险是通过国家立法规定，对妇女因生育子女而导致劳动力暂时中断时，由国家和社会及时给予物质帮助的一项社会保险制度。

（二）生育保险的特征

1. 生育保险对象的限定性。

已婚妇女是生育保险的主要适用主体，生育保险的对象范围是特定的并且带有明显的性别化特征。当然，多国家已经将男性纳入到了生育保险的范围之内，主要通过发放生育津贴和男性享受假期来保障男性的生育保险待遇。

2. 生育保险形式的多样性。

生育保险除了向受保者提供物质帮助、经济补偿外，还提供生育假期和生育医疗服务，从而确保生育者在生育期间能够恢复增强体力，哺育照料婴儿。

3. 生育保险实行产前和产后都享受的原则。

生育保险对象在生育前的一段时间内由于身体原因，劳动能力下降，已经不适合从事原来强度的工作，就开始享有生育保险待遇。生育后又需要一段的时间来恢复身体健康、哺育照顾自己的婴儿。因而，生育假期是包括产前与产后的。

（三）我国的生育保险制度

我国的生育保险制度始于新中国成立初期。1951 年的《中华人民共和国劳动保险条例》中生育保险的保障对象为“女工人与女职员”。1955 年，国家出台《国务院关于女工作人员生产假期的通知》，将生育保险的享受范围扩大。1986 年出台《女职工保健工作暂行规定》，对生育妇女孕前保健、孕期保健、产后保健以及哺乳期保健等方面都做了规定。1994 年颁布的《企业职工生育保险试行办法》初步规范了生育保险制度改革在内容、标准、形式等方面的内容，是我国第一部关于生育保险的正式法规。2011 年的《中华人民共和国社会保险法》以专门章节明确了生育保险制度。2012 年颁布的《女职工特别保护规定》对妇女生育作了详细规定。根据经济社会发展以及社会保险的运行实际，2019 年，国务院办公厅发布《关于全面推进生育保险和职工基本医疗保险合并实施的意见》（国办发〔2019〕10 号），推进两项保险合并实施，以强化基金共济能力，提升管理综合效能，降低管理运行成本。

1. 生育保险的覆盖范围。

生育保险制度主要适用于城镇企业（国有企业、城镇集体企业、外商投资企业、城镇私营企业及其他企业）的职工以及职工未就业配偶。

2. 生育保险的筹资机制。

生育保险由用人单位按照不超过工资总额 1% 的比例缴纳生育保险费，个人无须缴费。医疗保险和生育保险合并实施以后，用人单位按照参加生育保险和职工基本医疗保险的缴费比例之和确定新的用人单位职工基本医疗保险费率。

3. 生育保险待遇。

(1) 生育医疗费用。包括生育的医疗费用；计划生育的医疗费用；法律、法规规定的其他项目费用。女职工生育的检查费、接生费、手术费、住院费和药费由生育保险基金支付。女职工生育出院后，因生育引起疾病的医疗费，由生育保险基金支付。参加生育保险男职工的配偶无工作单位，其生育符合计划生育政策规定的，按照当地规定的生育医疗费标准的50%享受生育补助金。(2) 生育津贴。生育津贴按照职工所在用人单位上年度职工月平均工资计发，支付期限一般与产假期限一致。

4. 生育假期。

根据2012年施行的《女职工劳动保护特别规定》，女职工生育享受98天产假，其中产前可以休假15天；难产的，增加产假15天；生育多胞胎的，每多生育1个婴儿，增加产假15天。女职工怀孕未满4个月流产的，享受15天产假；怀孕满4个月流产的，享受42天产假。

四、工伤保险

工伤，又称职业伤害或法定工作伤害，指劳动者在法律规定范围内所发生的人身伤害，包括事故伤害和职业病以及因这两种情况造成的残疾或死亡。随着工业化的发展，工伤事故的发生也越来越频繁，工伤事故不再是雇主或雇员个人力量所能妥善解决的事情，工伤保险由此应运而生。

(一) 工伤保险的概念

工伤保险是国家和社会为在生产、工作或其他规定的情况下遭遇意外伤害、职业病以及由上述两种情形导致的残疾或死亡的劳动者提供物质补偿的社会保险制度。

(二) 工伤保险的特征

1. 无过失赔偿。

无过失赔偿原则是指劳动者在工作过程中，只要事故发生，不论雇主或雇员是否存在过错，无论造成伤害的责任在谁，只要不是受害者本人故意行为所致，就应该按照规定标准对其进行伤害补偿。无过失赔偿原则的确立，有利于劳动者在工伤后能够获得及时的救治和赔偿。

2. 区分工伤和非工伤。

劳动者出现事故，一般可以分因工和非因工两类。工伤保险实行无过失赔偿原则并非取消因工和非因工的界限。工伤事故发生后符合规定的医疗费用由工伤保险基金来承担，因此必须严格区分因工和非因工界限，明确工伤的认定范围和认定标准，才能确保工伤保险制度的稳健运行。

3. 补偿经济损失。

工伤保险以减免劳动者因执行工作任务而导致伤亡或职业病时遭受经济上的损失为目的。一旦发生事故，劳动者面对的不仅是经济收入损失，更是肉体和精神上的损伤，甚至是死亡的代价。因此，工伤保险应坚持损害补偿原则，即不仅要考虑劳动者维持原来本人及家庭基本生活所需要的收入，同时还要根据伤害程度、伤害性质及职业康复等因素进行适当经济补偿。

4. 预防、补偿和康复相结合。

工伤保险最直接的任务是经济补偿，以保障伤残职工和遗属的基本生活需要。同时要做好事故预防和医疗康复，保障职工安全与健康。把经济补偿和医疗康复以及工伤预防有机结合起来，是现代工伤保险制度发展的必然趋势，这样有利于安全生产和事故防范，可以减少工作场所中工伤事故和职业病的发生。

（三）我国的工伤保险制度

我国工伤保险制度始于1951年的《劳动保险条例》和1957年的《职业病范围和职业病患者处理办法的规定》。1998年《企业职工工伤保险试行办法》形成了较为规范的工伤保险制度体系。2004年施行的《工伤保险条例》标志着我国建立起了完整的工伤保险制度。2011年新修订的《工伤保险条例》根据新形势进一步完善了工伤保险制度的相关内容。① 总体来看，我国工伤保险已发展成为包括医疗救治、经济补偿，工伤预防和职业康复在内的完善的保

① 杨思斌:《我国工伤保险制度的重大发展与理念创新》,《中国劳动关系学院学报》2011年第4期。

险制度体系。

1. 工伤保险的覆盖范围。

按照《工伤保险条例》规定，我国的企业、事业单位、社会团体、民办非企业单位、基金会、律师事务所、会计师事务所等组织和有雇工的个体工商户，依照规定参加工伤保险，为本单位全部职工或者雇工缴纳工伤保险费，用人单位的职工或雇工均有按规定享受工伤保险待遇的权利。

2. 工伤保险的筹资机制。

工伤保险由用人单位缴纳工伤保险费，个人无须缴费。国家根据不同行业的工伤风险程度确定行业的差别费率，并根据工伤保险费使用、工伤发生率等情况在每个行业内确定若干费率档次。

3. 工伤认定标准与程序。

（1）认定为工伤的情形。①在工作时间和工作场所内，因工作原因受到事故伤害的；②工作时间前后在工作场所内，从事与工作有关的预备性或者收尾性工作受到事故伤害的；③在工作时间和工作场所内，因履行工作职责受到暴力等意外伤害的；④患职业病的；⑤因工外出期间，由于工作原因受到伤害或者发生事故下落不明的；⑥在上下班途中，受到非本人主要责任的交通事故或者城市轨道交通、客运轮渡、火车事故伤害的；⑦法律、行政法规规定应当认定为工伤的其他情形。

（2）视同工伤的情形。①在工作时间和工作岗位，突发疾病死亡或者在48 小时之内经抢救无效死亡的；②在抢险救灾等维护国家利益、公共利益活动中受到伤害的；③职工原在军队服役，因战、因公负伤致残，已取得革命伤残军人证，到用人单位后旧伤复发的。

（3）不得认定为工伤或者视同工伤的情形。①故意犯罪的；②醉酒或者吸毒的；③自残或者自杀的。

（4）工伤认定申请程序。职工发生事故伤害或者按照职业病防治法规定被诊断、鉴定为职业病，所在单位应当自事故伤害发生之日或者被诊断、鉴定为职业病之日起 30 日内，向统筹地区社会保险行政部门提出工伤认定申请。遇有特殊情况，经报社会保险行政部门同意，申请时限可以适当延长。用人单位未按前款规定提出工伤认定申请的，工伤职工或者其近亲属、工会组织在事故伤害发生之日或者被诊断、鉴定为职业病之日起1年内，可以直接向用人单位所在地统筹地区社会保险行政部门提出工伤认定申请。

4. 劳动能力鉴定。

劳动能力鉴定是指劳动功能障碍程度和生活自理障碍程度的等级鉴定。职工发生工伤，经治疗伤情相对稳定后存在残疾、影响劳动能力的，应当进行劳动能力鉴定。劳动能力鉴定标准由国务院社会保险行政部门会同国务院卫生行政部门等部门制定。劳动功能障碍分为十个伤残等级，最重的为一级，最轻的为十级。生活自理障碍分为三个等级：生活完全不能自理、生活大部分不能自理和生活部分不能自理。劳动能力鉴定由用人单位、工伤职工或者其近亲属向设区的市级劳动能力鉴定委员会提出申请，并提供工伤认定决定和职工工伤医疗的有关资料。

5. 工伤保险待遇。

职工因工受伤或者患职业病需要救治或康复的，由工伤保险基金支付医疗待遇；因工致残的，由工伤保险基金支付因工伤残待遇；因工死亡的，由工伤保险基金支付因工死亡待遇。

（1）工伤医疗待遇。职工因工作遭受事故伤害或者患职业病进行治疗，享受工伤医疗待遇。职工治疗工伤应当在签订服务协议的医疗机构就医，情况紧急时可以先到就近的医疗机构急救。职工住院治疗工伤的伙食补助费，以及经医疗机构出具证明，报经办机构同意，工伤职工到统筹地区以外就医所需的交通、食宿费用从工伤保险基金支付，基金支付的具体标准由统筹地区人民政府规定。

工伤职工因日常生活或者就业需要，经劳动能力鉴定委员会确认，可以安装假肢、矫形器、假眼、假牙和配置轮椅等辅助器具，所需费用按照国家规定的标准从工伤保险基金支付。职工因工作遭受事故伤害或者患职业病需要暂停工作接受工伤医疗的，在停工留薪期内，原工资福利待遇不变，由所在单位按月支付。停工留薪期一般不超过12个月。生活不能自理的工伤职工在停工留薪期需要护理的，由所在单位负责。

（2）因工伤残待遇。①护理待遇。工伤职工已经评定伤残等级并经劳动能力鉴定委员会确认需要生活护理的，从工伤保险基金按月支付生活护理费。生活护理费按照生活完全不能自理、生活大部分不能自理或者生活部分不能自理三个不同等级支付，其标准分别为统筹地区上年度职工月平均工资的 50%、40%、30%。②工伤补助金。职工因工致残鉴定分为十级，按照不同伤残级别享受不同的工伤保险待遇。

| 专栏 7-1　拓展阅读 |

工伤补助金种类及标准

伤残级别	劳动关系与岗位	一次性伤残补助金①	按月支付伤残津贴	备注
一级	保留劳动关系，退出工作岗位	27 个月	90%	伤残津贴低于最低工资，由工伤保险基金补足差额；基本医疗保险以伤残津贴为缴费基数；达到退休年龄，停发伤残津贴，享受基本养老保险
二级		25 个月	85%	
三级		23 个月	80%	
四级		21 个月	75%	
五级	保留劳动关系，安排适当岗位，难以安排，发放伤残津贴	18 个月	70%	伤残津贴低于最低工资，由工伤保险基金补足差额；解除劳动关系的，支付一次性工伤医疗补助金和一次性伤残就业补助金
六级		16 个月	60%	
七级		13 个月		劳动合同终止，支付一次性工伤医疗补助金和一次性伤残就业补助金
八级		11 个月		
九级		9 个月		
十级		7 个月		

（3）因工死亡待遇。职工因工死亡，其近亲属按照规定从工伤保险基金领取丧葬补助金、供养亲属抚恤金和一次性工亡补助金。①丧葬补助金。标准为 6 个月的统筹地区上年度职工月平均工资。②供养亲属抚恤金。按照职工本人工资的一定比例发给由因工死亡职工生前提供主要生活来源、无劳动能力的亲属。标准为：配偶每月 40%，其他亲属每人每月 30%，孤寡老人或者孤儿

① 一次性伤残补助金和伤残津贴以本人月工资为计算基数。

每人每月在上述标准的基础上增加10%。核定的各供养亲属的抚恤金之和不应高于因工死亡职工生前的工资。③一次性工亡补助金。标准为上一年度全国城镇居民人均可支配收入的20倍。

五、失业保险

市场经济下失业现象是一种常态，也是失业保险产生并得以发展的根本原因，失业保险能够帮助劳动者有效应对失业风险。

（一）失业保险的概念

失业保险是指国家通过立法建立由国家、企事业单位和个人等筹资的失业保险基金，对非因本人原因失业而暂时收入中断的劳动者提供失业救助和再就业服务的一项社会保险制度。

（二）失业保险的特征

1. 实施对象的限定性。

失业保险的对象是符合法律规定的劳动年龄，有工作的能力，但是还没有工作，并利用各种各样的方式努力寻找工作的人。

2. 实施功能的双重性。

失业保险除为劳动者提供生活保障外，还负有积极促进其就业的作用，如转业训练、生产自救等，因此失业保险又称为主动式保险。

3. 享受期限的时限性。

失业保险待遇有一定期限，劳动者只能在法定期限内享有保险待遇，超过这一期限，即使劳动者仍处于失业状态，也不可再享受。如我国规定失业者领取失业保险金的最长期限为24个月。

（三）我国的失业保险制度

我国失业保险制度起步于1950年的失业救济，初建于1986年国营企业职工待业保险，成型于1999年颁布实施的《失业保险条例》，标志着我国建起了较为完善的失业保险制度。2017年11月《失业保险条例（修订草案征求意见稿）》向社会公开征求意见，对原来的《失业保险条例》从参保对象、缴费率、保障水平、基金使用和管理等方面进行修改，以适应新时代经济社会发展需要。总体来看，我国的失业保险的功能已从最初的“以保生活为主、兼顾促就业”发展到保生活、防失业、促就业三项功能，形成了“保生活是基础、防失业是重点、促就业是目标”的功能格局，形成了较为完善的失业保险制度体系。

1. 失业保险的覆盖范围。

中华人民共和国境内的企业、事业单位、社会团体、民办非企业单位、基金会、律师事务所、会计师事务所等组织（以下称用人单位）及其职工应当依照规定参加失业保险，缴纳失业保险费，失业人员依照规定享受失业保险待遇。

2. 失业保险基金的筹资机制。

失业保险由用人单位和职工分别按照本单位工资总额和本人工资的一定比例缴纳，用人单位和职工的缴费比例之和不得超过2%，具体缴费比例由省、自治区、直辖市人民政府规定。

3. 失业保险待遇。

（1）享受失业待遇的条件。具备下列条件的失业人员，可以领取失业保险金并享受其他失业保险待遇：一是按照规定参加失业保险，用人单位和本人已按照规定履行缴费义务满1年的；二是非因本人意愿中断就业的；三是已办理失业登记，并有求职要求的。

（2）失业保险待遇的内容。①失业保险金。失业保险金的标准，按照低于当地最低工资标准、高于城市居民最低生活保障标准的水平，由省、自治区、直辖市人民政府确定。②领取失业保险金期间失业人员应当缴纳的基本养老保险费和基本医疗保险费。③技能提升补贴。④职业培训补贴、职业技能鉴定补贴、创业补贴。⑤领取失业保险金期间死亡的失业人员的丧葬补助金和其供养的配偶、直系亲属的抚恤金。⑥用人单位的稳定岗位补贴。⑦国务院规定或者批准的与失业保险有关的其他费用。

（3）领取失业保险金的期限。失业保险金领取期限自办理失业登记之日起计算。失业保险金由社会保险经办机构通过银行按月发放。领取失业保险金的期限具体为：累计缴费时间满1年不足5年的，领取失业保险金的期限最长为12个月；累计缴费满5年不足10年的，领取失业保险金的期限最长为18个月；累计缴费满10年以上的，领取失业保险金的期限最长为24个月。重新就业后，再次失业的，缴费时间重新计算。再次失业领取失业保险金的期限与前次失业应当领取而尚未领取的失业保险金的期限合并计算，但是最长不得超过24个月。

4. 失业保险待遇的停止。

失业人员在领取失业保险金期间有下列情形之一的，停止领取失业保险金，并同时停止享受其他失业保险待遇：重新就业的；应征服兵役的；移居境外的；享受基本养老保险待遇的；无正当理由，拒不接受当地人民政府指定的部门或者机构介绍的适当工作或者提供的培训的。另外，失业人员在领取失业保险金期间被判刑收监执行的，中止领取失业保险金。中止情形消除后，失业人员可以按照现行标准继续领取其应当领取而尚未领取的失业保险金。

六、社会福利

随着经济社会发展水平的提高，人们的社会福利需求在不断增加，社会福利的内容也在不断丰富，社会福利在社会保障体系中的重要性也在持续提高，因而建立适应经济社会发展水平、满足人们多种需求的社会福利制度就显得尤为重要。

（一）社会福利的概念

广义的社会福利是指国家制定的旨在改善和提高全体社会成员的物质和精神生活的各种政策和保障制度。狭义的社会福利是指国家与社会通过专业化的福利机构，为解决社会上特殊群体以及一般社会成员的实际困难，提高国民生活质量而有针对性地提供服务和设施的一种社会保障制度。

（二）社会福利的基本特征

1. 政府主导与社会参与相结合。

社会福利是由政府主导的一项社会性公共事业，它不仅需要立法规范和政策引导，而且需要公共财政支撑并由政府承担监督管理责任，因而政府在社会福利事业中承担着主体责任。由于人们的福利需求多元化，社会福利服务的提供和管理也应多样化，以满足人们的多元福利需求，同时要提高福利服务供给的灵活性和效率，社会福利的社会化发展方向是可行和必要的。

2. 保障对象的全民性与选择性。

国家举办社会福利，一方面，满足广大国民的普遍生活需求，提高国民的生活质量，使全体社会成员都能普遍地享受到不同类型的社会福利，因而具有保障对象全民性的特点。另一方面，社会福利解决部分群体生活实际困难，社会福利针对的特殊群体包括老年人、残疾人、妇女儿童等，具有选择性的特点。

3. 保障水平的弹性与刚性。

社会福利水平受国家和地区经济社会发展影响较大，不同区域、不同行业的福利水平有明显不同，体现了社会福利水平的弹性。但社会福利发展的整体趋势是随着经济社会发展水平的提高而不断改善，通常社会福利水平只能逐渐提高，如果出现降低的情况，就会遭到人们的反对，甚至影响社会稳定，具有明显的刚性特征。

4. 保障方式的多重性。

社会福利是以满足人们需求、提高生活质量为目标的社会保障。由于人们的需求是多方面的，不仅需要经济收入保障，还需要各类社会服务，这就决定了社会福利的实现方式也是多种多样的，它既可以采取货币形式，也可以采取实物形式和服务形式，既有国家举办的面向全体国民的社会福利，也有依靠社会力量举办的集体福利。

（三）社会福利的分类

1. 按照社会福利形式分类。

按照社会福利形式分类，社会福利可以分为货币给付、实物给付和提供社会服务三种形式。货币给付通常以津贴或补贴的形式提供，例如按月提供的子女补贴、休假期内工资照发等；实物给付是指直接发放实物或代金券，例如给学生提供免费午餐、给困难群体发放食品券等；社会服务则是福利机构工作人员通过提供各类服务，例如对失业工人实行免费就业咨询、在职者的业务培训、义务教育、残疾儿童教育等。

2. 按照社会福利层次分类。

按照社会福利层次分类，社会福利可划分为三种：一是国家福利，是指在全国范围内以全体社会成员为对象而举办的福利事业；二是地方福利，是指在一定地域以内以该地区的居民为对象的福利事业；三是职工福利，是指以业缘关系为基础，给予本系统、本行业、本单位职工及亲属的福利待遇，亦称之为集体福利。

3. 按照社会福利内容分类。

按照社会福利内容分类，社会福利可以分为教育福利、卫生福利、住房福利、个人生活福利，以及各种社会津贴等。

4. 按照社会福利对象分类。

按照社会福利对象分类，社会福利可以分为五类。一是未成年人福利，指劳动年龄或学校毕业年龄以前的人员的福利，包括妇幼保健、优生咨询、义务教育，以及未成年的各种补助等。二是妇女福利，指国家和社会为妇女的特殊需要和特殊利益而提供的各类福利，包括生育保护、劳动保护等。三是老年人福利，对象为属于老龄和长寿年龄的老人，包括敬老院和托老所、老人俱乐部等。四是残疾人福利，包括向残疾人提供免费就业培训、福利生产及康复服务和学校教育等。五是劳动者福利，指在业和失业者享受到的社会福利服务，如冬季取暖补贴、探亲补助、交通费补贴，以及企业举办的种种集体福利事业等。

随着人们福利需求的日益增长，我国对社会福利事业更为重视，不断增加社会福利投入，推进社会福利社会化改革，提高社会福利待遇，建立起了以政府为主导，社会参与、个体自助与互助相结合的社会化福利供给体制，形成了以普遍性福利为基础、专门性福利为主体、职业性福利为补充的社会福利制度体系，社会福利覆盖人群不断扩大，相关社会福利项目越来越多，社会福利内容日益丰富。

本章小结

在劳动关系领域，为维护劳动者的合法劳动权益，规范用人单位的用工行为，一系列的劳动保障法律法规对用人单位和劳动者双方的权利义务关系进行了明确细致的规定，主要涉及工资、工作时间和休息休假，劳动安全、劳动健康、女职工和未成年工的特殊保护，促进就业、平等就业、就业服务、就业援助等诸多领域。劳动保障监察是劳动保障行政部门以用人单位为监察对象，以劳动基准法为核心内容，以劳动法律法规的相关规定为基本框架的执法行动。实施劳动保障监察的目的在于约束、纠正与惩罚用人单位侵害劳动者合法权益的行为，保障劳动者的合法权益。社会保险与社会福利作为劳动与社会保障的制度范畴，强调的是国家对于包括劳动者群体在内的全社会成员提供的社会保护责任。社会保险包括养老保险、医疗保险、失业保险、工伤保险、生育保险，社会福利主要包括老年人福利、妇女儿童福利、残疾人福利和劳动者福利和公共福利等。

主要术语

工资　工作时间　休息休假　劳动安全　劳动健康　就业促进　平等就业　就业服务　就业援助　劳动保障监察　社会保险　养老保险　医疗保险　失业保险　工伤保险　生育保险　社会福利

复习思考题

1. 简述工资的主要形式。
2. 简述延长工作时间的规定和工资支付标准。
3. 简述女职工特殊保护的制度内容。
4. 简述公共就业服务机构为劳动者提供的服务内容。
5. 简述劳动保障监察的事项和监察措施。
6. 简述我国职工基本养老保险的制度内容。
7. 简述我国居民基本养老保险的制度内容。
8. 简述我国职工基本医疗保险的制度内容。
9. 简述我国居民基本医疗保险的制度内容。
10. 简述我国生育保险的制度内容。

11. 简述我国工伤保险的制度内容。

12. 简述我国失业保险的制度内容。

13. 简述社会福利的基本特征。

推荐阅读

1.《中华人民共和国劳动法》，http://www.mohrss.gov.cn/wap/zc/fgwj/201601/t20160119_232110.html。

2.《中华人民共和国社会保险法》，http://www.npc.gov.cn/npc/c30834/201901/4a6c13e9f73541ffb2c1b5ee615174f5.shtml。

第八章

劳动健康

学习目标

1. 了解常见职业病的类型及预防办法。

2. 了解职场工作压力的应对方式和职业倦怠的预防办法。

3. 了解提高职场适应能力、改进职场人际关系和培养团队精神的方法。

导　读

要依法防治、源头治理、综合施策，完善职业卫生防护标准，加强职业健康体检，开展职业健康宣传教育，坚决防控职业病危害，增进广大劳动者的健康福祉。

——2018 年 11 月 30 日，国务院副总理孙春兰在职业病防治工作推进会上的讲话

第一节　生理健康

一、职业健康及其影响因素

（一）职业健康的定义

职业健康以促进并维持各行业职工的生理、心理及社交处于最好状态为目的，防止职工健康受工作环境影响，保护职工不受健康危险因素伤害，并将职工安排在适合他们生理和心理的工作环境中。

（二）职业性有害因素

职业性有害因素指的是职业活动中产生和存在的，可能对职业人群健康、安全和作业能力造成不良影响的因素或条件。根据其性质可分成以下三类。

1. 与生产过程有关的职业性有害因素。

与生产过程有关的职业性有害因素主要包括物理因素、化学因素和生物因素三大类，其中化学因素被公认为是引发职业病的最主要职业性有害因素。这三大类有害因素的具体类型和表现如表 8-1 所示。

表 8-1　　与生产过程有关的职业性有害因素

职业性有害因素	类型	具体表现
物理因素	不良气候条件	是指过高或过低的温度或湿度。例如，盛夏时节的露天作业、冶炼行业高炉附近等高温作业可能引起中暑，我国北方冬季露天作业、冷库等低温作业可能引起冻伤
	电磁辐射	电子通信行业的无线电波，金属冶炼行业的红外线，激光行业的强光和野外作业的紫外线等会对人体造成伤害
	电离辐射	医疗行业的 α 射线、β 射线，γ 射线或中子流等可引起放射病
	不正常气压	是指高于或低于正常大气压的高气压、低气压。例如，潜水作业从水下上浮时的高气压可引起减压病，高原环境作业时的低气压可引发高原病

续表

职业性有害因素	类型	具体表现
物理因素	生产性噪声和振动	锻造行业的噪声可引起噪声性耳聋，建筑施工行业的冲击钻等振动可引起振动病
化学因素	生产性毒物	分为窒息性毒物（硫化氢、一氧化碳、氰化物等）、刺激性毒物（光气、氨气、二氧化硫等）、液体性毒物（苯、苯的硝基化合物等）和神经性毒物（铅、汞、锰、有机磷农药等）。生产性毒物主要通过呼吸道进入人体，对人体的神经系统、血液系统、呼吸系统、消化系统、骨组织等产生刺激或腐蚀作用，从而导致中毒、致癌、致畸等
	生产性粉尘	是指长期悬浮在空气中的固体微粒，包括无机性粉尘、有机性粉尘、混合性粉尘。劳动者在生产过程中被动吸入的这些生产性粉尘随着时间的推移在肺内逐渐升级到一定程度时，会引起以肺组织纤维化为主的病变（尘肺病）
生物因素		例如布氏杆菌和森林脑炎病毒引起的布氏杆菌病、炭疽病和森林肺炎，蘑菇孢子引起的外源性过敏性肺泡炎等

2. 与劳动过程有关的职业性有害因素。

与劳动过程有关的职业性有害因素主要包括以下五种：一是劳动组织和劳动制度不合理，如劳动时间过长，休息制度不合理、不健全等。二是劳动中的精神过度紧张，如驾驶员驾驶时注意力高度集中导致的精神紧张。三是劳动强度过大或劳动安排不当，如安排的作业与劳动者状况不相适应、生产定额过高、超负荷加班加点等。四是个别器官和系统的过度紧张，如光线不足引起的视力紧张等。五是长时间处于某种不良体位，或使用不合理的工具等。

3. 与作业场所卫生条件或生产工艺设备有关的职业性有害因素。

与作业场所卫生条件或生产工艺设备有关的职业性有害因素主要包括以下三种：一是生产场所设计不符合卫生标准或要求，如厂房低矮、狭窄，布局不合理，有毒和无毒的工段安排在一起等。二是缺乏必要的卫生技术设施，如没有通风换气、照明、防尘防毒、防噪声和防振动设备，或者使用效果不好的卫生技术设施。三是安全防护设备和个人防护用品配备不全等，从而在特定条件下对人体造成伤害。

| 专栏 8-1 拓展阅读 |

恩格斯工人阶级职业健康思想

《英国工人阶级状况》是马克思恩格斯所著的关于工人阶级实际生产生活状况的一部奠基性著作，在这本著作中恩格斯运用了大段篇幅阐述工人阶级的职业健康问题以及这些问题产生的社会因素，集中体现了恩格斯关于工人阶级职业健康的思想，在当代社会仍然具有时代意义。恩格斯通过查阅官方资料和亲身进行实地观察，对英国工人阶级的职业健康进行了细致的研究，考察英国工人的身体状况、智力状况和道德状况。他提出英国社会每时每刻都在对英国工人进行社会谋杀，工人的工作环境和生活环境极其恶劣，各种流行病不断发生，身体逐渐衰弱，面临较高的死亡率，平均寿命很低。而造成工人阶级健康水平恶化的原因有很多，第一个原因是人口过于集中，集中生产生活导致空气浑浊、卫生条件差，污水和垃圾会产生有毒气体，制造出各种疾病。其次，饮食粗制滥造。工人不仅吃不到易消化的食物，甚至食物不足的现象也时有发生。第三个原因是缺医少药，工人生病时负担不起高昂的医疗费用，只能选择不看病或者求救于收费很低的“江湖医生”，服用的药物可能短期内有效，但长久以往弊大于利。此外，工人自身酗酒的不良习惯也会诱发疾病。

除了上述的直接原因以外，工人阶级健康状况恶劣还有更深层次的原因，恩格斯认为由资本主义制度造成的社会原因才是根本性的因素。第一，资本主义制度导致分配不公。工人们收入不固定，基本生活得不到保障。第二，强制劳动和过度劳动。工业革命将工人变成了不停歇的机器，剥夺了工人自主活动的时间和空间。第三，缺乏教育，只有少数工人可以就读日校。第四，资产阶级自私自利，他们与工人之间的关系只有纯粹的经济关系。恩格斯认为自由放任的资本主义制度导致了一切恶果的产生。在对原因进行剖析之后，恩格斯提出了维护工人阶级职业健康的社会途径，认为要运用工人组织、工人运动和社会革命的作用改变工人阶级的目前状况，提出要加强工会建设、进行社会制度的变革，从而维护工人的职业健康。

（参见刘海霞：《恩格斯工人阶级职业健康思想及其跨时代启示——再读

恩格斯的〈英国工人阶级状况〉》,《山东社会科学》2021年第7期）

二、常见职业病及其预防

（一）职业病的定义与特点

职业病是指企业、事业单位和个体经济组织等用人单位的劳动者在职业活动中，因接触粉尘、放射性物质和其他有害、有毒因素而引起的疾病。中国2013年印发的《职业病分类和目录》规定了10大类132种法定职业病。职业病一般是在较长时间内逐渐形成，多表现为较长时间的体内器官生理功能的不可逆性损伤。我国职业病呈现出以下四个特点：一是患病人数逐年递增。二是分布行业广，尤以中小企业为多。三是具有隐匿性、迟发性的特点，危害往往容易被忽视。四是造成的经济损失巨大且影响长远。

（二）职业病的判定条件

法定职业病的判定需满足两个条件：一是患者必须是“劳动者”，包括中国各类性质企业、事业单位、社会团体中的劳动者，既包括体力劳动者，也包括脑力劳动者。二是必须是在劳动过程中产生的疾病，与生产过程和劳动环境无关的疾病不属于职业病。

（三）常见职业病及其预防

1. 粉尘。

目前中国最常见的职业病是尘肺病，指的是在职业活动中长期吸入生产性粉尘，并在肺内滞留而引起的以肺组织弥漫性纤维化为主的全身性疾病。临床表现为咳嗽、咳痰、胸痛、呼吸困难等症状。

预防尘肺病，关键在于控制生产性粉尘，应从以下几个方面着手进行干预：一是在生产过程中尽量选用不产生粉尘的工艺，选用无危害或少危害的物料。二是做好通风排尘工作。在通风排尘的过程中，含有有害物质的气流不应通过作业人员的呼吸带。三是做好个人防护，依据不同性质的粉尘，佩戴不同类型的防尘口罩、呼吸器、防毒面具等。

2. 高温。

在高温作业的环境下，劳动者可能发生中暑。中暑是由于热平衡障碍或水盐代谢紊乱而引起的一种以中枢神经系统和心血管系统障碍为主要表现的急性疾病。中暑分为先兆中暑、轻症中暑和重症中暑三种类型，它们的具体表现和对应的急救措施如表 8-2 所示。

预防中暑关键在于：一是合理设计工艺流程，尽量使工人远离热源。二是做好通风降温措施，一般使用自然通风，在自然通风不能满足降温需要时可采用机械通风或空调系统降温。三是给劳动者做好保健和组织措施，如提供含盐饮料，制定合理的劳动休息制度，布置合理的工休地点，加强个人防护和医疗预防等。

表 8-2　　　　中暑的类型、表现和急救措施

中暑类型	具体表现	急救措施
先兆中暑	工作一段时间后，有全身疲乏、四肢无力、头昏、头痛、耳鸣、心悸、胸闷、恶心、口渴、大量出汗、注意力不集中等症状，体温正常或略有升高，不超过 37.5℃	迅速撤离引起中暑的高温环境，选择阴凉透风的地方休息，多饮用一些含盐分的清凉饮料，一般短时间内可恢复正常
轻症中暑	有先兆中暑的各种症状，同时伴有面色潮红、皮肤炙热等现象，还可能表现出面色苍白、呕吐、脉搏快而弱等情况，体温在 38℃以上	除先兆中暑的急救措施外，还可在额部、太阳穴涂抹清凉油、风油精等，或服用藿香正气水等中药，一般在 4—5 小时内即能恢复
重症中暑	具有上述症状，并在工作时突然昏倒或痉挛，皮肤干燥无汗，体温在 40℃以上	迅速将其送至医院，采取专业的综合措施进行救治。若远离医院，应迅速让患者脱离高温环境，用湿衣服或湿床单包裹患者，并进行强力扇风

| 专栏 8-2　拓展阅读 |

环卫工中暑晕倒　制度化关怀不能“中暑”

据《郑州日报》报道，正在运送垃圾途中的一名环卫工中暑晕倒，幸被中原区建设路街道办事处巡防队员第一时间救助送医，脱离了生命危险。事实上，中国曾多次出现环卫工中暑的报道。根据中国于2012年制定的《防暑降温措施管理办法》规定：日最高气温达到40℃以上，应当停止当日室外露天作业；日最高气温达到37℃以上、40℃以下时，用人单位全天安排劳动者室外露天作业时间累计不得超过6小时，连续作业时间不得超过国家规定，且在气温最高时段3小时内不得安排室外露天作业；日最高气温达到35℃以上、37℃以下时，用人单位应当采取换班轮休等方式，缩短劳动者连续作业时间，并且不得安排室外露天作业劳动者加班。除了遵守相关法律，还应从政策上给予环卫工以职业关怀，例如可设立“环卫工休息驿站”，配备空调、冰箱、微波炉、医药箱等，并呼吁全社会关心、尊重环卫工人，他们是城市“美容师”。他们每天都在干着最脏最累的活，用自己辛勤劳动换来城市千家万户的整洁和市容的美观，我们应当为环卫工做一些力所能及的事情。

（参见《环卫工中暑晕倒　制度化关怀不能“中暑”》，http://comment.workercn.cn/427/201907/30/190730141912385.shtml）

3. 中毒。

职业中毒是劳动者在劳动过程中接触、吸收工业毒物所引起的中毒，分为急性中毒和慢性中毒两种情况。其中，慢性中毒更为常见，急性中毒仅见于事故场合，但危害非常大。工业毒物可通过呼吸道、消化道和皮肤进入人体，对人体的神经系统、血液系统、呼吸系统、消化系统、肾脏、骨组织等产生作用，可能导致贫血、肾脏损伤、肺源性心脏病、中毒性肝炎等疾病，甚至可能致癌、致畸、致基因突变。

为此，应当从以下几方面进行预防：一是根除生产过程中的毒物，如用无毒物质或低毒物质代替有毒物质，或是降低毒物的浓度。二是做好个人防护和个人卫生，实施有毒作业保健待遇和合理的作业制度，增强劳动者体质和抗病能力。三是做好安全卫生管理和职业卫生服务，宣传普及相关知识，定期监测作业场所空气中的毒物浓度。

丨专栏 8-3　拓展阅读丨

职业中毒成最大杀手

东莞市疾病预防控制中心发布的“东莞市 2003—2012 年职业病报告情况分析”称，在过去的 10 年里，东莞新发职业病病例 895 例，发病种类居前 3 位的依次为：职业中毒、手臂振动病和尘肺病。分析报告指出，东莞许多企业规模小、资金少，存在许多职业病危害因素。2003—2012 年东莞报告新发职业病病例涉及 8 大类职业病共 895 例，其中发病居前 3 位的为职业中毒 371 例（占 41.5%）、物理因素所致职业病 178 例（占 19.9%，以手臂振动病为主）、尘肺病 105 例（占 11.7%）。东莞新发职业病病例以男性为主（占 75.4%），发病平均年龄为 33 岁；东莞新发职业病种类以职业中毒为主，发病人群主要是外来务工人员，这类人群具有年龄小的特点。分析报告指出，近十年来东莞市工业呈多元化发展，导致职业病发病种类从传统的尘肺病为主转变为以职业中毒、物理因素所致职业病为主，并存在多种职业病并存的现象。其中，职业性手臂振动病和苯所致白血病仍缺乏有效的治疗方法，致残或致死率高，容易导致因病致贫、因病返贫现象，因此，应重点加强对相关职业病危害因素作业的企业哨点监测力度等工作。

（参见《职业中毒成最大杀手》，http://news.sina.com.cn/o/2014-06-19/103930388775.shtml？from=www.hao10086.com）

4. 噪声。

工业噪声也就是生产性噪声，被认为是工作环境中最普遍的危险因素。它可能引发职业性噪声耳聋，即长期在超过一定标准的噪声环境中工作引起的慢性、渐进性的感音神经性聋。长期接触职业性噪声会逐渐损伤劳动者的听力，表现为听力逐渐下降，伴随着耳鸣等症状，还可能会对神经系统、心血管系统、消化系统和生殖系统造成危害。除了高强度工业噪声接触者外，机场、呼叫中心、迪厅、KTV 的工作人员、乐器演奏人员等，需要对噪声进行重点防护。

为此，应当从以下几个方面做好预防：第一，控制消除噪声源，这是防止噪声危害的根本措施。第二，控制噪声传播及反射，包括吸声、消声、隔声、隔振等。第三，做好个体防护，当工作场所噪声强度超过职业接触限值时，给劳动者佩戴耳塞、耳罩、防噪声帽等个人听力保护器。第四，实施听力监护措施，定期对接触噪声的劳动者进行职业健康查体，观察听力变化情况，以便早期发现听力损伤并及时采取有效措施。第五，合理安排劳动和休息时间，避免劳动者长时间处于高噪音环境中。

| 专栏 8-4　拓展阅读 |

2020 年烟台市确诊职业性噪声聋患者数较上一年增加 13%

烟台市 2020 年确诊职业性噪声耳聋患者数较上一年增加 13%。疾控中心专家特别提醒接触噪声的劳动者注意其职业危害，近年来职业性噪声耳聋新病例数一直位居烟台市职业病第二位，且职业性噪声耳聋发病例数呈增长势头，噪声的职业危害应当受到重视。烟台市疾控中心专家建议接触噪声的劳动者：1. 做好上岗前职业健康检查以确定是不是适合从事噪声作业。在岗期间定期参加用人单位组织的职业健康检查特别是听力检查，监测听力变化情况以便早期发现听力损伤，因为听力损伤往往是从高频段开始，在不影响日常生活和谈话的情况时听力可能已经受到损伤了。离岗时和接触爆炸冲击波等应急状况下也不能忽视检查。2. 提高自我保护意识，接触噪声作业必须正确佩戴专业防噪声耳塞或耳罩。3. 合理安排劳动和休息，工间休息时间要尽量避开噪声环境，使听觉疲劳得以恢复。4. 职业健康查体结果异常、需复查的，要及时进行复查，结果为疑似噪声耳聋的，要尽早去申请职业病诊断，以维护自己的权益。

（参见《2020 年烟台市确诊职业性噪声聋患者数较上一年增加 13%》，http://www.jiaodong.net/news/system/2021/03/04/014151147.shtml）

5. 辐射。

电磁辐射充斥在现代生活和工作环境中，包括红外线辐射、紫外线辐射、激光辐射等。IT行业、通信行业、广播电视行业以及其他常使用和接触带有辐射的仪器设备的行业，最容易受到辐射的影响。少量辐射对人体不会造成很大危害，但大量辐射会对人体健康造成各种负面影响：早期效应发生在暴露后的几个星期内，常表现为放射综合征，出现恶心、呕吐、腹泻，伴随疲乏、发热、食欲下降等；延迟效应则包括辐射白血病、辐射致癌、放射性白内障、暂时不育或永久不育等。

预防辐射首先要遵守辐射防护三原则：一是实践的正当性，即在引进带有辐射的任何实践前要确认这种实践的必要性。二是辐射防护的最优化，即所有辐射都要保持在可合理达到的最低水平。三是个人剂量限值，应给个体所受辐射剂量有个明确限值。在此基础上，还应做到尽量缩短照射时间、尽量增大与辐射源的距离、在人和辐射源之间增加屏蔽。

| 专栏 8-5　拓展阅读 |

从“源头预防”“病因预防”培养人才

东莞的一位长期从事喷漆工作的员工每天需工作11个小时，而且工作环境十分恶劣，没有良好的通风条件，有毒材料大量被吸入员工体内，在工作五年之后该员工出现头晕无力等症状，经过检查之后被诊断为职业性慢性轻度苯中毒，评定为七级伤残。我国职业病每年报告新增病例大概两万人，这是经过正式的职业病诊断之后得出的数字，而我国实际上的职业病状况可能更为严重。而根本原因就在于我国职业病检查的覆盖率和诊断率较低。通常只有大企业才会为劳动者进行职业健康检查，而一些中小企业往往不做健康检查或者为了应付政府部门而对小部分劳动者进行检查。此外，有部分企业为了降低成本，在员工显现出职业病症状后，故意与他们解除劳动合同。这就导致部分劳动者不愿意去卫生机构进行体检，他们怕检查出职业病而丢掉工作。

职业病防治是一项长期而且系统性的工作，需要医学、管理、工程等专业强强联合，建立职业病一级、二级、三级预防。一级预防指的是从源头进行预防，通过减少有害材料的使用或者使用配套设施，避免有害因素进入劳动者体内；二级预防是做好劳动者的监护工作，劳动者最初出现职业病症状时及时采取措施和治疗手段进行控制；三级预防是对已经患有职业病的劳动者进行康复治疗，防止病情进一步加重。《国家职业病防治规划（2016—2020年）》指出要做好职业病的防治工作需从前期预防和源头治理出发，而目前我国从事这项工作的人才非常短缺，培养体系尚未建立完善。

长期以来，我国的职业卫生相关专业都建立在医学院，但国际上的职业卫生概念则强调运用工程控制的一些知识和方法。目前大部分企业内从事职业卫生管理的人才大多出自医学专业或者安全工程专业，没有系统学习职业医学和噪声控制、通风、除尘等课程的全方面人才，因此我国的职业卫生工程人才急需专业化的培养。2019年教育部批准中国劳动关系学院在全国首次设立职业卫生工程本科专业，重点培养学生的医学基础、职业危害工程控制和职业卫生管理方面的知识和能力。在未来一段时间内，职业卫生工程人才将会受到国家和社会的特别欢迎。

（参见吴丽蓉：《从“源头预防”“病因预防”培养人才》，《工人日报》2020年8月15日第2版）

三、职业卫生权利与健康促进

（一）劳动者的职业卫生保护权利

根据《职业病防治法》的有关规定，劳动者享有以下职业卫生保护权利：第一，劳动者享有获得职业卫生教育培训的权利。用人单位有义务对劳动者进行上岗前的企业卫生培训和在岗期间的定期职业卫生培训。第二，劳动者享有获得职业健康检查、职业病诊疗、职业病康复等职业病防治服务的权利。第三，劳动者享有了解工作场所产生或者可能产生的职业病危害因素、危害后果和应当采取的职业病防护措施的权利。第四，劳动者享有要求用人单位提供符合防治职业病要求的职业病防护设施和个人使用的职业病防护用品的权利，进而改善工作条件。第五，劳动者享有对违反职业病防治法律法规及危及生命健康的行为提出批评、检举和控告的权利。第六，劳动者享有拒绝违章指挥和强令进行没有职业病防护措施的作业的权利。第七，劳动者享有参与用人单位职业卫生工作民主管理、对职业病防治工作提出意见和建议的权利。

（二）用人单位对劳动者的健康责任和义务

用人单位对劳动者有告知职业危害、普及职业卫生知识、提供职业健康监护的责任和义务。首先，对某些可能存在危害劳动者健康因素的行业，用人单位应采取适当方法，向劳动者告知职业病危害防治和急救措施，如在劳动合同中告知、在工作场所醒目位置设置公告栏、在劳动设备上设置警示标识、对可能有害健康的材料提供中文说明书等。其次，单位应对劳动者进行上岗前的职业卫生培训和在岗期间的定期职业卫生培训，督促劳动者遵守职业病防治法律法规，指导劳动者正确使用职业病防护设备，对不履行相关规定的劳动者进行批评教育。最后，用人单位对从事接触职业病危险因素的劳动者要做好上岗前、在岗期间和离岗时的职业健康检查，并将检查结果书面告知劳动者，此外，用人单位应当为劳动者建立职业健康监护档案，内容包括劳动者的职业史、职业病危害接触史、职业健康检查结果和职业病诊疗等个人健康资料，并以此为据监护劳动者的健康状况。

（三）用人单位对劳动者的健康促进手段

随着中国“健康中国”战略的提出，人们越来越认识到想要保持健康需要在日常生活中进行多方面的干预。对用人单位而言，劳动者的健康关系到其劳动生产率进而影响单位效益，因此有必要实施健康促进活动。所谓健康促进，就是通过教育、组织、政策和经济等手段，干预那些对健康有害的生活方式、行为和环境，其目的在于努力改变人群不健康的行为表现，以促进健康。

实施健康促进活动主要包括以下几个步骤：首先，应对劳动者的健康需求进行评估。收集个人生活习惯方面的信息，如吸烟、饮酒、运动等，确认有无威胁健康状况的因素，询问劳动者在改善健康方面的需求。其次，全面评估劳动者的健康状况，并将分析结果反馈给劳动者本人，对有不良生活习惯的员工进行健康劝告，鼓励劳动者参与单位组织的一些有利于健康的活动，对老年劳动者、患有慢性病的劳动者等健康脆弱人群进行重点干预。最后，组织开展健康教育，请医生、护士、心理学家、运动生理学家等来单位对劳动者展开健康讲座与培训，增加劳动者的健康知识，树立预防意识，从而减少常见职业病的发生。

| 专栏 8-6　拓展阅读 |

张海超“开胸验肺”事件及其影响

张海超，河南省新密市工人。2004 年 6 月到郑州振动耐磨材料有限公司上班，先后从事过杂工、破碎、开压力机等有害工作。工作 3 年多后，他被多家医院诊断为尘肺，但企业拒绝为其提供相关资料，在向上级主管部门多次投诉后他得以被鉴定，郑州职业病防治所却为其做出了“肺结核”的诊断。为寻求真相，这位 28 岁的年轻人只好跑到郑大一附院，不顾医生劝阻铁心“开胸验肺”，以此悲壮之举揭穿了谎言。“张海超事件”之后，郑州市人民政府下发《关于开展职业卫生专项监督检查的紧急通知》，迅速在全市范围内全面开展职业卫生监督专项检查，完成对粉尘、有毒化学品等行业职工的健康检查。

这一事件带来如下启示：首先，应加强卫生、安监、劳动保障、工会、民政等部门的沟通协作，密切联系、互通信息、协调配合，建立长效工作机制，形成监管合力。对日常监督检查中发现的生产经营单位职业危害预防性卫生审查、职业健康监护、职业危害申报等方面存在的违法行为，及时互相进行通报。其次，提高职业卫生技术服务能力，把加强辖区内职业卫生服务能力建设列入重要议事日程，鼓励有条件的医疗机构积极申请职业病诊断资质、健康检查资质，加快职业卫生技术服务网络建设，为劳动者、用人单位提供方便、快捷的职业卫生技术服务。最后，应注重宣传培训。加强《中华人民共和国职业病防治法》《职业病诊断与鉴定管理办法》等职业卫生相关法律法规的宣传培训，提高用人单位的职业病防治责任意识和劳动者的职业病防治意识，充分调动群众的参与积极性，让社会和群众关心、支持和监督职业病防治工作。

（参见百度百科：《开胸验肺事件》，https：//baike. baidu. com/item/% E5% BC% 80% E8% 83% B8% E9% AA% 8C% E8% 82% BA% E4% BA% 8B% E4% BB% B6/8951444？fr = aladdin）

第二节　心理健康

一、工作压力及其管理

（一）工作压力的定义与分类

工作压力，指的是由于工作环境对个体的要求与个体和工作环境的适应相互作用引起的个体紧张或焦虑反应，这种作用会引起个体生理、心理的行为上的变化。目前，对工作压力的认识可分为静态学说和动态学说两种：静态学说从单维角度认识和界定工作压力，又分为刺激说（仅从工作压力源角度展开研究）、反应说（将工作压力视为个体对环境的主观感受）和主体特征说（认为工作压力与个体的需要和能力等个人特质密切相关）。动态学说将工作压力理解为一个动态过程，既包括压力源和压力结果，又包括一系列作用过程的系统概念，强调工作压力是个体与情境动态交互作用的过程。工作压力又可根据其影响分为良性压力和恶性压力：良性压力可以激励劳动者投入更多时间和精力到工作中，并从中获得满足感，即我们常说的“没有压力就没有动力”；恶性压力则伴随有焦虑、抑郁、孤独等负面情绪，让劳动者产生对工作的厌倦和低效，还可能产生酗酒、吸烟、滥用药物等危害健康的行为。

（二）常见的工作压力源

工作压力是多种因素作用的结果，其来源可分为个体层面和组织层面两大类。个体层面的工作压力源包括：第一，知觉特征。包括认知模式、期望和适应性。个体认知模式是消极还是积极，会导致不同劳动者看待同一件事的视角和结果不同，积极认知模式的劳动者更能看到事物好的一面，从而减轻压力水平。个体的期望与压力感受成正比，所谓“期望越大，失望越大”，过高的期望可能导致现实与期望的落差从而形成压力。个体的适应性与工作压力成反比，适应性强的劳动者能迅速调整自身状态以适应环境。第二，过往经历。个体是否感受到工作压力的存在，与该个体是否有过相关的紧张经历有关，负面经历会强化压力，比如曾经有过被解雇的劳动者就会非常小心地对待现有工作。第三，社会支持。能否得到他人的情感支持直接影响个体的工作压力水平，比如身边具有一个善于支持、鼓励他人的同事有助于劳动者减少工作压力，相反，与关系紧张的同事共事则可能增大工作压力。

组织层面的工作压力源包括：第一，组织结构。组织结构带来的压力来源于以下三方面：一是组织中各个部门和职位承担着不同的工作任务，在完成任务的过程中，上下级之间、部门之间、个体之间可能会产生纵向或横向的冲突，从而产生工作压力。二是组织中的资源是有限的，不同部门和个体之间可能会因争夺资源而产生矛盾，进而带来工作压力。三是组织常面临各种变革，从而给员工带来一些不确定性，进而产生工作压力。第二，工作量。过大的工作量可能让劳动者身心俱疲，而工作量不足也会使劳动者自我实现的需求无法满足、感到空虚无聊而产生压力。另外，工作的复杂程度也会影响压力水平，过于复杂的工作让劳动者感到疲惫，过于简单的工作让劳动者感到枯燥，都会带来工作压力。第三，工作条件。简陋的工作条件会导致工作压力，如温度过高或噪声过大。此外，长期熬夜、频繁出差、上下班途中耗费时间过长、工作中不必要的打扰和监视都会让员工压力水平上升。第四，角色冲突与角色模糊。角色冲突指的是劳动者需要承担不同的角色期望，导致心理矛盾或行为冲突，比如管理者要同时满足完成组织任务和满足员工需要的任务，二者可能产生冲突从而增加管理者的工作压力。角色模糊指的是劳动者不清楚分配的工作内容和相应责任，导致在工作中无所适从，常见于组织里的新员工。第五，职业发展。组织职业发展机会有限或是晋升困难，会对高成就动机的劳动者造成心理压力。第六，人际关系。组织内不良的人际关系是工作压力的源头，尤其是职场排斥和职场霸凌，会给劳动者心理造成负面影响，充满权力斗争的“办公室政治”也会让员工精神紧张，而且可能导致人际冲突。

| 专栏 8-7 拓展阅读 |

工作压力大，谁来保障职场“打工人”身心健康

冯女士是北京朝阳区民企的一位员工，担任商务专员，29 岁的她在公司已度过 3 年的时间，但最近她的身体频频亮红灯，手指经常伴有抽搐性疼痛，颈椎一直僵直着，酸胀难耐。冯女士表示这些症状在入职的第一年就已经显现，虽然公司并不经常加班，但她的工作需要久坐和操作电脑，导致手指和肩膀时不时地感觉到疼痛，有时甚至无法继续工作。她两次前往北京交通大学社区卫生服务中心看病，医生诊断她得了腱鞘炎，需要平时多注意，好好休息。但冯女士表示自己也想好好休息但工作不允许，忙起来根本没时间休息。2021 年最新发布的《人口与劳动绿皮书》显示，近年来人口年龄结构和生活方式发生转变，导致健康型人力资本面临巨大挑战，工作压力过大、生活节奏过快使得许多年轻劳动者患病率上升，过度劳动严重透支了劳动者的身体，身心健康遭到损害，健康水平下降。这不仅会减少个人的工作时间，也会缩短全社会的工作生命周期，家庭经济收入减少，生活负担加重，甚至会导致社会劳动生产率下降，阻碍经济的进一步发展。

除了身体上的不适外，职场“打工人”普遍也有心理问题。栗女士今年 30 岁，目前在北京一家税务咨询公司从事会计工作，面对记者栗女士坦然地描述了她心理问题严重时的情形，“整晚上睡不着觉，身体很疲惫但大脑很活跃，躺在床上时总是想吐”。在外人看来，她是一个开朗大方、脸上经常挂着笑容的微笑女孩，但她却说无数个夜晚头疼得都想撞墙。医生诊断她有双向情感障碍，经常控制不了自己的情绪，抑郁和躁郁双向。栗女士的工作需要经常对账，一分钱对不上，她都需要重复再重复地查找原因，永远望不到头。对于大多数的劳动者来说，要想使自己的工资性收入追上社会平均财富积累的速度，就必须加大工作强度或者延长工作时间，这样就导致自己经常性地陷入焦虑抑郁的情绪之中。要解决职场健康问题，在制度建设中要实现医疗保险和个人健康管理的有机结合，企业也要遵纪守法，制定合理的工时制度，营造良好的工作氛围。而对于劳动者来说，要找到工作和健康的平衡点，对工作和生活

进行长远规划。

（参见孙天骄、陈磊：《谁来保障职场“打工人”身心健康》，《法治日报》2021年2月4日第4版）

（三）工作压力的管理

对过度的、恶性的工作压力，个人和组织应从以下三方面来缓解这种应激状态：第一，调整个人对工作的期望值。对工作期望过高往往是造成工作压力的原因，因此应改变自身对组织和工作不切实际的期望，如收入、工作环境、职业发展等，对自身能力和组织中的角色形成正确的认知与定位。第二，调整组织结构和工作设计。组织的结构不完善可能导致部门间与个人间的恶性冲突，因此应完善组织结构，做到权、责、利分明，避免出现角色冲突和角色模糊，同时给予劳动者更多的职业发展机会，畅通职业发展渠道，使劳动者从工作本身能获得成就感。第三，增加社会支持。组织应为有压力的劳动者提供心理支持和工作援助，使劳动者感受到组织的关心和温暖，增加对同事、领导的感情和对组织的归属感。创造和谐的组织文化，多组织劳动者参加轻松、有意义的集体活动，加强组织成员间的沟通，提高组织的凝聚力。

| 专栏8-8　拓展阅读 |

缓解工作压力的方法——冥想

冥想是一种把思绪、注意力集中当下某一个特定对象上个人训练，可以有效调节情绪、缓解工作压力。冥想需找到安静的地方，以舒适的姿势坐好，可以利用白噪音进行附属，然后闭上眼睛，将注意力集中于一点。常用的集中注意力的方法有两种：第一种就是把全部注意力集中在呼吸上，用鼻子吸气进去，感受气体体内的流动，再把气体从口吐出，注意力一直跟随这个过程周而复始；第二种则把注意力全部集中在某一点上，这个点可以是鼻腔、两眼间等，任何你感觉到舒服的位置。无论是哪种，均要注意身体须放松不紧绷。

（参见《上班族缓解压力最有效的方法》，http：//care.qm120.com/u4ng/p4v6/2012110827912.htm）

二、情绪劳动与职业倦怠

(一) 情绪劳动的定义

情绪劳动是指劳动者在工作过程中与人交往时，表现出符合组织要求的情绪。例如，我们期望空乘人员应该是热情愉快的，丧葬顾问应该是悲伤的，医生应该是情绪中性的。对组织而言，情绪劳动是除了体力劳动和脑力劳动以外的另一种重要的劳动形式，对组织绩效有重要影响，尤其是对强调人际交往的工作至关重要。对劳动者而言，表现其并没有真实感受到的情绪会耗费其情感资源，有可能导致情绪失调，久而久之可能造成职业倦怠。

| 专栏8-9　拓展阅读 |

教师的情绪劳动，需要被看见

做老师的都有这样的体验：当特别心烦劳累的时候，如果轮到上课，必须及时整理自己的心情，进入一种课堂状态，全情投入，仿佛什么事都没有发生一样。当状态特别差的时候，如果有学生来问你问题或跟你沟通，还必须耐心、随和地跟学生沟通和交流。当辛苦工作了一天，家长给你打来电话或发来短信，询问学生情况的时候，必须收拾好自己的内心，耐心地听完家长的陈述，想好如何跟家长沟通才能让对方满意。不论你今天身体是否不适，是否经历什么重大事件，也不论你是否工作已经超负荷，当你遇到家长和孩子的时候，就必须收拾好自己的内心，露出微笑，耐心对话交流。

教师被社会、学校、学生和自身设定的潜在情绪劳动规则约束：一方面，社会、学校和学生都认为教师应该“衣着得体、言语文明”；另一方面，教师认为自身应该“学高为师、身正为范”。因此，学校应采取一些措施来缓解情绪劳动过重带来的负面影响：当教师与比较难缠的家长沟通问题时，学校应该成为教师坚强的后盾，为教师妥善处理家校矛盾；当教师面临比较艰难的家庭时刻时，学校应该体现组织的温暖，为教师排忧解难；当教师面临较大的教育困境时，学校应该进行恰当的组织与培训，为教师提升职业能力，减少情绪劳动的消耗。教师自己也应善于觉察自己的情绪，及时调整自己的情绪状态，能够从消极情绪中迅速抽离出来，从而用积极的状态投入到工作。

（参见王崧舟：《教师的情绪劳动，需要被看见》，https：//xw. qq. com/cmsid/20211228A0154C00？pgv_ ref = baidut）

（二）职业倦怠的表现和影响因素

职业倦怠指的是，劳动者因为不能有效地应对工作上持续不断的压力而产生的一种包括情绪衰竭、去个性化和低成就感在内的综合症状。不同学者对职业倦怠的定义不尽相同，但在某些方面达成了共识：首先，职业倦怠是与工作有关的一系列症状，发生在职业领域；其次，倦怠的主体是正常人，没有器质性病变和精神病理学方面的症状；最后倦怠伴随着各种心理和生理的疲劳症状，伴随一系列负性情绪和态度。对职业倦怠的判定标准可参考以下三个指标：第一，由于对工作的不满意感和对职业的不适应感所导致的自尊丧失；第二，出现多种身体症状，而没有可以识别的器质性病变；第三，注意力难以集中，易怒，常出现负性情绪，伴随长达数月的时间里工作绩效的显著降低。

影响职业倦怠的因素主要包括以下几个方面，第一，工作量。有研究表明，工作量和工作时间上的压力与职业倦怠尤其是情绪衰竭存在高度相关。当下社会，很多行业面临高度劳动的风险，长时间、高强度的工作和加班等，会让劳动者感到身心俱疲。第二，职场人际交往。对于常与人打交道的行业（如服务业），劳动者承担着较大的情绪劳动负荷，更有可能感到情绪压力，如果得不到有效的缓解，则可能导致职业倦怠。第三，工作反馈。劳动者在工作中如果难以及时获得对其工作结果和成效的信息反馈，则可能失去对工作的控制感与自主权，久而久之产生职业倦怠。第四，角色冲突。角色冲突会导致劳动者对工作的热情较低，进而降低工作的效率和绩效，尤其是工作—家庭冲突正逐渐成为当代劳动者普遍面临的一种角色冲突。第五，社会支持。来自领导、同事、朋友或家庭的社会支持，对缓解职业倦怠具有积极意义。

｜专栏 8-10　拓展阅读｜

职业倦怠的典型表现

Judy 在跨国 IT 公司承担技术工作，工作中严谨认真，专业技术扎实过硬，性格乐观开朗，获得领导的青睐，被提升为项目主管。Judy 升任主管后，工作内容由以往的技术工作为主，转变为管理项目团队、项目工作协调为主，简单而言，以前的工作主要对“事”，现在的工作更多地要对“人”。尤其很多业务夹在客户、协作部门之间，Judy 常感左右为难，很担心自己做不好。她也跟领导提出自己更喜欢做技术工作，希望将工作调回原来的位置，领导安慰她，说现在的状况是工作适应过程中的正常反应，并且强调了对她的期待，加强了她所管理团队的人力资源。尽管有领导的鼓励支持，Judy 在工作中仍然吃力，呈骑虎难下之势。在上任管理工作近一年时间，Judy 感到苦不堪言，一面是领导的重用、职位的升迁，一面是自己的无力无奈。她感到压力越来越大，每当想到要去单位上班就头痛不已。平常和朋友的聚会越来越少，失眠渐趋严重，常常在凌晨三四点钟醒来就不能入睡，时不时会在家里痛苦流泪，白天还得强打精神面对工作。到医院看了医生，服用帮助睡眠的药物后也未见明显好转。

Judy 在咨询专业人士后被认为是职业倦怠的症状，其有三个典型表现：第一，情绪衰竭，对同事情感疏离、对工作没有激情、觉得自己没有动力投入工作、厌倦、沮丧。第二，去人性化。显得愤世嫉俗、对合作伙伴冷嘲热讽、对同事侧重负面关注、遇事易抱怨批评。第三，低成就感，感觉自己不能胜任工作、无力感、低成就感或无成就感，觉得自己碌碌无为。

（参见刘禹：《健行职业路——谈谈职业倦怠》，https：//www. xinli001. com/info/100374702）

（三）职业倦怠的预防

从劳动者个人角度，可以采取以下措施：第一，给自己设定短期目标和长期目标。目标本身就具有很强的激励作用，因此可以给自己设置一个职场目标清单，根据目标优先级和难易程度，首先完成优先级高、难度较低的目标，从而能获得完成目标带来的成就感和自我认同感，有助于提高工作积极性。第二，多关注职场中的积极面。应从更加积极的角度看待工作中的人和事，善于去发现那些工作中的积极因素，比如同事的帮助、领导的关心、自己每天的小进步等，由此有助于形成对工作合理的期待和乐观的心态，避免心态失衡带来的倦怠。第三，养成终身学习的习惯。倦怠很多时候源于长久保持某种停滞不前的状态，如温水煮青蛙，久而久之失去了工作热情。因此，有必要培养“成长型思维”，不断学习新的知识和技能，不仅有助于职业发展，还能养成积极的工作与人生态度。第四，培养健康的兴趣爱好，经营好自身人际关系。职业倦怠如果不能通过工作本身来缓解，还可通过发展兴趣爱好来给自己补充“能量”，或是通过与家人、朋友、同事的交往获得精神上的支持，从而缓解职业倦怠。

从组织角度，可以采取以下措施：第一，减少劳动者的工作负荷。严格执行劳动法有关工作时长的相关规定，给劳动者安排合理的工作量，并尽可能提供休息室、娱乐设备等来缓解工作压力。第二，制定公平的薪酬制度，体现“多劳多得、优绩优酬”，避免让劳动者因为付出和回报不匹配而产生不公平感，进而降低工作热情。第三，实施民主管理，畅通组织的沟通渠道，多听取劳动者的意见和建议，让劳动者能感受到自身的意见被组织重视。第四，创造和谐团结的组织文化。通过制度和文化建设，让劳动者彼此能建立良好的人际关系，满足劳动者的社交需求，产生组织认同感和归属感。

| 专栏 8-11　拓展阅读 |

如何应对职业倦怠

当今社会，普遍存在的工作压力让职业倦怠出现了“人传人”的现象。尤其是那些前期工作动力十足的年轻人，往往最容易受到职业倦怠的影响。因为工作的目的在于获得人生意义，但是工作中的琐碎小事会在不经意间打破对工作的期待。面对工作的打击，职业倦怠就是一种应激状态，用一种消极的身心状态来抵御无力实现个人目标带来的失败体验。

职业倦怠主要表现为以下几部分：第一，身体劳累。在长时间的工作之后，累便成了最直观的感觉，感觉身体在逐渐衰弱，精神萎靡不振，面对生活的掌控力度下降。第二，情感麻木。初入职场时对工作的激情和活力逐步消失殆尽，受伤和脆弱的状态成了常态，生活的乐趣在一步一步地减少。第三，人际关系淡漠。与同事关系淡如水，除了工作之外再无别的交谈。工作的繁忙也使得职场人与朋友之间的联系日益减少，生活轨迹不同，可交流的话题也不尽相同，再也找不回从来的快乐时光。第四，兴趣爱好抛掷脑后。经过一天的劳累之后，以前的兴趣爱好如今也成了自己的负担，无法带来减负的效果。第五，工作应付了事。再也无法像从前一般满怀热情投入工作之中，工作所带来的满足感减弱，只是依靠责任和薪水的刺激行事。对自己的要求也越来越低，知识和技能止步不前，甚至怀疑自己当初是否选错了职业，但又缺少从头再来和接受新生活的勇气。

在职场中有三类人最容易出现职业倦怠的行为：第一，对自己要求较高、拥有强迫症、凡事都追求完美的人。特别在意别人的看法，职场中遇到的一点障碍或失败对他们来说都是很大的打击。面对上司所下发的任务他们希望竭尽全力做到最好，但也因为思虑过多而陷入精神上的内耗。他们努力兼顾自己的工作和生活，但往往事与愿违，无法达到令人满意的结果。第二，职业生涯遭遇挫折的人。对工作尽心尽力却多年来得不到升职加薪、在较长时间的工作生涯中逐渐认清自己并不适合现在的工作、职场规则制度烦琐令人讨厌，这些职场中的不公平或不适应的因素都会导致职业倦怠行为的产生。第三，刚进入职场的毕业生。当理想与现实发生冲突，新人们发现这与自己想象中的职业生活完全不相符，往往会产生失落感与落差感，从而失去了工作的热情和兴趣。

那么我们应该怎样应对职业倦怠呢？首先，要找到自己继续从事这一份工作的兴奋点。如果现在的工作是自己真心热爱的，那么接下来反思对自己有所困扰的地方，逐个击破。如果这份工作自己真的继续不下去，那么制定好未来的职业规划，换一份工作或者换一个部门，及时止损。其次，改变自己人生态度。人间疾苦，要想过得有滋有味，就要及时转变自己对人对事的态度。第三，强迫自己多运动。运动是最有效的解压方式之一，适当的运动有利于睡眠，也有利于转变心情。

（参见刘星西：《年底职业倦怠怎么破?》，https://mp.weixin.qq.com/s/vT9h-He5QK1tpX6qCei01Q）

三、工作与家庭的平衡策略

（一）工作与家庭的关系

工作与家庭是人们生活中的两个重要领域，占据了个体生活的大部分时间和精力。二者之间可能彼此促进，也可能存在矛盾和冲突。劳动者在工作中表现优秀，则有可能把工作中获得的积极情绪带回家庭生活，促进家庭氛围的和谐，反过来，家庭生活的温馨愉悦又促进其在工作中的表现。现实中也常看到一些人抱怨自己工作繁忙，没有时间陪伴家人，表现为回家后筋疲力尽、倒头就睡，有的人把工作带回到家中通宵熬夜处理工作，还有些人把工作的负面情绪带到家里向家人发泄，反过来，家庭生活的烦恼也会影响其对工作的投入和绩效表现，从而产生工作与家庭的冲突。

工作与家庭的冲突体现为以下三种类型：一是基于时间的冲突，即由各种角色相互占用时间，使个体难以在同一时间范围内满足来自工作和家庭的角色期待而引发的冲突。例如：个体因工作需要无法按时履行接送子女等家庭责任，或无法如期参与家人度假等家庭活动安排。二是基于压力的冲突，即个体在从事一种角色活动时产生的紧张情绪和心理压力会影响从事另一种角色时的表现。例如，个体因为工作压力与重要任务在回家后仍感到紧张，从而影响其投入家庭生活，或者由于对家人的担心在工作中无法集中精神导致效率低下等。三是基于行为的冲突，即个体在扮演工作或家庭中某一角色时的行为方式与另一种角色并不相容而引发的冲突。例如，将工作中的处事方式与行为特点用于面对家庭成员时，引起他人不满导致冲突等。

工作家庭冲突对个体的健康、满意度和工作绩效都有负面影响：首先，工作家庭冲突可能会导致个体产生头晕、肌肉酸痛、食欲下降等生理症状，还可能导致沮丧、压抑甚至是抑郁等心理问题，主观幸福感会明显降低。其次，工作家庭冲突引起的满意度降低，包括家庭满意度和工作满意度两个方面，其中家庭满意度体现在婚姻幸福、孩子健康成长、生活满意度等方面。最后，工作，家庭冲突会影响劳动者在工作中的投入程度，进而降低其工作绩效。

（二）平衡工作与家庭关系的方法

组织方面，可以采取以下策略：第一，采用弹性工作制度，允许劳动者以灵活的方式完成工作任务，给员工照顾家庭留下时间余地，以此减少由于工作时间的不合理分配而产生的冲突。第二，实施工作分享计划，通过共同承担工作任务和时间，减少或防止冲突的发生。第三，提供组织支持，例如提供劳动者心理咨询、灵活的福利项目、员工援助计划项目等。第四，培养关注劳动者和以人为本的组织文化，尤其应提高管理层对员工的关注与支持，把家庭伦理责任纳入组织发展的战略框架。

个人方面，可以采取以下策略：第一，角色的再定义，重新认识自己对家庭与工作应负的责任，明确自己要追求工作与家庭的平衡，还是把重心放在其中之一，放弃对自己过于苛刻的要求和完美主义的追求。第二，关注问题。当冲突发生后，个人要更多关注问题本身，避免顺从和回避问题，采取措施尽快解决或缓解冲突。第三，寻求帮助。当冲突发生后，个人可以与自己的家人、朋友和同事进行良好沟通，增进各方理解，并寻求他们的帮助。如果对家庭的陪伴时间不足，则要考虑重视陪伴的质量。

第三节　社会健康

一、职场适应能力

职场适应，是指人在面对工作中的各种要求和问题时一系列的心理适应和行为调整的过程，包括个体对工作环境、工作任务的适应，以及对自身行为和新的工作需要的适应。

（一）学生角色和职场角色的区别

第一，承担责任不同。大学生在学校的主要任务就是学习，不需要承担太多的社会责任，做错事的成本也较低。但进入职场后，要承担工作中的社会责任和风险责任。第二，人际关系不同。大学生在校园里与同学和老师交往，人际关系更为纯粹。但进入职场后，人际关系相比学校会复杂许多，要学会如何与不同的人相处。第三，环境与文化不同。大学生在校园里是寝室—教室—图书馆—食堂四点一线的较为简单的生活方式，有大量可自由支配的时间。但进入职场后，面临的是更为快速和紧张的工作与生活节奏，自由支配的时间大大减少，还要适应不同地域的生活环境和习惯。

（二）初入职场常见的错误心态

主要表现为以下几个方面：第一，对职场有不切实际的高期望，主要表现为对薪酬、个人发展机会、行业要求、假期要求等方面，而当发现现实和期望不符时只会抱怨和消极怠工。第二，心态浮躁、急功近利，总想一步登天，而不愿脚踏实地地积累工作技能和经验、循序渐进地完成工作，不仅可能导致工作质量降低，还可能破坏团队的工作氛围。第三，眼高手低，不能正确评估自身能力，总把很多事情想得过于简单而不愿意做，但真正有难度的事情又做不好，导致高不成、低不就。第四，胆小怯懦。初入职场的人常因涉世不深、阅历较浅，再加上有些人天生性格内向、不善言辞，从而产生畏缩心理，妄自菲薄，表现为做事唯唯诺诺、犹豫不前，回避和他人交往，甚至产生“社交恐惧”。

| 专栏 8-12　拓展阅读 |

大学毕业生为何偏爱跳槽

近年来，大学毕业生半年内的离职率逐步攀高，越来越多的年轻人不再将现在的工作当作唯一的归宿，“跳槽”的情况时有发生。大学毕业生频频跳槽的主要原因之一是对职场生活的不适应，从大学到职场是大学生继续社会化或再社会化的一个阶段，而频繁跳槽说明职场生活与大学生活差距较大，他们在继续社会化或再社会化的过程中遇到了阻碍。

大学毕业生在职场中面临的阻碍可归为三个方面：第一，知识与技能不匹配。大学所学的知识与工作中所需要的内容不相符，很多毕业生毕业后所找的工作也与所学专业相去甚远，大学生们需要从头学起，面对工作会出现手忙脚乱的情况。而且近年来每年毕业的大学生数量逐渐增多，公司在面对数量众多的求职者时盲目提高招聘标准，出现大材小用的现象。此外，许多大学生对自己的认知存在偏差，自身定位模糊，没有制定适宜的职业规划，也容易出现知识与能力不匹配的问题。第二，制度规范的不适应。与职场相比，大学生活确实如象牙塔一般，有着宽容、民主、和谐的氛围，与同学、老师之间的关系较为简单。而职场中则存在着众多的“潜规则”，人际关系也很复杂，同事之间的交往暗流涌动。各种制度规范也压抑了毕业生的个性发展，在遇到矛盾时，部分学生不愿意妥协，会出现冲动之下的离职行为。第三，预期与现实存在落差。大学毕业生未就业时对职场生涯怀有过高的期待，他们希望有较高的薪水、充足的假期、舒适的工作环境以及能够充分展示自己的才能，但现实往往与他们的想象天差地别，这种落差会让毕业生对现在的工作产生不满从而离职。

为了减少大学毕业生初入职场时可能遇到的各种障碍，高校要帮助大学生度过职业适应期，顺利完成从大学到社会的再社会化。要做好大学生的职业生涯规划，使大学生更好地认清自我，找到自己感兴趣的工作，提高自己的能力。在注重学生的知识掌握程度的同时，也要增加实践的比重。通过实践活动才能更好地运用知识，鼓励并帮助大学生利用假期开展实习培训。

（参见余秀兰：《大学毕业生为何偏爱跳槽》，《人民论坛》2019 年第 2 期）

（三）提高职场适应能力的建议

作为刚入职场的劳动者，想要提高职场适应能力，应从以下几个方面着手改进。

第一，心理适应。俗话说，“良好的开端是成功的一半”。一般来说，刚入职场总是从基层做起，要学会适应艰苦、紧张而有节奏的基层生活。在这个阶段，应着重培养整体协作意识、独立工作意识和创造意识。此外还应注意两点：一是要有自信。新人刚开始很可能会在职场上做错事、犯错误，但只要能够从中吸取经验，能力就会逐步得到提升，从而对工作越来越胜任。二是做事要有耐性，要充分发挥自己的主观能动性和创造性，凡事要具体分析并脚踏实地的工作。

第二，生理适应。进入职场后，过去的许多生活习惯就都得改变，比如要养成早睡早起的作息规律，平常也要注意锻炼身体，摒弃一些不良的生活习惯，只有保持健康的身体，才能更好地投入工作、适应职场。

第三，岗位适应。要建立和强化职业角色意识，摒弃对工作不切实际的期望，做一份切合实际的职业生涯规划，尽快投入到现有的工作岗位中。应明确岗位的要求和具体的责任，知道自己在组织和团队中应该扮演什么样的角色、发挥什么样的作用。

第四，知识技能适应。初入职场的人往往缺乏工作相关的知识技能，因此需要快速投入到新的学习中去。当下最流行的是“学习型组织”，劳动者应养成“终身学习”的习惯，让学习成为自己的一种生活方式。唯有如此，才能通过不断学习来适应不断变化的要求，获得职场竞争力。

第五，人际关系适应。职场新人在和工作中的同事、领导相处时，要学会适当放低姿态，谦虚谨慎，掌握职场必备的人际交往技能和礼仪。但也注意不要过于自卑或是刻意讨好他人，举止大方、不卑不亢更容易给人留下好印象。

| 专栏 8-13　拓展阅读 |

初入职场时的注意事项

初入职场要注意以下事项：第一，了解你单位的文化氛围。每个公司都有自己的文化氛围：有的崇尚张扬，有的崇尚沉稳踏实，有的要求员工按部就班，有的需要员工更活跃一些。要了解组织的文化，尽量及早融入。

第二，从小事做起。年轻人容易好高骛远，不屑于做日常工作中的琐事。

其实职场都是从小事开始，所以无论任务多么零散，都应及时、热情地处理好，即使领导不再追问也不可不了了之，一定要给出回馈，这样才能逐渐得到领导的信任和肯定，将来才有“做大事”的希望。

第三，适时表现自己。领导在场时不要缩头缩脑，退到别人后面，而是要适度表现，敢于说话。当然，举止应稳重，不要随便打断他人发言，更不可夸夸其谈，喧宾夺主。

第四，正确对待批评。刚开始工作时犯的错误不会葬送你的前途，要抢先道歉或主动检讨，并虚心听取批评。总想着掩盖错误或满口辩解之词——不是强调客观、就是推罪别人，这种表现比错误本身更糟糕。

第五，不要随便踏入人际关系的旋涡。职场新人缺乏处世经验，有时会发现办公室里分成几个小帮派，千万别急着站队和表明立场，也不要轻信一些道听途说、添加油醋的话，少去聊他人的职场八卦。最好先对是非保持沉默，学会独立观察和思考，看清形势再说。

第六，善于向别人学习。毕业生毕竟缺乏实践经验，要想迅速成长，必须善于向同事学习，虚心请教，不要自以为是。

（参见《初入职场的大学生应注意什么?》，http：//tc. baidajob. com/article－29968. html；关越：《如何做好一名职场新人》，《吉林日报》2020 年 10 月 22 日第 5 版）

二、职场人际关系

（一）与上级建立良好关系

与上级建立良好关系，是职业发展的基础策略，对个人的职业发展起到至关重要的作用。为此，应注意以下几个方面。

第一，建立积极的第一印象。好的开始是成功的一半，受到“首因效应”的影响，第一印象往往会影响上级对劳动者此后很长一段时间的评价。在正式上班前，应做好充分的准备，通过收集资料对组织和上级有较为充分的了解。上班第一天准时到达办公室，以积极的面貌投入到各项工作中。

第二，取得出色的工作绩效。这是和上级建立良好关系的最有效战略。要能保质保量地的完成上级指派的工作任务，当上级遇到困难时，要能主动协助他解决问题。对复杂问题，尝试给出若干种可供选择的解决方案。不刻意向上级邀功，但要让上级注意到你的存在对组织是有正面影响的。

第三，表现出良好的职业道德。良好的职业道德是对尊严和工作价值的坚定信念，也是让上级留下深刻印象的重要因素。为此应当做到以下几点：一是努力工作且享受工作。二是即使在小事上也要表现出竞争力，懂得积少成多的道理。三是主动为出现的问题承担个人责任，不要推诿扯皮。四是主动做一些职责之外、但有利于组织的事情，比如为一个延长时间的会议预订午餐。五是做到诚实、可靠，让上级愿意放心把一些重要任务也委派给你。

第四，与上级展开良性互动。要表现出良好的情绪智力，会察言观色、掌握分寸，理解上级对你的期待。在与上级的相处和沟通遇到问题时，要放低姿态，用适当的方式提出有建设性的想法和意见，避免无意义的抱怨，更不要无视上级。

| 专栏8-14　拓展阅读 |

与上级互动的行为检查表

下面所列举的行为是确认你现在或将来和上级进行良性互动的行为检查表。如果你越多地表现出以下行为，就越可能与你的上级建立良性关系。

1. 每当我真正同意上级的观点时，我会向上级表示出赞同。

2. 在上级喜欢提供帮助或者给出建议的领域里，我会向上级寻求协助。

3. 礼貌地对待上级，包括时常微笑和表达欣赏。

4. 避免在上级面前说脏话，即使他自己在工作中会说脏话。

5. 对于团队或者组织面临的重大问题提出解决方案。

6. 自愿接受为了慈善事业目的而进行的工资扣款。

7. 在我知道的对上级重要的问题上，我都投入大量精力来进行处理。

8. 我几乎从来不在上级召开的会议上缺席或者迟到。

9. 几乎总是按时完成工作任务。

10. 经常主动自愿地帮助上级完成重要任务。

11. 当我的上级完成了一个重大事项时，称赞他。

12. 偶尔做一些工作职责以外的工作，然后向上级解释并说明为什么要做。

13. 几乎从来不向上级抱怨工作或者个人生活上的事情。

14. 在会议中向团队解释为什么自己觉得上级的新主意是可行的。

15. 当听到某位客户喜欢我们的产品或服务时，我会告诉我的上级。

16. 我在任何社交网络上发布的关于我上级和公司的信息是积极的。

（参见〔美〕安德鲁·J. 杜布林：《人际关系：职业发展与个人成功心理学》，机械工业出版社 2015 年版，第 179 页）

（二）与同事建立良好关系

良好的同事关系不仅可以提高对工作的满意度，还能获得更多的工作支持与社会支持，从而更有可能取得更高的工作绩效。反之，淡漠甚至恶劣的同事关系则会导致工作压力和挫败感，降低工作效率。想要保持良好的同事关系应做到以下几点。

第一，对待同事应真诚而友善。信任对于工作团队非常重要，为此应当以诚待人，把自己的想法、意见和建议真诚地和同事沟通。但应注意，真诚不代表任何时候、任何场合都直言不讳甚至口无遮拦，还要注意沟通的策略和方式，真诚的前提是礼貌而友善，不伤害同事的感情，唯有此才能真正建立相互信任的关系，增加工作团队的凝聚力。

第二，学会和他人合作。要有大局观，不要只关注自己的个人绩效，还要关注整个团队的绩效，为此应做到：一是要乐于助人，当同事遇到困难时不要袖手旁观，而是提供些力所能及的帮助。二是和同事共享荣誉，不要把工作业绩独揽在自己身上，要认识到个人成功往往也是整个团队共同努力的结果，学会看到和赞美同事的付出。三是和同事共享信息，只有团队成员共同分享自己掌握的信息，才能彼此促进，提高整个团队的工作绩效。

第三，为同事提供情感支持。职场中的劳动者并非冷冰冰的机器，满足社交需求能大大提高工作绩效和幸福感。为此，应当关心同事，应当对同事的工作和生活表现出适度的兴趣，学会倾听他们的想法和感受，真诚赞美他们的成就和让他们感到引以为豪的事情。不要对同事漠不关心，更不要在背后说同事的坏话和负面八卦。

| 专栏8-15　拓展阅读 |

正确处理职场人际关系

最近国外网站上有人画了这样一幅漫画：在漫画的中央是一片一望无际的大海，而在大海的中央，站着一群体面的职场男女，他们都穿着西装或裙装，但彼此之间互不交谈，各自孤独地站在一小块陆地上。这幅漫画其实在暗指当今的职场人际关系，虽然大家都在同一领域中，但彼此并不交心，每个人都是一块贫瘠的孤岛。

职场人际关系是最难处理、也最微妙的人际关系之一，因为职场中的人并非是大家主动结交往来的朋友，大家未必有一致的三观和相同的兴趣爱好，但是职场中的人群也恰恰是大家难以回避的，要在这样充满竞争的环境中建立友谊，如同搭建一座纸牌屋一般，极容易崩塌。然而也正如斯坦福大学教授珍妮·奥德尔所说的，当今社会每个人都生活在崇尚交际和互相联系的环境中，没有与他人建立良好人际关系的人会被认为是失败者或者情商有问题的奇葩。在这种环境下，如塑料花一般虚假、但永不凋谢的人际关系变成了很多职场人的选择。

如今，职场学已经成为一门热门学科。在书店中相关书籍总是被摆在最显眼的地方，很多“专家”也举办各种讲座、列举无数成功或失败的案例，帮助职场人总结经验教训，教导人们如何在职场中如鱼得水。那么在职场中我们该如何正确处理职场关系呢？

首先，减少脱口而出的牢骚废话。面对烦琐、困难的工作，很多人常常焦虑不安、怨气冲天，为了排解心中的苦闷，这些人往往逢人就吐苦水，将自己的满腹怨言絮絮叨叨地发泄出来。一时地牢骚怨言大家都会理解，但长此以往同事们便会感到厌烦。其次，学会尊重和赞美他人。善于发现同事们的长处，并通过巧妙的语言夸奖对方。这并非是刻意地阿谀奉承，而是建立和谐融洽人际关系的有效方式。第三，少说多听，不要随意打断别人。在与同时交谈时，经常扮演倾听者的角色，不要总是围绕着自己的话题谈论，这样的谈话最终会让人无话可谈。同事们或许刚开始有兴趣，但长久以往便会感到厌烦，甚至会抗拒你的喋喋不休，最终只能从人际关系圈中被排挤出来。

（参见青丝：《职场塑料友谊》，https：//baijiahao. baidu. com/s？id = 1715906035742882487&wfr = spider&for = pc）

（三）与客户建立良好关系

对某些行业来说，顾客就是上帝。与客户建立良好关系，事关组织的生存与发展，掌握与客户交流沟通的技巧是劳动者必备的技能，为此应当做到以下几点。

第一，理解客户需求并将其置于首位。任何一种关系都始于双方的某些共同利益或共同愿望。当我们和客户交流时，要善于发现客户需求，找到双方的共同利益，尽量寻找能让双方共赢的方案。

第二，用积极的态度和客户沟通。积极态度体现在很多方面，比如表情、友好的手势、热情的音调和良好的交流技巧等，学会真诚地微笑和赞美对方，并通过一些温馨的细节拉近彼此的关系，让客户在和你的沟通过程中感觉良好，甚至能获得一些惊喜体验。不要总说一些虚情假意的套话、空话，千万避免粗鲁的言语与行为。

第三，高效率地工作。对客户提出的问题和诉求应尽快回馈并努力达成。此外，在与客户的相处中不会一帆风顺，一旦出现问题一定要及时解决，不能推脱责任和浪费时间，尽量将损失降到最小，以客户的立场快速有效地处理。

| 专栏 8-16 拓展阅读 |

与客户相处的职场礼仪

职场礼仪具有很强的凝聚情感的作用，懂得与客户相处的职场礼仪原则有利于促使冲突各方保持冷静，缓解已经激化的矛盾，建立起相互尊重、彼此信任、友好合作的关系，进而有利于各种事业的发展，为此应当秉持以下五项原则：第一，尊重原则。人与人是平等的，职场礼仪以尊重为第一原则，通过提供热情、周到的服务来体现。特别是对待出言不逊的客户，同样应给予尊重，友善对待。第二，遵守原则。职场礼仪是社会交往中的行为规范和准则，服务人员应自觉遵守和执行，并养成良好的习惯。第三，适度原则。在职场交往中，理解、沟通是建立良好人际关系的重要条件，要善于把握尺度，既热情友好、殷勤接待，又要自尊自爱、落落大方，不能轻浮和阿谀奉承。第四，自律原则。严格按照职场礼仪标准规范自己的言行，行动不出格，仪态不失态，言语不失礼。第五，互动原则。要礼尚往来，来而不往是失礼的表现。

（参见百度文库：《与客户相处的职场礼仪》，https：//wenku. baidu. com/view/81ba1ca7f80f76c66137ee06eff9aef8941e4892. html）

三、团队精神

（一）团队的内涵与特征

团队是由员工和管理层组成的一个共同体，能利用成员知识技能的协同，通过共同努力而产生积极的协同作用。团队的类型包括问题解决型团队、自我管理型团队、跨职能团队、虚拟团队等。

团队是更特殊、更高效的一种特殊群体，它与一般工作群体有以下区别：第一，在领导方面，群体应该有明确的领导人；团队则不一定，尤其当团队发展到成熟阶段，成员共享决策权。第二，在协作方面，群体的协作性可能是中等程度的，有时成员还有些消极，有些对立；但团队中是一种齐心协力的气氛，要产生“1+1>2”的协同效应。第三，在责任方面，群体的领导者要负很大责任，而团队中除了领导者要负责之外，每一个团队的成员也要负责，甚至要一起相互作用，共同负责。第四，在技能方面，群体成员的技能可能是不同的，也可能是相同的，而团队成员的技能是相互补充的，把不同知识、技能和经验的人综合在一起，形成角色互补，从而达到整个团队的有效组合。

高效团队往往具有以下五方面特征：第一，信任。成员在深度的情感层面上相互信任，在人前暴露弱点时不会感到不安。第二，健康的冲突。在寻找最佳解决方案时，成员会相互反驳、质疑，但不会因此感到不自在。第三，坚定性。所有观点都摆在桌面上，最终能够围绕重要目标和决策达成真正的共识。第四，责任感。成员之间互相负责，而不是依靠管理者来承担责任。第五，注重结果。成员将个人日程放在一边，注重团队利益，集体成果决定成败。

（二）团队精神的内涵

所谓团队精神，是团队成员为了团队的利益与目标而共同努力的作风，是大局意识、协作精神和服务精神的集中体现。团队精神具有目标导向功能、凝聚功能、激励功能和控制功能，有助于推动团队运作和发展，培养团队成员之间的亲和力，有利于提高组织的整体效能。团队精神是组织文化的一部分，良好的管理可以通过合适的组织形态将每个人安排至合适的岗位，充分发挥集体的潜能。

具体而言，团队精神体现在以下四个方面：第一，同心同德。组织中的员工相互欣赏和信任，能发现和认同别人的优点，而不只是突显自己的重要性。第二，互帮互助。在其他成员寻求帮助时提供力所能及的帮助，同时自己也能够坦诚地接受别人的帮助。第三，奉献精神。组织成员愿为组织或同事付出额外努力。第四，团队自豪感。以自己所在的团队为荣，发自内心的认同团队及成员。

| 专栏8-17　拓展阅读 |

关于团队精神的名人名言

1. 为了进行斗争，我们必须把我们的一切力量拧成一股绳，并使这些力量集中在同一个攻击点上。——恩格斯

2. 只要千百万劳动者团结得像一个人一样，跟随本阶级的优秀人物前进，胜利也就有了保证。——列宁

3. 单个的人是软弱无力的，就像漂流的鲁滨孙一样，只有同别人在一起，

他才能完成许多事业。——叔本华

4. 经营企业，是许多环节的共同运作，差一个念头，就决定整个失败。——松下幸之助

5. 天时不如地利，地利不如人和。——孟子

6. 人心齐，泰山移。——谚语

7. 三个臭皮匠，顶个诸葛亮。——谚语

8. 一滴水只有放进大海里才永远不会干涸，一个人只有当他把自己和集体事业融合在一起的时候才能最有力量。——雷锋

9. 一名伟大的球星最突出的能力就是让周围的队友变得更好。——迈克尔·乔丹

（参见《描述团队精神的句子》，https：//www. ruiwen. com/wenxue/juzi/623001. html）

（三）团队精神的培养

管理者应从以下几个方面着手培养团队精神。第一，确立一个共同的目标。共同的目标是形成团队的首要条件，也是达成员工对团队忠诚的重要方式。有了共同目标，成员就不会无所事事或迷失方向。因此要有一个导向明确、科学合理的目标，使全体成员在目标的认同上凝聚在一起，为实现这个目标共同努力，在这个过程中逐渐形成团队精神。第二，树立人人为我、我为人人的思想。要尊重团队中的每位成员，满足成员的合理需要，让他们感受到被关爱与尊重。在此基础上，培养员工的奉献精神，加强成员之间在工作上的合作，对一些处于边界的问题避免采取“踢皮球”的态度，提倡在职责和能力范围内应尽量自己解决问题。第三，增强领导自身的影响力。领导作为团队的核心，应了解和理解每个团队成员的心理，以服务心态而不是监管、控制心态对待成员，常去倾听成员的意见，通过自己的专业能力和领袖魅力去影响和引导团队成员。第四，建立良好的沟通协调机制。要畅通组织的沟通渠道，让成员能有随时进行双向交流途径，在遇到问题时要有明确且有共识的协调方法，从而提高团队做事的效率，而不是在推诿扯皮中产生矛盾和冲突。

培养团队精神既需要组织和管理者的制度设计和活动打造，也需要劳动者个人有意识的自我完善，具体而言要做到以下六点：第一，培养表达与沟通的能力。你与团队中其他人之间会存在某些差别，知识、能力、经历的不同会使你们处理问题时产生不同的想法。交流是协调的开始，要敢于说出自己的想法并能耐心倾听别人的想法。第二，培养主动做事的品格。任何一个团队的成员都不能被动地等待别人告诉你应该做什么，而应主动去了解我能做什么、我们能做什么，然后进行周密规划，并全力以赴地去完成。第三，培养敬业精神。有敬业精神，才能把团队的事情当成自己的事情；有责任心，才能将知识技能转化成团队的生产力。第四，培养宽容与合作的品质。人非圣贤，任何人都有犯错的可能，因此对团队其他成员的缺点和错误要足够宽容，而不要睚眦必较。要从错误、失误和失败中总结经验教训，将其转化为团队未来发展的养分。第五，培养大局观念。团队精神不反对个性张扬，但个性必须与团队的行动一致，要有整体意识和全局观念，考虑团队的需要。当团队利益和个人利益发生冲突时，要以团队利益为先。第六，树立团队荣誉观。清楚地认识到自己与团队其他成员是“一荣俱荣，一损俱损”的命运共同体，维护团队的利益就是维护自己的利益，因此团结他人、共同解决问题是最明智的做法。

| 专栏 8-18　拓展阅读 |

团队精神才是企业的核心竞争力

无论是企业还是国家，要想生存与发展，必须依靠一种精神力量，而精神力量首要的就是团队凝聚力，也就是团队精神。历史经验告诉我们单打独斗的年代已经过去，当今社会一个企业的成功不仅要提高员工的个人能力，更重要的是培养有效的团队合作和生生不息的团队精神，团队精神才是一个企业的核心竞争力。

如何形成团队精神？制度优先于技术。拥有良好的制度是员工进行科技创新的基础，反之，如果一个企业的制度落后必将阻碍企业的进一步发展。不同的制度会产生截然不同的结果，而且当一项制度建立起来后，不可轻易改变。

制度作为一种意识形态，会在企业或者社会形成一种环境氛围，人们在自觉或不自觉中都会受到它的影响。具有良好导向作用的制度会引导好的结果产生，反之坏的制度也必然会导致坏的结果。因此，根据企业或团队的需要，制定适宜的制度、塑造具有凝聚力的团队精神是一位领导者的重要任务。

在工作中制定规范的等级制度，在生活中领导与员工关系融洽。企业内部要建立严格的秩序，进行工作汇报和任务传达做到井然有序，员工不越级向上反映情况汇报工作，执行任务时各司其职。而在休息、吃饭时领导要与员工“打成一片”，一同就餐、聊天以及参加娱乐活动，减轻领导与员工之间的隔阂和距离感。

注重员工的福利待遇。企业除了给予员工丰厚的报酬以外，也要注重提高员工的福利待遇。为员工提供宿舍和食堂，工资中设有员工补贴和家属补贴等；举办各种文体活动，例如旅游团建等集体活动，增加员工对企业的责任感和归属感。

（参见李慧波主编：《团队精神：企业真正的核心竞争力》，新华出版社2004年版，第156—158页）

本章小结

根据世界卫生组织的定义，健康包括生理健康、心理健康和社会适应能力三个方面。本章从这三个方面对劳动者在职场中可能遇到的健康问题与应对策略进行了探讨：生理健康方面，介绍了尘肺、中暑、中毒等职场常见职业病的诱因和预防办法，以及劳动者享有的职业卫生权利和健康促进方式；心理健康方面，从个体层面和组织层面介绍了工作中常见的压力源及其应对，职业倦怠的症状和预防，以及平衡工作与家庭的方式；社会适应方面，介绍了提高职场适应能力、改善职场人际关系、培养团队精神的方法。总之，劳动者应全面提高自身的职场健康知识和素养，以积极、充满活力的状态投入到工作中，从而为组织和社会做出贡献。

主要术语

职业健康 职业病 职业卫生权利 健康促进 工作压力 职业倦怠 工作—家庭冲突 职场适应 团队精神

复习思考题

1. 了解你将来想从事的职业有风险患上的职业病，并思考防护措施。

2. 面临工作压力时，你个人有什么好的缓解压力的方式？

3. 大学生应为将来工作后能更好地适应职场做哪些准备？

推荐阅读

1. 孙贵范主编：《职业卫生与职业医学》，人民卫生出版社 2020 年版。

2. 李育辉：《李育辉组织行为学讲义》，新星出版社 2021 年版。

3. 斯蒂芬·罗宾斯、蒂莫西·贾奇：《组织行为学》，孙健敏、朱曦济、李原译，中国人民大学出版社 2021 年版。

第九章

日常生活劳动

学习目标

1. 了解日常生活劳动的基本常识，能够自食其力、帮助他人。

2. 掌握日常生活劳动的基本技能，在动手实践中磨砺意志、锤炼品格。

3. 理解日常生活劳动的重要价值，正确评价自己和他人的日常生活劳动。

导读

我们想受什么样的教育，就必须去过什么样的生活。

——陶行知

第一节　日常劳动与生活教育

劳动是满足人类生活需要的第一条件，也是一切历史的基本条件。马克思和恩格斯在《德意志意识形态》中指出："人们为了能够'创造历史'，必须能够生活。但是为了生活，首先需要吃喝住穿以及其他一切东西。"

在中华民族五千多年的历史中，古代先贤对日常生活劳动的认识不断深刻。这些认识充满了哲理和智慧，潜移默化地影响了一代又一代的中华儿女，也是新时代劳动育人理念的重要文化资源。

及至现代，西方也经历了从"教育为宗教神学服务"到"教育为生活服务"的转变，和中国古人一样，开始强调从日常生活中形成教化。不过，中国古代文化侧重于强调在生活中形成文明礼仪方面的教化，而现代文化则侧重于强调从生活中形成科学理性方面的教化。

一、中国古代的生活教育

（一）不能脱离日常生活而育人

中国古人认为，绝大多数的学问都在家庭日用之中，因而必须通过有关生活劳动的教育来实现育人。《大学》开篇讲述的"三纲领、八条目"中提到，"欲治其国者，先齐其家。欲齐其家者，先修其身"。齐家是治国的前提，而修身是齐家的前提。"自天子以至于庶人，壹是皆以修身为本"，也就是要从自身的日常生活做起。在此意义上，家庭教育显得尤为重要。子曰："爱之，能勿劳乎？忠焉，能勿诲乎？"孔子在讲"忠爱之心"时讲到，对上级的忠诚不能是愚忠，要善于规劝进言，对下级、子女的爱护不能是放纵袒护、娇惯纵容，而要借助艰苦劳动去锻炼他吃苦耐劳的品质和分析问题、解决问题的能力。

这个道理是显而易见的。但在现实生活中，不少父母对自己的孩子百般疼爱，将孩子照顾得无微不至，根本不舍得孩子劳动吃苦受累，这样往往使得孩子变得娇弱或骄纵，独立生活和工作的能力变得很差，长大后难以在社会上立足，甚至还有可能去害人。

| 专栏9-1　拓展阅读 |

逄蒙学射于羿

《孟子·离娄下》中记载了“逄蒙学射”的故事：逄蒙学射于羿，尽羿之道，思天下唯羿愈己，杀羿。孟子曰：“是亦羿有罪焉。”公明仪曰：“宜若无罪焉。”曰：“薄乎云尔，恶得无罪？”

讲的是，逄蒙跟着后羿学射箭，把后羿的射箭技巧后都学到了之后，便想，天下只有后羿的射箭本领比自己强了，于是便用桃木击打后羿的脑袋，将其打死了。

这个故事是否可信已不得而知，但值得关注的是孟子对此事的评论。孟子认为，在这整件事情当中，后羿也有自己的罪过。公明仪说：“羿不该有什么罪过吧。”孟子说：“罪过不大罢了，怎么能说没有罪过呢？”孟子之所以指责做师父的后羿有罪，是因为后羿只教给了逄蒙射箭的能力技巧，却没有教给他依靠自己去生活的道理。

——故事来自《孟子·离娄下》

教育的根本目的是育人，也就是促进人的发展，教人凭借自己的生活能力成长发育，依靠自己的生活能力成长为堂堂正正的人。如果教育只注重技能的培养，却脱离了生活目的本身，使人忘却生活的基本常识、做人的基本道理，教育就有可能走向它的反面，育人就会异化为害人。在孟子等古人看来，如果一个人认识不到依靠自己的劳动去应对生活的道理，那他为了实现某些更大的目的就会不择手段甚至伤害他人。因此，日常生活劳动虽然琐碎，但其中却包含着贯通人生的大道理。揭示这些大道理的日常生活劳动教育在各种教育内容中是居于首位的。

| 专栏9-2　拓展阅读 |

三代之隆，其法寖备，然后王宫、国都以及闾巷，莫不有学。人生八岁，则自王公以下，至于庶人之子弟，皆入小学，而教之以洒扫、应对、进退之节，礼乐、射御、书数之文……

——〔宋〕朱熹《大学章句序》

古人将日常生活劳动看作人的一项基本道德品行。在夏商周时期，我们的祖先对生产生活法则的认识以及对社会生活典章制度的建立积累了丰富的经验，逐渐达到了比较齐备的程度，在此基础上，为了传承这些认识和经验，天子王宫、诸侯国以及庶民闾巷纷纷设立学堂。孩子长到八岁时，从王公、贵族往下直到老百姓的子弟，都要进入小学，学习洒扫庭院、应对作答、进退出入等劳动技能习惯和待人接物礼节，以及执礼奏乐、射箭驾车、书法算数等技艺文化。

由此可见，在古代，打扫居室卫生、独立面对生活、娴熟待人接物等，不仅是每个人必备的生活能力，也是衡量人生活道德品行的基本维度。“洒扫应对进退”并非细枝末节，而是初始的教育，就像再高大的树木都得从幼苗开始生长一样，教育也要从生活教育开始，先传授些贴近生活的小事情、小细节，然后逐步推进到更广博更深刻的教育，教授高深远大的道理，“止于至善”。虽然物有本末，但本和末并不是截然分开的两件事情，日常生活的洒扫应对之礼与读书明理的诚意正心之道是相通的，决不可厌烦日常生活中的琐碎细节而汲汲追求所谓大本大源，将生活中的琐碎之事做好就是触及大本大源的一条有效通道。此即儒家文化强调的“生活教育”理念。

当然，在儒家传统文化中，也存在重视理论知识而轻视生产生活劳动的倾向。1939 年，毛泽东在五四运动二十周年纪念会上的讲话中就指出并批评了这一倾向：“孔子办学校的时候，他的学生也不少，‘贤人七十，弟子三千’，可谓盛矣。但是他的学生比起延安来就少得多，而且不喜欢什么生产运动。他的学生向他请教如何耕田，他就说，不知道，我不如农民。又问如何种菜，他又说，不知道，我不如种菜的。中国古代在圣人那里读书的青年们，不但没有学过革命的理论，而且不实行劳动。”难怪古代知识分子经常被农民讥笑为“四体不勤，五谷不分”。长期不从事农业生产生活劳动的人，学习再多的理论，也很难真正关爱工农大众。要真正地实现育人，就不能脱离人民群众的日常生活。

（二）劳动在日常生活中居于重要地位

在古人看来，劳动是人类生存之本。首先，日常的农业劳动对人的生存生活具有根本性的价值。先秦教育家墨子曾言：“故圣人作，诲男耕稼树艺，以为民食。”明末清初著名理学家张履祥也曾言：“治生以稼穑为先，舍稼穑无可为治生者。”劳动是农业社会中人的基本生存方式。其次，无论体力劳动还是脑力劳动，都是生存生活之本。曾国藩曾言，“卫身莫大于谋食。农工商，劳力以求食者也；士，劳心以求食者也。”农民、工人、商人是通过体力劳动来谋生的人；读书人则是通过脑力劳动来谋生的人。离开了劳动，人的生命存活、基本生活都无以为继。

在古人看来，劳动能促进个人的发展，尤其是道德的精进和体格的健壮。《国语·鲁语》中记载，春秋时期的杰出女性敬姜曾教育儿子公父文伯说：“夫民劳则思，思则善心生；逸则淫，淫则忘善，忘善则恶心生。”意谓人要劳动才会思考，在思考中（找到改善生活的好办法），产生善心；闲散安逸会导致人们过度享乐、缺乏节制，人们过度享乐就会忘记善行；忘记善行就会让人产生邪念。换言之，当人劳动时，才能有所奉献、创造价值，得到社会的认可，而离开了劳动，一味地追求安逸，人就会退化为社会的寄生虫，对家庭和社会都不会有什么贡献，甚至胡思乱想、步入歧途，对个人的发展、良好的家风、社会风气的形成产生巨大的负面作用。是故清代著名的绍兴师爷、“一代名幕”汪辉祖告诫世人：“欲望子弟大成，当先令其习劳。”明末清初的学者颜元还认为，劳动能使人强健体魄，“养身莫善于习动，夙兴夜寐，振起精神，寻事去作，行之有常，并不困疲，日益精壮”。就像思维不活动、不运用就会变得愚钝一样，血脉体气不运动的话，身体就容易生病，而从事必要的劳动是锻炼体魄的重要途径。

在古人看来，劳动还是治家兴家的重要条件。明末清初著名理学家、教育家朱柏庐（原名朱用纯）撰写的家庭道德读本《朱子家训》（原名《治家格言》）便总结了一些有关日常生活劳动教育的经验。全文短短524个字，却通俗易懂、简明精辟地阐明了修身齐家之道，加上其对仗工整、朗朗上口，自然而然地成为脍炙人口、世代相传的家庭启蒙教材。《朱子家训》开篇即写道："黎明即起，洒扫庭除，要内外整洁，既昏便息，关锁门户，必亲自检点。一粥一饭，当思来处不易；半丝半缕，恒念物力维艰。"短短数语，便集中突显了以朱氏家族为代表的士大夫阶层重视子孙的日常生活劳动习惯培养、注重在生活中传达正确劳动观念的"治家之道"。

（三）日常劳动是理想生活的重要组成部分

在古人看来，劳动是一种理想的生活方式。古人非常重视道德品行的养成，将君子作为一种理想人格来追求，而劳动则被认为是君子人格的重要特征。曾国藩曾在给年仅九岁的儿子的信中直言，自己不愿子孙做大官，而希望子孙做一位读书明理的君子，"勤俭自持，习劳习苦，可以处乐，可以处约，此君子也。"（《曾文正公家书・咸丰六年九月二十九日谕纪鸿》）即要勤俭持家，习惯于劳动受苦，进而达到这样一种状态，可以过快乐的日子，也可以过简朴的生活。而倘若要做出一番大事业，更是要勤勉劳动才可能取得成功。《尚书・周书・周官》有言："功崇惟志，业广惟勤。"取得伟大的功绩，完成伟大的功业，既因为有伟大的志向，更是由于辛勤不懈地劳作。如果成功是理想的实现结果，勤勉劳动就是理想的实现过程，构成了人理想生活的底色。

为了推广这种理想的生活方式，曾国藩还提出了"耕读为本、经世致用"的耕读教育思想。曾国藩认为子女教育中"以习劳苦为第一要义"，因为在他看来，"大抵仕宦之家，子弟习于奢侈，繁荣只能延及一二世；经商贸易之家，勤勉俭约，能延及三四世；而务农读书之家，淳厚谨饬，则能延及五六世，若能修德行，入以孝悌，出以忠信，则延泽可及八至十世。"这里所说的"务农读书"，就是他在家庭教育中反复强调的"耕读为本"或"半耕半读"的思想。据此，曾国藩为家中男女规定了日定功课：家中男子都要耕地施肥，种植蔬菜、养鱼喂猪等，家中女子都要学洗衣、煮菜、烧茶、制鞋、做小菜等，曾国藩亲自检验。同时，曾国藩要求其兄弟、子孙都要读经世致用之书，比如要学会写奏稿等，要将读书与职业劳动结合起来。这种白天从事农业生产活动、晚上挑灯读书的生活方式，共同构成了我国独特的耕读教育思想。耕读思想不仅推动了古代农业的发展，提高了古人的文化素养，而且作为我国劳动教育的雏形，其包含的劳动技术教育、勤俭朴素教育等思想至今仍是非常可取的。

二、现代社会的生活教育

中国古代教育的最初形态就是生活教育，不脱离生活而实现育人，其基本目的就是教人过好自己的生活。但后来受科举制的长期影响，教育逐步演变为考试教育。西方传统教育更强调社会应用性，主要以培养医生、律师及神职人员为主要目的。之后从批判“神本主义”、赞扬“人本主义”的文艺复兴运动开始，西方社会经过长期的“启蒙运动”“政治革命”“工业革命”以及“科技革命”等，逐步开启了以拥有独立自主的生存和生活能力、拥有开拓创新精神为典型特征的现代社会。教育方面更加彰显人本主义的特征，强调教育要与生活相统一，这与中国古代强调的“在生活中形成教化”是本质相通的。

| 专栏9-3 拓展阅读 |

教育是生活的过程，而不是将来生活的预备。

——美国著名哲学家、教育家、心理学家约翰·杜威

（一）教育即生活

作为世界著名的教育家，杜威最大的贡献就是提出了“教育即生活”的理念。他认为，学校作为社会生活的一种形式，本身就是一个小型的社会，学校教育就是按照真实社会生活的特点教会学生适应社会生活的能力，包括劳动、休闲、交往、创造等全部的能力。学校与社会之间只存在部分与整体的区别，而不存在质的差别。

杜威指出，“现在教育上许多方面的失败，是由于教育忽视了把学校作为

社会生活的一种形式这个基本原则。现在的教育把学校当作一个传授某些知识、学习某些课业或养成某些习惯的场所。这些东西的价值被认为多半要取决于遥远的将来；儿童之所以必须做这些事情，是为了他将来要做某些别的事情；这些事情只是预备而已。结果是，它们并不能成为儿童生活经验的一部分，因而并不具备真正的教育作用”①。

根据杜威的观点，在劳动教育中，日常生活劳动包括校园劳动本身不应被作为一种未来职业劳动的准备、作为一种手段被应用，它本身就是生活目的的一部分，对当下的现实生活具有鲜活的价值，在“使人成为完整的人”方面发挥着不可替代的作用。“如果教育即生活，那么一切生活一开始就具有科学的一面、艺术和文化的一面以及相互交往的一面。”教育与生活就不再是二元分裂、需要后期弥合的东西，它们从一开始就是连续的、融合的，共同构成人生的重要内容。

根据这种观点，学校教育与家庭教育也是延续着的。烹调、手工、缝纫等劳动教育的项目，“并不是附加在其他许多科目之外的、作为一种娱乐和休息的手段，或作为次要技能的特殊科目而提出的”，恰恰相反，它们作为生活的基本内容，本身就是其他所有科目的起点和归宿。我们在劳动教育中，不应将家庭生活劳动作为不起眼的、边缘的项目而忽略掉，或人为地贬低它们。

（二）生活即教育

中国人民教育家、思想家陶行知先生是杜威的学生，他和杜威一样，都明确主张并极力推行生活教育，但与杜威的观点“教育即生活”不同，陶行知主张“生活即教育”，更强调社会生活的教育意义。换言之，杜威是着眼于学校教育，强调学校教育应为生活服务，应融入生活教育，而陶行知则是强调打破学校的藩篱与局限，从社会生活着手开展教育，尤其是平民教育，这显然是一种大教育观。

陶行知说，“社会即学校”②。基于这样的根本视角，过什么样的生活便是

---

① 赵祥麟、王承绪编译：《杜威教育名篇》，教育科学出版社2014年版，第3—6页。

② 陶行知、陈彬：《教育的本质》，湖南人民出版社2019年版，第107页。

在受什么样的教育。过好的生活，便是在受好的教育；过坏的生活，便是在受坏的教育；过有目的的生活，便是在受有目的的教育；过稀里糊涂的生活，便是在受稀里糊涂的教育……换言之，过的是少爷般的生活，即使天天读劳动的书籍，也不算是受着劳动教育。我们想受什么样的教育，就必须去过什么样的生活。有些人至今仍过着几百年前的生活，便是在受着几百年前的教育。而要成为一个现代人，就必须参与到现代生活当中去。

之所以提出这样的观点，一方面的原因，是由于陶行知觉察到当时学校教育的枯燥。在他看来，养鸟的人把鸟笼环境设计得再好，鸟笼依然是鸟笼，而不是鸟所应该生活的世界，同理，学校教育的局限性只有突破学校的围墙才能得以克服。另一方面的原因，则是因为中国传统文化中自古就有浓厚的生活教育理念。陶行知提倡生活教育理念，实际上是呼唤教育应重新回到与现实社会相结合的轨道上来，用教育改善生活。

陶行知的现代生活教育理论融合了中国古代的生活教育思想和现代西方的人本主义思想，形成了具有中国特色的教育理想，对于今天的教育事业发展尤其是劳动教育的开展具有重要的启示意义。在生活、学习和工作中，我们往往强调要学会知识、学会技能、为未来的工作做准备，而恰恰忽视了作为出发点和落脚点的生活本身，这是现代社会的弊病甚至通病，也是我们借助教育所要克服的倾向。教育不应使人远离当下的生活，而应使人过上更加美好的生活。

（三）现代生活教育视野下的劳动教育

在现代社会中，许多发达国家都非常注重将劳动教育置于现代生活教育的整体框架之中，促进教育与生活的融合。

日本将劳动教育作为中小学生的必修课。从幼儿园阶段开始，老师和家长就都要引导孩子形成耐心、细心的劳动品格和主动参与的劳动习惯。在中小学阶段，学生开始上家政课，正式学习烹饪保健、整理收纳等进行独立生活的劳动技能，学校提供开展劳动学习的各种配套条件。日本制定的《面向21世纪的家庭课学习指导要领》，更是着重强调让学生在日常生活中去体验、去发现，突出生活家庭劳动课的探索性和趣味性，培养学生在日常生活中解决问题的欲望和态度，为其将来能过上独立而充实的幸福生活奠定基础。

德国也将“教会如何生活”作为其劳动教育的目标，非常重视家政课的教学实践。此外，德国劳动教育的特点还在于注意引导学生参与现代生产活动的过程，引导学生了解劳动与社会、劳动与生态保护等的关系，帮助学生在现代工业社会乃至后工业社会中过上独立、自由、自然、幸福的生活。

美国则将劳动教育课程分为三类：一种是以成为有效的家庭成员为目标的劳动教育，一种是以就业为目标的劳动教育，第三种是以培养合格公民为目标的劳动教育。通过家庭、社会、国家三个层次的劳动教育的分工合作，美国着力使其学生比较全面地了解个人的家庭角色及生活中的各种职业，学习一种或多种职业技能，理解生活的丰富度和广阔性，成为有能力的合格公民甚至卓越的优秀公民。

中国目前的劳动教育也突出强调家庭教育与校园教育、日常生活劳动教育与生产劳动技术教育等相结合，小学低年级要让学生在学习日常生活自理的中，萌发劳动意识，感知劳动乐趣。小学中高年级要让学生做好个人清洁卫生，主动分担家务，体会到劳动光荣。初中仍要侧重于加强家政学习，开展社区服务等。到高中再逐渐增加职业劳动、生产技术劳动的比重，在整体上遵循基本规律，循序渐进地促进劳动教育与现代日常生活的融合。

总之，现代社会背景下，各个国家都是将劳动教育融入校园和生活，重视生活教育和生涯教育、理论教育和技能教育、劳动教育和立德树人等的融合。

第二节　日常生活劳动的类型

现代大学生的日常生命时空大致可以分为生活、学习、劳动三大模块。据此，大学生的日常生活劳动也可以划分为三大类：家庭生活劳动、校园生活劳动、与未来职业劳动更加相关的勤工助学。三者之间有相同或相交的部分，但又各有其侧重和特点。

一、家庭生活劳动

千里之行，始于足下。只有从一粒米、一根线之类的小事做起，从日常饮食起居等琐碎小事做起，由小及大，由近及远，劳动的习惯才能逐渐养成，劳动的品质才能得以磨砺，劳动的价值观才能达到理性成熟，人生的扣子才能一粒粒地扣紧、扣整齐。

（一）家庭生活劳动的内涵和特点

家庭生活劳动就是围绕人的衣食住行等家庭生活所进行的一种通常是无报酬的家务劳动，它包括打扫卫生、清洗衣物、烧饭洗碗、整理收纳、缝补熨烫、育儿等，是每个人生存、生活所应具备的基本技能。

目前，人们对家庭生活劳动的认识并不统一。有人认为，家庭生活劳动由于仅服务于家庭成员内部、并不为社会创造财富，因而不创造价值，不属于社会生产劳动。也有人认为，现代家庭的家庭成员大多都是职业劳动者，家庭生活劳动在服务于家庭成员的同时，也服务于社会劳动力的再生产，因而家庭生活劳动也是整个社会大生产劳动的一部分。有人认为，家庭生活劳动与现代生产劳动的显著区别是，前者很少受分工协作的影响和专业化程度的制约，是游离于现代生产劳动方式之外的人的自由劳动空间。也有人强调，家庭生活劳动与现代生产劳动相互作用、密不可分，尤其是在资本主义生产方式的影响下，家庭生活劳动降低了劳动者的工资价值，提高了剩余价值在劳动结果中的占比。无论家庭生活劳动与社会生产劳动的关系应该如何定位，无可置疑的是，家庭生活劳动在时间和逻辑上都是从事社会生产劳动的前提。

家务劳动是大学生最多接触、最易学会和操作的一类劳动，但从已有的大量调查数据来看，部分大学生不仅没有家务劳动的习惯，而且对家务劳动不屑一顾、嗤之以鼻。实际上，无论从孝敬家人的角度来看，还是从锻炼自己的视角来说，大学生作为家庭的一员都要主动承担基本的家务劳动，这既是对自己生存性家庭消耗的一种必要的补偿劳动，也是对家人养育扶持的一种感恩表达，既是孝敬父母、为家人分担劳动负荷的行为表现，也是自我成长、担负本应自己承担的家庭责任的必要行动。

首先，要在思想上端正对家务劳动的认识。大学生作为有高层次文化知识、有自我反思和理性辨别能力的人，要克服“重脑力劳动、轻体力劳动”的错误思想的影响，不要用“学习太忙，劳动会占用学习时间，影响学习效果”作为不劳动的挡箭牌。要看到，合理的家务劳动能锻炼身体，尤其对于主要从事脑力活动、长期久坐不动的人而言，有助于提高大脑的活跃程度，改善精神状态，进而提高学习效率。作为家庭中的成年人，大学生也有义务帮助家人减轻生活负担，而从事家务劳动是减轻父母负担的最直接、最有效的办法之一。帮助父母整理房间、洗衣做饭，能够直接地让父母感到欣慰和幸福。

其次，大学生可以给自己安排一个家务劳动的计划，然后按照计划完成自己的家务劳动计划。人常说“勤劳的孩子早当家”。一个在家务劳动方面执行力强、行动力强的人，在学习方面也容易产生较强的时间管理能力和实践行动力。长期有规律的家务劳动，不仅能够让劳动者锻炼体质、磨砺意志，而且能使人更加深刻地理解坚持不懈、持之以恒的独特价值，更加珍惜时间和生命，提高学习效率和工作质量。

（二）从事家庭生活劳动的种类和注意事项

家庭生活劳动的种类很多，但首先要从自身的生活起居做起，做好个人内务整理，仪容仪表规范，养成良好的卫生习惯。其次还要学会洗衣、烹饪、缝补熨烫、整理收纳等。

1. 仪容仪表和内务整理。

良好的仪容仪表和整洁的内务能反映出一个人积极向上的精神风貌，也能体现个人较高的文明素养。注重个人内务整理，能够锻炼人的条理性和做事效率，对于一个人的整体素养提升具有以小博大、事半功倍的作用。

严格来说，仪容仪表和内务整理属于最基本的自我服务性劳动，但在现实生活中常常因为太过“小节”而被忽视。大学生不洗脸刷牙、不按时起床、不洗头理发、不铺床叠被、脏衣服堆积、垃圾乱扔、个人物品乱放的情形依然较多，这些不良习惯不仅会影响个人的形象，而且会影响人的身心健康、学习效率，甚至好运气，因为有些看似偶然的“倒霉事”常常与内务混乱、头脑混沌不无干系。

所以，大学生在家庭生活中就要严格要求自己，规律作息、起居有序，整理好房间内务，学会独立选购、穿搭合适的衣物，勤换洗衣物和床品，勤晒被子，保持干净整洁，同时勤洗头，勤理发，勤洗手，剪指甲，保持面容整洁端庄和手部洁净卫生，使各项基本生活事务井井有条。大学生要从这些小事、小节做起，养成日常生活的好习惯，在家庭劳动中成长成熟，才能更好地适应校园生活和未来的职业生活。

2. 洗衣。

洗衣是一项基本的家庭生活劳动。大学生要在家庭劳动中学会洗衣的技巧。首先，要将衣物按照颜色深浅、材质、用途等分类洗涤。衣物颜色大致可以分为纯白色、浅色（含白色条纹衣物）、艳色（红色、黄色、橙色等）和深色（黑色、褐色、蓝色等）四大类。材质方面，最好将毛绒多的衣物（毛衣、毛巾等）和容易起球的衣物分开洗，避免后者被损坏。贴身衣物比如袜子、内衣等，要单独洗涤。由于洗衣机内容易藏有污垢和细菌，所以内衣一般选择用肥皂手洗，更加干净。另外，清洗贴身衣服时，不要使用消毒液，因为其残留对身体的伤害较大。

要根据衣服的不同材质、颜色等调好水温。在没有特殊洗涤用品的条件下，温水更有利于洗涤剂中酶的分解，更有利于洗干净衣服。洗衣之前最好先看一下衣服上面的洗涤标签。内衣、床单等通常要使用60℃以上的水进行洗涤。羊毛织物、丝质衣物通常用常温冷水洗涤即可。有些沾有血渍、蛋黄、牛奶等的衣服必须用冷水洗涤，以防高蛋白遇热固化后更难清洗干净。

使用洗衣机清洗衣物时，要注意按照使用说明来操作。同时衣物体积不能超过洗衣机滚筒体积的2/3，否则不仅容易洗不干净衣物，而且容易损坏洗衣机，缩短使用寿命。

手洗衣物时，要先放水和洗衣液，并在搅动下将洗衣液均匀化开，充分溶解，之后再放入衣物洗涤，避免衣物上留下洗衣液的印记。

使用洗衣液之前，要阅读包装袋上的说明提示，了解洗衣液和水的推荐比例。如果洗衣液用量过少，难以洗干净衣物；如果用量过多，不仅会造成浪费，而且还容易产生残留，伤害皮肤。

3. 烹饪。

中国传统的烹饪除了煮面条、蒸米饭等之外，重点是做菜，包括买菜、择菜、洗菜、切菜、烧菜等多个环节。中国有鲁菜、川菜、粤菜、苏菜、闽菜、浙菜、湘菜、徽菜八大菜系，都追求色香味俱全，值得我们长期下功夫钻研。

其次，烹饪还要讲究烹饪方法，注重营养健康，食物品类要多样，主食以谷类为主，少盐少油，清淡饮食，荤素搭配，以素为主，不同的烹饪方法制作出来的菜肴，营养价值会有不同，在烹饪时也要注意。

此外，还要注意烹饪安全。烹饪的过程当中，不要远离厨房锅灶。若发生燃气泄漏，要及时关闭火源，关闭燃气阀门，迅速打开门窗，远离厨房，外出报警，不能在厨房使用手机或其他电器。刀具、玻璃容器、瓷器等在使用的过程中也要注意安全。

最后，还要防烫伤、防油溅、防油烟等。

4. 缝补熨烫。

缝补衣物是一项基本的生活劳动技能。但随着物质水平的提高，很多人认为“旧的不去、新的不来”“要舍得为自己投资”云云，已经不屑于缝补衣物。大学生通常还是一个没有完全独立、需要依赖家庭的消费者，因而形成合理的消费观念就显得尤为重要。大学生没必要盲目攀比，要树立“穿衣整洁比新鲜时髦更重要”的理念，勤俭节约，绿色环保，善于缝补，减少穿衣浪费和垃圾生产。缝纫时，要选择合适的布料或扣子，正确运用缝纫针法，注意自我安全防护，尽量做到针脚均匀，美观大方。

家庭中有电熨斗的，还应试着学习熨烫衣物，以便为参加求职、面试、会议等正式场合做好生活技能准备，积极树立自己的良好形象。

5. 整理收纳。

随着人们消费水平的提高，购物已经成为现代家庭生活的一项重要内容。在越来越多的日用品进入家庭之后，家庭物件的收纳整理就显得日益重要，甚至产生了家庭收纳师这一新兴职业。

日常收纳整理通常包括客厅收纳、卧室收纳、厨房收纳、卫生间收纳和卫生打扫。收纳的原则是简单整洁、卫生舒适、方便使用，并且最好与家庭的装修风格相统一，总体上让人感到心情舒畅。

大学生在家里可以锻炼自己的收纳小本领，不仅可以让家庭生活更加美好，未来也可能会发展为一项爱好或特长，在职场中派上用场。

二、校园生活劳动

干净、舒适、宁静、安全的校园环境是我们专心学习与和谐生活的必要条件，也是我们陶冶情操、身心健康成长的有利条件。营造良好的校园环境不仅是学校管理者的职责，也是每个大学生的义务与责任。大学生要首先将自己的大学生活安排好，像在家里一样注重个人内务整理、仪容仪表规范、宿舍物品理收纳等，养成良好的卫生习惯。其次，还要做好卫生保洁、垃圾分类等校园环境的保护。

（一）卫生保洁

“一屋不扫，何以扫天下？”虽然大学生毕业后从事保洁工作的概率很低，但日常卫生保洁是每个公民应该具备的基本能力和素养。大学生要会劳动、懂劳动、爱劳动，其中最基本的要求是会劳动。但现实中已经出现部分学生由于各种原因而不会劳动，或劳动的质量、效果让人不敢恭维。大学生要自立自强、文明时尚，就不仅自己要积极地参与校园环保，经常打扫宿舍卫生，还要经常组织开展环境保护活动，比如以系或学院为单位，发起全校性的“清洁校园　爱我家园”公益劳动，全面清扫教室内外公共场所或宿舍楼的走廊、公共卫生间等，也可以秋扫落叶、冬扫银雪，在集体劳动中感受劳动的美丽和光荣，等等。

| 专栏9-4　拓展阅读 |

保洁劳动工具的演变

卫生保洁的传统工具是扫把。通常，户外清扫要使用大扫把，也叫竹扫把，是一种用高度约为1.5米的毛竹子捆扎起来做的扫把。大扫把的历史非常悠久，据说是在四千多千年的夏朝由一位名叫少康的年轻人发明出来的。经过几千年的使用，至今大扫把依然没有被淘汰，在一些城市社区或村居街道里依然常见。

小扫把，也叫扫帚，是用竹枝扎成的扫地除尘的工具。据说扫帚也是由少康发明的。传说他有一次偶然看到一只受伤的野鸡拖着身子爬过地面，所过之处灰尘少了许多，于是少康抓来几只野鸡，拔下毛来制作出第一把扫帚，实际上是鸡毛掸子。但由于太软、不耐磨，所以少康将其换成竹条、草枝等，鸡毛掸子就被改造成了扫帚。

目前世界上大部分地区广泛使用的是高粱秆制作的扫帚，它既耐用又好看，是18世纪美国农夫哈得里发明的，美国甚至还因此出现了高粱扫帚制造行业。现在室内清扫工具除竹扫把外，还有塑料扫把。塑料扫把的弹性好，能清洗，使用塑料扫帚清扫时，不起尘、不脱毛，对家具、家电、衣物等表面几无损伤，因而被广泛使用。虽然有些家庭已经使用扫地机器人代替人工清扫，但因产品设计不同，清扫质量也参差不齐。

（参见吴兵：《保洁工具设计的源流及发展》，吉林大学2009年硕士毕业论文）

当代大学生在学习之余要经常参与校园卫生清扫，既活动筋骨、锻炼身体，又磨砺意志、提高行动力。卫生清扫时，通常采取从狭窄处向宽广处清扫、从边角向中央清扫、由室内向门口清扫的方向，由后向前不断向前方扫。手握扫帚清扫时，应用一只手握在扫把的把端上，方便用力和把控方向，另一只手握在把端下方的三十厘米左右处。清扫时，人的上身要向前适度弯曲，但不宜弯曲过度，否则容易疲劳。室内清扫过程中，扫帚不宜离开地面，挥动扫把时应稍用臂力向下压，以防止灰尘扬起。地面灰尘较多时，建议每扫一次，在地上墩一下扫帚，以减少扫帚前端的灰尘携带。清扫楼梯时，站在下一阶，从左右两端往中央集中，然后再往下扫，防止垃圾灰尘从楼梯旁掉下去。清扫过程中，随时集中垃圾灰尘，将其扫入簸箕。室外清扫时，要顺风扫，不要逆风去扫。

拖地的常用工具是拖把，有面板简易平拖把、面板套布平拖把、旋转拖把等。拖地之前要先用扫帚清扫干净地面上的纸屑、头发、碎粒等垃圾，这样容易将地面拖干净，也容易清洗拖把头。然后用清水浸透干净的拖把头，之后拧干或旋转甩干水分，左手握住拖把杆的顶部，右手握住拖把杆的中部，先用拖把沿着墙角推直线，将墙角部分清理干净后，再手握拖把杆沿 8 字形的路线左右移动、逐步后退。一个房间清理干净后，要清洗拖把头，再清理另一个房间。如果房间灰尘较多，可以用较湿的拖把头拖一遍之后，再用较干的拖把头拖一遍，地面就会既干净明亮又没有明显水渍了。

现在市面上已经出现了兼具扫地、拖地功能于一体的清洁机器人，但价格较高，且智能化工具还具有折旧成本高、需及时充电、清洁质量难保障等局限性。而且大学生作为创造性劳动的主体，将来如果要在清洁工具方面有所创新性贡献的话，前提是要了解具体的清洁过程、环节、技巧、演变历史和现存问题等，而这些只有亲自手动参与清洁活动才能深有感触，对设计改进方案才会思考缜密。因而手动清洁与未来的智能化清洁并不冲突，二者是具有关联性的。今天养成会清洁、爱清洁的手动清洁习惯，并不排斥将来使用智能化工具进行日常清洁的可能性。而今天在手动清洁过程中养成的不怕脏、不怕累、乐于体力劳动的习惯，却是未来从事创造性劳动也非常需要的一些品格和素养。

（二）垃圾分类

党的十九大报告指出：“建设生态文明是中华民族永续发展的千年大计，必须树立和践行绿水青山就是金山银山的理念。”随着经济社会的快速发展以及人们物质消费水平的大幅提高，我国每年大约会产生 4—5 亿吨的生活垃圾，尤以人口密集的城市居多。这些垃圾对人民群众的日常生活带来了严重的环境安全隐患，成为新时代生态治理中的重要问题。实行垃圾分类、推动循环经济，既关系每位公民的生活环境质量，也关系资源的节约再利用、经济的高质量发展，是社会文明进步的一个重要标志。

垃圾分类（Garbage classification）通常是指依据一定的标准，将垃圾分类储存、分类投放和分类搬运，进而转变为公共资源的一系列活动的总称。在分类过程当中，垃圾的性质定位也在发生变化。在分类储存阶段，垃圾属于私有品。经分类投放后，垃圾成为所在社区的区域性准公共资源。搬运到垃圾集中点或转运站后，垃圾才成为没有排除性的公共资源。

从国内外对生活垃圾分类的方式来看，主要是根据垃圾的成分、产生量并结合本地垃圾的资源利用和处理方式来进行分类。可回收垃圾主要有废纸、布料、塑料、金属和玻璃五大类。但要注意，用过的纸巾和厕纸由于水溶性很强，因而属于不可回收垃圾。

可回收垃圾通过综合处理、循环利用之后，可以大大地节省资源，同时减少污染。比如，每回收 1 吨废钢铁，可以炼出约 0.9 吨的好钢铁；每回收 1 吨废纸，可以造出约 850 公斤好纸，节省约 300 公斤的木材，利用率还是非常可观的。大学生既要养成垃圾分类的好习惯，也要尊重从事垃圾回收职业的劳动者。

厨余垃圾泛指家庭生活饮食中所需要的生料或成品的残留物，属于一种有机垃圾。如果利用生物技术来对厨余垃圾就地堆肥，每吨垃圾可以生产出 0.7 吨左右的有机肥料。

有害垃圾一般是指含有对人体有害的重金属、有毒物质，或容易对环境造成实际危害的废弃物，比如电池、灯泡、灯管、过期药品水银温度计、过期化妆品、等。对于有害垃圾，通常要单独回收、深埋处理。

其他垃圾即指除去可回收垃圾、厨余垃圾、有害垃圾之后剩下的垃圾，比如渣土、陶瓷、废弃卫生纸等。它们虽然危害较小，但无再次利用价值，故而难以回收。通常采用焚烧、深埋、自然分解、生物降解等方式处理其他垃圾。

高校在校人员数量庞大，垃圾产生得比较集中且规模巨大，实行垃圾分类对于创建文明生态、美丽和谐的校园，以及向社会输送高素质人才等都具有十分重要的意义。首先，实行垃圾分类可以减少污染。当垃圾露天堆放时，其中的微生物分解会释放出大量的化学气体，产生刺鼻的恶臭气味，垃圾中的粉尘、纸屑、微型颗粒物等也会随风飘扬，污染空气。填埋垃圾也会严重污染土壤和地下水资源。因此垃圾分类回收利用可以减轻污染危害。其次，实行垃圾分类可以减少占地。垃圾堆放和填埋处理都会占用大量的土地。每 1 万吨的垃圾大约就需要 1 亩的土地来进行填埋。我国的耕地面积仅有 1.3 亿公顷，但生活垃圾堆放已经侵占了大约 5 万公顷、相当于万分之四的全国耕地面积。而且垃圾产生量每年都以惊人的速度在增加。如果实行了垃圾分类，就可以将可回收垃圾循环利用，将不易降解的垃圾直接化学处理掉，这样就会减少大约60%的垃圾填埋量。此外，实行垃圾分类可以变废为宝，提高垃圾的资源价值和经济价值，力争物尽其用。最后，实行垃圾分类可以减少垃圾的总处理量，减少垃圾处理设备的使用负荷，控制折旧率，降低处理成本。因而实行垃圾分类不仅具有生态效益，还具有经济效益、社会效益。

在20世纪五六十年代，一向勤俭持家的中国人尚习惯于将生活中的可回收废弃物积攒起来出售或再利用。但随着物质生活的迅速改善，许多家庭已不再重视卖废品换回来的零钱，垃圾分类的朴素习惯逐渐淡化。今天，垃圾的产生量已使其成为一大公害。我们每个人既是垃圾的制造者，也是垃圾的受害者，因而，我们更应该成为垃圾公害的治理者。近几年，我国开始加速推行垃圾分类制度，在全国46个重点城市先期试行，尽快建成垃圾分类处理系统，到2025年底之前，要在全国地级以上城市基本建成垃圾分类处理系统。我们每个公民，尤其是大学生，要做垃圾分类、废物利用、变废为宝等行动的倡导者和先行者，大力普及垃圾分类的知识和重要理念，内外联动，推进校园或大学城的垃圾分类工作，主动用垃圾分类来战胜垃圾公害，保护我们的生存环境。

三、勤工助学

经过多年的发展，勤工助学在我国已经形成非常规范的运行体系。它是大学生在校园生活期间经常会应用的一种劳动实践方式。

（一）勤工助学的历史

勤工助学（或勤工俭学）在我国的历史通常可以追溯到20世纪初我国近代史上著名的留样勤工俭学活动。当时，既有洋务派组织的官派留学，也有青年自费的出国留学，后者以留学日本较多。因为去欧美国家留学每年约需大洋数千元，而去日本留学每年仅需一千元左右。即便如此，一般的家庭也难以承受，因而勤工俭学在当时颇为流行。赴法俭学的话，学生每年仅需大洋600元，赴日俭学的话，学生每年仅需大洋100多元。但到了北洋政府时期，由于当局推行较为保守甚至反动的教育政策，许多留学生被裁撤公费，于是留学生中开始出现工读会性质的组织，即以半工半读、工学互助的方法来节省费用、推动留学，希望勤苦力学之风由国人遍播海内外，以培养为社会服务之有用人才。毛泽东、蔡和森等人创办的新民学会在组织青年出国勤工俭学过程中也发挥了重要作用。1919—1921 年，我国的勤工俭学运动达至高潮，各国留法勤工俭学的学生高达 1600 余人，之后由于中、法政府迫害，而转入低潮。[①]

新中国成立之后，大学生勤工俭（助）学的发展大致经历了初步发展、恢复发展、规范发展和深化发展四个时期。1958 年 9 月，毛泽东在视察武汉大学时强调，“学生自觉地要求实行半工半读，这是好事情，是学校大办工厂的必然趋势，对这种要求可以批准，并应给他们以积极的支持和鼓励”，之后以“半工半读”“燎原计划”“农科教结合”等为主要内容的勤工俭学教育改革在全国兴起。但后来受“文化大革命”的影响，理论教学与劳动实践相结合的半工半读教育改革遭到了破坏，被迫中止。20 世纪 80 年代初，复旦大学首次提出将“勤工俭学”改为“勤工助学”，前者致力于劳工以俭省学费，后者致力于学生的自立成才和全面发展。及至 1984 年、1987 年，随着城市经济体制改革的开展，北京、天津、上海等地的大学校园相继出现两次勤工助学的热潮，且从零散打工、有偿修理、家庭教师等，发展到商店销售、大学生开发公司等，这股热潮从刚开始的“勤工助学”发展为“勤商助学”甚至“弃学勤商”，逐渐变了味、走了样。[②] 1988 年、1990 年、1993 年，国家教委等部门连续发文，开始要求各高校加强对学生勤工俭（助）学活动的规范化管理。20 世纪 90 年代，各高校纷纷成立勤工助学领导小组，结合学校实际制定完善相关规章制度，基本形成勤工助学的规范化体系。2007 年，教育部、财政部联合发布《高等学校勤工助学管理办法》，系统全面地明确规定了勤工助学的各项具体内容，促进了大学生勤工助学的深化发展。2018 年又对该办法进行了修订，突出了“资助育人”的要求。

---

① 刘时方、陆伟家、周翠林：《高校勤工助学的历史回顾和启示》，《南通工学院学报》1988 年第 4 期。

② 章华明、杜义美、印忠：《勤工助学的历史发展和现状初探》，《上海水产大学学报》1997 年第 1 期。

(二) 勤工助学的内涵和意义

教育部、财政部联合印发的《高等学校勤工助学管理办法（2018 年修订)》将勤工助学活动定义为“学生在学校的组织下利用课余时间，通过劳动取得合法报酬，用于改善学习和生活条件的实践活动”。勤工助学坚持“立足校园、服务社会”的宗旨，不仅是学校学生资助工作的重要组成部分、资助家庭经济困难学生的有效途径，也是提高学生综合素质，实现全程育人、全方位育人的一个有效平台。

勤工助学活动通常按照学有余力、自愿申请、信息公开、扶困优先、竞争上岗、遵纪守法的原则，在不影响正常教学秩序和学生正常学习的前提下，由学校有组织地开展。勤工助学是为了“助学”而不是为了“辍学”，因而要避免以“助学”为理由旷课、逃学，荒废学业，“捡了芝麻，丢了西瓜”。对于大学生而言，抓好学习才是主业。勤工助学虽然有助于大学生的“全面学习”，但不能因此而贻误系统化、专业性学习的宝贵时机。当学习与勤工助学劳动产生冲突时，要妥善处理好这对对立统一的矛盾关系，可以暂时放弃勤工助学，节约开支，先把学习搞扎实。勤工助学应是大学生自愿申请的。勤工助学管理服务机构要接受申请，不得阻难，同时要加强领导、认真组织，提供各种指导和服务保障。由于勤工助学管理服务机构与大学生之间存在信息不对称性，所以前者要及时将校内应聘岗位和校外应聘岗位信息对外公开，使学生掌握信息主动权。勤工助学与助学金有相通之处，都要对贫困大学生开展扶危济困。而当申请者人数大于岗位数量时，所有申请勤工助学的大学生都要参与公平、公开的竞争，竞聘上岗，让大学生提前感受到能者上、平者让、庸者下的社会竞争规则，增强对市场经济的认知和理解。在勤工助学过程中，大学生要自学有关法律法规，熟悉学校相关制度规定，遵守纪律和法律，不做那些不符合学生身份、有损于自己和他人的事情，同时维护自己的正当权益。

学生如果进行校外勤工俭学，理论上需要征得学校勤工助学管理服务组织的同意。后者统筹管理校外勤工助学活动，并注重与学生学业的有机结合。如果是校外用人单位有组织地聘用学生从事勤工助学，更是必须向学校勤工助学管理服务组织提出申请，并提供相应的法人资格证书副本和相关证明文件。学校勤工助学管理服务组织审核同意之后，再组织推荐适合工作要求的学生参加勤工助学活动。

习近平总书记指出：“一个健康向上的民族，就应该鼓励劳动、鼓励就业、鼓励靠自己的努力养活家庭，服务社会，贡献国家。”① 大学生积极参与勤工助学活动，对于培养自己辛勤劳动、节约朴素的生活习惯，以及吃苦耐劳、自信自强、勇担责任的优良品质，具有重要意义。

勤工助学有利于缓解大学生的经济负担，促进大学生经济自立。据调查数据显示，参与过勤工助学的大学生当中，一半以上的大学生都将获取物质报酬作为自己勤工助学的主要动机。通过勤工助学获得报酬，一方面可以有效地减轻大学生所在供养家庭的经济负担，另一方面由于能够改善自身经济生活经济条件，且是通过自身劳动、自食其力来主动改善的，因而还能缓解大学生自身的心理压力，弱化大学生的自卑心理，锻造大学生自力更生、自信自强的心理品质。

勤工助学有利于培养大学生勤俭节约、吃苦耐劳的品质。“历览前贤国与家，成由勤俭败由奢。”但在当前社会中，由于人们物质生活条件已大大改善，一些大学生的勤俭节约思想逐渐淡化。不少大学生认为，勤俭节约之所以是美德，是由于过去的生活条件不够好，物质匮乏，而今物质非常丰富，提倡勤俭节约已经过时了。对此，美国学者丹尼尔·贝尔曾指出：“各种文明的兴衰史上都出现这样引人注目的现象，即在崩溃之前，社会总要经历一个个标志着衰落的特定阶段……这些递变的顺序是从朴素到奢侈，从禁欲到享乐……享乐主义的生活缺乏意志和刚毅精神。更重要的是，大家争相奢侈，失掉了与他人共甘共苦和自我牺牲的能力。”② 古人云，“简则约，约则百善俱兴；侈则肆，肆则百恶俱纵”，当今的大学生相对吃苦较少，经历的困难比较少，参加劳动的机会比较少。勤工助学的劳动实践对于培养大学生崇尚简朴、克勤克

① 习近平：《在深度贫困地区脱贫攻坚座谈会上的讲话》，人民出版社 2017 年 6 月 23 日单行本，第 16—17 页。

② 〔美〕丹尼尔·贝尔：《资本主义文化矛盾》，赵一凡、蒲隆、任晓晋译，生活·读书·新知三联书店 1989 年版，第 131 页。

俭、艰苦奋斗、积极进取的品质非常重要。

勤工助学有利于增强大学生的社会化素养。部分贫困生因为长期的自卑心理，性格上略显内向、孤僻。大学校园虽然是一个小社会，但与大社会相比，仍具有象牙塔的某些明显特征，这为大学生未来走向社会、快速适应社会和职业工作提出了挑战，甚至构成了障碍。而勤工助学既是一种日常生活劳动，也是一种社会劳动实践。勤工助学的参与者与广阔社会的接触范围相对更大，其劳动的社会化特征更强，这有利于改善大学生的性格特征，提高大学生的社会化素养。

勤工助学有利于提升学生的创新创业意识和能力。勤工助学能够促使学生将目光由课内拓宽到课内外，从学校拓宽到校企，将角色定位由大学生拓展到兼职工，进而延伸到就业创业，有利于学生开阔视野。在勤工助学过程中，大学生会试着用创新的眼光审视周围的各种资源，理性地将自身所学与实践需求结合起来，谋求更大的发展。在与其他勤工助学伙伴的工作学习过程中，容易萌生出灵感的火花，激发出创业的热情，进入一个融会贯通、综合提升的新境界。

勤工助学有利于锻炼大学生独立生活的本领，提高大学生的综合素质。通过参加勤工助学，大学生不仅可以学会如何做事，而且可以学会如何进行社会人际交往、如何防范欺诈、如何合理对待劳动所得等，不仅可以发现自己在知识储备、实际操作能力等方面的不足，也可以发现自己在组织管理能力、随机应变能力、社会交往能力方面的优点或短板，自觉调整和不断完善自己的学习结构，不断提高处理社会化事务的能力和信心，丰富、平衡和改善自己的人生观、价值观和世界观，进而提高大学生的综合素质。

（三）勤工助学的类型和特点

大学生勤工助学的类型较多。根据工作地点的不同，可以分为校内勤工助学和校外勤工助学；根据工作性质的不同，可以分为专业型勤工助学、管理型勤工助学和服务型勤工助学；根据工作时间的不同，可以分为固定岗位型勤工助学和临时岗位型勤工助学。

获取勤工助学的首要途径是关注学校发布的校内勤工助学与岗位需求信

息。在每所大学里，几乎都设有勤工助学方面的管理服务组织，有的大学将其设置在校学生工作部，有的大学将其设置在校团委，有的大学将其功能直接划分给大学生事务服务中心。其职责都是要为大学生提供校内（有的也提供校外的）勤工助学机会。学校提供的校内勤工助学岗位通常都要求提供一种专业技能或管理技能服务，提供专业技能的勤工助学包括大学生利用课余时间进行的有偿资料整理、文献翻译、调查研究、技术开发、工程设计等与大学生自身专业相关的勤工助学，管理型勤工助学主要是大学生利用课余时间担任行政部门或二级学院的管理助理，担任教授或副教授的教学助理，或者担任高级研究员的科研助理，或向学校提供公共服务等，主要职责就是帮助教师或行政工作人员更好地开展各类技术性或管理性事务。

校内勤工助学的岗位，总体上按照每个家庭经济困难学生月平均上岗工时原则上不低于20小时为标准，测算出每学期每月全校需要的勤工助学总工时数，据此再统筹安排设置校内勤工助学的岗位。校内勤工助学岗位分为固定岗位和临时岗位。连续一个学期以上的长期性岗位或寒暑假期间的连续性岗位统称为固定岗位。通过一次或几次勤工助学活动即可完成任务的岗位为临时岗位。学生从事勤工助学的劳动时间原则上每周最多8小时，每月最多40小时，寒暑假期间可适当延长。固定岗位按月计酬，以每月40个工时的酬金总额原则上不低于当地的最低工资标准或居民最低生活保障标准为基准，可适当上下浮动。临时岗位按小时计酬，每小时酬金参照当地最低小时工资标准合理制定，原则上不低于每小时12元人民币。

第二类比较适合大学生的勤工助学活动是社会服务型的工作，比如常见的做家庭教师，或者提供咨询、媒体服务等。据调查显示，中国大约有一半的勤工助学学生从事过家庭教师服务劳动。在国家的“双减”政策下，未来可能会产生更多的家庭教师学业辅导需求。大学生可以发挥个人所长，为有需求的中小学生提供此类社会服务。但也要注意家教需求信息的准确可靠和人身财产的安全等，防止某些不良中介或信息发布者借助家教招聘来欺骗大学生。同时，在从事家教实践的同时，应当阅读一些教育类或专业类的书籍，自觉学习《家庭教育促进法》，不断修正、完善和更新自己的教育理念和专业知识，提高自己的教育素养和法治素养，更新自己的知识体系，认真备课，耐心讲解，不要误人子弟。从事咨询和媒体服务时，最好与所学专业相结合，既能合理合法地获得劳动报酬，本分做事、不欺于人，又能锻炼自己的专业实践应用能力，为未来求职做好铺垫。

第三类勤工助学的途径通常是校外兼职，包括从事劳务钟点工、广告促销、发送传单、市场调查、商超理货或收银、送外卖等临时劳务型工作，以及做直播、做微商等用人单位根据销售额度和提成比例支付酬劳的提成类销售工作，还有麦当劳、肯德基等快餐企业中常见的按小时计酬的餐饮服务工作。此外，随着电商的兴起、科技的日益发达等，部分大学生也开始结合自身专业或兴趣特长来涉足自主创业。校外兼职与校内勤工助学有明显不同。校内勤工助学的报酬由学校专项资金支出，具有可靠的保证，国家相关制度对校内勤工助学的劳动时间等都有明确规定。校外兼职的报酬主要由大学生所从事劳动的教育培训机构、餐饮企业、商场超市、直播平台、电商平台等用人单位提供，或大学生通过自行组织销售和财务管理等环节实现盈利，对大学生的各项自我管理能力要求更高，大学生需要自己平衡好学校学习与校外兼职之间的关系。由于《高等学校勤工助学管理办法（2018 年修订）》明确将校外兼职行为排除在外，因而目前对大学生校外兼职尚无专门的法律规定，大学生要自觉学习相关法律知识和维权技巧，增强维护自身权益的意识和能力。

（四）勤工助学的注意事项

大学生从事勤工助学的劳动，尤其是从事校外兼职打工时，要注意避免损害自己劳动权益的事情发生。

1. 尽量通过学校或正规中介机构寻找勤工助学机会。

勤工助学对大学生而言具有非常丰富的正向价值。但大学生尤其是新生初离父母家庭，往往缺乏社会经验，容易上当受骗。因而要谨慎对待勤工助学尤其是校外的兼职信息。大学生寻找勤工助学机会最好是通过所在学校或正规单位、正规中介机构，要调整好心态，不要贪恋诱惑，图占小便宜。

2. 避免为虚假信息所误导。

想要从事校外兼职的大学生往往急于快速地寻找到合适的勤工俭学机会，

而社会上一些不正规的中介机构常常利用大学生这种急于求成的心理，无中生有或夸大事实，发布所谓的“紧急招聘”信息，诱骗大学生缴纳不菲的中介费。当大学生交了中介费之后，这些中介机构要么不再理睬大学生，要么将大学生随意派送到合作单位，而后合作单位再寻找各种理由和借口将大学生予以辞退，导致大学生虽然花了不少中介费却没有找到合适的勤工俭学机会，白白浪费了金钱和时间。为此，大学生在寻找兼职机会时，首先不能太过心急，要以平常心对待勤工俭学。其次，要主动学习批判性思维技能，善于鉴别有效的真实信息和无效的虚假信息，尤其对于校外用人单位的性质、营业执照、经营规模、员工数量等基本信息，以及工作时间、工作地点、工作方式和要求、工作待遇以及权益保障途径等具体信息，要通过互联网或其他合法渠道尽可能多地获取。此外，还可以通过有经验的老师、辅导员、亲属等获取相关的咨询服务，以免上当受骗。

3. 不要轻易地预付押金等。

正规的兼职招聘往往是不需要预付押金的。当大学生面对要求预交押金，或将学生证、身份证等作为抵押物的招聘信息时，要多加留意，多渠道求证相关信息的可靠性，避免押金最终有去无回，或劳务报酬受到关联性折损。

4. 关注报酬支付的方式。

大学生在得到兼职机会时，往往比较兴奋，而容易忽略报酬支付的方式及相关法律保障。绝大部分兼职劳动的报酬都是后期支付的，且有的雇主会将报酬支付的时间跨度设置得比较长，大学生可以在开始兼职之前与其协商，最好就支付时间能达成较短的时间间隔，比如每周支付一次或每天支付一次。比照《劳动合同法》，“非全日制用工小时计酬标准不得低于用人单位所在地人民政府规定的最低小时工资标准。非全日制用工劳动报酬结算支付最长不得超过十五日”。如果是按月支付的，最好签订用工协议或劳务合同，用法律形式保障雇主依法办事。

5. 关注勤工助学的法律文件。

我国现行的《中华人民共和国劳动法》没有明确规定勤工助学大学生的法律主体资格。1995 年颁发的《关于贯彻执行〈中华人民共和国劳动法〉若干问题的意见》中规定，“在校生利用业务时间勤工助学，不视为就业，未建立劳动关系，可以不签订劳动合同”。这说明，勤工助学的大学生是不具有劳动者主体资格的。如果大学生的劳动权益受到损害，很难获得劳动法的保护和救济。

关于校内勤工助学，虽然《高等学校勤工助学管理办法（2018 年修订）》没有明确表示校内勤工助学需要签订协议，但在实际操作过程中，学校在组织学生参加勤工助学之前，都会先组织学生与学校的勤工助学管理服务组织签订协议书。这种协议书通常是具有法律效力的，具体内容包括学生参加勤工助学的岗位、时间、报酬标准、支付方式、安全事项等，勤工助学管理服务机构承担的指导、考核、监督等权利义务，以及协议的变更和解除等常规条款。

关于校外勤工助学，原则上要求用人单位必须与经过学校授权的勤工助学管理服务组织签订三方协议书。协议书必须明确表述用人单位、学校和学生三方的权利和义务，以及学生发生意外伤害事故时的处理办法、争议解决办法等。校外勤工助学酬金标准不应低于当地的最低工资标准，具体数额应由三方协商确定后写入聘用协议。

关于校外兼职，由于许多大学生法制观念比较薄弱，以及其他因素的影响，大量校外劳动的大学生并没有申请或获得学校的同意和推荐。有的与用人单位签订了劳务合同，有的没有与用人单位签订劳务合同，当双方发生纠纷时，其合法权益就很难获得保障。尤其是学生在兼职过程中发生意外伤害时，不能作为工伤来处理，因而购买意外伤害保险等商业保险对于维护勤工助学、校外兼职的学生的利益就显得尤其重要。

第三节　日常生活劳动的价值

劳动是五育融合的结合点。相对于生产劳动，日常生活劳动对人内在综合能力的要求不高，对外在客观条件的要求也比较低，几乎人人可以参与，非常便于体验，因而更是促进五育融合和实现劳动育人的重要着力点。大学生要重视日常生活劳动的育人功能，通过积极主动参与日常生活劳动，努力实现“以劳树德，以劳增智，以劳强体，以劳育美，以劳创新”，使自己一步一步地成长为合格的家庭成员、优秀的社会公民、卓越的国家人才。

一、日常生活劳动与良好品德

道德是人区别于动物的一个非常重要的维度，德商是大学生需要培养的一种重要品格。中国古人非常注重对儿童进行启蒙教养教育，子女教育的核心品格即是“勤”与“劳”，二者辩证统一，不可分割，并不断衍生出勤与学、勤与俭、勤与政等辩证关系，这些关系是中国古代文化精神的重要内容，并成为古人修身立业、齐家治国之根本。古希腊哲学家亚里士多德也认为，幸福是人生的终极目标，幸福的人是智慧的，智慧的人是勤劳的，因而幸福就是合乎德性的严肃劳动（包括体力的和脑力的）；无论哪个阶级的人，越是勤劳，品德越高尚，品德越高尚，越能体会到最大的幸福。在现代，日常生活劳动对现代人尤其是当代大学生的品德培养具有更加不可替代的作用和意义。

日常生活劳动能够引导人们检视私人生活，明善诚身。苏霍姆林斯基曾言，“劳动是道德之源。”[①] 通过日常生活劳动而形成的劳动观念与习惯，能够帮助个体规划私人生活，慎独克己，使个体的生活条理有序，增进其身心健康，同时，也能培养人细心谨慎、勤谨自立的良好习惯。通过日常生活的体力劳动，大学生对劳动最容易形成当下直接的体验，形成尊重劳动、热爱劳动等情感，使人性情更加纯善质朴，长于体恤和感恩他人。另一方面，日常生活劳动还可以磨砺学生的性格，帮助发展健康的人格。通过家庭生活劳动传统观念的影响、家校生活劳动过程的体验和劳动实践的历练，大学生容易形成吃苦耐劳、自强不息、坚韧不拔的精神和乐观向上、阳光善良、豁达开朗的性格。在每日劳动的“做”中内化恒心，在以苦为乐的“劳”中磨砺意志，这些都可

---

① 苏霍姆林斯基：《让少年一代健康成长》，黄之瑞、张佩珍等译，教育科学出版社 1984 年版，第 182 页。

以为大学生积极进取、开拓人生事业奠定基础。

日常的集体生活劳动、共同生活劳动等实践形式能够为个体与他人的互动交际塑造广泛的衔接场。爱因斯坦曾言，“人只有献身于社会，才能找出那实际上是短暂而有风险的生命的意义”。通过日常生活劳动，为劳动构建广阔的实践场域，使大学生不怕出力流汗、勤于动手实践，有助于大学生个体回归群体，使人的群体社会性本能得以实现，在群己互动中树立正确的劳动观。正如恩格斯所言，“劳动的发展必然促使社会成员更加紧密地互相结合起来，因为它使互相支持和共同协作的场合增多了，并且使每个人都清楚地意识到这种共同协作的好处”①。

积极参与日常生活劳动，有助于构筑良好家风，培养大学生的“家国情怀”。习总书记在2016年会见首届全国文明家庭代表时说道：“家风是社会风气的重要组成部分。家庭不只是人们身体的住处，更是人们心灵的归宿。家风好，就能家道兴盛、和顺美满；家风差，难免殃及子孙、贻害社会，正所谓‘积善之家，必有余庆；积不善之家，必有余殃’。”② 日常生活劳动能帮助大学生加深对家庭成员的理解，更加体恤劳动者，形成珍爱劳动成果、感恩劳动奉献的劳动观，以及不怕付出、关怀他人的善良性情，为公民公共关怀素养和家国情怀的形成奠定情感基础。

二、日常生活劳动与人生智慧

人生幸福的一项重要指标就在于把握好各个阶段的角色责任，实现顺利过渡，完成不同的责任使命，在创造各种社会价值中实现个人成就。而日常生活劳动恰恰就是连接学生个体与家庭、家庭与校园、校园与社会的一条纽带和桥梁。保持良好的日常生活劳动，有益于个人恰当地参与家庭生活，促进家庭和谐；有益于大学生顺利实现从家庭生活到校园生活的过渡，促进家校共建；有益于大学生从校园步入社会后，顺利地建设和谐家庭、参与社会劳动，实现从

① 《马克思恩格斯选集》第4卷，人民出版社1995年版，第376页。
② 《习近平谈家风建设》，《人民日报》（海外版）2020年7月22日。

好学生向好职员、好夫妇、好父母、好公民的转变。因而，大学生要善于通过日常生活劳动，涵养自己敏于把握人生、构筑幸福人生的大智慧。

大学生经常参与日常生活劳动，有助于增进家庭和谐。家庭幸福是人生幸福最重要的内容。当代生活节奏加快，家庭生活紧张度攀升，大学生经常参与日常生活劳动，有助于大学生感知父母的辛苦，学会体谅父母、替父母分忧、深入理解和主动关心长辈，减轻家庭其他成员的劳动负担，同时养成替他人分担劳动的习惯和同理心，有益于自己今后的家庭生活幸福。有调查显示，当今大量家庭纠纷的根源与父母过于宠溺孩子或不能公平处理劳动分工等早期家庭教育问题有关。如果每个未来公民在青少年时期就养成“自己的事情自己做”的独立劳动习惯，以及乐于助人、关心他人的品格倾向，对于未来减少家庭矛盾、增进兄弟姐妹之间的感情等都大有裨益。大学生要勇于通过日常生活劳动，构建起家庭成员之间互相尊重、互相友爱的和谐关系，养成男女平等的正确婚姻观和孝老敬亲的正确家庭观，为人生幸福奠定基础。

大学生养成日常生活劳动的习惯，对于融洽当下及今后的亲子关系、构建未来和谐的夫妻关系等来说，非常重要。传统的家庭生活劳动，往往只有母亲是“身心俱在地在场”，父亲及子女常常成为“在场的缺席”。现代家庭中，电子设备又常常充当了隔离器的角色：通过吸附每个家庭成员，将家庭内部隔离开来，造成家庭成员之间的冷漠与隔阂。被电子产品构成“视觉屏障”的家务劳动“局外人们”更难以看到和体谅家务劳动的主要承担者。话语联系和情感交融的减少，使得家庭成员很难实现真正的“共在”，亲子关系、夫妻关系等都容易变得冰冷、畸形。有调查显示，现代社会离婚率的升高、生育率的下降等，都与家务劳动分工不合理、劳动时间投入的性别差距过大等有较大关系。因此，近年来，国家及地方政府非常重视这一问题，相继出台各项措施协调和引导家务劳动分工。比如，《山东省“十四五”妇女发展规划》明确指出，“倡导和支持男女共担家务，缩小两性家务劳动时间差距。”家务劳动的情境性、实体参与性非常强，围绕家庭生活展开集体劳动，大家分工合作，能够深化劳动参与的具体体验，唤醒成员的主体意识，强化成员的责任意识，矫正家庭角色偏位、错位的问题。在家务劳动中展开的情感交流，具有实在且丰富的内容，具有口头语言和身体语言的双重交流方式，是紧张的现代家庭中非常宝贵的一种情感交流，有助于人们在繁忙的社会交往中，回归生活世界，构建亲密的亲子关系和夫妻关系，重新散发人性的光辉，持续滋养和谐社会。

此外，日常生活劳动还具有突出的综合育人功能。通过日常生活劳动，能帮助大学生养成勤俭持家的消费观念、踏实肯干的做事态度、无坚不摧的超强意志、宽广博大的胸怀格局，有助于其体悟人生智慧、理解他人辛劳、团结有志之士、开拓人生事业，为大学生未来一生的长久幸福奠定基础、提供动力。

三、日常生活劳动与身心健康

日常生活劳动偏重于体力劳动，且强度和频率适中，有助于活动筋骨，增强体格，强身健体。从动态历史来看，体育最原始一部分就是从劳动演变过来的。从静态逻辑上来看，体育与劳动同属于身体活动。体育的主题是身体活动（Physical Activity，PA），身体活动就是指在基础代谢的水平上身体能量消耗增加的活动，通常可分为四大类：家庭的 PA（可对应日常生活劳动）、职业的 PA（可对应生产劳动）、交通的 PA 和休闲的 PA（主要为体育锻炼）。通过恰当的日常生活劳动，增进体能锻炼，是现代快节奏生活中体育与劳育融合的有效方式。对于平时多处于静坐听课和自习状态或长时间使用电子产品的大学生而言，从事成本较低、容易实现的日常生活劳动，对大学生活动身体、增强体魄、远离亚健康状态，具有明显的作用和独特的意义。

身心健康既包括身体的健康，还包括心灵和精神的健康。日常生活劳动能够快速有效地丰富个人的闲暇生活，使生命的底色变得厚重、精神世界有所附着。当前社会信息技术的快速发展改变了人们的沟通方式、娱乐方式和消费习惯。在技术的强力“排挤”之下，人的心灵变得更加容易孤独、空虚，个体生命更加容易陷入暗淡。智能时代，许多大学生成为“低头族”，对电子产品的过度娱乐使其趋忙于追逐短暂肤浅的“心灵快感”，沉溺于技术手段制造出来的精神“快餐”。这种对闲暇时间的滥用不仅消耗掉人大量的时间和金钱，而且非常容易滋生不良行为。有研究表明，缺乏处理好闲暇时间的能力，是造成抽烟、酗酒、吸毒、暴力等不良行为的主要原因。[①] 闲暇生活的空洞化很容易造成个体的精神麻木，使其对生活、生命的感受力与共情力下降。随着当代青年对实际生活兴趣的降低，生命的体验感也会日渐变得微弱。伟大的哲学家维特根斯坦曾言，“时代疾病要用改变人类的生活方式来治愈”[②]。日常生活劳动能够为个体打开闲暇生活的“盲盒”，引导大学生寻求丰富多样的生命活动，持续丰盈大学生闲暇生活的情境，使其在自身体验中感受真实生命的价值，在心灵与身体的共同释放与涵养中获得高质量的生命感。相比于生产劳动，日常生活劳动的成果大都即刻显现，容易让人产生当下的、直接的获得感，对于增强大学生的劳动快感、培养其劳动习惯，具有更直接的促进作用。

丰富多样的日常生活劳动可以使人独立自强，使人之为人的生命志趣得以充分展现。独立是一个人健全人格的重要组成部分，是青少年未来终身发展的重要前提。中国青少年研究中心做过的一项调查结果表明，当前能够实施自我服务性生活劳动的学生不到一半，热爱劳动或经常做家务劳动的孩子仅有两成，究其因由，无非是学生的后天劳动教育不足。由于中小学教育长期受唯分数论的影响，使得大量父母和部分老师有意无意地剥夺了学生劳动的机会。学校、老师和家长都容易忘却教育的初心是培育全面发展的人。大学生从事日常生活劳动，能够帮助大学生建立起良好的劳动习惯，并在习惯的养成中激发和强化大学生参与家务劳动、宿舍劳动的意愿，学习掌握从事生活劳动的一些基本知识和基本劳动技能，为个人的独立生活创造基础性的可能条件。日常生活劳动习惯的养成、劳动观的引导、生活劳动技能的训练，潜在地为大学生个体生命质量的高层建构打破障碍，使其在生命早期便养成热爱劳动、尊重劳动的情感，提高独立自主生活的能力，助推青年个体从容易惰怠的“依赖者”逐渐成长为勤以自持的“独立人”，在一定程度上能够抑制社会“巨婴”的畸形发展，促进社会个体生命的健康发展。[③]

---

① 庞桂美：《闲暇与劳动关系的异化与扬弃：教育回归生活》，《继续教育研究》2003年第5期。

② 〔奥〕路德维希·维特根斯坦：《文化与价值》，黄正东、唐少杰译，清华大学出版社1987年版，第8页。

③ 杨雪、杨进：《劳动教育的“生活”价值意蕴及其路径选择》，《劳动教育评论》第5辑。

四、日常生活劳动与审美情趣

审美起源于劳动。俄国政治家普列汉诺夫曾运用马克思主义的立场和方法，研究分析了原始音乐、舞蹈、绘画艺术以及它们同生产劳动之间的联系，系统论述了艺术的起源和发展，提出“艺术并非起源于游戏，而是起源于生产劳动”的著名观点。“劳动先于艺术，总之，人最初是从功利观点来观察事物和现象，只是后来才站到审美的观点上来看待它们。”① 不过，马克思在《资本论》中指出，“自由王国只是在由必须和外在目的规定要做的劳动中止的地方才开始；因而按照事物的本性来说，它存在于真正物质生产领域的彼岸”②。换言之，从功利性的物质生产到艺术的自由王国，需要中介。而提供中介作用的是具有神圣性和严肃性、能推动人的文化心理结构形成、孕育了原始艺术、与艺术具有内在一致性的巫术活动。劳动创造了人。人在劳动过程中形成了思维和情感，为艺术的产生提供了第一个前提。人在劳动过程中形成了文化心理结构、审美心理结构，为艺术的产生提供了第二个前提。所以虽然艺术的起源是一个复杂的、多元的问题，但从根本上讲，艺术起源于劳动。

劳动本身具有审美性。在诗人美妙的诗歌当中，即使对闲暇的刻画，也可以是和劳动有关的。比如著名的田园诗人陶渊明的诗句：“种豆南山下，草盛豆苗稀。晨兴理荒秽，带月荷锄归。”从“晨兴”起身，劳动到“带月”，经过一天的劳作，本应疲惫不堪，但诗人却用诗歌表达出对这种劳动生活的惬意之感。这显然是一种可以作为理想生活主题的劳动。作为现实生活的内容，劳动也具有强烈的审美形象和高度的审美地位。比如路遥的《平凡的世界》，就可以被看作是一部试图重新树立劳动的权威的作品，这里所谓的“平凡的世界”实际上就是要通过劳动来创造出的一个新世界。不过最终，劳动的审美性是具有乌托邦色彩的。从劳动美的角度，马克思肯定了劳动的价值，从丑劳动的角度，马克思也尖锐地指出“在人类发展历史中劳动始终处于异化的状

① ［俄］普列汉诺夫：《论艺术：没有地址的信》，曹葆华译，生活·读书·新知三联书店 1973 年版，第 93 页。

② ［德］马克思：《资本论》第 3 卷，人民出版社 2004 年版，第 928 页。

态”，比如，在资本主义发展的恶劣时期，工人劳动者宁愿毁坏劳动工具，也不愿再被资本家无情地剥削。这种不合理的丑劳动恰恰是社会主义社会所要消除、在共产主义社会当中已被消灭了的。正因为美劳动作为审美的这种理想性，劳动才更应该是文学的一支主旋律，为建构理想的劳动制度提供精神指引。

劳动创造美。在马克思看来，美就是人的本质力量的对象化，审美感受就是在对象中确证自身具有人的本质力量、肯定自己价值的感觉。显然，在创新的过程中，个体最容易感受到这种本质力量。同样是装修房屋，如果人们只是复制以往的装修设计图纸，就很难感受到自己的本质力量，房子就难以呈现出巨大的美感。反之，如果人们在装修的设计过程中发挥了自己的创造性，则可能诞生新的美感。人类正是以美的创造活动来丰富人自身的本质力量。当然，如果在不合理的社会制度之下，人的主体性本质受到压制或扭曲，那么劳动者审美和创造美的能力也可能被压抑或扼杀。资本主义社会的生产劳动以资本增值为目的，一方面使人的劳动失去自由自觉的性质，成为实现某种目的的劳动，人们在从事美的实践活动中得不到美的享受；另一方面使人的真正本性如审美需求等被物质需求所排斥，于是审美能力逐渐萎缩，一切价值最终都归于物质价值，使个体片面且畸形发展。因而，不受消费主义遮蔽的、自由的创造性劳动是每个劳动者自由自觉的类本质得以真正实现的必由之路。

在中国特色社会主义发展的新时代，大学生从事日常生活劳动，有助于提高大学生的审美鉴赏力，培养其积极健康的审美情趣。首先，大学生通过自己的双手使得衣物变得干净得体，家庭和校园环境变得卫生整洁，宿舍得以美化，食物得以色香味俱全，自身也在沉浸式的劳动参与、劳动成果的显在生成中得到审美的陶冶和情趣的培养。其次，在日常生活劳动尤其是家务劳动、勤工助学的过程中，大学生得以在步入社会之前就开始思考劳动与生存、劳动与家庭、劳动与分配、劳动与资本、劳动与人类发展等等之间的关系，在劳动实践中思考理论知识和美学观念，有助于其合理有效地分辨生活中的美与丑，建立健康正确的美丑观。此外，通过持续不断地体验日常生活劳动，大学生方得以真正尊重劳动，时常感恩劳动者，从内心深处学会鉴赏劳动之美，提高美学品鉴能力。最后，大学生作为创新的主体，最容易在自由的创造性劳动中实现自己自由自觉的类本质，在创造美的过程中体会到人自身的本质力量，实现高层次的审美享受。

劳动体验

1. 为父母家人“做一次美食”。

是你给了我生命/我却远行走天涯

是你教会我走路/我却舍你离开家

是你抚养我长大/我却千里守边卡

是你为我操碎了心/我却不能侍奉报答……

……

是你扶起我雄心/我才有志闯天下

是你练出我赤胆/我才一心报国家

是你教育我成人/我才懂得责任大

是你为我饱足了劲/我才不怕风吹雨打……

刘和刚演唱的这首《妈妈》，唱出了很多人的心里话。父母家人为我们的成长付出了太多的心血，而我们陪伴她们生活的时间却越来越少。

请您在生活中多观察家人的喜好，主动学习烹饪知识，平时节约使用零花钱，然后利用假期时间，独自购买食材，为父母家人做一顿她们喜欢的特色美食吧。请用图文或视频记录家人幸福的瞬间和您劳动后的心情。

2. 为宿舍空调“洗一次澡”。

为了改善大学生的住宿环境条件，很多高校都在学生宿舍楼里安装了空调。但空调在长期使用一段时间之后，过滤网、散热器等部位往往藏污纳垢、细菌滋生，不仅使得换热效率降低、出风量减小、制冷效果下降，而且还常常散发出怪味，使人头晕乏力、免疫力下降，患上“空调综合征”，危害人的身体健康，影响人的心情感受。专家指出，在所有家用电器中，空调是积尘污染最严重的，空调使用过程中一定要定期清洗。

请您和舍友一起，为本宿舍的空调清洗拟定劳动方案，制定清洗的详细步骤和注意事项，然后根据方案科学、合理地开展空调清洗劳动。并请撰写劳动图文日记或制作劳动视频，记录您的收获和喜悦。

本章小结

本章主要论述了中国古代生活教育和现代社会生活教育的内容和特点，表明了生活教育的重要性和日常生活劳动的必要性；相继介绍了大学生经常参与的家庭生活劳动、校园生活劳动和勤工助学三类日常生活劳动，引导大学生在日常生活中便要做到“会劳动”“懂劳动”；从良好品德、人生智慧、身心健康、审美情趣四个方面阐释了日常生活劳动的价值，体现了德智体美劳“五育融合”的理念。

主要术语

日常劳动　生活教育　垃圾分类　勤工助学　五育融合

复习思考题

1. 陶行知先生在晓庄学校曾经倡导“不会种菜，不算学生”，并提出“不会烧饭，不得毕业”的口号。您对此认同吗？为什么？

2. 您认为目前开展日常生活劳动教育面临的主要问题或困难是什么？如果您是高校管理者或者劳动课程的老师，会从哪些方面、采用哪些方式倡导或开展日常生活劳动教育？

3. 请网络搜索“博扬 · 斯拉特与他的海洋清理系统”的故事。想一想，如果让你研究一项发明来改善我们的生活环境，你最想发明什么？与同学一起分享和讨论吧。

推荐阅读

1. 《习近平谈家风建设》，《人民日报》（海外版）2020 年 7 月 22 日。

2. 陶行知、陈彬：《教育的本质》，湖南人民出版社 2019 年版。

第十章

创造性劳动

学习目标

1. 了解创造性劳动的基本知识，理解创造性劳动的重要价值。

2. 掌握科学思维和创新思维的训练方式，懂得在实践中提高创造性劳动能力。

3. 理解创造性劳动的实践路径，能够积极参与创造性劳动并获得正向反馈。

导 读

劳动者素质对一个国家、一个民族发展至关重要。劳动者的知识和才能积累越多，创造能力就越大。提高包括广大劳动者在内的全民族文明素质，是民族发展的长远大计。面对日趋激烈的国际竞争，一个国家发展能否抢占先机、赢得主动，越来越取决于国民素质特别是广大劳动者素质。要实施职工素质建设工程，推动建设宏大的知识型、技术型、创新型劳动者大军。

——2015年4月28日，习近平在庆祝“五一”国际劳动节暨表彰全国劳动模范和先进工作者大会上的讲话人的劳动是有意识、有创造性的劳动。虽然人类劳动除了创造性劳动，还有机械重复性劳动，但所有机械重复性劳动在刚出现时都是创造性劳动。创造体现了人类劳动与其他动物活动的根本不同，也可以说，创造是人类劳动的本质特征。

第一节　创造性劳动概述

创造性是每个人都具有的一种潜在的自然属性。生活是创造的源头活水，每个人都具有待开发的创造潜力。创造在劳动中也是无处不在的，但不同的劳动，创造性在其中的比例和层次水平都是不同的。不是所有的劳动都可以称得上是创造性劳动。

一、创造性劳动的内涵与特征

创造性劳动，指的是通过人的脑力劳动萌发出技术、知识、思维的革新，从而高效提升劳动效率、产生出超值社会财富或成果的劳动。创造性劳动具有以下显著特征。

（一）新颖性

新颖性是创造性劳动的首要特征。创造性劳动的产品，无论是知识还是技术，过去都没有被公开使用过或者以其他方式为公众所知。人类社会的发展史就是一部创造性劳动大放异彩的历史，不同历史时期的创造性劳动具有不同的特点，但相同的是，每一次历史性飞跃的背后，都有创造性劳动的巨大推动力在发挥作用。早期的人类创造性劳动通常表现为劳动工具和生产方法的一般性改进。工业化以来，创造性劳动常常表现为重大的技术变革。18 世纪 60 年代的工业革命以瓦特对蒸汽机的创造性改良为主要特征，从此人类进入“蒸汽时代”。19 世纪末 20 世纪初的第二次科技革命以电灯泡的发明为标志，以电力的广泛应用为主要特征，以新能源的发现，新材料、新机器、新工艺的发明，以及新交通工具和通信手段的发明为主要内容，促使人类进入“电气时代”。20世纪40、50年代的第三次科技革命，以电子计算机的发明为主要特征，以电子计算机、航空航天技术等为主要内容，促使人类进入“信息化时代”。

一次次技术革新的背后是知识的革新。它是指通过科学研究（包括基础研究和应用研究）获得新的基础科学和技术科学知识的过程。随着人类社会的向前发展，人类知识的更新速度越来越快，知识更新周期持续缩短。18世纪时，知识的更新周期是80—90年。到21世纪初，知识更新周期已缩短至2—3年。知识的快速革新也是创造性劳动的结果，更准确地说，知识革新是创造性劳动的一部分。

技术革新和知识革新的背后，往往伴随着思维的革新。比如仿生技术的迅速发展，以及仿生学的不断演化，背后实际上是工程技术、生物科学等等之间跨学科思维、联想思维、求同思维等的多重应用。这种多重应用衍生出仿生机器人技术、仿生材料技术、仿生感知和信息处理技术等。

（二）超值的价值性

与一般劳动创造产品价值不同，创造性劳动在创造价值方面表现出独特的“乘数效应”，甚至可以说，创造性劳动直接创造剩余价值。[①] 创造性劳动也不同于复杂劳动，它往往在极短的时间内消耗大量的劳动力，是一种难以换算为社会平均劳动时间的特殊人类劳动，具有显著的突发性与突变性，因而在商品的劳动价值公式中有必要单列创造性劳动的价值。[②]

（三）风险性

创新便意味着挑战，而挑战与风险相伴相生，相形相随，因而创新也就意味着风险。一切创新都是在不断降低风险、战胜挑战的过程中实现的。

① 朱正国:《剩余价值的现代发现:创造性劳动创造剩余》,《生产力研究》2004年第8期,第12—14页。

② 冯骊:《创造性劳动与劳动价值论——对马克思劳动价值公式的补充》,《河南师范大学学报》2008年第5期,第16—19页。

| 专栏 10-1　拓展阅读 |

“小妙招”擂台赛

将同学们分为甲、乙两类小组，甲组的主要任务是指出日常生活中的不便、困难或麻烦，乙组的主要任务是针对甲组提出的难题来寻找“妙招”，设计解决方案。

二、创造性劳动的价值

苏霍姆林斯基认为，劳动是渗透一切、贯通一切的东西，没有劳动就没有（也不可能有）教育；而真正的劳动只能是手脑并用的劳动，是综合运用体力和智慧的劳动，即创造性劳动。

党的十九大报告指出，要“建设知识型、技能型、创造型劳动者大军，弘扬劳模精神和工匠精神，营造劳动光荣的社会风尚和精益求精的敬业风气”。近几年，倡导辛勤劳动、诚实劳动、创造性劳动的社会主义和谐劳动观已在全社会达成基本共识，一批批大国工匠、地方工匠也被选树出来。而相比辛勤劳动、诚实劳动，创造性劳动具有一些更加独特的时代价值，应予以高度的重视。

（一）创造性劳动是人类进化和经济社会发展的决定因素

人类劳动所具有的创造性构成了人类劳动与动物活动的根本性区别。动物活动只是无意识的、条件反射式的简单重复性行为。动物行为只有变化的可能，却不具有发展的前景。而人类的创造性劳动决定了人类拥有无比广阔的发展前景。

即使在人类自身的漫长进化历史当中，创造性劳动也比重复性劳动创造出更大的进步。近代以来人类劳动不断向更加高级的形态发展，最核心的标志就是创造性劳动数量的快速增长和层次水平的不断提高。可以说，正是创造性劳动，才构成了社会生产力进步的核心内容，从根本上驱使了经济和社会关系的不断演变。

近代以来，随着科技革命对社会分工的深入影响，科学技术在经济社会发展中的贡献率占比越来越高，资本积累开始从货币资本积累向知识资本积累转变。现代社会中有价值的创新发明成果常常比货币资本更重要、更难获得。创造性劳动对经济社会发展产生的推动力作用和地位更加凸显。

（二）创造性劳动是破解现代社会劳资难题的一把钥匙

从理论的角度来看，现代社会就是人的创造性劳动在全部生产力中发挥主导作用的社会。马克思指出，劳动是人的本质活动，劳动不仅创造了人本身，还创造了人类社会；不仅创造了商品、价值，还创造了剩余价值、资本等生产要素。离开具体的劳动过程，任何生产资料都无法自动形成使用价值和价值。因此，重视生产领域中一线技工、高级工匠等劳动者的劳动，客观公正地评估生产性劳动，不仅是对劳动本身的一种尊重，也是对人自身的尊重。

然而，在现实世界，随着后工业化时代的到来，资本与劳动之间的非对称性格局日益凸显，具有非生产性特征的金融资本、虚拟经济在全球已然占据统治地位，支撑虚拟经济发展的实体经济反而受到严重挤压；资本的收益率和劳动的市场报酬之间的对比关系严重失衡。在此背景下，物质生产对劳动者的吸引力急剧下降，人才向非生产性领域快速流动，进而很容易导致社会的去工业化以及产业的空心化，并带来一系列严重的社会经济问题。

为了解决现代社会中资本与劳动的矛盾冲突及其所带来的一系列社会问题，美国、德国、日本等发达资本主义国家纷纷抢抓新科技革命的机遇，针对制造业相继提出了各自的国家战略。美国针对制造业四大领域，提出了“国家制造创新网络”（NNMI），从源头上确保自己的核心竞争力；德国提出的“工业 4.0”，主要是从生产设备和技术的服务增值方面增强自身的盈利能力和竞争力；日本则提出“工业价值链”，从产品的原材料、关键零部件等价值链上游增强竞争力。虽然侧重点各异，但其共同目的都是要通过对劳动尤其是创造性劳动的强化、重组，提振民族经济，推动社会可持续发展。因而从世界局势的实际发展情况来看，强化创造性劳动应成为破解现代社会劳资矛盾的一条重要途径。

（三）创造性劳动是中国走出全球发展困境的关键

随着新一轮工业革命的到来，中国迅速提出了强国建设战略，但从中外发展格局来看，跨国公司主导下的全球生产性网络普遍受到了全球资本的控制，在资本主义经济的包围下，中国的大量中小型企业仅仅是发达国家的加工厂或代工厂，中国工人所从事的大多是低水平重复性劳动，或机器替代性较强的标准化技术劳动，这不仅造成中国工人的工资水平相对较低，而且使得工厂的销售和盈利环节往往受到国际关系波动的影响。此外，随着电气自动化和人工智能的快速发展，标准化技术劳动很快将被自动化设备或机器人替代，工人失业的风险迅速加剧。如果不在生产领域开展技术的自主创新，不提高企业的自主创新能力，不努力摆脱对国外生产网络和金融资本的控制性依赖，中国企业就会很容易被锁定在低技术循环的牢笼之中。

今天，中华民族伟大复兴的一个重要内容就是要建设创新型国家，大力发展创造性劳动，推进科技领域技术创新，尤其是自主技术创新，提升我国经济发展的内涵质量和核心竞争力，尽快地从以低成本、低收入为主的重复性劳动为主，过渡到以高产出、高收益为特征的创造性劳动为主，避免“中等收入陷阱”。概而言之，就是要通过以技术创新为核心的创造性劳动实现技术强国。可见，创造性劳动在国际竞争中具有不可替代的独特地位。

（四）创造性劳动是吸引青少年热爱劳动的有效途径

根据企业调研，实体企业尤其是中小型民营企业面临的一个严重问题就是招工难。而招工难的根本原因是新时代青少年大多不喜欢制造业的技术性劳动。客观因素是企业劳动环境的吸引力差、收入待遇不够高等，主观因素则是当代青少年的劳动意识不强、劳动动机偏弱、劳动效果较差、理论基础不扎实、实训水平偏低等。客观因素容易改善，但改善程度有限。主观因素不易改变，但一旦发生变化，将带来突破性变革。而大部分青少年不热爱劳动这一主观因素与劳动教育中的实训方式以及生产实践中的劳动方式缺乏创造性、趣味性和挑战性有关。

由于创新创造总是与新事物、新发现、新结论有关，因而创造性劳动本身便蕴含着趣味性；同时，与一般劳动又不同，创造性劳动大多需要解决某个问题，因而又内蕴挑战性。趣味性和挑战性使得创造性劳动过程本身可以让人产生兴奋、愉悦等正向的情感体验。科学家贝弗里奇不仅专门描述过科学研究的创新发现会“产生一种巨大的感情上的鼓舞和极大的幸福与满足”，并且认为这是人们喜爱和向往的“人生最大乐趣之一”[①]。因此，如果说“教育学生从事创造性的劳动”是教育者的特殊任务，其特殊性就在于，没有对创造情感的激发，学生体会不到创造的快乐与幸福感，就绝不可能形成对劳动的热爱。著名教育家苏霍姆林斯基曾经说道：“体力劳动对小孩子来说，不仅是获得一定的技能和技巧，也不仅是进行道德教育，而且还是一个广阔无垠的、惊人的丰富的思想世界……正是在体力劳动的过程中，形成着学生的极重要的智慧品质：好奇心、钻研精神、思考的灵活性、鲜明的想象力等。”[②]

从国外小学开设的劳动与技术教育课程来看，当代小学越来越重视开展创新教育。俄罗斯1993年颁布了基础教育学校的“工艺学”大纲，强调工艺学的目标就是要使学生形成创造性思维，培养学生在劳动实践中的创造性。英国小学里开设的“设计与技术”课，引入了美国创新教育家奥斯本提出的“头脑风暴法”，着重培养学生从事技术劳动所需要的发散思维能力。日本面向21世纪的家庭课学习指导要领，则着重强调让学生去体验、去发现，突出家庭生活劳动课的探索性和趣味性。我国的中小学劳动教育也不能只注重劳动品德教育，而应有效地引导儿童在劳动中将智力情感、审美情感与道德情感相融合，避免过度道德说教造成青少年嫌弃劳动、厌恶劳动，甚至产生道德倦怠。现实中，部分大学生即使在思想上知道“好逸恶劳”“不劳而获”是不好的行为，却在行动实践上依然趋之若鹜，究其根本，就是因为他们很难从低质量、低层次的简单重复性劳动中获得创造性劳动所内蕴的智力享受和审美趣味。根据苏霍姆林斯基的观点，青少年的发展在很大程度上取决于智力活动和体力劳动相结合的密切程度，只有将思考与双手密切结合，才能真正激发青少年的劳动兴趣。在此意义上，重视和加强创造性劳动，将是破解青少年劳动窘境、激发青少年劳动热情的有效途径。

（五）创造性劳动是人类获得解放的必由之路

在谈及共产主义社会时，马克思指出，在共产主义社会，劳动不再是人谋

① 〔英〕贝弗里奇：《科学研究的艺术》，陈捷译，科学出版社1979年版，第147页。

② 〔苏〕苏霍姆林斯基：《给教师的建议》，杜殿坤编译，教育科学出版社1999年版，第28页。

生的手段，而成为人的第一需要。虽然今天的中国尚远未进入共产主义社会，但从理论的一致性上来讲，如何将人从枯燥的重复性劳动中解放出来，实现人类自由的、创造性的劳动，也是中国特色社会主义建设应当思考的理论与实践问题。

今天的世界越来越是一个由创造性劳动所推动的世界。根据莫里耶·布当的认知资本主义理论，当今时代的劳动已经从简单作用在大机械上的体力劳动为主，转变为复杂的、发挥创造性的脑力劳动为主，创造性劳动不再局限于科研部门或研发人员，而是成为各行各业共同进步的一种内在的驱动力。同时，由于知识产权相关法律对创造性劳动的保护，传统的资本剥削制度受到了一定的冲击，资本家对创造性成果的无偿占有受到了较大的限制，社会通过竞争机制逐渐形成了一种“利润为更多的创新者所分享”的分配制度，创造性劳动直接创造剩余价值。与此同时，不仅创造性劳动成果的共享性具有深刻的人权普遍性和共产主义意蕴，创造性劳动过程的发展也越来越意味着人的“自由而全面”的发展，社会主义社会要成为保障人权的表率，就有必要为创造性的自由劳动营造良好的社会生态环境。理想的劳动制度建构不仅要遵循传统的“劳动主体的体面性”原则、“劳动结果的公平性”原则，而且在新时代要更加体现“劳动客体的生态性”原则、“劳动过程的创造性”原则。创造性劳动应与辛勤劳动、诚实劳动一起，共同构成社会主义国家劳动者的鲜明特征。

总之，创造性劳动是现代社会最能体现人的本质、最有利于人的自由发展的劳动。在共产主义社会，劳动不再只是人们简单的谋生手段，而是通过创造性劳动寻求幸福与自由的第一需要。只有普遍增强劳动者的创造性能力，才能对抗莫里耶·布当所谓的“认知资本主义”，促进劳动者之间以及劳动者与非劳动者之间的分配公平，最终实现共产主义。①

当然，重复性劳动和创造性劳动都能够创造新价值，作为创造财富的劳

---

① 李娜、王美玲、李冰冰：《创造性劳动的时代价值、影响因素及对职业技术教育的启示》，《中国职业技术教育》2021 年第 21 期。

动，二者没有高低贵贱之分。强调创造性劳动的独特价值，并不意味着主张从事创造性劳动就比一些重复性简单体力劳动更高贵。一切创造价值的体面劳动都值得尊重和鼓励。

三、大学生与创造性劳动

很多人认为，创新只是一种“锦上添花”的事情，因为每个行业的岗位要求、每个个体的创造能力是有巨大差异的，所以不能将创新作为一种普遍要求。事实上，在劳动新业态层出不穷、劳动标准日益提升的今天，创新已经成为每位劳动者的必备素养之一。无论是体力劳动，还是脑力劳动，都要求劳动者要在不同程度上具有创造性。

创造是青春的标志，创新是青年的灵魂。无论是北斗团队、嫦娥团队，还是神州团队，都已经有很多年轻人独当一面。

| 专栏 10-2　拓展阅读 |

正用高科技改变世界、被全球瞩目的五位中国年轻人

第一位：中国5G技术最年轻的核心研发人员申怡飞，2019年年初，申怡飞团队开创的极化码方案，被写入5G行业标准。只有21岁的申怡飞，成为中国5G最年轻的开创者！申怡飞是个少年天才，记忆力惊人，高二考上大学，但上大学后也骄傲自满，期中考试挂了两科，受到打击之后才反思自己，奋起直追，成为年级第一名。

第二位：操控光子芯片的“魔术师”沈亦晨，29岁，他的光子芯片将使AI芯片的计算能力提升1000倍，同时能耗降低100倍，这将是人类发展史上里程碑式的进步。

第三位：比肩埃隆·马斯克的中国牛人舒畅，中国零壹空间创始人，将第一枚民营火箭“OS—X，重庆两江之星”成功发射！

第四位：中国年轻女学者刘明侦，23岁，钙钛矿太阳电池实验大获成功。

第五位：曹原，用石墨烯超导破解世界百年物理难题的中国天才少年，未

来在能源行业能为全球省下数千亿资金。

（参见《平均29岁！被全球瞩目的5个中国年轻人，正用高科技改变世界》，http：//www. gdzzdy. cn/shtml/6/news/201907/332. shtml）

那么，作为新时代的年轻人，大学生应该如何实现创造性劳呢？首先，大学生要在情感上热爱劳动，养成不仅爱动脑思考而且爱动手实践的习惯。其次，在行动上辛勤劳动，坚信“一勤天下无难事”“功崇惟志、业广惟勤”的价值理念，克服不劳而获、“等、靠、要”等懒人思想。更重要的是，大学生要在思维上培养科学思维、创新思维，并将思维训练与知识学习、实践锻炼结合起来。无论在理论知识学习过程中，还是在实习实训等专业实践活动中，都要注重科学思维和创新思维方法的应用，提高劳动的质量和效率，提升创造性劳动的水平和层次。

第二节　创造性劳动能力的培养

创造性劳动能力的培养，既离不开对创造性思维能力的训练，也离不开对科学思维能力的训练，而且后者往往是更基础、更根本的。当然，所有这些训练都既需要加强相关的理论知识学习，增强思维训练的自觉性，也需要加强其实践应用和实际操练，只有将理论和实际相结合，才能使创造性劳动能力成为一种“能力”，一种“上手的知识”，而非仅仅停留在“思维”或“潜能”的阶段。

一、科学思维及其培养

人的思维能力，代表着人的智慧。科学思维是一切创新活动的基础。科学思维，主要包括理性思维、辩证思维、系统思维等，是一个人知识素养、实践能力的综合体现，也是做好工作、提高效率的客观要求。提高思维能力的主要途径在于改进思维方法。

(一) 破除思维障碍

不破不立。要培养科学思维，首先要破除进行科学思维的障碍。有些思维障碍不仅是科学思维的障碍，也是创造性思维的障碍。常见的思维障碍有定式思维、从众思维、权威思维等。

1. 定式思维。

也称“惯性思维”。思维可以被理解为顺着某一方向进行思考，但是往往容易形成一种惯性，久而久之，下次再遇到类似问题还是会按上一次的方法去解决，这种现象被称为“思维惯性”。一旦形成这样顽固的思维惯性，多次反复使用，之后总是用先前积累的思维活动经验教训和已有的思维规律去对待客观事物，就会形成“思维定式”。

在一成不变的情境中，定式思维使人们能够应用先前的知识、经验和方法迅速解决问题。而在情境发生变化时，思维定式则会妨碍人们采用新的方法。

| 专栏 10-3　拓展阅读 |

谁和谁吵架?

一天，一个警察局长和一个老头正在聚精会神地下棋，这时跑来一个气喘吁吁的小男孩对警察局长说：“不好了，你爸爸跟我爸爸吵起来了。”老头问警察局长：“这个小男孩是谁?”警察局长说：“他是我儿子。”

大家能解释下这是怎么回事吗?

(参见《脑筋急转弯·警察局长》，https://www.jianshu.com/p/6d05ab5decba?ivk_sa=1024320u)

许多人在短时间内看不懂这个故事，或者没有给出最佳的解释。这体现了我们思维中一种典型的思维定式，或者说刻板印象，警察局长是男性。而实际上，这位警察局长是故事中小孩儿的母亲。将警察局长与男性绑定的这种刻板印象是一种思维定式。

2. 从众思维。

从众思维是指在认识问题的时候随“大流”、自己的思考容易受大多数人的影响、没有主见、缺乏创新意识的一种思维障碍。比如，中国式过马路，即“凑够一撮人就可以走了，和红绿灯无关”。要避免这样的盲目从众行为，除了树立法治思维之外，就是要自觉克服从众思维的心理倾向。

3. 权威思维。

权威思维指的是如果说话者的地位高、有威信、受人敬重，那么他的观点、意见或思想就易于引起他人的重视并不加思考地予以接受。美国的心理学家曾经做过这样一个试验：上课之前告诉学生，这位教师是德国著名的化学家。这位“化学家”拿出一个瓶子，他说瓶子里装的是自己最新发现的一种化学物质，这种化学物质有一种说不清的味道，然后让在座的每个学生闻到有气味时就举手。大部分学生都举手了。但其实里面装的是毫无味道的蒸馏水。这就是权威思维起作用的结果。

4. 线性思维。

线性思维是一种直线的、单一的思维方式，认为一切都随着初始条件的给定而给定，事物之间只存在单向的、直线的因果关系。这样的思维没有看到事物之间更多方向、更复杂、更曲折的因果关系。比如，有人认为，自己过去是一名优等生，是班委，所以步入职场后，肯定能成为一名优秀员工，并获得快速升职。或者过去买了几次股票，每次都赚钱，所以按照同样方法以后肯定也能一直赚钱。

| 专栏 10-4　拓展阅读 |

太空笔

美国航天员在太空中用圆珠笔写不出字来，于是航天局给研发团队拨发专款，希望科学家们能进行秘密攻关。以美国人的实力，研发出“太空笔”当然小菜一碟。但在庆祝之余，有位官员突生疑问：苏联航天员在太空中是用什么笔写字的呢？精干的谍报员很快便弄回了答案：铅笔！

这就是线性思维制造的幽默。

（二）科学怀疑与批判性思维

发现问题是创造性劳动的起点。但要发现真正的问题，不能为了怀疑而怀疑。科学怀疑既是科学思维的起点，又是科学思维的一个发展环节，是人类进行创造性思维必不可少的一部分。科学怀疑是从反面进行思索、探究的一种理性思维活动。思维中的怀疑因素和自变因素、抗压因素一起，共同构成一个思维过程的独创性。目前，提高人们科学怀疑能力和方案评估能力的主要途径之一是批判性思维训练。

批判性思维与理性紧密相关，是国际上人才的核心能力之一。所谓批判性思维，是人们综合运用形式逻辑和非形式逻辑及其他相关技能对观点、判断、命题、论证、方案等一阶思维进行再思维的工具，是关于思维的思维，它始于质疑，但并非找碴儿思维，更非一味否定，而是运用逻辑和相关技能，追求论证的逻辑明晰性和证据材料的可靠性，使人的观念和行为建立在理性慎思而非自然心理倾向或情感偏好上，避免思维谬误，帮助人们做出可靠的决策。① 从词源学上讲，Critical（批判）是标准化的意思。批判性思维实际上是强调满足一定的标准进行合理的思考。它涉及否定性的质疑、怀疑，但更与积极的二阶评估有关。

美国教育自主委员会的大学学习评估项目具体罗列了批评性思维的 21 种重要技能。

□判断信息是否恰当 □区分理性的断言与情感的断言 □区别事实与观点 □识别证据的不足 □洞察他人论证的陷阱和漏洞	□独立分析数据或信息 □识别论证的逻辑错误 □发现信息和其来源之间的联系 □处理矛盾的、不充分的、模糊的信息 □基于数据而不是观点建立令人信服的论证 □选择支持力强的数据
□避免言过其实的结论 □识别证据的漏洞并建议收集其他信息 □知道问题往往没有明确答案或唯一解决办法 □提出替代方案并在决策时予以考虑 □采取行动时考虑所有利益相关的主体	□清楚地表达论证及其语境 □精准地运用论据为论证辩护 □符合逻辑地组织复杂的论证 □展开论证时避免无关因素 □有序地呈现增强说服力的证据

① 李娜、韩清恩、钟文先：《大学生批判性思维素质现状及差异分析——基于山东省的调查研究》，《中国高教研究》2019 年第 2 期，第 49—52 页。

对应上面的四大象限，批判性思维技能可被分类概括为四种基本能力：辨析识别、信息处理、全面审慎、精准有序。批判性思维不仅包括对论证的评估，而且涵盖了对数据统计方法的合理性审查、对信息内容的辨析、对信息来源的考察、对语境的把握等，也涉及对某些情感或自然心理倾向的有意识抵抗、对语言表达的合理调控等，归根结底，它综合表现为一种明显的复合型理性思维能力。①

批判性思维的前提是要有清晰的思维。我们生活中常常充斥着含糊不清的断言和论证，引起这种现象的原因很多，但主要是语言的模糊、歧义和抽象所造成的。所以，清楚地分辨和认识语言的这些常见特点是进行批判性思维的第一步。

批判性思维强调逻辑论证，既强调形式逻辑，也强调非形式逻辑，既涉及演绎逻辑，也涉及归纳逻辑。除此之外，它还包括对修辞与逻辑关系的处理，提醒人们将修辞的归于修辞、将逻辑的归于逻辑。修辞的确具有心理上的说服力，但它并不增加语言的逻辑力量。心理说服力较强的论证并不意味着其逻辑力量也更强。一个理性的人并不否定修辞的作用，但更重视和善于找出修辞背后的逻辑，搞清楚推理的论证路线，评估其逻辑的正误、强弱、合理与否。只有具备逻辑力量的论证才能证明或支持一个断言。

在大学生的学习过程中，论文写作是比较好的训练批判性思维能力的方式，训练和掌握论文写作的技能对于提升批判性思维非常重要。论文通常由四大部分组成：陈述论题；表明对论题所持的立场；论述支持立场的论证；对支持相反立场的论证展开反驳。在国内写作中，对第四部分往往重视不足，在一定程度上减弱了论证的价值和说服力。要增强与同一论题论述者的对话和交流，在反驳中立论。另外，写作时，不要废话连篇、信口开河、不深入思考、不得要领、让读者自己领会。要增强论文的逻辑说服力，就不能只关注个人观点，而应当集中讨论与对手就某个论题产生的分歧；在反驳对手观点时不能出言不逊，说对手的论证是荒谬可笑的；对于对手的好论证，要坦率承认；要把

① 李娜、王日升:《批判性思维在工程教育中的价值及其运用》,《高教发展与评估》2018 年第 4 期。

注意力集中在最主要、最关键的环节上，不要过分关心细枝末节上的一些分歧；要先陈述强有力的论证。这样的写作通常被称为“批判性写作”。

在阅读时，如果关注论证本身的内在逻辑，善于进行批判性思考，发现或指出其中的问题，这样的阅读通常被称为“批判性阅读”。在阅读各种文本或讨论某个话题时，要注意分辨语言的修辞说服力和逻辑论证力，善于识别思维谬误。尤其是信息大爆炸时代，许多信息只是诉诸情感、心理作用的一种“伪推理”，并不具有强的逻辑说服力，但却因为符合了人的某种心理倾向而容易被人接受，这也是为什么谣言会迅速传播、诈骗案件屡见不鲜的原因之一。

（三）识别思维谬误

思维谬误有很多种，公认的有诉诸人身谬误、稻草人谬误等“十大思维谬误”。

1. 诉诸人身谬误。

诉诸人身谬误（the ad hominem fallacy）是推理谬误中最常见的一种，它将提出断言的主体的特征与该断言的真假等特征混为一谈。比如人身攻击型的诉诸人身：“她这个人很虚荣的，说什么明天汽油就要涨价了，肯定是假的。”“帕克是个有创意的人，他提的这个方案肯定是很有创意的。”再比如，自相矛盾型诉诸人身：“他说应当男女平等，千万别信他的鬼话，以前我们上学时他可是典型的大男子主义者。”此外，还有因人废言型诉诸人身、事先诉诸人身（毒化井水）等。要避免该类谬误，就要善于区分说话人的特征和话语内容本身的特征。

2. 稻草人谬误。

稻草人谬误（straw man）是指为了反驳对方的立场，而歪曲、夸大或以其他方式曲解对方立场，使得被攻击的并不是对方的真实立场，而是更容易被批判或否定的立场的一种推理谬误。比如下列对话。

母亲：“儿子，帮我剥点儿蒜吧。”

儿子：“什么？天天都让我剥蒜？妈妈，你太狠了。”

儿子此时就犯了稻草人谬误。如果妈妈要反驳，可以说：“不是天天，就是现在，明天的蒜明天再说。”

3. 基于愤怒的“论证”。

基于愤怒的“论证”（the“argument”form outrage）使诉诸情感的“论证”的一种，它由煽动性语言加某种“结论”组成。有时候愤怒是完全合适的，但当我们愤怒时，我们就容易变得不合逻辑。

愤怒只是一种情绪，并不是事情合理与否的证据。比如，当我们听到“气死我了！他怎么能不借给我钱，如此冷漠，忘恩负义！”这样的表达时，也容易产生气愤的情绪。但实际上，这句话并没有告诉我们任何有关他应当借钱给“我”的理由。

在愤怒中所采取的办法，极少是明智的。在很多时候，如果你相信了这种所谓的“论证”，如果你真的用愤怒、争吵代替了冷静、理性，你就彻底输了。在商业谈判、国际外交、法律辩论、家庭沟通等场合尤其如此。

4. 威吓手段。

威吓手段（scare tactics）实际上就是试图吓唬人们去做某事或接受某种立场，他所诉诸的是人们的恐惧心理。很多诈骗信息所使用的就是威吓手段。有些商家为了促销所采取的“惜售”手段其实也是诉诸人们的恐惧或担忧心理。是否购买这些商品，应该主要取决于人们的需求，而非商家的供货量。

5. 仓促概括。

仓促概括（hasty generalization）是指过于相信由小样本得出的结论。当然，在较大的误差幅度或较低的置信水平的前提条件下，基于小样本推理并没有错。仓促概括的问题在于过高地估计了基于小样本的论证的强度。

6. 群体思维的谬误。

群体思维的谬误（groupthink fallacy）是指诉诸某群体成员的自豪感来代替对某问题所持立场的理由和思考。如果有人对该群体提出批评，就有人站出来说，那你应该加入或支持另一个群体去。人们容易忽略的是，批评也可以是支持的一种方式。加入某个群体，并不意味着认为这个群体所有的观点和行为都是正确的。在谈论某个观点时，只要在心理上认为某人之于某团体的“人围”或“出局”至关重要，就是这种谬误推理的表现。

7. 转移注意力。

如果在一场主题对话中引入另外一个话题，转移了最初的重点，尤其当引入新话题的目的就是为了转移话题时，这种引入就是在转移注意力。

转移注意力也被称为“红鲱鱼”（red herring），熏过的鲱鱼呈现红色，如果将熏过的红鲱鱼在路上拖过，能够引诱狗偏离原来的路线，而跟随红鲱鱼的踪迹。比如，有人试图主张有关成人服用大麻的立法，但用的论据却是大麻对儿童的危害，而儿童服用大麻是本来就被禁止的，此时这个人所做的“论证”其实是转移注意力。

常见的转移注意力往往和诉诸情感的“论证”混合在一起。比如，一名辩护律师可能会大谈特谈被告悲惨的童年经历，以便将法官的注意力从对被告的指控上转移开；一名检察官可能会让法官对某犯罪行为达到极度愤怒的状态，以便让法官忽略指向被告的证据实际上是不足的。我们在思考问题时要警惕这类谬误。

8. 一厢情愿式思维。

一厢情愿式思维（wishful thinking）指的是，仅仅因为某判断为真的话会令人愉悦、为假的话会让人不舒服而认为某判断为真。比如，有的吸烟者拒绝承认吸烟对身体健康有害，某些逃课的学生否认逃课的不良后果，等等，但实际上他们并未能给出强有力的论证或理由。希望、渴望往往使我们偏离逻辑，从而让我们不再尽力地去理性做事。

9. 诉诸公众的“论证”。

诉诸公众的“论证”（“argument”from popularity）是指仅以很多人（这些人并非权威或专家）或大多数人相信它为根据，来劝人接受某判断。大多数人相信某事是事实，这并不是某事是事实的证据。

10. 在此之后，因是之故。

这个谬误是指，认为两件事情前后相继发生就能证明前一事件是后一事件的原因。这样“推理”之所以是错误的，是因为两件事情之间的联系可能是巧合，或者都是由第三种因素导致的。比如你发现每次睡前不刷牙的话，早晨起来就会头疼。这能证明睡前不刷牙是早晨头疼的原因吗？不能。有可能，睡前不刷牙和早起头疼都是因为晚上睡得太晚或者喝酒太多所导致的。

除了“十大思维谬误”之外，还有诉诸嫉妒的“论证”、同辈压力“论证”、诉诸司空见惯的“论证”、诉诸传统的“论证”、虚假的两难境地、完美主义谬误、划界谬误、滑坡论证、错置举证责任、乞题等思维谬误或推理谬误。[①] 一个追求科学思维和创造性劳动的人，应当有意识地了解这些谬误，避免误入其中或被其迷惑，具备科学、理性行事的基本素养，为从事创造性劳动进一步扫清障碍。

二、创造性思维及其培养

（一）创造性思维的内涵

创造性思维就是一种以新颖独特的方法，对已有的知识轨迹进行改组和重建，提出新的方案或程序，去解决问题或创造新的成果的思维过程，简单来说，就是突破常规思维的约束，不断探索解决问题的新思路与新方法。它是人类思维的高级表现形式，既可以被理解为一种相对独立的思维形式，也可以被理解为融于人的整个意识过程当中的思维形式。

从心理学的视角来看，创造性思维是人类大脑皮层以感知、记忆、思考、联想、理解等能力为基础，不断地形成联系或恢复联系，表现出明显的综合性、探索性和求新性的心智活动。

（二）创造性思维的特征

1. 思维形式的反常性（新颖性）。

创造性思维是一种反常规、反传统的思维，主要体现为思维的突变性、跨越性或逻辑的中断。进行创造性思维的人，常常用批判的眼光看待已有的定论，从新的角度思考问题，得出与传统定论不同的结论。这种特点也被称为新颖性或求异性，与思维的求同性相对应。

---

① 〔美〕布鲁克·诺埃尔·摩尔、理查德·帕克：《批判性思维》，朱素梅译，机械工业出版社 2014 年版。

2. 思维过程的辩证性（综合性）。

创造性思维是立足于思维对象的对立统一本质而展开的思维，是各种思维形式的综合体。创造性思维过程中既包含有形象思维，又包含有抽象思维，既包含有直觉思维，又包含有分析思维等，由此形成创造性思维的矛盾运动，如此往复循环，推动创造性思维的不断发展。

直觉思维是非常重要的一种创造性思维，它意指思维凭借无意识、经验法则和进化的能力去适应或绕开弯路，仅依据内因的感知就迅速地对问题答案做出判断。比如，阿基米德在洗澡时突发灵感，发现了浮力定律。

3. 思维空间的开放性。

创造性思维能够突破思维定式和狭隘眼界，多视角、全方位地看问题的一种开放式思维，而不是把事物彼此割裂、孤立、封闭的保守性、被动性和消极性的思维。比如，经济学上的懒马效应，就是封闭思维所致。

4. 思维成果的独创性。

在认识某一事物或解决某一问题时，没有现成的规律或解决方法可供参考，需要自己运用某种思维得出前所未有的成果，这是创造性思维的直接体现或标志。

| 专栏 10-5　拓展阅读 |

一项专利卖了 5.2 亿

2017 年，山东理工大学的某个科研团队创造了一项中国高校专利转让纪录。他们与某公司签订专利技术独占许可协议，价值 5.2 亿元，该团队分得 4 个亿。这个卖了大价钱的专利名字叫无氯氟聚氨酯新型化学发泡剂，具有很高的生态价值、社会价值和经济价值。该团队通过创造性劳动，既创造了社会价值，又实现了个人价值。

（参见“中国青年网”公众号文章《一个专利卖 5.2 亿元教授团队分了 4 个亿！背后原因让人振奋……》）

5. 思维主体的能动性。

创造性思维是创新主体的一种有意识、有目的的活动，在创造性思维活动中，人的主观意识对客观世界产生的是能动作用而不是被动的直映。进行创造性思维的人，更愿采取积极的思维行动来解决问题。

（三）创造性思维的表现形式

常见的创造性思维形式主要有：发散思维和收敛思维、形象思维和抽象思维、求同思维和求异思维、联想思维和直觉（灵感）思维等等。

1. 发散思维和收敛思维。

发散思维（Divergent Thinking）指的是对待解决的问题从不同角度、不同方向、不同层次进行思索探求，从而得到新构想、新思路、新发现、新方法的思维过程。发散，强调的是处理问题时思维的开阔性和广博性。如果在遇到困难时一味地坚持“一条道走到黑”“硬碰硬”，往往会浪费掉许多时间、精力或其他劳动成本，这时就需要让思维沿着不同的方向扩散，寻求新的解决路径。

收敛思维（Convergent Thinking）也称为聚敛思维、集中思维等，是把发散思维过程中产生的多个信息、多种思路通过比较、分析、综合、推理、评价等方法引导到逻辑序列中，最终获得一个既有创造性、又有可行性的最佳方案。

收敛思维与发散思维是一种辩证关系，既有区别，又有联系，既对立又统一。没有发散思维的广泛收集、多方搜索，收敛思维就没有了加工对象，就无从进行；反过来，没有收敛思维的认真整理、精心加工，发散思维的结果再多，也不能形成有意义的创新结果，也就成了废料。

2. 形象思维和抽象思维。

形象思维（imaginal Thinking）是在对形象信息传递的客观形象体系进行感受、储存的基础上结合主观的认识和情感进行识别，并用一定的形式、手段描述形象的一种基本的思维形式。形象思维是反映和认识事物本质特征的重要思维形式，是开发人的大脑，培养人、教育人的有力工具。比如，爱因斯坦是一个具有超凡逻辑思维能力的大师，但他却非常善于发挥形象思维的自由创造力，他所构思的种种理想化实验室就是运用形象思维的典型范例。

与形象思维相对应的是抽象思维（Abstract Thinking）。抽象思维也属于思维的高级形式，它是利用概念、借助符号进行思维的方法。抽象思维的主要特点是通过分析、综合、抽象、概括等基本方法，揭示事物的本质和组成要素之间的规律性联系。

3. 求同思维和求异思维。

求同思维是从已知的事实或命题出发，通过沿单一方向顺序推导来获得满意结果的思维方式。归纳法是获得事物共同特征和规律的基本方法，把归纳出的共同特征和规律进行推广的方法是演绎。运用求同思维的步骤如下：(1) 在各种不同的事物中找出与问题主题相关的若干事物。(2) 寻找这些事物中存在的共同特征。(3) 根据实际需要，从某个结合点着手，将这些事物求同，产生新的策略或研发思路。

求异思维是指在相同或相似的多个事物中，寻找它们的相异之处。每一种具体事物都具有无穷多的属性，因而任何事物都不可能完全相同，都或多或少的存在差异。求异思维重在开阔思路、启发联想，从各方面、各角度、各层次思考问题，并在各种结构的比较中，选择富有创造性的异乎寻常的新构思。

4. 联想思维。

联想思维（Associative Thinking）是在某种外部诱因的条件下，人脑中将一种事物与另一种事物联系起来，并同时发现它们共同或相似规律的思维方式。通过联想可以建立已知事物和未知事物之间的联系，也可以根据事物从过去到未来的演变寻求新事物的发展趋势，从而为创建新事物开辟新的途径。联想思维一般可分为接近联想、相似联想、对比联想、因果联想、仿生联想、仿形联想等。

(1) 接近联想。接近联想是根据事物之间在空间或时间上的彼此接近进行联想，进而产生某种新设想的思维方式。例如，俄国化学家门捷列夫 1869 年排出元素周期表时，表中只有 63 种元素，还有很多空缺。门捷列夫按照原子质量顺序排列，预言在两个不同的元素之间的空缺位置上一定有未发现的元素，并进而联想这些未知的元素在化学性质上一定介于前后两种元素之间。据此，最终发现了众多的空缺元素。

（2）相似联想。相似联想就是由某一事物或现象想到与它相似特征的其他事物或现象，进而产生某种新设想的思维方式。这种联想可以是外形、性质、功能等方面。例如，从鸟类飞行联想到机器的飞行。早期的飞机的确是按照这个思路进行的，出现了许多“扑翼飞机”，这种情况直到莱特兄弟的用实验证明固定翼飞机具有更大的优越性能才结束。再例如，巧匠鲁班从手指被边缘呈细齿状的茅草划了一个口子，联想到可以把片状铁条的边缘打磨成细齿状，用于锯木头，于是发明了锯子。某医生发现，一个小孩在跷跷板一头用石头摩擦，另一个小孩用耳朵贴在跷跷板另一头就能听到声音，于是他联想用竹笛听病人胸腔内心跳的声音，医用听诊器因此诞生。

（3）对比联想。对比联想是根据事物之间存在着的互不相同或彼此相反的情况进行联想，从而引发出某种新设想的思维方式。比如由高的物品联想到矮的物品，由白色食品想到黑色食品等。美国爱士隆公司董事长布什耐曾发现，有几个孩子在玩一只昆虫，这只昆虫满身污泥污垢，长得十分难看。布什耐联想到，市场上都是形象优美的玩具，假如生产一些丑陋的玩具投入市场会如何呢？结果这些丑陋的玩具带来了丰厚的利润。

（4）因果联想。因果联想是指由一个事物联想到另一种与它有因果关系的事物，或者由原因联想到结果的一种联想。

| 专栏 10-6　拓展阅读 |

宣传奇才哈利

美国宣传奇才哈利十五六岁的时候在一家马戏团做童工，负责在马戏场内叫卖小食品。但是每次看戏的人不多，买东西吃的人则更少，尤其是饮料，很少有人问津。有一天，哈利突发奇想：向每一位买票的观众赠送一包花生，借以吸引观众。但是老板坚决不同意他这个荒唐的想法。哈利用自己微薄的工资做担保，请求老板让他一试，并承诺说，如果赔钱就从他的工资里面扣；如果赢利了，自己只拿一半。老板这才勉强同意。

于是，以后每次马戏团的演出场地外就多了一个义务宣传员：“来看马戏喽！买一张票免费赠送好吃的花生一包！”在哈利不停的叫喊声中，观众比往常多了几倍。观众进场后，哈利就开始叫卖起饮料来，而绝大多数观众在吃完花生之后觉得口渴都会买上一瓶饮料。这样一场马戏下来，营业额比平常增加了十几倍。

（参见 https：//www. lishixinzhi. com/qz/1585014. html）

（5）仿生联想。仿生联想就是基于生物的生理机能、结构特征和生存现象等而产生的相似联想。日本设计子弹头列车的工程师早先只设计出圆形的火车头，时速虽然提高了，但火车进入隧道时的噪音超过了法律规定。这位工程师也是一位鸟类观察者，当他苦恼于如何在提高列车时速的同时降低噪音时，他联想到了翠鸟。翠鸟捕鱼时，会从阻力较小的空气中冲入阻力较大的水中，和动车一样，它也经历了阻力的急剧变化，但却只会在水面上溅起少量的水。秘密在于翠鸟有一个流线型的、长而尖的喙。离脸越近，喙越宽，这样水就可以顺利回流。根据翠鸟鸟喙的奇特形状，这位工程师重新设计了火车头的前面部分，并于 1998 年开始使用。实践证明，改进后的列车速度比原设计提高了 10%，电耗降低 15%，噪声级达到 75 分贝的标准。

（6）仿形联想。仿形联想是对事物形状的联想。这种联想多用于对产品外观的设计。比如，假山、假花、假树等。法国巴黎有一家以经营猪蹄为特色的主题餐厅，它将所有的门把手都设计成猪蹄形状，给顾客留下了深刻的印象。

5. 灵感思维。

灵感思维（Inspiration Thinking）是指凭借直觉而进行的快速、顿悟性的思维。现代科学研究表明，灵感是大脑的一种特殊技能，是思维发展到高级阶段的产物，是人脑的一种高级感知能力。

灵感也叫顿悟，是一种瞬间的领悟。古代诗歌中经常提到这种思维，比如“山重水复疑无路，柳暗花明又一村”“一言惊醒梦中人”“众里寻他千百度，蓦然回首，那人却在灯火阑珊处”，等等。爱迪生也曾说，“天才是1%的灵感加上99%的汗水，但那1%的灵感是最重要的，甚至比那99%的汗水都更重要。”

灵感常常突如其来、飘忽而至，但灵感不是无源之水，无本之木。著名科学家钱学森曾说：“我认为，现在不能以为思维仅有逻辑思维和形象思维这两类，还有一类可称为灵感。也就是人在科学和文艺创作的高潮中，突然出现的、瞬息即逝的短暂思维过程。它不是逻辑思维，也不是形象思维，这两种思维持续的时间都很长，以致人们所说的废寝忘食。而是灵感，时间极短，几秒钟而已。总之，灵感是一种人们可以控制的大脑活动，又一种思维，也是有规律的。”

可见，灵感不是唯心的、神秘的东西，它是客观存在的，与日常的经验积累等密切相关，有其独特的发生机理。有人将捕获灵感的过程总结概括为：积累、迷恋、松弛、触发。灵感发生的前提往往是思维主题围绕某个问题苦思冥想，进行了长期的思索积累，甚至在一段时间内深陷其中、不可自拔。著名的俄国作曲家柴可夫斯基曾说：“灵感是这样一位客人，他不爱拜访懒汉。”著名画家列宾也说：“灵感，是由于顽强的劳动而获得的奖赏。”其次，灵感中的某个重要线索曾在之前的生活经历中产生过深刻的体验，只是后来进入到人的潜意识当中，在精神松弛状态下才得以触发。比如，化学家凯库勒之所能梦到首尾相连的蛇而在梦醒后想到苯环结构，很可能是因为在他人生一次重要的旁听庭审中，法官审理的是镶有蛇的戒指丢失案件，即“赫尔利茨伯爵夫人案”。可见，对生活体验的敏感性也是灵感发生的重要条件。

三、在实践中培养创造性劳动能力

(一) 培养问题意识与方法意识

任何思维过程总是指向某一具体的问题，问题是思维的起点。问题又是创新的前提，一切创新都是从问题开始的。爱因斯坦曾经说过：“提出一个问题往往比解决一个问题更重要。因为解决问题也许仅是一个数学上或实验上的技能而已，而提出新的问题，却需要有创造性的想象力，而且标志着科学的真正进步。”大学生要善于运用科学思维尤其是批判性思维发现新问题。

有了问题之后，还要有方法意识。提出问题固然关键，但从问题到方法恰恰是科研能力的根基。简单来看，创新表面上是有路可循的，就像是一个技术性工作，只要经过科学训练，就可掌握其技术规程。比如，英国的心理学家沃勒斯就曾经提出“创新四阶段”理论，认为创新分为准备期、酝酿期、明朗期和验证期四个阶段。然而实际上，再往前走，无论问题还是方法，都更像是演变成了一种艺术活动，或者更准确地说，创新是技术与艺术的集合体，不但有程式化的技术规程，也充满了非线性的思维跳跃。所以，从问题意识到方法意识的过程可能更为艰辛，这就更要求重视新方法的探寻。

其次，可以通过借鉴技术创新的一般方法（比如转化、改造、移植、组合等），实现创造性劳动。比如，瑞士军刀就是采用主体附加法进行创造性劳动的典型案例。这种折叠小刀将许多工具组合在一个刀身之上。在刀具这种主体功能的基础上，瑞士军刀附加了剪刀、平口刀、镊子、螺丝刀、开罐器、圆珠笔、牙签等功能，后来甚至还增加了手电筒、激光等功能。

（二）保持好奇和求知的心态

好奇和求知的兴趣是创造性思维的触发器。保持强烈的好奇心和探索精神，是创新的原动力。好奇能增强人们对外界信息的感受度和敏感度，激发思考和探索的欲望，引发探究行为和创新活动。要培养创造性思维，就要善于呵护和涵养人的好奇心，保持年轻开放、富有活力的心态。

对某项事物或活动的持续性好奇，就构成了兴趣，这种积极心理倾向是人的创造性思维不断发展的原动力。许多对人类产生重大影响的创新都源自内心的好奇和探索。瓦特对“水蒸气推动壶盖不停地上下跳动”产生好奇，由此发明了蒸汽机。富兰克林注意到“毛皮摩擦过的玻璃棒能吸引小纸屑和头发”，而发明了电。这些发现、发明的背后，都是强烈的好奇和持续的兴趣与激情在支撑。爱默生说：“有史以来，没有任何一件伟大的事业不是因为热忱而成功的。”

（三）变换和扩展思维视角

思维视角是思维开始时的切入角度。通常人们在考虑问题时总习惯带着自我偏见，以己度人。尽量多地增加思维视角，学会从他人角度和多种角度观察同一个问题，更容易相互理解，并不断发现新事物和解决问题的新方法。

变换和扩展思维视角最常用的是头脑风暴法（Brain Storming）。它通常采取一种小型会议形式，会议成员最好由不同专业或岗位的人组成，主持人只主持会议，对提出的各种建议或设想不作任何评论，也不发表个人看法，尽量营造轻松愉快的会议气氛。所有参加者自由交换想法，并在相互碰撞中激发灵感，掀起创造性的“风暴”。与普通的讨论不同，头脑风暴更多关注看法的数量，而不是质量。头脑风暴结束后，才会对搜集来的看法进行评价和选择。在此之前，主要是拓宽思维视角，尽量多地集思广益。

思维视角的变换能力也与想象力有关。想象是创造性思维的内核，是创造性思维中最具活力的重要组成部分。它具有形象组合性、时空跨越性和高度自由性等特点。想象分为有意想象和无意想象两种，据此，创造性思维相应地表现出联想、直觉灵感的形式。人们在平时要有意识地呵护和训练自己的想象力。

（四）积极投身创新创业实践

实践是创新思维产生的基础，任何创新思维都是从实践中产生、发展，并要通过实践检验。新时代的大学生要投身大众创业、万众创新的实践中去，在创新创业实践中不断进行创新思维训练，提高实现人生价值的能力和本领。

| 专栏 10-7　拓展阅读 |

“灵工时代”

2020 年，就业迎来“灵工时代”。“灵工”即强调基于互联网即兴发挥创造力和灵捷响应的灵活就业。随着越来越多的人以全职或兼职拍视频为职业，短视频平台已经形成了一个庞大、稳定、有序而复杂的就业体系，产生了如直播运营、直播助理等岗位，还间接带动上下游产业链的多种就业形态，如摄影、录像和直播设备生产的相关岗位，共计五大类超20种。“灵工”既帮助很多年轻人实现了创业和就业，也帮助很多企业和农户摆脱销售困境，助力企业发展和脱贫攻坚。

（参见《“灵工”时代来临》，https：//www.fx361.com/page/2020/1015/7099661.shtml）

思考：“灵工”与“零工”有什么异同？我们应该如何面对“灵工时代”？

第三节　创造性劳动实践

社会调查和创新创业实践是大学生进行创造性劳动实践的两种重要途径和形式。通过社会调查，大学生不仅能够掌握社会调查的相关知识和技能，而且能够更好地了解社会、发现问题，在解决问题、为社会服务中树立正确的劳动观，提高创造性劳动的技能和水平。通过创新创业实践，大学生能够掌握相关专业知识，培养创新思维和创业意识，增强时代的使命感和责任感，增强实现个人价值、创造社会价值的能力。

一、社会调查

（一）社会调查的内涵和分类

社会调查也叫社会调查研究，是指人们有目的、有意识地通过对客观存在的社会现象进行全面了解、详细分析和深入研究，具体把握现实社会状态及其发展变化规律或趋势的一种科学认识活动。[①] 与日常观察或实地考察不一样，社会调查有调查和研究两个阶段，它不是仅仅局限于搜集感性材料，而是要从对社会现实或客观现象的感性认识上升到理性认识，发现新问题，或提出对旧

① 谢俊贵:《社会调查理论与实务》,清华大学出版社2014年版,第4页。

问题的新看法，或找到解决新问题的新思路、新办法、新方案。

开展社会调查是发现新问题、探索新方案的重要途径，也是锻炼人的问题意识、创新思维的重要方式。即使学习自然科学类专业的学生，也有必要将自己的专业研究与社会问题、社会科学结合起来，弄清研究选题的社会价值和意义，而这都需要先进行社会调查。可以说，调查研究是进行关键性决策的重要依据，是科学研究的重要方式，也是现代人必备的一种知识技能。

按照范围，社会调查可以分为普遍社会调查、抽样社会调查、典型社会调查、重点社会调查、个案社会调查等。按照时间，社会调查可以分为一次性社会调查、经常性社会调查和跟踪性社会调查。按照性质，社会调查可以分为应用性社会调查和学术性社会调查。按照地域，社会调查可以分为国际性、全国性、地区性、社会性的社会调查。

由于普查（entire population survey）通常工作量大，费时费力费钱，需要高效有力的组织安排，往往只能了解某个方面的基本情况，因而抽样社会调查在现实中更为普遍。抽样调查（sampling survey）是指，从研究总体中按照某种方式选取部分个体进行调查，再将结果推广到总体中去、以反映整体特征的调查方式。比如，对产品质量的抽检，就是一种最常见的抽样调查。

（二）社会调查的步骤程序

社会调查一般包括选题、准备、调查、分析、总结五大步骤。

第一步，选题。选题就是要选择所要调查的问题。选题质量的好坏，往往决定了调查研究的价值、意义及结果好坏、成败概率。选题一般要有价值、有创新性、有可行性。在实践中，我们可以根据当前国家的经济社会形势和相关的方针政策，以及自己的兴趣、疑惑和学识特长，并结合社会调查的要素特征，选定所要调查研究的问题，比如大学生日常劳动状况、大学生阅读状况、直播业态发展状况、现代农业发展问题、大学生创业企业发展经营状况，等等。选题时应当提前查阅相关的重点文献资料，也可以同时咨询相关专业教师，尽最大可能确保选题的意义。

| 专栏10-8　拓展阅读 |

“丝路新世界·青春中国梦”
——2019年全国大学生暑期社会实践专项活动

该活动围绕“一带一路”这一主题，专门确定了5个调查方向：

1. “一带一路”“丝路新贸”主题调查。调查目的是发现和挖掘一批典型的青年创客，宣传推广其中优秀创业成功案例，激发青年的创业热情。

2. “一带一路”“中国形象”主题调查。调查目的是完成相关数据的搜集整合，推广中华文化符号，宣传中国形象，进一步推动“一带一路”沿线国家民间文化交流，促进民心相通。

3. “一带一路”小微企业投融资主题调查。调查目的是收集“一带一路”沿线小微企业微观层次的信息，逐步建立起相关的高质量数据库，为学术理论研究和实际政策制定提供高质量的微观数据。

4. “一带一路”脱贫攻坚主题调研。调查目的是引导大学生了解我国脱贫攻坚的实际情况，鼓励大学生深入基层，积极投身脱贫攻坚。

5. “一带一路”高校特色实践活动。活动目的是发挥各高校的专业特色和综合优势，将青年实践活动与“一带一路”倡议相结合，开展特色鲜明、针对性强的实践活动。

（参见《关于开展2019年“丝路新世界·青春中国梦”全国大学生暑期社会实践专项活动的通知》，http://sxx.youth.cn/sxxxt/xtsb/201906/t20190611_11979005.htm）

第二步，准备。准备阶段有两大任务。第一是要紧扣选题，参考相关资料，提出不同层次的问题，确定整个调查项目，设计调查方案。要注意选用合适的调查方法。常用的调查方法有问卷法（合理设计问卷，采用开放式、封闭式或混合式问卷），文献法（通过书面材料、统计数据等文献资料对研究对象进行间接调查），访问法（通过对话交谈搜集信息），观察法（通过现场观察得来的感觉印象搜集资料）。还要注意尽量运用各种数量或质量指标，立体、完整地揭示调查对象的本质特征，保证其纵向和横向的可比性；对所有提出的小问题和调查项目要加以筛选，分清轻重缓急。第二个任务是要进行探索性的小范围研究或典型研究，提出研究的初始假设。

第三步，开展调查。按照调查方案中制定的方法策略组织实施。这一阶段投入的人力最多，遇到的实际问题也最多，甚至要根据实际情况的变化，局部调整调查方案的某些细节，充分发挥调查者的能动性和灵活性。

第四步，分析数据。首先进行统计分析，证明或推翻初始假设。然后还要进行理论分析，说明事物的因果，找出事物发展的规律或趋势，提出合理化的建议。

第五步，总结。撰写社会调查研究报告。调查要遵循实事求是、科学性原则，在撰写报告时尤其要行文客观、准确、严谨、简洁，避免随意发挥。调查还要坚持系统性原则，写报告时要避免“只见树木、不见森林”、大量堆砌数据而缺少理论观点和整体结论的现象。报告撰写是一个集中思维、综合思维的过程。同样的数据，不同的人或团队去总结，报告的质量可以有很大差别，原因就在于人们集中思维的水平层次不同，导致在分析和总结阶段拉开了差距。调查团队要选择善于进行数据分析、思想提炼和语言行文的人去负责报告撰写，将研究的结论表述准确，将调查的科学性、创新性和应用价值等论述清楚，毕竟，调查报告最终代表了该项调查研究成果的整体质量和最高水平。

（三）大学生开展社会调查的意义

通过组织社会调查、撰写调查报告，大学生可以锻炼如何发现问题、如何组织调查活动、如何解决突发问题、如何进行数据分析等本领，也能提高理论分析和概括总结能力、文字表达能力、团队协作能力、创新能力等，有利于大学生提高劳动能力和水平，为今后走向社会、从事实际的创造性劳动奠定基础。

通过组织社会调查，大学生可以更加直观、深入地了解社会，体会劳动人民的艰辛，了解劳动人民的品质，尊重劳动人民的主体地位，有利于加强大学生与劳动人民的联系。

通过组织社会调查、撰写调查报告，大学生可以在发现问题、解决问题的过程中感知劳动最光荣，在为社会发展贡献青春力量的过程中感知劳动最伟大，在回馈社会、服务社会中感知劳动最美丽，总之，有利于大学生形成正确的劳动价值观。

二、创新创业

（一）创新与创业

创业是主体通过捕捉某个领域的机会，组织人才、资金等资源，创造出新颖的产品或服务，使其潜在价值得以实现，同时为他人和社会创造出更多的就业机会的动态活动过程。

很多大学生对创业并不陌生，甚至在勤工助学的过程中已经从事过一些创业活动。但创业是艰辛的、有风险的，而创新才是创业的本质和源泉。没有创新，大学生创业者很难在激烈的市场竞争中站稳脚跟、脱颖而出，很难使企业持续地发展壮大。可以说，创新是创业的基础和前提。

创新的价值在于创业，创业是创新的外在表现形式和重要载体。奥地利经济学家熊彼特在《经济发展理论》一书中将创新分为五种模式：产品创新、工艺（方法）创新、市场创新、资源配置创新、组织创新。在创业中要善于进行创新模式的分析定位或拓展应用，实现创新和创业的紧密结合。

（二）创新创业实践的意义

创新创业驱动供给侧结构性改革，助力经济社会发展转型升级。创新是引领发展的第一动力，创业是带动就业、实现富民之路的重要途径。大学生作为社会上最具活力、最具创造性的群体，要密切关注社会需求和国家需要，主动学习创新创业知识，积极参与创新创业实践，在创造社会价值中飞扬青春、实现个人价值。

创新创业实践有利于培养大学生的劳动能力，提高大学生综合素质。参与创新创业实践，并不是要求大学生毕业后都去创业，而是通过实践训练过程，培养大学生的创造性思维、创新意识、劳动精神等内在的健康有力的价值观，以及团队合作能力、创新能力、沟通协调能力和领导组织能力等外在的实现自我价值的本领。创新创业实践教育兼具专业教育和通识教育双重职能，有助于增强大学生坚毅担当的劳动品质、解决问题的创新本领，培养其跨学科意识，增强其社会适应能力，为今后的就业创业奠定基础。

创新创业实践有利于增强大学生的职业竞争力，是促进大学生职业发展的重要途径。在创新创业实践中得到重点锻炼和培育的勇于创新、敢于创新的品质是大学生职业竞争力的内核。创新创业实践刺激大学生更全面地认识自我，发现优势，反思不足，有针对性地扬长补短，提前思考或调整职业发展规划，谋求自身的长远发展，做好职前准备。创新创业实践还会促进大学生从被动就业向主动创业转变，积极创造更多的就业机会，缓解就业的竞争压力。

（三）创新创业实践形式

大学生要培养自身的创新创业能力，可以申请参加校企合作项目，深入了解企业的生产经营状况尤其是生产一线或销售前沿的工作情况，在实际的生产实践中开始尝试技术创新、管理创新或服务创新等。

大学生要培养自身的创新创业能力，更重要的途径是积极参加各类创新创业类比赛。因为参与竞赛的过程中，可以得到创新创业导师较长时间的全程专业辅导，比赛现场还会得到专家和企业家的点评和点拨，真切体会到团队的通力合作，为实际创业做好实战操练和心理准备。目前在国内比较有影响力的创新创业类竞赛有教育部主办的中国国际“互联网+”大学生创新创业大赛、共青团中央等共同主办的“挑战杯”全国大学生课外学术科技作品竞赛、“创青春”全国大学生创业大赛。

中国国际“互联网+”大学生创新创业大赛是目前国内影响力最大的大学生竞赛。自2015年开始举办，每年一届，其参赛项目科技含量高、市场潜力大、社会效益明显，是推动产学研用融合的关键性赛事。该项赛事的2021年度决赛分为高教主赛道、“青年红色筑梦之旅”赛道、职教赛道、萌芽赛道、行业命题赛道五大赛道。

| 专栏10-9　拓展阅读 |

第七届中国国际“互联网+”大学生创新创业大赛　高教主赛道部分获奖项目

部分获奖项目	学校
中科光芯——硅基无荧光粉发光芯片产业化应用	南昌大学
中发天信——万米高空无人守护者	北京航空航天大学
Goprint——多功能智能打印机先行者	浙江大学

续表

部分获奖项目	学校
Green Ammonia Energy Storage System	University of Oxford
博雅聚力——柔性显示核心材料领航者	北京大学
瀚海智联——海上智能组网终端，开启海上通联新时代	北京理工大学
天工科技——基于纳米序构的应用级电子皮肤全球领航者	北京科技大学
分子“盔甲”——让生物药摆脱冷链的新型安全储运技术	南开大学
双安卫士——重要区域、设施智能安防及健康监测系统	天津大学
由“感”而发——机器人智能电子皮肤领军者	河北工业大学
科技兴农——自动化智能检测温室系统	河北农业大学现代科技学院
“无极限”——顶级奶牛干细胞育种扩繁开创者	内蒙古大学
森迈可——国际首创结直肠癌早诊 miRNAs 检测试纸	中国医科大学
艺术家互娱——娱乐直播行业新型运营解决方案提供商	上海外国语大学
益亩科技——农田土壤改良新航向	南京农业大学
地下智龙——大国重器的穿山之目和智慧云脑	山东大学
鸿志毅陶瓷——先进陶瓷材料精密制作的领军者	青岛科技大学
一触即“阀”——开创井下安全阀电控新时代	中国石油大学(华东)
传薪智造——装配式仿古建筑营造设计引领者	青岛理工大学
粮安快检——致力于粮食中真菌毒素防控检测	青岛农业大学
深入人心——全球首创针对冠心病治疗的中药复方可溶性微针贴片	山东中医药大学
灵芯量子——国内首家基于超快激光直写技术的通信光芯加工商	山东师范大学
锐登科技——跨境电商生态领航者	烟台大学

（参见《关于第七届中国国际“互联网+”大学生创新创业大赛总决赛获奖名单公示及信息核对的通知》，https://cy. ncss. cn/information/8a80808d7cdf5 ce d017d6a94933c0011）

大学生要培养自身的创新创业能力，还可以创办小企业。近些年来，国家出台了许多支持鼓励大学生自主创业的扶持政策，例如，大学生创新创业

“梦工厂”、高校毕业生一次性创业补贴、高校毕业生小额贷款，等等。创业形式主要以不需要太多资金或经验的服务型创业、高新技术创业为主。

此外，大学生还可以结合自身实际情况，试着申请专利或商标、举办创意项目活动、创建电商平台、策划出版书籍刊物等，或者在假期通过兼职打工锻炼创新创业能力，为日后创新创业积蓄能量。

| 专栏 10-10　拓展阅读 |

节能健身洗衣机

2018 年 8 月 7 日，在武汉理工大学，有上千名大学生参加“东风汽车杯”第十一届全国大学生节能减排社会实践与科技竞赛的决赛。角逐场上，各种创意比拼精彩纷呈。

来自长江大学陈菲团队设计的作品吸引了大家的注意。这是一台整体外观像箱子、一侧的圆筒却像洗衣机滚筒的橙色机器。“现代人工作太忙，没有时间健身，这台机器可以把锻炼产生的能量转化到洗衣机上，鼓励和倡导人们边健身边洗衣，环保又健康。”节能健身洗衣机的设计者们展示着她们超前的设计，脸上洋溢着喜悦和幸福。据介绍，这项发明的设计过程中，最难解决的一个问题是如何实现从结构功能到能量的转换，为此，团队成员们动了很多脑筋。目前已经可以实现通过手拉和脚踏来进行能量转换，将来还可以开发身体扭动等健身动作的能量转换。

（参见《千余大学生在汉比拼创意，213 个科技项目实力演绎节能减排》，http：//www. jienengjianpai. org/Article. asp？ ID = 198）

劳动体验

1. 创意设计。

亚历克斯·奥斯本在《创造性想象》中提出了奥斯本检核表法，主要包括 9 大方面的问题。请试着用这 9 个问题，对灯具、汽车、台历，或者你感兴趣的任何物品，进行一次创意设计吧。

创意物品描述：	
提示问题	创意想法
1. 就现在这个样子稍加改变，能有新的用途吗？	
2. 能不能借用别的经验或发明？	
3. 能不能对它做一些改变，比如改变运动形式、颜色或形状等？	
4. 能不能增加一些东西？	
5. 能不能减少一些东西？	
6. 能不能采用代用的东西？	
7. 能不能互相替换？	
8. 能不能把某些东西颠倒过来？	
9. 能不能进行组合？	
你的最终创意：	
填写人：　　　　　　日期：　　　年　　月　　日	

2. 创新创业实践。

请以个人或小组（每组 4—6 人）为单位设计一个创新创业项目，按照创新创业比赛的要求撰写一份项目书，介绍清楚项目的背景、价值、内容、创新点、实施步骤、意义等。

本章小结

本章主要论述了创造性劳动的概念内涵与特征，论述了创造性劳动的独特价值，表明创造性劳动对于国家、社会和个人发展的重要意义，引导大学生积极进行创造性劳动；结合批判性思维，介绍了科学思维及其培养途径，引导大学生自觉认清思维谬误、主动培养科学思维；阐述了创造性思维的内涵、特征及其表现形式，引导大学生在实践中自觉培养创造性思维；介绍了大学生创造性劳动实践的两类形式：社会调查和创新创业，以期增强大学生参与创造性劳动实践的意识和能力。

主要术语

创造性劳动　科学思维　创造性思维　社会调查　创新创业

复习思考题

1. 所有的劳动都具有创造性吗？所有的劳动都能称之为创造性劳动吗？
2. 科学思维与创造性思维的关系是怎样的？
3. 社会调查的步骤程序是怎样的？
4. 大学生创新创业竞赛都有哪些？如果让你组队参赛，你打算如何选题？

推荐阅读

1. 张大松主编：《科学思维的艺术：科学思维方法论导论》，科学出版社 2021 年版。

2. 〔美〕布鲁克·诺埃尔·摩尔、理查德·帕克：《批判性思维》，朱素梅译，机械工业出版社 2014 年版。

3. 〔美〕托马斯·L. 萨蒂：《创造性思维：改变思维做决策》，石勇、李兴森译，机械工业出版社 2017 年版。

4. 请登录由教育部主导创办、全国高等学校学生信息咨询与就业指导中心负责运营的“全国大学生创业服务网”，了解“互联网 + ”大赛、创业项目对接、创业培训实训、政策典型宣传、创业专业咨询等相关信息。

第十一章

公益性劳动

学习目标

1. 了解公益性劳动的概念。

2. 掌握公益性劳动的分类。

3. 认识公益性劳动的实践形式。

导　读

各级政府部门要积极协调和引导企业公司、工厂农场等组织履行社会责任，开放实践场所，支持学校组织学生参加力所能及的生产劳动、参与新型服务性劳动，使学生与普通劳动者一起经历劳动过程。鼓励高新企业为学生体验现代科技条件下劳动实践新形态、新方式提供支持。工会、共青团、妇联等群团组织以及各类公益基金会、社会福利组织要组织动员相关力量、搭建活动平台，共同支持学生深入城乡社区、福利院和公共场所等参加志愿服务，开展公益劳动，参与社区治理。

——2020年3月20日中共中央、国务院印发的《关于全面加强新时代大中小学劳动教育的意见》

第一节　公益性劳动概述

一、公益性劳动的概念

劳动教育是国民教育体系的重要内容，是学生成长的必要途径，具有树德、增智、强体、育美的综合育人价值。实施劳动教育重点是在系统的文化知识学习之外，有目的、有计划地组织学生参加日常生活劳动、生产劳动和服务性劳动，让学生动手实践、出力流汗，接受锻炼、磨砺意志，培养学生正确劳动价值观和良好劳动品质。

公益性劳动又称服务性劳动或志愿服务，是社会成员参与社会建设、改善公共福祉的重要途径，是参与主体自主自愿选择、超越常规经济交换活动领域、以造福他人和社会为目的、具有公益效益的个体性或组织性利他行为，具有“志愿性、无偿性、公益性、组织性”的特征①。

公益性劳动是指在学校和学生的社会实践中，为公共利益服务而不是为技术教育服务的劳动。其目的是培养学生为人民服务、为社会公益服务的良好品德，鼓励学生接触社会，深入生活，参与各种社会实践，形成良好的社会风尚。公益性劳动包括工农业生产劳动和各种服务性劳动，如参加秋收，植树造林，环境保护，扶老助残等。

大学生公益劳动是指全日制大学生在正规组织中提供的志愿服务。在校大学生不仅包括大学生、高职大学生，还包括研究生、博士生，他们通过高校志愿者组织参与志愿服务。志愿者组织是指从事发展、促进志愿服务和传播志愿服务精神的团体、组织和机构。大学生志愿者就是为社会提供志愿服务的大

---

①　李效东主编:《大学生劳动教育概论》,清华大学出版社 2020 年版,第 37 页。

学生。

实践证明，公益劳动在培养大学生全心全意为人民服务、为社会主义事业服务、关心社会、关心他人、团结互助、保护公共财产等社会主义思想方面有重要作用。公益性劳动的策划实施必须坚持不影响教学的原则，从学校和地区的实际出发，安排学生在力所能及的范围内参与劳动。在组织、安排公益劳动时，应有目的、有计划地对学生进行思想教育，讲明公益劳动的意义，引导学生自觉自愿地参加为社会服务的公益性劳动，要注意学生的年龄、性别和个体差异的特点，合理安排工作计划和时间，避免负担过重。高校要充分发挥共青团和学生会在公益劳动中的组织作用，使公益劳动具备广泛的群众基础。

二、公益性劳动的价值

（一）公益性劳动发展的启示

劳动教育不仅强调劳动活动和劳动形式，而且强调马克思主义劳动观的培养，包括劳动精神世界观、劳动价值取向和劳动技能水平。因此，劳动教育必须培养马克思主义的劳动观，形成全社会重视劳动教育的劳动价值观和崇尚劳动的价值导向。公益性劳动对劳动价值观的培育具有重要意义。从学校到社会，从非政府组织到政府部门，从青少年到全体公民都尊重公益性劳动，传承公益精神和劳动精神，这是实现主导精神和主体活动健康积极发展的目标。

公益性劳动实践作为劳动教育的一种重要形式，是公益精神、劳动精神的现实体现，其核心是传播公益慈善理念，传承劳动精神，践行劳动价值观，增强学生的社会责任意识、担当精神和奉献情怀。

随着社会的进步与发展，公益性劳动的形式不断丰富，服务领域逐渐扩大，从传统的敬老助残、扶贫助困服务，扩展到大型赛事活动志愿服务、文化传播服务、应急救灾救援、法律援助、社区便民服务、外来人口融入服务等社会发展和民众生活的方方面面。

公益性劳动的发展得益于我国公益慈善事业的发展进步。公益慈善事业的发展壮大为公益性劳动的专业化、精细化以及公益性劳动的大众化、普及化提供了强大的助推力。尤其是民间公益组织的蓬勃发展，使公益组织逐渐成为政府的合作方与得力助手。各类公益组织承接越来越多的社会公共服务，为大众参与公益性劳动，参与志愿服务活动提供了多元化的渠道。

公益活动的项目化、品牌化是公益性劳动发展的趋势。每年的 3 月份，全国各级各类学校都集中开展“学雷锋”志愿服务活动，“学雷锋”是典型的公益性活动“品牌”，为公益性劳动的规范化、精神化提供了积极的推动作用。国家还倡导建立公益工作协调机制，促进公益工作经验的推广，加快公益工作项目和品牌的发展。公益事业的项目化运作和品牌化发展，吸引了各类社会公益组织，形成了社会组织高度关注和积极参与的局面，为公益事业筹集优秀的公益劳动项目和丰富的社会资源，为公益性劳动项目和品牌的可持续发展提供资源保障。

（二）公益性劳动的价值体现

公益性劳动作为劳动教育的一种形式，以“服务、利他、奉献”为逻辑起点和实践终点，在解决社会问题的同时，传播公益慈善理念，推动社会和谐发展与进步。从“公益、奉献”的属性上看，公益性劳动具有天然的教育性，蕴含着丰富的育人价值，促进青少年在服务社会、帮助他人的过程中体验历练、健康成长、全面发展，是传播和弘扬社会主义核心价值观的有效渠道。

1. 公益性劳动是学习者全面发展的重要实践形式。

立德树人是学校教育的中心环节，德育在培养“四有新人”中起着标杆作用。新时代劳动教育作为落实立德树人根本任务的有效载体，寓德育于劳动实践中，引导学习者通过劳动实践认清劳动的本质、理解劳动的内涵，形成正确的世界观、人生观和价值观，增强社会责任感，将个人成长与国家发展相结合。公益性劳动作为兼具公益性和实践性的新时代劳动教育形式，既传承了中华民族乐于奉献、互助友爱的传统美德，又体现了开拓进取、勇于担当的时代精神。

公益性劳动在实施过程中对学习者思想品德的浸润和实践素养的提升发挥着重要的作用，有效促进学习者的全面发展。

首先，公益性劳动实践有助于提升学习者的核心劳动素养。中共中央、国务院印发的《关于全面加强新时代大中小学劳动教育的意见》明确提出，“支持学生深入城乡社区、福利院和公共场所等参加志愿服务。探索以志愿服务活动推进劳动教育，对于培养德智体美劳全面发展的社会主义建设者和接班人，具有重要意义。”顺应时代发展潮流和学习者的实际思想行为状况，遵循学生成长发展规律和教育教学活动开展规律，构建大中小学一体化、序列化、层次化的劳动教育长效体系，不断加强劳动教育的亲和力和针对性，有利于循序渐进、潜移默化地培育和塑造社会成员的核心劳动素养。①

其次，在新时代背景下，随着公益性劳动在社会服务和社会治理领域的深入发展，公益性劳动的参与者不仅要提升对社会问题的关注度和社会责任感，还要具备完成新样态公益劳动所必需的业务能力，有力地促进了学生的全面发展和素质提升。公益性劳动教育的目标不仅仅是培养积极参与社会服务的志愿者，更重要的是促进学习者在理想信念、思想品德、知识技能、心理水平、学习能力等方面全面发展，使其成长为符合社会发展要求的，具有坚定理想信念、遵守社会规范、掌握实践技能的社会人。

最后，劳动教育是培养学习者成长为德智体美劳全面发展的社会成员不可或缺的一环，而公益性劳动是达成劳动教育与德育、智育、美育等有机融合的最佳支点。德育、智育、美育的教育目标和价值诉求是学习者个体真善美发展需求的分化和表征，而德育、智育、体育、美育最终要落到实处必须通过劳动实践。公益性劳动引导学习者积极参与劳动实践，在劳动实践中培养他们的公益精神和奉献意识，在投身于国家建设中，确定自己的价值取向和人生定位，在实践中检验自身的知识和技能，赋予自我发展强大的精神力量，引领自身在德、智、体、美、劳等各个方面全面发展和进步。

公益性劳动使学校教育由校内走向校外，为学生提供了更广阔的实践空间，使学生对劳动和社会有了更深刻的认识，使学生的能力得到了提高，养成良好的劳动习惯和服务意识。公益性劳动实践锻炼可以培养学生的合作意识，激发学生的进取精神，对培养学生的综合素质起着重要作用。总之，公益性劳

① 张利钧、赵慧勤、张慧珍：《新时代劳动教育：内涵特征与价值意蕴》，《教育理论与实践》2021 年第 26 期。

动为学习者全面发展目标的实现提供了重要的实践形式和检验手段，是学习者实现全面发展的有效途径。

2. 公益性劳动是传播核心价值观的有效渠道。

俗话说“说一千个大道理，不如做一件好事。说一千个大要求，不如做一个示范”。学生在参与公益性劳动的实践过程中，通过切实有效的志愿服务行动，传播着社会主义核心价值观，让城乡群众在获得志愿者帮助，看到志愿者的奉献时，感受到社会的友善和温暖，感受到国家的关怀和关心。公益性劳动的参与者通过不同类型的志愿服务活动向社会传递正能量，传播核心价值观，增强民众生活的希望和国家发展的希望。

公益性劳动能够有效增强学习者的社会服务意识和责任感、奉献情怀和担当精神，从而营造风清气正的良好社会风尚。公益性劳动促进学习者在与他人的交互、协作、共进中培育社会服务意识和责任感，培育无私奉献、团结友爱的社会风气。在公益性劳动实践过程中，劳动者集体协作、群策群力，必然会实现社会成员之间的信息交互、协同创造，是个体实现社会化、拓展社会关系的重要途径和载体。

公益性劳动让学习者在志愿服务的现实情境中积极参与、切身体验，可以充分激发学习者的情感共鸣，实现价值观的共振，从而促成行为认同，增进政治认同。志愿者在服务社会的时候，传递爱心、传播友善，而且在日常生活、人际交往中也传递真诚、传播文明，让人们感受到“做志愿者的人心地善良美好”，使自己体验到“做志愿服务让人心地善良美好”。在公益性劳动开展过程中，培养了学习者关爱他人的情怀，使学习者在情境中与受困者分担痛苦、共享快乐，促进学习者将自己的幸福、快乐分享给他人，融入社会，不断消解社会负面情绪，营造快乐幸福的生活氛围，为社会营造和谐友善的公益氛围。公益慈善氛围的营造，有利于推动全民为实现国家富强、民族振兴、人民幸福的中国梦而努力奋斗，有利于培养忠于祖国、心系人民、信仰坚定、志向高远的社会主义建设者和接班人。

公益性劳动促使学习者走进社会，通过形式各样、多元参与的公益志愿服务活动融入社会，学习者的公益情怀与担当精神在其公益性劳动实践过程中，在亲身奉献、亲历服务中得到充分的促进和发展，在与社会的零距离接触中见证国家的发展壮大，感受国家的崛起之势，体会国家经济稳步向前、科技水平巨大进步给人民生活带来的质的飞跃，从而坚定中国特色社会主义的信念，增强实现中国梦的信心，增进对祖国的认同，对中华民族的认同，对中华文化的认同，对社会主义道路的认同。

三、公益性劳动的源起与发展

公益性劳动或志愿服务起源于19世纪西方国家宗教性的慈善活动，最初主要开展保护孤寡、救助贫民、扶助老弱病残等服务。现代意义上的志愿服务，是指志愿者不以物质报酬为目的，自愿贡献个人的知识、技能、体能或财富，通过各种服务性的行动去实现对社会弱势群体和社会公益事业的支持和帮助，以推动社会道德文明的发展与进步。①

（一）国外公益劳动发展历程

1. 萌芽阶段。

1869年，英国牧师亨利·索利将分散的慈善组织联合起来，在伦敦成立了慈善组织会社。与此同时，友谊社之类的互助组织也大量涌现，到19世纪70年代，参加各种互助组织的人已经达到400万之多，工人们自己出资建立基金，在他们遇到困难时可以从中获得帮助。19世纪的英国，教会和工人阶级组织的自助互助团体承担起了救济贫困任务。另外，从欧洲移民到北美的人们为了克服困难，逐步形成了彼此互助的群体精神，这种群体精神深深植根于人民之中，并成为一种良好传统，一批具有慈善之心的人士成为最早的志愿者。

2. 发展壮大阶段。

从1914年到1950年左右，欧美相继通过了一系列有关社会福利的法律法规。执行这些社会福利政策，除了需要大量的专业志愿人员外，还需要大量志愿人员参与各种服务，这使得公益性劳动逐渐发展壮大起来。

① 王一涛、杨海华等:《大学生劳动教育与实践》,苏州大学出版社2021年版,第56页。

3. 走向成熟阶段。

从第二次世界大战到冷战结束，西方志愿服务和公益事业逐渐走上了专业化、规范化的道路，特别是在志愿服务立法、志愿精神传播，招募志愿者等方面。1950 年，联合国发表的第一份国际社会工作报告指出，有 46 个国家建立了 422 所社会工作学校，培养社会志愿服务专业人才。总的来说，西方主要发达国家的志愿组织历史悠久，积累了丰富的经验，随着宗教的兴起和迅速发展，特别是在 20 世纪 90 年代以来，志愿服务迅速发展，参与公益劳动已经成为全球化的趋势。

4. 深化拓展阶段。

进入 21 世纪以后，西方发达国家公益劳动与志愿服务呈现全民化趋势，志愿服务活动成为西方发达国家加强对公民道德教育和维护社会稳定的有效形式，志愿服务体系走向系统化、组织化。这得益于国家强有力的法规、政策支持，完善的表彰激励体制，先进的志愿者管理体系和完备的资金筹措机制。在全球化趋势下，志愿服务体系不断完善，积极融入时代背景，寻找新的增长点。

（二）国内公益劳动发展历程

1. 起步阶段。

新中国成立后，党和政府把中国传统文化中的无私奉献与实际需要联系起来，结合党的工作经验，特别是动员群众、走群众路线的光荣传统，开展了一系列具有中国特色的志愿者活动。1955 年 7 月，团中央提出要“动员一部分城市未升学的初中、高小毕业生及其他失业青年参加垦荒工作。”在中共中央和团中央的号召下，全国青年志愿者掀起了志愿活动的热潮。[①] 该阶段公益性劳动的主要特征是：党和政府的号召力是社会公益的主要推动力，各级政府组织是社会公益的发起人和实施者。在志愿活动中，老百姓积极响应党和政府的号召，长期坚持参加各种志愿活动，使自我奉献精神得到充分发扬，为我国的

① 张文智:《新时代大学生志愿服务问题研究》,东北师范大学 2019 年博士学位论文,第 28 页。

志愿工作发展打下了良好的基础。[①]

2. 迅速发展阶段。

改革开放以来，国外志愿服务的理念和实践经验进入到我国人民群众的视野。随着国家经济体制的改革，人民生活水平不断提高，公民意识逐渐增强，人们更加注重提高自我、服务他人、满足社会需要。与此同时，社区居民群众的物质、文化、生活需求日益呈现出多样化、多层次的趋势，经济社会的发展和居民群众的多方面需要给社会提出了新的要求。在这种情况下，中国开始探索和尝试社区服务的公益性劳动。所谓社区服务，就是在政府、社区居委会、社会组织等力量的组织下，社区成员之间相互扶助的社会服务活动。社区志愿服务的内容主要集中在生活互助，照顾老人、弱者、病人、残疾人等特殊群体方面。正是因为与人们的生活息息相关，社区志愿服务一直是最受欢迎的公益性劳动，它不仅有良好的群众基础，而且具有较强的现实性和实用性，有利于不断满足居民群众需求、提高人民生活质量、促进人的全面发展。

3. 成熟阶段。

1993 年，团中央发起开展的青年志愿工作，提倡青年自愿、无偿参加各种社会公益活动，青年志愿工作的宗旨是"奉献、友谊、互助、进步"。1993 年 12 月 5 日，北京市志愿者协会正式成立，是全国第一个省级志愿者组织。1994 年 12 月，中国青年志愿者协会成立，是由社会各界青年自愿参加社会公益和社会保障的全国性社会组织。现代志愿服务在我国方兴未艾，从 20 世纪 90 年代中期到 2008 年北京奥运会，我国在志愿服务领域实现了前所未有的发展，志愿服务的三大领域——社区服务、青年志愿服务、大型企业的志愿工作都取得了很大的进展。现阶段，人们参与志愿活动的热情空前高涨，志愿者队伍得到极大充实，志愿者组织如雨后春笋般涌现。

4. 专业化发展阶段。

近年来，我国对志愿服务的重视程度已经上升到国家立法层面。2016 年 3 月 16 日《中华人民共和国慈善法》由中华人民共和国第十二届全国人民代表

---

① 王一涛、杨海华等:《大学生劳动教育与实践》,苏州大学出版社 2021 年版,第 56 页。

大会常务委员会第四次会议通过，自2016年9月1日起施行。2017年6月7日《志愿服务条例》经国务院第175次常务会议通过，自2017年12月1日起施行。慈善法的颁布和志愿服务条例的施行，体现了国家对慈善事业和志愿服务的支持显著提高。志愿者注册管理、培训激励、保护权益等相关政策不断完善，志愿服务在平稳、成熟的发展过程中不断完善，实现了专业化发展。全国志愿者数量不断增多，积极开展扶贫开发、敬老扶困、社区建设、环境保护、应急救灾等领域的志愿服务。志愿者的种类不断增多，吸引了来自不同行业、不同层次的志愿者参与，而且志愿者队伍也逐渐开始向专业化转变，出现了一系列志愿服务的品牌。我国在体制建设和志愿组织建设方面也取得了重要进展，各省、市都颁布了志愿服务条例或办法，部分地区研究制定建立了志愿服务激励机制，深圳、上海等地政府也开始对购买志愿服务项目进行尝试。

第二节　公益性劳动实践

一、公益性劳动的类型

公益性劳动有多种类型，常见的类型有社会服务（例如，访问养老院），受雇工作（例如，为环境保护组织工作），在贫困地区提供志愿工作（例如，西部支教），在非贫困地区进行志愿服务（例如，在某社区当义工），功能性工作（例如，交通协管）。据中国志愿服务网统计，志愿服务类别有社区服务、扶贫减贫、支教助学、卫生健康、法律服务、环境保护、科技科普、文化艺术、平安综治、文明风尚、交通引导、志愿消防、应急救援、禁毒宣传、体育健身、旅游服务、关爱特殊群体、大型活动、海外志愿服务、税收服务等等。

（一）社区与帮扶服务类

社区是现代社会生活的基本单位，人们于其中从事衣食住行、社会生产、交往等活动。社区公益劳动是指志愿者组织和志愿者个人自愿利用自己的时间、技能和其他资源向社会提供帮助或公共服务的工作。

根据“居民需要，志愿者所能”的原则，青年志愿者可以为各类群体提供服务，包括老年人、未成年人、农民工及其子女、就业困难人员、残疾人、低收入家庭等等，可以重点关注空巢老年人、残疾青年、农村边缘化家庭、低保户、留守儿童等弱势群体。

（二）支教与助学服务类

我国的国情是“地大物博、人口众多”，因各地自然和社会条件不一，资源分配不均衡，东、西部地区的差距很大，这就需要教育和政策性引导。支教一般是指大学生利用寒暑假，毕业前的实习时间，或者应届毕业大学生毕业后直接参加国家支持西部教育事业，到西部贫困地区的支援教育的行为。

习近平总书记曾给西部支教大学生群体代表回信。青年响应国家号召，怀着执着的理想，奔赴条件艰苦的西部和边疆地区，扎根基层教书育人，十几年如一日，写下了充满激情和奋斗的人生历程。青年的坚守和事迹，令人感动。习近平总书记强调，同人民一道拼搏、同祖国一道前进，服务人民、奉献祖国，是当代中国青年的正确方向。好儿女志在四方，有志者奋斗无悔。希望越来越多的青年人到基层和人民中去建功立业，让青春之花绽放在祖国最需要的地方，在实现中国梦的伟大实践中书写别样精彩的人生。

作为要去到异地支教的志愿者，不仅需要具备生活自理和沟通能力，还要具备教学能力以及能长期忍受在艰苦、孤独的条件下从事教育的毅力。

（三）环境与治理服务类

随着经济的发展和社会的进步，人们对居住环境越来越关注。全球变暖，空气污染，水资源短缺，城市垃圾泛滥，许多环境问题，正日益影响着人们的生活。环境质量的恶化表明人们必须爱护环境，保护环境。只有人与自然和谐相处，我们的生活才能更加美好，我们的社会才能不断发展。

为进一步做好新形势下环境管理工作，国家正积极开展环境与治理相关志愿服务，动员社会力量参与环境保护事业，增强公众生态环保意识，提高公众参与环保的积极性，让公众更多地了解环保、支持环保、参与环保，形成环境保护领域的全民共治格局。

（四）文体与科普服务类

以弘扬文明生活方式为重点，按照贴近群众、发挥自身力量、发展正规服务的原则，文体志愿者队伍将积极开展文化活动、群众体育运动，并以多种形式进入社会、进入校园、进入企业等，扩大了公益劳动的影响和覆盖面。

近年来，科普志愿者作为科普的重要力量，在科普宣传、科技咨询、科技培训等方面发挥了积极作用，推动了公民素质的提高，在精神文明建设中发挥了重要作用。

（五）急救与应急服务类

志愿者在急救、应急服务中的公益性劳动主要涉及以下几个方面。

1. 应急知识的“普及员”。

协助做好应急避险和自救互救等应急知识的宣传普及，不断提高公众安全意识和自救互救能力，加强公益宣传，普及安全知识，培育安全文化。

2. 信息报告的“传递员”。

协助做好突发事件隐患排查工作，收集上报突发事件有关信息，做好预警信息传递工作。

3. 应急救援的“保障员”。

根据实际需要，按照“统一组织、统一调配”原则，在确保安全的情况下，以广泛发动团员青年、承担外围服务保障任务为着力点，协助政府有关部门和专业救援队伍做好应急救援工作。

4. 灾后重建的“服务员”。

协助做好受灾群众集中安置点或隔离点的生活服务、秩序维护、心理疏导等工作。

5. 网络引导的“宣传员”。

开展网络引导工作，及时、准确地传递权威信息，充分发挥正面引导、释疑解惑、止谣辟谣等作用。

二、公益性劳动的实践路径

新时代大学生应加强公益性劳动，自觉参与课堂、食堂、校园等区域的卫生、绿化、管理和服务工作，通过“三支一扶”、大学生志愿服务西部计划、“青年红色筑梦之旅”和“三下乡”等社会实践活动开展公益性劳动，增强公共服务意识，强化大学生的奉献精神。

（一）大学生志愿服务西部计划

1. 大学生志愿服务西部计划概述。

2003 年，团中央、教育部、财政部、人力资源和社会保障部根据国务院常务会议和全国高校毕业生就业工作会议精神，联合实施大学生志愿服务西部计划，招募一定数量的普通高等学校应届毕业生或在读研究生，到西部基层开展为期 1—3 年的志愿服务工作，鼓励志愿者服务期满后扎根当地就业创业。

从广义上讲，大学生志愿服务西部计划（以下简称为“西部计划”）是指政府有关部门选拔大学生参加志愿服务的计划。在教育、卫生、农业技术、扶贫、青年中心建设和管理等志愿服务中发挥了重要作用。从狭义上讲，“西部计划”就是为了促进大学生就业，加快西部开发，促进西部发展，由地方政府和有关部门发布信息需求通过一系列公开、公平的考试和考核程序，选拔出优秀的大学毕业生，选派到西部地区参加高校毕业生志愿服务工作。

2. “西部计划”项目内容。

“西部计划”按照服务内容分为基础教育、服务三农、医疗卫生、基层青年工作、基层社会管理、服务新疆、服务西藏 7 个专项。（1）基础教育：在县乡中小学从事教学及教学管理工作。基础教育专项包括研究生支教团。（2）服务三农：在县乡农业（林业、牧业、水利）技术单位从事农业科技工作。（3）医疗卫生：在乡镇卫生院以及部分县级医院、防疫站从事医疗卫生工作。（4）基层青年工作：在县级团委从事加强团的基层组织建设、促进青年就业创业、预防青少年违法犯罪、维护青少年合法权益等工作。（5）基层社会管理：围绕西部基层社会公益、社会保障、社会福利、法律援助、扶贫开发、金融开发等公共服务需求及党政、司法、综治等工作需要开展服务。（6）服务新疆专项：围绕新疆和新疆生产建设兵团经济社会发展的需要在基层单位从事基础教育、农业科技、医疗卫生等服务。（7）服务西藏专项：围绕西藏经济社会发展需要在基层单位从事基础教育、农业科技、医疗卫生等服务。

｜专栏11-1　拓展阅读｜

志愿者王军扬：扎根兵团十二年追逐沙棘梦

12年前，刚刚大学毕业的王军扬，以西部计划志愿者的身份，来到了新疆生产建设兵团第九师的边境团场一七〇团。在这个坐落于山地丘陵、荒漠戈壁之上，地处风头水尾，耕地稀缺、土壤贫瘠的团场，王军扬埋头苦干，一干便是十余年。他与一七〇团人一起见证戈壁荒滩上的生命奇迹——沙棘，也与一七〇团人一起追逐着沙棘梦。

作为西部计划志愿者，服务不到一年，王军扬就主动向团场申请留下工作。2010年，王军扬被任命为一七〇团林业站副站长，主要工作是沙棘育苗、沙棘种植、沙棘新技术新品种的推广应用；两年时间里，他圆满完成了14000亩沙棘林的种植任务，成活率达90%以上；成功推广了沙林硬枝扦插技术，实现了当年出圃60万株沙棘苗。

2012年，年仅25岁的王军扬，走马上任一七〇团六连党支部书记。不熟悉的环境、不熟悉的工作，意味着一切都要从头做起。那段时间里，他与一线的职工进行了有效的沟通和交流，真实地感受到了他们的纯朴、艰辛和愿望。他们渴求脱贫致富的眼神，深深印在了他的脑海中，也触动了他徘徊不定的心，他暗下决心，一定要不遗余力地为发展团场、建设团场、致富职工群众不懈工作。王军扬刚到任就发现职工种植大棚产量低、销售难、效益低的问题，每座大棚一年收入最好的只有五六千元，少的只有一两千元，职工的心思都放在外出打工上。面对这种情况，他挨家挨户走访职工，给职工讲党的富民政策，分析设施农业的前景，并带领职工走出去看先进地区的设施农业，开阔了职工的眼界，增加了职工的信心。任六连党支部书记的8年时间里，在他的带领下，六连温棚从122座增加到298座；一线承包职工从56人增加到142人，承包大棚的职工占全连的95%。职均收入从2012年的16000元增加到2017年的38000元。

2019年6月，王军扬带着他的沙棘梦毅然辞去了六连党支部书记的职务，全身心投入到沙棘产业当中，他牵头成立的新疆金圣果农业专业合作社吸纳社员140余名，服务沙棘种植户占全团总数的90%。2019年、2020年销售沙棘果5700余吨，社员人均收入突破70000元，成为全国沙棘原料最大的供应商。一七〇团沙棘走向了全国，并实现了出口零的突破。

王军扬说，在他心里，一直从未动摇的初心就是，不遗余力地扎根基层，不遗余力地奉献基层，始终坚持全心全意为人民服务的宗旨，保持一名共产党员的初心。在王军扬眼里，沙棘已经成为一种精神的引领、一种力量的图腾。

（参见《志愿者王军扬：扎根兵团十二年追逐沙棘梦》，https://xibu.youth.cn/rwfy/dxrw/202105/t20210524_12966338.htm）

（二）“三支一扶”

1. “三支一扶”概述。

根据2006年人事部发布的《关于规范和开展农村基层高校毕业生教育、农业、医药、扶贫工作的通知》，从2006年起，根据本办法规定，地方各级人民政府组织、人事、教育、财政、农业、卫生、扶贫、共青团等部门，自愿报名，组织选拔，统一安排，每年招收近万名大学毕业生，向乡镇和农村基层提供教育补助农业、医疗保障和扶贫，简称“三支一扶”。引导和鼓励大学生到西部，基层，最需要的地方，通过健康成长的实践，促进农村基础教育、农业、卫生、扶贫等社会事业的发展，建设社会主义新农村，构建和谐社会。对大学生来说，“三支一扶”不仅可以缓解工作压力，而且可以为他们提供一个施展才华的舞台，使他们在基层工作中积累经验，在实践中锻炼坚强的意志。

2. 大学生“三支一扶”的成效与意义。

“三支一扶”能够拓宽高校毕业生就业渠道，缓解就业压力。2021年大学毕业生总数为909万人，同比增长35万人。如果部分大学生能够积极参与“三支一扶”工作，不仅可以减轻国家就业压力，而且可以为今后更好地自主就业创造条件。①

“三支一扶”也在一定程度上解决了农村基层人才短缺问题，提高了农村

① 施盛威、张毅驰：《新时代大学生劳动教育实践指导》，苏州大学出版社2021年版，第56页。

边远地区中小学教师和乡镇基层干部队伍的质量，通过“三支一扶”的选拔方案，一些学历较高、专业知识丰富、年轻的优秀大学毕业生到了边远农村学校、乡镇卫生院和基层医院工作，改变了边远农村学校教师和乡镇基层干部的年龄结构，提高了农村中小学教师队伍、乡镇卫生院、基层干部队伍的学历水平。同时，也给边远农村学校、乡镇卫生院和基层群众带来了生机和活力。

| 专栏11-2　拓展阅读 |

投身“三支一扶”奉献青春力量

教育部高校学生司称，经历了“三支一扶”的大学生们，不但在基层丰富了阅历、磨砺了意志、增长了才干，而且在服务人民群众中受到了教育、加深了感情，也是人生中一笔宝贵的精神财富。实际上，有不少在“三支一扶”岗位上历练过的大学生在服务期满后，毫不犹豫地选择了扎根基层，有的考入乡镇基层机关事业单位后，很快就成了单位的业务骨干，在工作中能够独当一面。他们用实际行动诠释了“到农村去，到基层去，到人民最需要的地方去”的“三支一扶”精神，让绚丽多彩的青春在奉献基层中熠熠生辉。为了让“三支一扶”高校毕业生在基层留得住、流得动，国家也出台了相应的政策和措施，持续加大对“三支一扶”高校毕业生的政策保障与服务支持。这些“三支一扶”岗位上服务期满后的大学生，当他们进入市场自主择业时，各地尤其是有关部门都高度重视，采取多种形式，开辟多种渠道，积极为其就业创造条件。

党的十九大指出，广大青年要坚定理想信念、志存高远、脚踏实地，勇做时代的弄潮儿，在实现中国梦的生动实践中放飞青春梦想，在为人民利益的不懈奋斗中书写人生华章！

（三）青年红色筑梦之旅

1. 青年红色筑梦之旅概述。

“青年红色筑梦之旅”是2017年第三届中国“互联网＋”大学生创新创业大赛举办的同期实践活动，参赛团队分赴延安，通过大学生创新创业项目对接革命老区经济社会发展需求，助力精准扶贫脱贫。

活动开展期间，由西安电子科技大学创业团队“小满良仓”负责人张旺发起，联合其他创业团队一起给习近平总书记汇报了“青年红色筑梦之旅”实践活动的感受。8 月 15 日，习近平给参加“青年红色筑梦之旅”的大学生发去了回信，信中写道：“得知全国 150 万大学生参加本届大赛，其中上百支大学生创新创业团队参加了走进延安、服务革命老区的‘青年红色筑梦之旅’活动，帮助老区人民脱贫致富奔小康，既取得了积极成效，又受到了思想洗礼，我感到十分高兴。”为了学习贯彻习近平新时代中国特色社会主义思想和党的十九大精神，贯彻落实习近平总书记给“青年红色筑梦之旅”大学生的回信精神，教育部决定在第四届“互联网 + 大学生创新创业大赛”中增设“青年红色筑梦之旅”赛道。

2. 青年红色筑梦之旅的时代价值。

“青年红色筑梦之旅”既是大学生创新创业的实践课程，也是思想政治课的生动形式。大学生公益团队走进延安、井冈山、西柏坡、古田等革命老区，缅怀革命先烈的伟大而艰辛的创业史；走进安徽小岗村、黑龙江、大庆、宁夏、闽宁等地，感受不怕艰难困苦、敢为人先的奋斗精神，构建了一种新型的高等学校教育模式。

“青年红色筑梦之旅”紧随国家创新战略和农村发展战略，激活广大农村的智力资源和社会优质资源，深入人民推进创业教育创新、思想政治教育实践创新、农村创业复兴战略，彻底扶贫，整合、振兴农村新活力，促进地方经济社会发展。以“青年红色筑梦之旅”活动为契机，促进科教、产教一体化，加强教育界、科技界、产业界、投资界的合作，为将更多优质社会资源转化为教育资源提供实践平台，引导运用新的约束机制，完善大学生金融服务与支持体系。

（四）“三下乡”社会实践活动

1. “三下乡”活动概述。

20 世纪 80 年代初，团中央首次号召全国大学生在暑期开展“三下乡”社会实践活动。1996 年 12 月，中央宣传部、国家科委、农业部、文化部等十部委联合下发《关于开展文化科技卫生“三下乡”活动的通知》。1997 年，“三下乡”活动在全国正式开展。“三下乡”活动旨在组织大学生志愿者利用暑假时间深入农村和乡镇企业，充分发挥知识和技能优势，消除贫困、推动农村致富，满足农民生产和生活的基本需要，促进学生综合素质提高。“三下乡”，即普及农村文化、科技和卫生知识，促进农村文化、科技和卫生发展。大学生“三下乡”社会实践是高校教育实践的主要手段，是加强和改进大学生思想政治教育的有效途径。

2. 大学生“三下乡”社会实践的功能。

第一，促进高等教育内涵式提升与发展。通过大学生“三下乡”社会实践，高校加强了与社会的联系。通过大学生“三下乡”的社会实践，高校可以了解其培养目标、专业设置、教学管理是否适应社会需要。通过大学生“三下乡”的社会实践，高校将理论应用于实践，丰富了教学内容，有利于促进和提高高校教学科研成果的社会服务水平。

第二，在社会经济发展中充分发挥“高校担当”。大学生“三下乡”是以乡镇、基层企业、中小学为服务点，在文化、科技、卫生等领域开展社会实践活动，有利于发挥教育的政治功能。一方面，对广大学生进行政治和意识形态教育，可以促进学生的政治社会化，使之成为社会所需要的合格公民。另一方面，培养适应社会管理需要的政治人才。同时，大学生“三下乡”的社会实践也有利于科学文化知识的普及，有利于先进思想在全社会的传播，有利于推动落后地区的精神文明建设。

第三，通过实践有效提升大学生的综合素质。通过开展文化、科技、卫生等方面的社会实践活动，使学生深入了解社会、感知社会，了解改革开放和现代化建设在我国取得的巨大成就，及时深入了解国家政策。大学生可以从实际工作中获得第一手经验，特别是与专业相关的技术经验，也有利于加强和提高专业素质。

| 专栏 11-3　拓展阅读 |

不忘初心，砥砺“黔”行

“爱黔行”支教团队成立于2011年，是一支由苏州大学的大学生组建的年轻支教团体。支教对象是贵州省黔东南苗族侗族自治州天柱县竹林镇小学的孩子们。

这里大山连绵，本地大多是山区里的留守儿童，他们兴趣爱好匮乏，性格内向，缺乏自信。支教团队每年暑假都会开设手工、陶笛、历史等特色课程，培养孩子们的兴趣，拓展他们的知识面，开拓他们的视野，帮助孩子们建立自信，帮助他们大胆积极地表达自我。

初次相遇，师生共融

经过前期的备课、排班、策划，团队到达竹林镇小学的第二天便开始了宣传、招生、登记、分班等工作。在开班典礼上，支教队员们详细地做了自我介绍，期待和孩子们相处的时光。支教课程安排开始步入正轨，从科学世界到缤纷地理，从影视艺术到民俗文化，多彩的课程让孩子们应接不暇。一下课，他们便追着问："老师，老师，你知道兔子是怎么叫的吗？""你家在哪里呀？"各种千奇百怪的问题让孩子们和老师迅速打成了一片。

特色活动，精彩纷呈

心理团辅、趣味运动会、心理健康话剧、模拟法庭让孩子们摆脱了课堂上"我说你记"的教学模式。趣味运动会有"背对背夹球运送""两人三足接力""爱的抱抱""摸石头过河""水杯传递""师生接力"6个项目。尽管天气十分炎热，小队员们个个满头大汗，但他们激情飞扬，充满活力。他们在特色活动中认识自我、释放自我、积极大胆地表达自我，在游戏过程中增进了彼此之间的友谊，懂得了团结友爱在团队中的重要性。

师生分别，依依不舍

支教活动的最后一天是文艺汇演，精彩的表演引得台下笑声连连。会演过后，支教队员与孩子们合影，时间定格在大家的笑容里，所有的依依不舍都化作了一张张写满祝福的小卡片。

支教团队的指导教师说道："爱·黔行"贵州支教活动经过十年的发展与成长，已成为省内学生志愿服务活动的品牌和标杆。本次活动，给竹林镇小学的同学们带去了温暖的陪伴，通过教育实践活动助力学生成长，使教学活动更有深度、更有温度、更有情怀。支教活动引导学生树立正确健康的生活理念，给了同学们青春正能量。

（参见苏州大学文正学院官网，http：//news. sdwz. cn/）

（五）公益创业

1. 公益创业概述。

公益创业又称社会创业，是近年来在全球范围内迅速兴起的一种全新创业理念与创业模式。在实施追求社会价值和商业价值并重的创业活动时，兼顾社会性和企业性，将实现社会价值和企业化运营结合在一起，在儿童保育、残障人士就业、社区发展等领域积极开展社会创新。公益创业不仅涵盖了非营利性机构的创业活动和营利性机构践行社会责任的活动，还成为政府失灵和市场失灵的矫正力量。它以和平方式达到了以往通过暴力和流血也未能实现的社会目标。公益创业的兴起是创业领域最重要成果之一，赢得了社会的广泛关注和好评。在解决社会问题，打破国家“福利僵局”方面起到了积极作用，并将对21世纪人类社会的发展产生更为深远的影响。公益创业的开启是创业教育的重要里程碑，也是未来创业研究的重要领域。[①]

公益创业又称“社会创新”“社会创业”，是指个人、社会组织等在社会使命的激发下，追求创新、效率和社会效果，向公众提供产品或服务的社会活动。[②] 广义的公益创业，指企事业单位、非营利组织等社会组织在经营活动中，在确保公益性的前提下，兼顾社会价值与经济价值，运用商业模式实现公益组织的创收并反哺公益事业，实现组织的可持续发展。

由中国青年报社、KAB全国推广办公室编著的《中国青年公益创业报告》的调查数据显示[③]，“如今，人们逐渐意识到公益创业对于社会和谐发展与推进社会治理能力提升的重要性，与之相关的‘社会创新’、‘影响力投资’、‘公益创投’等领域也得到了快速的发展。”伴随着社会的需要、政府的支持、高校的指导，越来越多的青年大学生投入到了公益创业、社会创新的领域里，

① 邓汉慧：《公益创业：社会治理的新理念》，《中国青年报》2017年2月14日。

② 唐亚阳：《公益创业学概论》，湖南大学出版社2009年版。

③ 中国青年报社、KAB全国推广办公室：《中国青年公益创业报告》，清华大学出版社2015年版。

年轻的理想和追求必将促进公益慈善事业获得朝气蓬勃的发展。

2. 公益创业与商业创业的区别。

世界范围内公益创业事业正蓬勃发展，与商业创业相比，公益创业受到了人们更多的关注和重视。公益创业和商业创业有哪些区别呢?

首先是组织形式的差别。商业创业主要选择现代企业组织形式，例如“有限责任公司”“合伙企业”“个人独资企业”“个体工商户”等，在工商部门注册。而在公益创业过程中，创业者首选的组织形式是非营利组织，现在一般称为社会服务机构，例如“民办非企业单位”“社会团体”，一般在民政部门注册。随着社会的发展和进步，广义的公益组织已经不再只是传统的非营利组织形态，融合了现代企业组织形式。

其次是组织使命和发展目标的不同。商业创业者不断寻找带来高商业价值的市场机会。而公益创业者努力寻找能为服务群体带来更多社会价值的市场机会。商业创业注重当下社会产生的新需要或未来消费者的潜在需要，公益创业则更关注为社会提供基本、长期的有效需要。商业创业更关注“盈利”，公益创业更注重“公益”。

最后是商业模式的差别。商业模式并非商业组织所特有，商业模式的本质是对组织运行内部逻辑的描述。从资金来源上看，商业创业的资金主要来自股东的直接投资，公益创业的资金通常来源于创业者的捐赠、社会捐赠、政府购买等渠道。从利润分配上看，商业创业最主要的目的是实现股东利益最大化，因此会向股东分配企业利润。而公益创业的资金结余不能进行“分红”，要继续投入到公益事业的持续运行中。

总之，公益创业的逻辑起点是社会问题，公益创业的诉求是社会价值的最大化，以公益性实践解决社会问题使得公共利益得到满足，避免社会冲突和生产关系的失调。

| 专栏 11-4　拓展阅读 |

山东师范大学公益创业实践案例——香蕉公益

香蕉公益是一个赋能乡村教师，致力于乡村教育振兴的公益创业组织，名称取自“乡村教育”中“乡、教”二字的谐音。该公益组织由山东师范大学公共管理学院师生发起，以“集成化教学资源共享支持”为理念，依托山东师范大学基础教育资源，以“希望盒子”教学资源包、智慧课堂交互式课程、城乡研学实践等公益产品为载体，赋能乡村教师，搭建乡村建设志愿服务平台，助力乡村教育振兴。

近年来，围绕国家乡村振兴战略，山东师范大学公共管理学院紧跟时代步伐，扎实推进专创融合教育工作，积极引导大学生扎根乡村、服务社会。学生们在老师的指导下，进行了广泛的乡村实地调研，针对乡村教育的痛点开展了多年的志愿服务实践活动，并完成了民办非企业单位登记，注册成立济南市香蕉公益服务中心，以保证志愿服务活动开展的持续性、有序性和专业性。

准确突围，探索中国乡村教育帮扶新模式。2020年，中国农村发展高层论坛发布了《中国农村发展2020》，强调“乡村人才振兴是乡村振兴战略的关键”，乡村人才振兴要坚持将乡村教育作为基础工程。其中，乡村教师队伍建设是教育底部攻坚的关键，事关我国义务教育总体办学质量提升和教育现代化的实现。调研数据显示，乡村教育的现实痛点已经由硬件落后和师资缺乏转变为师能偏弱。传统意义上的支教帮扶和师资培训在提高乡村教师队伍建设质量，缩小城乡师资能力差距的要求下显得捉襟见肘。香蕉公益找准乡村教育矛盾点，突出重围，搭建专业化乡村建设志愿服务平台。通过“集成化教学资源共享支持”理念，依托山东师大基础教育资源，以“希望盒子”教学资源包、智慧课堂交互式课程、城乡研学实践等公益产品为载体，为乡村教师精准性减负、靶向性赋能，探索出中国乡村教育帮扶新模式和乡村教师赋能新路径，走上了光明的乡村教育振兴之路。

匠心制造，教育类公益产品赋能乡村教师。要想实现乡村教育的区域性变革，仅靠断断续续的公益活动是不够的，要增加教育公益产品的持续性供给。香蕉公益的解决方案是：挖掘符合区域特征的乡土教学资源，设计一系列简单易用的教学工具包，涵盖科技、生活、美育、体育等方面，帮助乡校开发校本课程，回应乡村孩子成长中面临的几大问题，助力乡村教师更轻松地设计一堂更有趣、有料的课程，为更多的孩子带去优质的创新课堂体验，让更多乡村教师在不断学习与实践中提升自己的教学知识与技能。同时预留产品服务对象自创空间，根据不同的市场需求侧重点与教育痛点，搭建城乡教育沟通桥梁，为全新的互动式教学模式，并基于香蕉公益产品体系底层逻辑，针对不同的应用场景发展出丰富的系列化产品体系。实施“盒”作者计划，吸纳服务对象——一线的乡村教师参与到产品的优化升级过程中，解决乡村教师的个性化需求，形成新的教育生态。具有较强的可复制性和可推广性，能够应用于当下中国不同地区发展差异下的乡村教育实践，是香蕉公益教育类公益产品的一大亮点。

专创融合，引领大学生参与乡村振兴实践。为热心公益、渴望服务社会的当代青年大学生搭建起参与国家乡村振兴实践的舞台，引领广大有理想、有知识、有本领的大学生们到中国乡村的广阔天地中扎下根去，锤炼自己，这是助力乡村教育振兴过程中的应有之义。香蕉公益项目的团队核心成员都有在乡村支教或工作过的经历，能够运用所学专业知识，投身乡村教育的实践。香蕉公益开展志愿服务实践活动所招募的志愿者和涉及管理、教育、法律、艺术等各个专业门类，通过科学化培训、精细化分工和系统化管理打破不同学科间的壁垒，让不同学科、不同背景的大学生志愿者都能最大化发挥自身才能，找到个人价值，更好地服务于乡村教育实践。大力推进专创融合真正落地，让青年大学生在乡村振兴的实践中大胆应用所学专业知识，做到敢闯会创，这为香蕉公益项目实现志愿者的爱心接力、薪火传承提供了不竭的持续性动力。

同学们多年的付出收到了良好的社会反响，香蕉公益项目在乡村教育帮扶机制创新和乡村教师师能提升方面取得了累累硕果。在2021年中国国际“互联网+”大学生创新创业大赛中，香蕉公益项目荣获青年红色筑梦之旅赛道的国家铜奖、山东省金奖。在2021年山东省大学生科技创新大赛中获得一等奖，在第十届山东青年创新创业大赛社会企业专项赛中获得优秀奖。

第三节　公益性劳动的评价

教育部关于劳动教育的指导纲要中提出，要将劳动素养纳入学生综合素质评价体系。根据就业教育的目标、内容和要求，将过程性评价与结果性评价相结合，改进和完善大学生就业素质评价的标准、程序和方法，鼓励、支持利用大数据、云平台、物联网等现代信息技术手段开展劳动教育过程监测与及时评价，发挥评价的育人导向和反馈改进功能。落实和完善大学生参与公益性劳动的评价，能够有效提升公益性劳动和服务的质量，提高大学生参与公益性劳动的积极性。

一、开展公益性劳动评价的意义

（一）通过完善评价机制有效提升公益性劳动的质量

公益性劳动因其公益性、服务性的属性，相较于其他劳动形式，很难通过劳动成果的产出进行衡量和评价。目前高校在开展公益志愿服务活动过程中存在着重开展、轻评价，定性评价多、定量评价少等情况。高校共青团组织作为公益志愿服务活动的组织者，缺乏科学的公益性劳动评价体系，很难从单一的定性评价中找出公益志愿服务的薄弱环节，导致公益活动中问题重复出现，难以有效提升公益活动的质量。

在公益志愿服务活动中，科学而行之有效的评价机制对引导学生积极参与，提升公益性劳动的质量起到重要的导向作用。完善评价机制要建立在健全的公益志愿服务组织框架之上，经得起实践的考验。学校可以通过划分公益志愿服务等级、类别，建立起科学、公正的积分制度。使学生参加不同级别、不同难度、不同时长的公益志愿服务活动时，可以得到不同等级的积分认证与量化评价。同时，为了更好地促进公益志愿活动质量的提升，学校应该对在公益志愿服务活动中有特殊表现的团队或个人给予额外的嘉奖，使评价机制成为有效的激励形式。

（二）利用评价的激励作用引领公益志愿服务常态化发展

为保证公益志愿服务的常态化发展，科学的评价和适当的激励是必不可少的。评价和激励必须以提升育人效果，助力学生成长成才为根本出发点，使公益志愿服务达到促进学生成长成才教育目的的必要推力，使公益性劳动实践育人的效果事半功倍。

党的十八大报告提出要“深化群众性精神文明创建活动，广泛开展志愿服务，推动学雷锋活动，学习宣传道德模范常态化。”这为公益性劳动的常态化发展指明了方向。要利用评价选树典型，充分发挥公益志愿服务先进典型的榜样力量。榜样的力量不仅能够影响到被服务对象，使其感受到公益志愿服务所带来的爱心与温暖，还能够有效带动起志愿者身边的同学，将其奉献的热情传播给身边的同学和家人，激发起他们回报社会、奉献爱心的社会责任意识，营造整个社会良好的道德风气。在这样的社会氛围中，势必会有更多的学生积极参与到广泛的志愿服务实践活动中，让公益志愿服务成为学生生活的一部分，告别公益志愿服务“一阵风”的现象。

（三）建立长效机制激发公益性劳动的持续动力

公益性劳动评价的缺位，将无法对参与者进行充分激励，长此以往将导致公益性劳动失去吸引力而难以为继。有效的评价与到位的激励能够提升公益性劳动对参与者的吸引力和凝聚力，更好地保护与引导志愿者的参与热情与积极性，为公益志愿服务提供源源不断的动力支持。

对高校来说，建立志愿服务长效机制既有利于志愿服务的可持续发展，又能保障高校育人的持续性与连续性，是大学生个体将道德素养内化为实际行动必不可少的步骤，能够凸显高校思想政治教育育人成果。当志愿服务成为大学生的自觉行动和理想追求时，大学生自然会把志愿服务看作生活中必不可少的元素，坚持从力所能及、社会需要着手，尽己所能地为需要帮助的人排忧解难。当志愿精神感染到每一个大学生，使讲道德、尊道德、守道德成为大学生基本生活方式时，服务他人、奉献社会的理念自然而然地成为一种义务。以大学生为起点，使参与志愿服务的风尚逐渐辐射到更多青年，扩散到全社会，众多志愿者聚沙成塔，集腋成裘，必将为整个社会形成崇尚公益、礼赞奉献的优良传统得到广泛普及。由此，构建“时时可为、处处可为、人人可为”的志愿服务可持续化发展的良好社会风尚终将形成。①

---

① 白晓雪:《思想政治教育视域下高校大学生志愿服务研究》,沈阳师范大学 2016 年硕士学位论文。

二、大学生公益性劳动评价的方式

（一）平时表现评价

在实践中，静态评价和定量评价是劳动教育最重要的评价方法，但是，静态的、定量的、客观的评价不能反映整个工作过程的全貌，而且也不能充分有效地发挥激励的作用。因此，在公益性劳动评价中，我们往往采用平时表现评价，平时表现评价属于过程性评价，拓展了劳动教育评价的指标，关注了劳动认知、技能、态度、习惯、价值观等劳动中的各种过程因素。平时表现评价不仅注重过程，并且注重劳动动机、劳动执行力和劳动产品等方面。平时表现评价不仅有利于发挥激励功能，还有利于引导学生对劳动过程开展积极的反思，从而更好地把握劳动技能，增进劳动情感，促进价值观的形成。

平时表现评价要关注学生在劳动实践活动中的实际表现，注重从行为表现中分析把握劳动观念的形成情况。以自我评价为主，辅以教师、同伴、家长、服务对象、用人单位等他评方式，指导学生进行反思改进。档案袋是记录平时表现评价的主要载体。公益性劳动因劳动场所的多元性，需要个体、社会、学校等多主体的评价，档案袋可以便于教育者翔实记录多方的评价结论，及时监测学生公益性劳动的水平与效果，指引学生公益性劳动的发展方向。采用档案袋进行平时表现评价，学校要指导学生如实记录劳动实践活动情况，收集整理相关作品、图像等资料，选择代表性的写实记录，纳入档案袋，并将档案袋作为公益志愿服务评优评先的重要参考。

（二）学段综合评价

学段综合评价属于终结性评价，是根据劳动教育的目标对劳动教育的达成度进行的评价，是对劳动教育的效果进行的价值评判和全面把握。采用终结性评价并不意味着以标准化测试的形式来衡量学生劳动目标的达成，而是坚持定性评价与定量评价相结合，以定性评价为基础，以定量评价为补充，全面客观地反映劳动教育的实效。

在学期、学年或学段结束时，学校可以根据劳动的目标和内容，结合平时表现评价，结合必修课的学习和校内外的公益性劳动实践活动，对学生的劳动观念、劳动能力、劳动精神、劳动习惯和品质等劳动素养发展状况进行全面的评定。建立诚信机制，实行写实记录抽查制度，对弄虚作假者在评优评先时一票否决。

学校可以在共青团组织下开展志愿者星级认证和优秀志愿者评比，也可以探索将公益性劳动学段综合评价融入“第二课堂成绩单”中。“第二课堂成绩单”已成为一些高校判断毕业资格的依据，影响着高校人才培养质量和社会主义核心价值观的实现。① 公益志愿服务活动作为学校共青团开展校园文化和社会实践活动的重要载体，其基本要求是每年要有固定的工作量或“学时”，这使公益性劳动学段综合评价纳入“第二课堂成绩单”中顺理成章、合理可行。许多学校都将“第二课堂成绩单”作为鉴定大学生思想政治表现、奖学助学、入团入党等综合考评的重要内容，如果公益性劳动综合评价可以纳入“第二课堂成绩单”中，也将使公益性劳动的育人价值得以充分体现。

（三）劳动素养监测

劳动素养包含两层含义：一是能力，也称功能性素养，即开展劳动的能力，具体包括劳动知识和劳动技能等；二是修养，也称目的性素养，即力量，表现为在劳动过程中所散发出的影响力或感染力，如劳动情感和劳动价值观等。劳动素养是衡量劳动教育成效的重要指标，也是一个人劳动品质的重要体现。应当坚持自我评价和他人评价相结合，吸纳学生自身、教师、同伴、家长和服务对象等主体参与评价，以客观系统全面地反映学生劳动素养发展状况。学校要建立劳动素养监测制度，将劳动素养纳入学生综合素质评价体系，制定评价标准，建立激励机制，组织开展劳动技能和劳动成果展示、劳动竞赛等活动，全面客观记录课内外劳动过程和结果，加强实际劳动技能和价值体认情况的考核。要把劳动素养评价结果作为衡量学生全面发展情况的重要内容，作为评优评先的重要参考和毕业依据，作为升学、就业的重要参考或依据。

构建劳动素养评价体系要充分借鉴和吸收综合素质评价的有益成果，真正

① 许昌斌:《志愿服务融合新时代大学生劳动教育的实践探索和启示》,《中国共青团》2020 年第 10 期。

做到评价设计科学合理、评价过程公开公正、评价结果导向正确、社会信服。劳动素养评价体系应当与当前高校普遍实行的学生综合素质评价体系相一致、相融合，把劳动素养纳入综合素质评价的“五育”目标之一，从加强劳动教育的视角，优化学生综合素质评价的各项指标设计，实现劳动教育在综合素质体系中的独立占比，提升劳动教育各项内容的重要性。[①]

本章小结

公益性劳动又称服务性劳动或志愿服务，是社会成员参与社会建设、改善公共福祉的重要途径，是参与主体自主自愿选择、超越常规经济交换活动领域、以造福他人和社会为目的、具有公益效益的个体性或组织性利他行为，具有“志愿性、无偿性、公益性、组织性”的特征。公益性劳动的目的是培养学生为人民服务，为社会公益的良好品德，鼓励学生接触社会，深入生活，参与各种社会实践，形成良好的社会风尚。

主要术语

公益性劳动　服务性劳动　志愿服务　志愿者　公益性　慈善活动

复习思考题

1. 简述公益性劳动的概念。
2. 简述公益性劳动的源起与发展。
3. 简述公益性劳动的类型。
4. 请列举常见的公益性劳动形式。
5. 请结合自身实践经历，谈一谈你所参与过的公益性劳动。

推荐阅读

1. 唐昊：《中国式公益：现代性、正义与公民回应》，中国社会科学出版

① 刘丽红、丁建安：《构建科学合理的学生劳动素养评价体系》，http://ex. cssn. cn/zx/bwyc/202004/t20200430_5121243. shtm。

社 2015 年版。

2.〔美〕吉维·勒鲁·米勒：《公益组织市场营销指南》，祁霖、邱莹等译，广西师范大学出版社 2015 年版。

3. 张立、康洁：《中国十大社会公益领域发展报告》，社会科学文献出版社 2020 年版。

第十二章

师范生与劳动教育

学习目标

1. 了解中西方劳动教育思想的内容。
2. 了解我国劳动教育政策的变迁和实践。
3. 掌握中小学劳动教育设计的基本内容。
4. 掌握中小学劳动教育管理和评价的基本内容。

导　读

把劳动教育纳入人才培养全过程，贯通大中小学各学段，贯穿家庭、学校、社会各方面，与德育、智育、体育、美育相融合，紧密结合经济社会发展变化和学生生活实际，积极探索具有中国特色的劳动教育模式。

——《中共中央国务院关于全面加强新时代大中小学劳动教育的意见》

劳动教育是中国特色社会主义教育制度的重要内容。习近平总书记在党的十九大报告中提出“培养担当民族复兴大任的时代新人”的教育任务，在全国教育大会上提出“构建德智体美劳全面培养的教育体系”的工作要求。

第一节　劳动教育思想

国内外劳动教育思想基本回答了什么样的劳动适合育人、劳动怎样育人、劳动与教育怎样一体化设计、怎样开展劳动教育等，形成了基本的理论框架和实施体系。

一、马克思劳动教育思想

马克思一贯倡导与坚持的观点，就是生产劳动通过教育而规范，教育通过生产劳动而实践。《共产党宣言》中提到，马克思、恩格斯对于共产党人在最先进的国家应该采取的共同措施之一就是把“教育同物质生产结合起来”。马克思在劳动教育思想方面的另一个主张就是建设性地提出“综合技术教育”一词，主要是针对大工业时代下，帮助由于过度分工导致相关劳动能力缺乏的劳动者系统性掌握综合能力，从而促进人的全面发展。

（一）关于教育与生产劳动相结合

劳动与教育相结合，这是马克思和恩格斯在劳动教育思想上最重要的一个主张，劳教结合可以说是马克思和恩格斯倡导的共产党人在建设无产阶级革命教育以及社会主义教育中不可或缺的一个基本原则，这个原则贯穿于马克思和恩格斯整个有关国际共产主义运动的设想中。马克思认为，教育与物质生产劳动相结合能够使两者相得益彰、共同进步。生产劳动是社会发展的基石，而教育是现代社会发展的强劲动力，教育能够帮助劳动生产的途径技术等达到现代科学技术水平所要求的高度，生产劳动同样使教育能够实现满足科学技术发展的实践。

1. 教育与劳动结合的基本含义。

马克思主义对教育和劳动这两个概念的界定，有着相对明确的含义：劳动就是社会的物质生产劳动，教育则是指以学校教学教师传授为主的独立于物质生产劳动过程之外的教育活动。马克思、恩格斯所讲的“教劳结合”是强调两者的相互结合，既应满足物质生产劳动和教育相结合，又实现教育和物质生产劳动相结合。这适合于两类不同主体：劳动者和学生，前者是在从事物质生产劳动时接受教育，从而更好地实现现代劳动生产的原理和实际掌握技术相结合；后者是对在校接受教育、学习科学技术知识的学生提供参加物质生产劳动的机会，以便在今后参加生产劳动时切实掌握生产的技能。[①]

2. 教育与劳动结合的意义。

马克思曾经在两本著作中对这两者结合产生的劳动教育思想的作用和意义进行过阐释：一是在《哥达纲领批判》中提出，“生产劳动和教育的早期结合是改造现代社会的最强有力的手段之一”[②]；二是在《资本论》中指出，“生产劳动同智育和体育相结合，它不仅是提高社会生产的一种方法，而且是造就全面发展的人的唯一方法”[③]。具体来说：

（1）教育与生产劳动相结合是改造现代社会最强有力的手段之一。这是马克思在《哥达纲领批判》中提出的一个重要论断。在资本主义社会中，资本家往往掌握更多的支配权，为了获取更多的剩余价值，资本家们通过脑力劳动和体力劳动的分离，使得生产过程中的智力同体力相对立。智力成为资本支配下的权力，工人则在不断的压榨下，其本人与后代的身心只能进行以体力劳动为主的片面发展，进而被资本家们无情剥削。这种劳动过程中脑力和体力相分离和对立的局面，与大工业机器生产时代为教育与物质生产劳动相结合所提供的基础不相适应，所以只有推翻资产阶级，当无产阶级夺取政权以后，才能消灭剥削和奴役，才能彻底实现全社会物质生产劳动和教育相结合。进入大工业机器生产时代，社会化劳动成为当时进步的劳动模式，与机器生产劳动相结合，使得原本孤立、分散的劳动者结合成一个整体，在扩大劳动过程中生产者视野的同时，也便于接受与生产劳动相结合的现代教育，从而改造现代社会。

---

① 王焕勋：《马克思教育思想研究》，重庆出版社1988年版，第130—132页。

② 《马克思恩格斯选集》第3卷，人民出版社2012年版，第377页。

③ 《马克思恩格斯选集》第2卷，人民出版社2012年版，第230页。

（2）教育与生产劳动相结合是提高社会生产的一种方法。物质生产劳动在资本主义生产方式流行之前，社会生产主体多指农民、手工业者等个体生产劳动者。当时的生产经验只能通过父传子、师带徒这类代际间相对狭窄的方式传递，强调在生产中接受上一代生产经验的传递后，通过手工工具和在实践中锻炼出的熟练手工操作技能相结合实现生产力的进一步提高。但这种农业和小手工业生产都不属于社会化生产，物质生产劳动基本上没有与教育产生直接联系，社会生产力水平仍旧十分低下。第一次生产革命改变了生产过程中的劳动方式，机器替代了原本的手工工具，正如马克思所说，“科学通过机器的构造驱使那些没有生命的机器肢体有目的地作为自动机来运转”①，在这种条件下，工人在生产过程中所承担的劳动职能逐渐减少，机器逐步替代人在生产劳动过程中的一些烦琐劳动，并带动社会生产力极大提高。随着科学技术的发展，物质生产劳动中的科技和智力因素逐步替代人力因素，生产劳动更为科学化，智能化，整个社会的生产力发展逐渐提高，教育正是将科学文化技术融合在劳动生产过程中的一种手段。

（3）教育与生产劳动相结合是实现人的自由而全面发展的基础。马克思大力倡导教育与劳动结合原理，根本目的是为了克服劳心与劳力的分离，实现劳动者智力和体力的协同进步。所以，马克思指出实现人的全面发展的唯一方式就是实行劳动与教育相结合。劳动与教育结合实现人的全面发展的关键之一就在于对未来教育的设计，马克思在《资本论》中指出了未来教育的必要性：从工厂制度中萌发了未来教育的幼芽，就是为了进一步提高社会生产力。未来教育可以针对两类主体：一是所有已满一定年龄的正在或即将接受学校教育的儿童；二是针对已经从事生产劳动但需要接受教育提高生产力的劳动者。马克思强调，“我们把劳动力或劳动能力，理解为一个人的身体即活的人体中存在的、每当他生产某种使用价值时就运用的体力和智力的总和”②。这就要求未来教育的设计应对智力教育和体力教育进行结合，使得劳动者在生产劳动过程

---

① 《马克思恩格斯选集》第2卷，人民出版社2012年版，第774页。

② 〔德〕马克思：《资本论》第1卷，人民出版社2004年版，第195页。

中智力和体力都获得充分自由地运用与发展，学校教育的主要任务应定位于培养新时代的拥有各种劳动能力的生产劳动者。大工业生产中，工厂应改变原本只关注劳动过程中劳动能力的提升而脱离教育对劳动能力长久发展的作用这一现状，将教育贯穿进生产劳动过程中。未来教育的趋势是建立和发展教育与物质生产劳动相结合的制度，它不仅是提高社会生产的一种方法，而且是培养全面发展的人的唯一方法。

（二）综合技术教育

在大机器工业时代，流水生产线上的劳动者由于过度分工只能进行片面局部的劳动从而丧失综合劳动能力，马克思在对此进行批判的基础上，创新性地提出“综合技术教育”这一概念，并对其进行相关阐释。

1. 综合技术教育的含义与意义。

1866年，马克思在中最早提出综合技术教育这一概念，并将其定义为“要以生产各个过程的一般原理为内容，并同时使儿童和少年学会各种行业基本工具的实际运用与操作”①。马克思认为，综合技术教育有别于传统教育，“旨在弥补分工所造成的缺陷，因为分工妨碍学徒获得本身业务的牢固知识”②。

马克思关于综合技术教育的劳动教育思想是根据现代机器大工业生产下原本的缺陷与未来发展的客观需要提出来的。马克思对综合技术教育在现代社会环境下推广的必要性和可能性进行了较为系统的阐述和论证。他认为，由于科学技术不断发展和进步，现代物质生产劳动的技术和方式会随之不断进行变革，工人所承担的劳动职能会处于动态变化中，这就对劳动者的劳动能力提出了更高的要求。只有系统地掌握了生产过程中的基本原理和各种技术技能，才能够适应和承担不断变化的劳动职能，这是现代社会实施综合技术教育的必要性。同时，由于各项生产过程与技术，都是对科学原理的实际应用，可以根据对基本原理的研究将生产过程中的各项环节进行拆分，分解成基本的运动形

① 《马克思恩格斯全集》第21卷，人民出版社2003年版，第270页。
② 《马克思恩格斯全集》第16卷，人民出版社1964年版，第655页。

式，便于劳动者在较短时间内理解并掌握多种生产技术，使综合技术教育的实施具备了现实可行性。

2. 综合技术教育与职业技术教育、普通教育之间的联系与区别。

三种教育之间既有区别也有联系。首先，普通教育是综合技术教育和职业技术教育的基础，普通教育以学习基本文化知识为主，综合技术教育是在普通中学实施的、旨在使受教育者迅速适应和承担快速变化的现代社会生产劳动技能的非定向整体性教育，职业技术教育则是教授某种单一定向的专业技术知识并培养初、中级技术人才的教育。尽管三种教育之间存在较大差别，但只有以普通教育传授的基础科学知识为根基，才能继续发展综合技术教育和职业技术教育。综合技术教育和职业技术教育两者之间又相互关联和互为条件，两者都是对人的劳动技术的培养，但重心有所不同，综合技术教育侧重于系统化整体性劳动技能的培养，职业技术教育则侧重专门化定向性劳动技能的培养；同时前者可以为后者打下良好基础，避免定向培养导致教育过于单一、片面化，后者也可以在进行专门教育的同时为前者进行专业知识的深入，促进其进一步联结。

3. 综合技术教育与现代教育的关系。

综合技术教育具有存在的客观必然性，随着机器生产运用于越来越多的产业部门，当今的社会生产正在日益朝着科学技术密集型和劳动生产智能化的方向发展，看似现今社会不再要求每一个生产者都必须掌握各种生产流程和技术的最一般能力，但正如列宁所说，即使不能完全掌握，也需要使劳动者能够从理论上和实践上熟悉各个主要的生产部门和相关劳动技能。未来世界的教育培养方式，都在朝着普通教育综合化以及职业教育普通化的方向发展，这是一种现代教育发展的客观趋势，也证明了马克思主义综合技术教育原理的必要性。

二、苏霍姆林斯基劳动教育思想

苏霍姆林斯基是苏联教育界中的集大成者，他在教育理论与教育实践领域都享有盛誉。他主张使孩子个性和谐发展和全面发展的教育理念，倡导劳动教育并提出独到的见解。他认为开展劳动教育的根本目的在于为共产主义社会可持续发展提供优秀劳动者，只有通过劳动实践和科学知识教育相结合，激发学生强烈的学习欲望、进而挖掘创新能力，才能实现其全面发展。

（一）劳动教育是学校教育的重要任务

随着时代和社会进步，劳动者的劳动性质在逐步发生变化，越来越多的专业日益普通化，即使普通的工农业物质生产劳动，其对高水平的熟练技术劳动者的需求也越来越大。因此，对青少年进行系统劳动教育的要求迫在眉睫，学校则被赋予了劳动教育的重要任务。

关于学校如何开展劳动教育，首先，要关注学生的思想道德教育，做好劳动准备。正所谓培养共产主义的劳动态度是创立共产主义精神的关键前提，劳动教育的开展首先是要培养热爱劳动的态度，这种品质需要依靠学校通过知识、实际技能等各方面的教学在学生智力、情感和意志等精神活动中进行培养，需要整个教育工作体系的协调作用。思想道德面貌的重要特征是具有热爱劳动的思想，这也需要在智力、情感和意志的精神活动过程中来培养。

其次，要正确看待并重视环境的作用。在实施普通教育的同时要根据当地的生产环境引导学生投身于真正的劳动生活，让学生通过亲身体验学会一门专业，同时让他们认识到劳动人民在创造物质生活条件中所付出的艰辛；通过正确干预和利用周围环境为学生创造良好学习条件，并对其施加正面影响，便于克服和预防学校在劳动教育过程中遇到的问题困境。

最后，合理设计教学形式。这需要制定一个长期的合理的教育过程规划，安排每一个学生在集体中的角色位置，通过集体的聚合力和公正评价激发学生的劳动动机，帮助他们自始至终完成一项复杂的、有重大责任的工作。学校还应认识到课外兴趣小组试验性劳动的作用，让学生借助试验性劳动发现自己的爱好并逐步检验自己的能力，激发他们在学习中结合生产劳动的动力。

（二）实践中形成的劳动教育思想和劳动教育体系

在苏联的教育著作中，学生的学习也被视为一种劳动。“学习”是以学生为主体进行的劳动，重点体现为“脑力劳动”，也包含“体力劳动”，脑力劳动是学生掌握知识技能的过程，体力劳动能够锻炼意志、养成吃苦耐劳的品质。同时，“教育”从狭义层面也可以被理解为是学校教师从事的一种劳动。

因此，劳动与学习、劳动与教育的联系就更加密不可分。热爱劳动是学生道德品质的表现，这种品质是否可以通过学习或是在劳动过程中得到培养？除了学习，还有哪些种类的劳动有助于道德教育？学校的环境适合组织什么形式的劳动活动？如何通过学校教学开展劳动教育？此类种种问题都围绕着学校劳动教育，苏联教育领域专家苏霍姆林斯基结合自身工作实际，对建设劳动教育体系倾注了大量精力，形成了内涵丰富、基于实践的劳动教育思想。

苏霍姆林斯基在担任帕夫雷什中学校长的十多年时间里，与该校教师共同尝试新的教育模式，通过培养学生对劳动的良好态度改善学校的教育教学工作。他们的一项主要课题就是致力于由教师和社会各界共同努力，形成一套以劳动促进教学的劳动教育体系。在研究过程中他们重点关注了五个方面：一是研究学生在校期间道德面貌的形成过程；二是研究劳动过程对于培养学生热爱劳动的道德品质的作用；三是从加强思想教育的角度研究适合的劳动种类；四是研究适合学生参与劳动的组织形式；五是研究劳动教育的方式方法。

| 专栏 12-1　拓展阅读 |

苏霍姆林斯基劳动教育体系的践行

帕夫雷什中学本身是一所农村学校，学生都是附近农民的子弟，生源属性比较相似且稳定。因而为苏霍姆林斯基和他的教师团队提供了非常有利的研究条件。在十年左右的时间内，他们在同一批学生中边尝试边验证构建起的劳动教育体系。经过实践生活的检验，劳动教育是一个复杂的体系，涉及劳动兴趣、集体环境、劳动纪律、生产教学等多重因素，更需要在成体系且循序渐进的教育过程中慢慢产生效果。苏霍姆林斯基通过对同一批学生自一年级入学至毕业的学习生活的追踪研究，记录了学生们从最初制作口算棒到最后操作拖拉机的成长经历，生动证明了这个劳动教育体系是切实可行的。

（参见袁帅：《教育改革视域下的劳动教育思想及实践研究》，知识产权出版社 2020 年版，第 20 页）

(三) 脑力劳动和体力劳动相结合是劳动教育的手段

对学生的劳动教育主要是通过脑力劳动和体力劳动相结合的手段进行的，脑力劳动是学生通过积极的思维方式获取知识，得到对某件事情正确的科学认识，体力劳动则是通过摸索大自然的规律，通过身体力行认识劳动的创造性并掌握各种实际的技能。学校对两者的运用不应该将其对立，应该强调脑力劳动和体力劳动相结合帮助学生尽早拥有参与实际劳动的能力。

学校合理利用脑力劳动和体力劳动相结合的手段更利于实现对学生开展劳动教育的目的。在教学安排和教育工作中实现脑力劳动和体力劳动相结合，并不是在脑力劳动中机械地增加体力劳动，而是根据学生的年龄、体力特点和兴趣爱好等，帮助学生利用脑力劳动学习的知识技能提高他们参加实际生产劳动的能力，并不断将知识运用于学生的体力劳动实践中。在体力劳动中，学生的思维活动起着重要作用，使他们在完成劳动时道德感得到满足。学校对培养学生的思维和实践能力，不仅通过智力辅助体力劳动的方式，更借助体力劳动为劳动者的智力发展提供无限的可能性，这与学校为顺利推动劳动教育而提出的帮助学生实现脑力劳动和体力劳动相结合的要求是一致的。

(四) 劳动教育对人的全面培养

苏霍姆林斯基强调劳动教育和德育、智育、体育、美育是一个完整的系统，它们之间相互促进、相辅相成，共同致力于培养社会主义的优秀公民，培养全面发展的“真正的人”。

劳动教育对人的全面培养从几个方面展开：首先，学生良好的道德品质和行为习惯的养成。苏霍姆林斯基提出“劳动是道德之源”，只有通过亲身参加劳动获取物质财富，才能切实体会到劳动是财富源泉。苏霍姆林斯基曾说过“一个人在童年、少年和青年早期在为社会的无偿劳动中贡献的力量越多，他在内心就会更加深切地珍惜那些好像与他个人没有直接关系的事物。劳动的道德实质还在于一个人把自己的智慧、技艺和对事业的无私热爱变成劳动的物质成果，他会感受到光荣感、自豪感和成就感”[①]。所以，劳动在创造物质财富

① 王建亚:《苏霍姆林斯基劳动教育思想探究》,《上海教育科研》1991 年第 5 期。

的同时，通过劳动教育能帮助学生养成热爱劳动、尊重劳动、珍惜劳动的观念和为社会谋福利的良好品德。其次，促进学生思维和智力的发展。由于劳动教育过程中需要智力、体力和技能等多方面能力的灵活结合，学生进行适当的劳动能够促进他们对生产生活的认知，在实现体质改善的同时进行劳动技能的锻炼，强化学生适应生产劳动的能力，最终实现智育、体育和劳动教育之间的协同发展。最后，提高学生审美意识和审美品位。劳动教育可以使学生在实际劳动中尽可能发挥审美的主观能动性，不断培养审美意识，提高审美品位，通过团结合作等方式实现内在美的养成和传承。从一定意义上说，美育是德育的进一步深化和丰富。劳动教育通过培养学生良好的道德品质和习惯，统一内在美和外在美，从而促进美育和德育的发展。

三、我国的劳动教育思想

（一）我国劳动教育思想的起源

中华民族有着五千年的辉煌历史，勤劳、善良、勇敢的中华儿女铸就了灿烂的中华文明，推动着中华民族薪火相传与生生不息。先民们在长期与大自然艰苦的斗争中自强不息，并通过口耳相传形成了丰富的劳动思想，如神话传说中对燧人氏、夸父、精卫、愚公等英雄的崇拜，以及经书史文中“不违农时，谷不可食也；数罟不入洿池，鱼鳖不可胜食也”“商农工贾，不败其业”等古言，都反映了先民们对生产劳动的重视、对前人劳动成果的礼赞以及与命运抗争的不屈之心。这些思想可以说是中国当代劳动教育思想的重要起源。

（二）我国劳动教育思想的发展

我国关于劳动教育的思想在不断探索中逐渐丰富，其中涌现了许多杰出的教育家，他们的劳动教育思想具有一定的代表性。

1. 黄炎培的劳动教育思想。

黄炎培是我国近现代著名的爱国者、革命家和教育家。他大力推动中国教育转型，在对我国传统教育体系的改革中倡导实用主义，促进了同社会生产相结合的劳动教育的发展。他创办了许多新式学校，比如借鉴西方先进的教育理念创办有关职业教育的社会团体，并参与建设中华职业教育学校，通过这一系列实践提出我国最早的职业教育思想体系。这些关于职业教育的思想和理论正是黄炎培先生在劳动教育方面最主要的内容之一，为我国近现代职业教育的发展奠定了坚实的理论与实践基础。

在教育理念方面，针对当时学生在学校所学难以为社会所用的现实，黄炎培提倡解决传统教育的实用问题，在改良普通教育的基础上推广职业教育，将教育的重点和社会经济相联系，并通过生产和学习的结合培养学生的职业技能。

在培养学生的价值观方面，黄炎培坚持以职业教育支援国家建设的理想信念。他将“敬业乐群”作为职业教育学校的基本道德规范，培养学生认识到劳动的价值和意义，树立尊重劳动的观念，平等看待并尊重社会上各种职业，使学生在接受职业教育的同时培养劳动精神和职业道德，学生在享受集体劳动的过程中发挥最大的劳动价值，从而造就一批符合时代要求的高素质劳动者。

在劳动教育的具体实践方面，黄炎培根据职业教育学校的实际探索，积累了许多可借鉴的经验。一是强调实用主义的重要性。黄炎培坚决摒弃传统教育中“死读书、轻实践、学用脱节”的陋习，倡导通过劳动把传授知识和提升技能、动手和动脑有效结合，从而实现通过劳动教育解决学生生计问题以及为社会生产服务的目的。二是强调劳动教育的具体化和个性化。黄炎培主张劳动教育的实际教学采取“因材施教”的教育原则，尊重学生学习兴趣和就业意愿的差异性，实现个性化发展，从而发挥学生的长处和创造性，让劳动者从事的职业能够与自己的个性特质相适应，更好地实现劳动教育为社会生产服务的价值。三是注重身传言教的作用。在劳动教育过程中，不仅要重视教师的教书育人作用，更要引导教师发挥其榜样作用，教师只有提升了自身的素养和能力，才能够潜移默化地以身作则、以情化人、以情培智，从各方面影响学生的思想和行为习惯。

2. 陶行知的劳动教育思想。

陶行知是中国劳动教育思想方面的杰出代表人物之一，他同样以教育为手段探索一条新的救国救民之路，在吸取西方先进教育思想的基础上，针对中国实际的教育现状进行大胆创新，推动了中国近代教育的变革。陶行知尤其重视劳动教育，崇尚并弘扬中国的劳动精神，认为实现教育目标的重要手段之一就是劳动，劳动教育是教育体系中不可或缺的一环。

（1）推动国民教育的普及。陶行知大力推广国民教育的普及，提出只有打破传统教育中的垄断性和不平等性，促使中国民众都能够完成基本的教育活动，提升自身素质，才能更好地为国家和社会的变革发展服务，这不仅是完善民众个体能力的重要手段，更是通往强国之路的重要途径。在国民教育的实际推广中，陶行知更多的是拓宽民众科学认识世界的眼界，撼动其闭塞守旧的思想观念，将“学习”这一观念深入人心，促使全体民众具有通过不断学习提高自身改造世界能力的意识。他通过编写《平民千字课》等教材、开办平民读书处等指导青少年以及各行各业的劳动者学习文化知识，并强调社会生产劳动和教育相结合，帮助劳动者在读书学习及社会生产中获得知识，又将知识运用于实践中指导生产活动。

（2）强调教育的实践性和实用性。陶行知先生的名字原本应是“陶知行”，“知行”改为“行知”恰是先生对“行”的重视与强调。在行与知的关系上，“行是知之始，知是行之成”，只有通过真正的实践活动才能真正获得知识，教育只有通过和社会生产实践活动紧密相连才能更好地满足社会需求，实现教育的实用性。陶行知将西方教育方式作为参照，在杜威“教育即生活”的教育理念指导下，将实用主义充分融入近代教育改革中，提出“生活即教育，社会即学校，教学做合一”的教育理念，认为生活中所有的劳动都存在教育，生活教育的内涵与劳动教育有着高度的一致性，都是生产实践和教育的结合。陶行知拓宽了劳动教育的载体并构建出新型教育雏形，即劳动教育通过实践活动帮助学生获取真知提升劳动能力，进而反哺课堂文化教育；在生产劳动中开展劳动教育帮助教育获得生命力和实践性，从而进行更经济有效的劳动。

（3）弘扬劳动精神。陶行知在对中国近代教育变革的探索中，对劳动教育有一定的实践经验。首先是针对学生精神层面的革新。他强调劳心对劳力的作用，通过教育引导学生树立自强意识，培养积极向上的劳动观念和对劳动的尊重和热爱，进而树立正确的劳动价值观。其次是倡导“手脑相长”。在劳动教育的具体实施过程中，脑力劳动和体力劳动相结合正是教育和生产有机融合、通过实践获取真知的重要表现形式，促进劳动者综合素质的提高和国家社会的发展和进步。

（三）习近平新时代劳动教育思想

新时代呼唤新思想，新思想指导新实践。面对时代提出的新要求，习近平总书记作为中华民族实现伟大复兴路上的领路人，在汲取国内外经典劳动文化精华和马克思主义劳动观的指导下，立足于新时代下劳动形态转变的历史维度和新实践下教育形势革新的发展维度，回应并阐述了新时代中国特色社会主义劳动教育面临的全新使命和实践问题，形成内涵丰富、结构完整的习近平新时代劳动思想体系，为构建新型劳动关系、加强新时代劳动教育提供了思想指导和价值引领。

1. 强调劳动教育的独特地位。

习近平总书记继承了党和国家在各个历史时期都重视“教育和生产劳动相结合”的劳动观念，面对新时代对我国劳动教育现状提出的新挑战，在全国教育大会上对党的教育方针进行了丰富和发展。习近平总书记突出强调了劳动教育的独特地位，将其作为社会主义建设者和接班人的培养要求之一，并与德育、智育、体育、美育形成“五育并举”的育人格局，通过更高水平的人才培养标准构建中国全面发展的教育体系。习近平新时代“德智体美劳”全面发展教育体系的转变，明确了劳动教育在教育体系中作为理论和实践的统一体、沟通促进其他四育并发挥树德、增智、强体、育美的桥梁作用，这是新时代党的教育方针的创造性发展，是习近平总书记贯彻落实马克思主义劳动教育思想的集中体现，更是其对社会主义教育规律认识不断深化的结果。

2. 构建“三位一体”的终身教育体系。

终身教育体系是由国家支持建设的为了满足全民在一生中各个时期、各个阶段的各种学习需求的保障体系。除了在学校学习基本知识之外，在信息科技日益普及的今天，越来越多的人需要在工作或生活中继续学习各种劳动技能和交往沟通技巧，以便更好地融入不断变化的现代化社会生活中，因此需要构建家庭、学校、社会“三位一体”的协同育人格局，即以家庭为基础、学校为主体、社会辅助支持，统筹各单位之间相关教育资源、服务、信息等纵向衔接、横向沟通，满足民众在人生不同环节中多样化的学习需求。尤其是利用各类职业教育机构、学习互助平台等实现劳动和教育之间相互渗透、相互沟通的一体化目标。

3. 坚持以人为本的教育理念。

中国自古以来的教育理念都尊重人的自身发展，当前新时代中国特色社会主义也要求我国的教育领域树立“以人为本”的教育理念。在“以人为本”的教育理念下，教育领域强调各阶段教育主体的重要性，通过了解和掌握各个阶段学生自身的客观实际情况，揭示教育的特点与规律，以学生本身的发展为目的，强调学生是学习、教育的主体，关注个体的差异性并根据不同类别学生特点进行针对性的相应教育，从而促进学生的全面发展。这种教育活动以“育人”作为根本价值和目的，不仅需要依据社会需求，通过提高其自身素质来培养学生的社会属性，更需要满足每个个体的个性化发展，了解学生自身的意愿和需求因材施教，运用适当的教学方法分层次地帮助学生进行自我发展。

4. 树立崇尚劳动的劳动价值观。

关于新时代劳动教育的主要使命，习近平总书记在 2018 年全国教育大会上明确阐述，就是要使学生懂得劳动最光荣、劳动最崇高、劳动最伟大、劳动最美丽的道理。针对青少年对体力劳动的错误轻视问题，首先要通过劳动教育帮助学生正确认知和评价劳动的意义和价值，学生只有先了解并尊重劳动，才能在参与社会生产劳动的实践中逐渐热爱劳动，掌握必要的劳动技能，进而崇尚劳动、弘扬劳动精神。其次要帮助学生养成良好的劳动习惯和道德品质。对此，习近平总书记在 2014 年 4 月 30 日在乌鲁木齐接见劳动模范和先进工作者、先进人物代表，并同他们座谈时强调，“特别是要通过各种措施和方式，教育引导广大青少年牢固树立热爱劳动的思想、牢固养成热爱劳动的习惯，为祖国发展培养一代又一代勤于劳动、善于劳动的高素质劳动者”①。劳动教育在推行实践的过程中关键是培养学生的劳动态度，在劳动参与中锻炼其劳动能力，养成良好的劳动习惯和道德品质，这不仅是为学生今后的生活和发展奠定基础，更主要的是培养传承和弘扬中华民族优良传统、担当中华民族复兴大任的优秀劳动者和社会主义接班人。

第二节　劳动教育政策变迁

一、我国的劳动教育政策梳理

劳动教育政策反映了各个时期劳动教育发展的阶段性特征，通过对我国劳动教育政策变迁过程进行梳理，有利于从宏观的视角理解和分析劳动教育在党和国家教育方针政策中的地位和实践形态，有利于构建和创新新时代的劳动教育。

（一）新民主主义社会向社会主义社会过渡时期（1949—1956 年）

劳动教育历来受到共产党的重视与坚持。早在 1934 年，毛泽东就提出“把教育与生产劳动联系起来”作为共产党早期继承与发展马克思主义劳动教育的重要思想指导。在新中国成立前夕，“爱劳动”这一劳动教育的核心观点作为国民五项公德之一在《中国人民政治协商会议共同纲领》中列出。新中国成立初期，在社会生产水平、经济发展都较低的客观情况下，教育的侧重点在于以教育为手段努力进行生产建设。1950 年，《当前教育建设的方针》中明确指出“为工农服务，为生产建设服务，这就是当前实行新民主主义教育的中心方针”②。1951 年颁布的《关于改革学制的决定》中，指出教育和生产劳

---

① 《习近平在乌鲁木齐接见劳动模范和先进工作者、先进人物代表　向全国广大劳动者致以“五一”节问候》,《人民日报》2014 年 5 月 1 日第 1 版。

② 何东昌主编:《中华人民共和国重要教育文献:1949—1975》,海南出版社 1998 年版,第 17 页。

动相结合应在各级各类学校都加以实施。由此可见，这一阶段我国的劳动教育以劳动为主，教育的主要目的是为了传授学生相应的劳动技巧和生产知识，教育与实际生活、生产相结合，服务于社会生产劳动。

由于当时我国的文盲比例相当高，教育的当务之急是扫除文盲，中小学承担了此项任务的中心工作，因此劳动教育大部分针对的是中小学教育。1954年颁布的《关于解决高小和初中毕业生学习与从事生产劳动问题的请示报告》《中国共产党中央委员会宣传部关于高小和初中毕业生从事劳动生产宣传提纲》，以及之后颁布的《教育部关于颁发中学暂行教学计划（草案）及中等学校暂行校历（草案）的命令》《中学暂行规程（草案）》《关于小学课外活动的规定的通知》《关于普通学校实施基本生产技术教育的指示（草案）》等一系列文件，都是针对该阶段学生将课堂教育和生产劳动相结合，通过组织多样化的劳动教育活动，如建设“手工劳动课”“教学工厂实习”等帮助学生形成良好的劳动态度和劳动观念，在理解工农生产基本知识的同时，在实践中获得劳动技能的实际应用。这些政策对缓解当时中小学毕业生的升学压力、促使其积极参与社会生产劳动具有积极作用。

（二）社会主义建设时期（1956—1977 年）

自 1956 年起我国开始进入全面建设社会主义时期，在党的领导下全力进行社会主义建设。毛泽东于 1957 年发表的《关于正确处理人民内部矛盾的问题》中明确表述，人民内部矛盾在教育领域的突出表现就是教育供给和需求之间的不匹配，大量无法升学的毕业生必须走向生产劳动的岗位，毛泽东提出，“我们的教育方针，应该使受教育者在德育、智育、体育几方面都得到发展，成为有社会主义觉悟的有文化的劳动者”[1]。这一时期我国的劳动教育目标是培养“德智体”全面发展的劳动者，劳动教育被列入党在 1958 年明确确立的教育工作方针中，即《中共中央、国务院关于教育工作的指示》指出“教育为无产阶级的政治服务，教育与生产劳动相结合”。

这一阶段劳动教育的政治意义、经济意义都被提升到了前所未有的高度。

---

① 《毛泽东文集》第 7 卷，人民出版社 1999 年版，第 226 页。

在政治上，劳动教育被视作社会主义破除资本主义“重知识、轻劳动”这一错误观念的有力政治工具。在1958年《教育必须与生产劳动相结合》中明确指出，坚持教育和劳动相结合是在教育战线上社会主义对资本主义的有利斗争，通过教育领域的“手脑结合”来坚持中国共产党的领导，这也符合毛泽东对真正教育的理解，即在客观实践中证明的教育才是好教育。1961年的《教育部直属高等学校暂行工作条例（草案）》也强调，学生参加生产劳动的主要目的是“克服轻视体力劳动和体力劳动者的错误观念，同工农群众密切结合”，从而进行阶级改造。在经济上，劳动教育被看作是解决当时老百姓无力负担教育费用的手段和推动国家经济发展的重要方式。《两个好榜样》《关于在学生中提倡勤工俭学的决定》等政策文件中，都提倡利用教育与劳动相结合解决家庭教育费用的难题，并利用劳动教育中创造的物质财富促进社会经济的发展。

（三）改革开放以后至20世纪末期（1978—1999年）

十一届三中全会后，我国进入改革开放新时期，党中央针对之前教育工作中对劳动教育较为偏颇的理解和执行做出反省和革新，对劳动教育的推行进行了更加深入地讨论和理解。

1. 坚持教育与劳动相结合。

1978年全国教育工作会议对教育和生产劳动相结合这一教育理念提出了更高的要求。面对国内外新的挑战，“教育与生产劳动相结合”的方针要从宏观方面与国民经济新要求和学生自身需求相适应。两年后的全国教育工作会议上，“教育与生产劳动相结合”这一方针被赋予了新内涵，“将教育同生产劳动结合起来，不能狭隘地理解为单纯搞体力劳动，不读书”。

1981年6月，十一届六中全会《关于建国以来党的若干历史问题的决议》报告中，明确提出要“坚持德智体全面发展、又红又专、知识分子与工人农民相结合、脑力劳动与体力劳动相结合的教育方针”[①]。这是党在“以经济建设为中心”的基本路线引导下对原本“两个必须”教育方针的完善和修正。

① 何东昌主编:《中华人民共和国重要教育文献:1949—1975》,海南出版社1998年版,第1952页。

1985 年《中共中央关于教育体制改革的决定》中，将“教育必须为无产阶级政治服务”转变为“教育必须为社会主义建设服务”，成为我国教育方针新的基本构成要素。1993 年《中国教育改革和发展纲要》中提出，各级各类学校需要认真贯彻教育工作“必须为社会主义现代化建设服务，必须与生产劳动相结合”的要求。“教育必须与生产劳动相结合”于 1995 年被列入《中华人民共和国教育法》，凸显了劳动教育地位的进一步提升。

2. 将劳动教育纳入全面教育发展体系。

1995 年《中华人民共和国教育法》中提出“教育必须为社会主义现代化建设服务，为人民服务。必须与生产劳动和社会实践相结合，培养德智体美等方面全面发展的社会主义建设者和接班人”。可见，劳动教育对于培养全面发展的人具有重要意义，1986 年《关于第七个五年计划的报告》和《关于中华人民共和国义务教育法（草案）的说明》中都指出劳动教育在全面发展教育体系中的必要性，“各级各类学校都要认真贯彻执行德育、智育、体育、美育全面发展的方针，并根据各自的特点，适当加强劳动教育。坚持把提高教育质量，培养合格人才放在首位”。同年 10 月，在中学德育大纲研讨会上明确提出将劳动教育作为全面教育发展体系中的一个有机组成部分，是促进人的全面发展的重要途径。1993 年《中国教育改革和发展纲要》提出“全面贯彻教育方针，从德育、智育、体育、劳育等全面提高教育质量”，1999 年《中共中央国务院关于深化教育改革全面推进素质教育的决定》里又进一步提出，“教育与生产劳动相结合，是培养全面发展人才的重要途径。积极提供实践条件，扭转应试教育，从德、智、体、美、劳等方面推动素质教育的实现”也有所体现。

（四）全面建设小康社会以来（2000—2012 年）

进入 21 世纪，我国开启了全面建设小康社会的新征程，劳动教育也随着时代的发展不断丰富内涵、拓展外延。首先是进一步重视劳动教育的重要性和创造性。十六大报告中提出“四个尊重”，即“尊重劳动、尊重知识、尊重人才、尊重创造”，引导广大人民群众提高对劳动的重视。2001 年《关于基础教育改革与发展的决定》中提出，“加强劳动教育，积极组织中小学生参加力所能及的社会公益劳动，培养学生热爱劳动、热爱劳动人民的情感，掌握一定劳动技能”。其次是将“以人为本”作为劳动教育的指导思想和价值取向。将育人作为教育的根本要求，通过提供优质教育，开展拥有更多创新性和多样化的劳动教育形式，增强劳动教育工作的针对性和育人效果，从而使学生所学知识在实际生产劳动中具有实用性。这是给予劳动教育主体即学生与劳动者的人本关怀，通过满足劳动者自身需求进一步满足社会的基本需求，在挖掘个人独特潜力的同时实现社会的建设目标。2010 年发布的《国家中长期教育改革和发展规划纲要（2010—2020 年）》是一个纲领性文件，进一步重申“坚持教育为社会主义现代化建设服务，为人民服务，与生产劳动和社会实践相结合，培养德智体美全面发展的社会主义建设者和接班人”。中国教育改革发展的方向是在坚持德育为先、能力为重的前提之下，坚持促进全面发展人才的培养。

（五）习近平新时代中国特色社会主义时期

党的十八大以来，面对新时期“人民日益增长的美好生活需要和不平衡不充分的发展之间的矛盾”，采取积极的应对措施、保证每一位公民都能够享受到社会发展的成果，成为党和国家执政的目标。

在劳动教育的推行方面，我国进一步加强劳动教育在教育体系中的地位，将劳动教育工作理念中的“为人民服务”“社会责任感”“社会实践”等具有代表性的词语纳入《中华人民共和国教育法》和《中华人民共和国高等教育法》等指导性的法律文件中，进一步凸显了劳动教育的重要价值。

随着时代的发展，社会生产劳动的信息化、科技化程度日益加深，各行各业对劳动者的要求也日益提高，我国需要构建一个更加全面的教育体系。2018 年，全国教育大会上习近平提出，将劳动教育作为培养社会主义建设者和接班人的总体要求之一，形成了习近平新时代“德智体美劳”五育并举的教育格局。2020 年，中共中央、国务院颁布《关于全面加强新时代大中小学劳动教育的意见》要求，逐步构建中国特色社会主义劳动教育体系，提出“通过劳动教育，提高广大中小学生的劳动素养，促进他们形成良好的劳动习惯和积极的劳动态度”“根据教育目标，针对不同学段、类型学生的特点，劳动教育的开展以日常生活劳动、生产性劳动以及服务性劳动作为主要内容”等。

《中国教育现代化 2035》和《加快推进教育现代化实施方案（2018—

2022 年)》这两个文件都提出，“加强劳动和实践育人，构建学科教学和校园文化相融合、家庭和社会相衔接的综合劳动、实践育人机制”① “弘扬劳动精神、强化实践动手能力、合作能力、创新能力的培养”等，更是强调了劳动教育在我国未来教育体系建设中的重要性。

二、我国的劳动教育实践

在国家颁布的各种有关劳动教育的政策文件指导下，各类学校根据实地情况贯彻落实政策要求，不断探索劳动教育实践形式。

（一）形成和探索时期（1945—1977 年）

中国各地劳动教育的实践最初多是效仿苏联在劳动教育方面的经历，通过在小学试验性地开设手工劳动课来加强学生的动手能力，传授的内容也是当时生产环境下较为普遍适用的细木工、泥工等，在中学阶段则为学生提供工厂、农地等有专门实习地点的课程学习，这种劳作课既提高了学生基本劳动能力，又为社会生产贡献一份力量。

新中国成立后，随着我国不断恢复生产和提高综合国力，我国也在多年实践经验的基础上开始探索更实际的劳动教育实践形式和内容。1958 年国家做出“在一切学校中，必须把生产劳动列为正式课程”的指示，生产劳动课程的参与和举办也成为考查学生和学校的一个因素。同时，我国在劳动教育实践环节，倡导社会各方力量共同协助参与创设劳动环境。小学阶段的劳动教育学习开设生产常识、手工课程、打扫环境卫生活动等课程，中学开设以农业科学技术知识为主、其他行业知识为辅的生产知识课程以及农场和工厂等地点参观的劳动课②。对不同时期各年级劳动教育每周、每月、每学年的劳动教育课时数也有明确规定，由原来的一周两课时增加到一周 12 课时，全年累计达到 404 课时③。但在当时“大跃进”的“左”倾思潮下，对劳动教育的重视开始

① 中共中央、国务院印发:《加快推进教育现代化实施方案(2018—2022 年)》,http://www.gov.cn/xinwen/2019-02/23/content_5367988.htm。

② 刘世峰:《中国教劳结合研究》,教育科学出版社 1996 年版,第 120 页。

③ 劳凯声:《教育与生产劳动相结合问题新探索》,湖南教育出版社 1998 年版,第 133 页。

过度夸大，勤工俭学、半工半读、工厂学校合作开办等现象席卷全国，甚至成为过度强调劳动，将勤工俭学异变为勤工“减”学，生产劳动完全挤占了知识学习，削弱了基础理论的教学。“文革”期间，劳动教育在内涵和时间上都出现了与事实不符的现象，这为后来劳动教育的恢复和开展积累了许多可供借鉴的教训和经验。

（二）恢复和全面发展时期（1978—2012 年）

改革开放之后，我国再次为劳动教育赋予内涵，将其与德育、智育、体育并列作为全面发展教育的四大重要元素之一，劳动教育重新得到重视。国家规定中学劳动教育以劳动技术教育课的形式开展，并且对初中和高中不同学段的课程学时也做了明确规定，初中每学年进行 2 周劳动技术教育课，每天 4 课时，三年总共达 144 课时；高中每学年进行 4 周劳动技术教育课，每天 6 课时，三年共计 432 课时。同时，国家对劳动教育课程成绩评定方式也做了明确规定，每个学生都应该对自己的劳动实践进行反思总结，学校应建立涵盖全部学生的劳动档案。每学年劳动教育课程成绩计入学生成绩册，劳动态度和表现作为学校对学生操行评语的重要内容之一。①

进入 21 世纪，随着知识经济时代和信息化社会到来，社会生产对学生劳动教育在专业技术方面的要求日益提高，劳动教育作为中小学教育中的必修课程，开拓了综合实践活动这一新形态。职业技术课程不仅在职业技术学校开设，也逐渐被纳入普通中学并和原来的劳动教育课程相融合，形成更为专业化、职业化的课程。21 世纪对劳动教育新的指导方向是“关注技术、强调实践、追求创新”，这使学校在安排综合实践活动课程内容时倾向于劳动与技术教育和信息教育的结合。这不仅可以培养学生在互联网时代利用信息科技的意识和能力，增强学生在实践中对必备基本劳动知识的运用，密切其与社会的联系，提升责任意识，而且可以提高学生综合运用劳动知识的能力，帮助学生提前了解职业分工并形成初步职业技术能力。

---

① 何东昌主编:《中华人民共和国重要教育文献:1976—1990》,海南出版社 1998 年版,第 2046 页。

（三）习近平新时代创新时期（2013 年至今）

党的十八大以来，习近平总书记强调“以人为本”理念在劳动教育中的重要指导作用。党和国家明确指出劳动教育在育人方面的价值导向，通过立足当下学生实际特点与身心发展规律，在小学阶段开展劳动意识的启蒙以及劳动习惯和品质的养成；在中学阶段注重提高学生主动劳动、吃苦耐劳的能力和丰富职业劳动实践体验，综合掌握各项基本劳动技能；高等学校则强调实践创新、实干兴邦等理念和意识。这些劳动教育课程的开设，着眼于学生未来的发展需要，为他们终身发展和未来的人生幸福奠定基础，是“以人为本”思想的重要体现。

根据我国建设未来世界制造强国的时代要求，尤其是“中国制造 2025”战略的提出，劳动教育课程对人才培养要求和标准也随之提高。创新意识、创新能力、创新思维等的培养成为劳动教育课程的新目标，习近平新时代劳动教育课程的改进，不仅融入了信息技术和互联网思维，更是适应时代要求，以创新和个性化作为劳动教育的价值导向，从而丰富和完善新时代劳动教育课程体系。

| 专栏 12-2　拓展阅读 |

德国劳动教育承担对个体进行“社会—经济教化”的重要功能

近几年，德国将计算机、数字技术、职业实践、家政劳动、经济发展规律等新兴内容都纳入学校课程体系中，整合家庭、学校、社会、企业等多方面资源，根据社会生活和劳动市场的变革设置相应的教学实践内容，目的是培养学生掌握促进经济和社会可持续发展的能力。通过设置不同主题对各种课程资源进行整合，如将自然资源、健康生活、媒体信息、多元文化融合等主题资源进行整合，提高不同学科之间知识的关联度，在劳动课程中实现学科知识与生活实践之间有效联结。

（参见袁帅：《教育改革视域下的劳动教育思想及实践研究》，知识产权出版社 2020 年版，第 95 页）

第三节　中小学劳动教育课程设计与评价

作为未来的中小学教师，不仅要了解劳动教育思想和我国劳动教育的政策变迁历程，更要知道如何进行中小学劳动教育课程设计，同时也要掌握如何对中小学劳动教育课程进行管理和评价，这样才能使中小学劳动教育课程收到实效。

一、中小学劳动教育课程设计

（一）中小学劳动教育课程的设计原则

为了使中小学劳动教育课程更好地实施，中小学劳动教育课程的设计需要遵循以下一些基本原则。

1. 育人原则。

作为中小学的课程教育，劳动教育首先应遵循育人原则，这也是整个教育的根本原则。中国共产党第十八次和第十九次代表大会均提出“立德树人”是教育的根本任务，习近平在2018年劳动教育大会上阐述当代中国教育及其现代化发展方向和目标时，提出“培养什么人，是教育的首要问题”。中小学劳动教育课程的设计要遵循“培养什么人，怎样培养人”这一教育领域的关键问题，劳动教育课程要始终围绕学生学习基本劳动知识和劳动技能、形成积极的劳动态度和正确的劳动价值观、培养良好的劳动习惯与道德品质进行设计，这样才能体现中小学劳动教育课程实施的意义。

2. 知行合一原则。

在中小学劳动教育课程的设计中，教师要通过理论知识的传授使学生形成基本的劳动态度和价值观。同时，教师要通过体验式、参与式、合作式的教学方式使学生在具体的劳动实践中积极参与和充分经历，在劳动实践锻炼中积累感性体验与认识，并不断进行反思，加深对劳动所蕴含理论知识的理解并掌握基本劳动技能，领悟劳动的意义和价值。劳动教育中只有通过传授基本劳动理论和加强劳动实践活动锻炼，使学生将知识和技能进行融会贯通，才能实现知和行的统一。

3. 统一性和多样性统一原则。

中小学劳动教育课程要落实党和国家制定的指导思想和基本原则，遵循纲领性要求和规范，在实现最大程度普及的同时，确保中小学劳动教育课程整体质量。同时，各个学校要根据所在地区实际情况、学校教育基本设施状况、各个学段学生的发展特征等，在落实国家统一性规范和要求的前提下，制定符合实际情况的具体劳动教育目标，展开不同的劳动教育实践形式，使劳动教育实现多样性和灵活性。在劳动教育实施过程中，一定要防止学校只是单纯地依据国家规定和要求开展劳动教育课程，不考虑当地的实际情况也不能满足学生的实际需求，仅仅是形式上的遵从，不能实现“因地制宜、因材施教”的情况发生。

| 专栏 12-3　拓展阅读 |

华中师范大学第一附属中学社会实践周活动纪实

华中师范大学第一附属中学自 1989 年开始，每年秋季实施社会实践周。2020 年 10 月 27 日，华中师范大学第一附属中学全体高二学生来到红心基地进行为期一周的社会实践活动。在本次实践活动中，学生们首先走进武汉扬子江食品工业园有限公司，实地观摩流水工作线上工人进行食品加工的生产过程，领略劳动的辛苦和魅力。学生们亲自参与了凤梨酥的手工制作过程，一丝不苟地进行取皮、压平、放馅、收口等一道道工序。接着他们又来到武汉高铁职业技能训练段，通过仪器仪表间的参观和体验室里的各种模拟实验展示，近距离体验高铁建设者和铁路工人的智慧和勤劳。在体验劳动中，同学们进行了简单的劳动知识学习后，脱掉外套，挽起袖子，带上“劳动最光荣”的草帽，走进田野收割成熟的稻谷、迈向果园为果树除杂草、踏进藕塘摸鱼挖藕采荷叶，忙得不亦乐乎。这一系列实践活动真正践行了该学校“塑造强健身心，涵养卓越品格，培养关键能力”的育人观念。

（参见《大学生劳动教育》编写组：《大学生劳动教育》，高等教育出版社 2021 年版，第 166—167 页）

（二）中小学劳动教育课程的目标设计

教育目标是对被培养者通过教育所达到的标准的一个预期设想，是一切教育活动的出发点和最终归宿。准确地认识和设计目标，能够指导、规范整个教育活动的顺利进行，并对最终的教育成效检验和评价提供依据和标准。

1. 中小学劳动教育课程目标设计原则。

（1）个人本位和社会本位相统一。在中小学劳动教育课程的目标设计中，如果将劳动教育的实施只定位为满足社会的需求或是满足学生个人发展的需求，都存在片面性和局限性。劳动教育在目标层面应将满足社会发展和个人需求相统一，如果脱离社会大环境的支持，只满足学生的个人发展是空洞无依的；而一味将劳动教育目的视作为社会发展服务，否定学生作为一个个体的需求，忽视其差异性和个性化，学生就会缺乏接受教育的内生动力，社会也会因此缺乏活力和创造力。所以，劳动教育的目标设计需要将社会价值和个人价值统一起来，平衡社会发展需求和个人发展需求之间的关系，培养“社会性”和“个体性”相统一的学生，实现劳动教育的综合作用。

（2）立足当下和反映未来相结合。劳动教育的目标是对未来结果的一个预期，是对当前实际情况走向的主观期望，因此劳动教育的目标必然是立足于当下现实，却又高于现实的。中小学劳动教育课程目标的设计，不仅要考虑到客观现实情况和劳动教育实施面临的困境和局限，更要拥有历史发展的前瞻性，预测社会生产劳动未来的发展趋势和将来会出现的各种全新挑战和要求。这就要求劳动教育课程目标的设计具有主动性和适应性，既能在当前的现实中发挥作用，又可以在未来变化中通过及时调整来保障劳动教育的动态发展性。

（3）理论解释和具体实践相关联。劳动教育目标一定要以相关劳动观念、理论解释等作为设计、确定的依据，同时还应考虑社会生产实践的现实条件是否可以与理论知识相适应。没有经历过实践检验的劳动理论只是空中楼阁，没有劳动理论指导下的生产劳动也缺乏效率和动力。但是在设计中小学劳动教育课程目标时，不能机械地依据劳动理论阐释做出某种假设，理论层面的劳动观点一般是从演绎推论中得出的理想结论，它具有宏观层面的指导意义却不具备现实层面的直接操作性，只有结合现实的客观操作条件和历史经验，才能够确立科学合理的劳动教育目标。

2. 中小学劳动教育课程目标的设计内容。

中小学劳动教育课程包含理论学习和劳动实践两个方面，旨在帮助学生在学习相关理论知识的基础上参与实践劳动，通过合理运用所学知识掌握劳动技能并养成良好的劳动素养。因此，中小学劳动教育课程的具体目标可以从三个维度来设计。

（1）劳动知识。中小学劳动教育课程传授的劳动知识包含两个方面：一是与劳动相关的概念、观点、理论以及规律等系统性理性知识；二是在劳动实践活动中涉及的学科知识、技术原理以及感性知觉等。学生在理解并掌握这些劳动知识后能够促进劳动效率提高，便于劳动活动顺利开展。可以说劳动知识是生产劳动不可或缺的工具，也是劳动教育课程的关键目标之一。

在设计“劳动知识”这一目标时，首先要将劳动知识的范围进行界定，在传授经典劳动概念、观点、理论等较为深奥晦涩的内容时，要注重知识体系和框架不能太过庞大，要精准到与学生密切相关的劳动知识内容，不可任意对知识的范围和广度进行拓展；其次要结合学生的需求和兴趣爱好，针对相关内容进行相对详细深入地讲解，满足学生学习的热情并引导他们加深知识的掌握；最后要联系实践劳动，在实际的劳动环境或真实的劳动信息指引下，提高学生对劳动知识的领悟和运用能力。

（2）劳动技能。中小学劳动教育课程要求学生通过知识学习和劳动实践融合后，能够掌握一些生产过程中必备的基础操作能力、劳动技巧等，能够运用基本的劳动知识解决实际生产问题，这正是对学生劳动技能的培养。

劳动技能作为完成劳动活动的一种手段，不同的职业要求具备相应的劳动技能，因此该目标的设计要具有方向性，如家庭作为劳动教育开展的重要场所，通过家务劳动能够增强学生的生活能力；适当参与农业劳动可以使学生掌握基本的农业生产技能。针对劳动技能在社会生产中的实践意义，可以将劳动技能的检验分解成实际劳动行为在动作、技巧等方面的准确性、标准性、熟练度等，通过这些元素使较为模糊的劳动技能呈现出具体的表现形式，从而有助于对中小学劳动教育课程中“劳动技能”这一具体目标的设计。

（3）劳动精神。中小学劳动教育课程中劳动精神的培养，包含学生对生产劳动行为的情感倾向、是非分辨、价值判断以及行为习惯，这也要求对“劳动精神”这一目标的设计要从劳动情感、劳动态度、劳动价值观和劳动习惯品质这四个维度进行设计。

劳动情感是学生劳动的需要能否得到满足所引起的一种内心体验和情感倾向。劳动情感可以分为对劳动本身的体验和劳动的道德体验，要通过劳动教育课程的设计让学生喜欢劳动并能积极参与、热爱劳动人民、珍惜劳动成果。劳动态度是学生对劳动做出的倾向性反应，其核心是对劳动持有的一种判断，是对即将发生的行为的一种反应倾向。在设计劳动态度目标时，要注意使态度和行为之间形成良好的互动关系，劳动价值观是建立在人的需求之上对生产劳动价值的普遍认识和心理观念，“热爱劳动、尊重劳动、崇尚劳动”是中小学劳动教育课程对学生劳动价值观的正确引导。良好劳动习惯和品质的养成是学生在未来生活与发展中的重要推力，要培养学生踏实劳作、勤奋刻苦、珍惜劳动等良好习惯和道德品质。

| 专栏 12-4　拓展阅读 |

劳动教育总体目标

《关于全面加强新时代大中小学劳动教育的意见》明确提出，劳动教育的总体目标是，“通过劳动教育，使学生能够理解和形成马克思主义劳动观，牢固树立劳动最光荣、劳动最崇高、劳动最伟大、劳动最美丽的观念；体会劳动创造美好生活。体认劳动不分贵贱，热爱劳动，尊重普通劳动者，培养勤奋、奋斗、创新、奉献的劳动精神；具备满足生存发展需要的基本劳动能力，形成良好劳动习惯”。在教育部印发的《大中小学劳动教育指导纲要（试行）》中，劳动教育总体目标被进一步细化为：树立正确的劳动观念、具备必备的劳动能力、培育积极的劳动精神、养成良好的劳动习惯和品质。

（参见《中共中央国务院关于全面加强新时代大中小学劳动教育的意见》，《人民日报》2020年3月27日第1版）

（三）中小学劳动教育课程的内容设计

中共中央国务院发布的《关于全面加强新时代大中小学劳动教育的意见》要求，“根据教育目标，针对不同学段、类型学生特点，以日常生活劳动、生产劳动和服务性劳动为主要内容开展劳动教育。”根据《意见》要求，中小学劳动教育课程的内容要根据不同阶段学生的身心发展规律以及对学习的不同需求，将其分为小学劳动教育、中学劳动教育两大阶段进行对应的设计。

小学阶段要注重学生劳动意识启蒙和劳动习惯的养成。在劳动教育课程的内容设计方面，小学低年级阶段主要帮助学生在日常生活中学会个人自理，通过一些力所能及的劳动作为学生最初的实践体验，使他们感知到劳动的乐趣并树立人人都要劳动的基本理念。小学高年级阶段要使学生在个人卫生自理、家务活动分担、学校合作劳动过程中体会劳动的价值，塑造良好的劳动习惯，并形成劳动最光荣的理念。

中学阶段要使学生具备劳动品质并掌握一定的劳动技能。初中阶段主要让学生通过参加家政学习、社区服务、生产劳动等养成吃苦耐劳的劳动品质，储备一定的劳动知识和技能。高中阶段学生在普通中学和中等职业学校之间分流，劳动教育课程内容的侧重点和开展形式也呈现差异。普通中学可以通过专门的实践活动课程让学生参与一定的生产劳动和服务型劳动，进一步增强学生劳动知识储备并熟练掌握一定的劳动技能，加深对劳动创造价值的理解，形成积极主动参与劳动、为社会和人民服务的劳动意识。中等职业学校则注重提升学生的专业劳动素质和专业技能水平，使学生具备精益求精的工匠精神和爱岗敬业的劳动态度，增强他们的职业荣誉感。

（四）中小学劳动教育实践课程的设计与实施

中小学劳动教育实践课程是在课堂教育的基础上进行延伸，注重学生实际劳动技能的获得，在课程设计中要使内容贴合实际、过程具体，以便于操作。中小学劳动教育实践课程的设计可以分为五个环节。

1. 劳动准备。

在进行劳动教育实践课程之前，教师和学生都需要做好课前准备工作。教师作为劳动教育实践课程的指导者，要对整个课程进行提前规划，明确每一次实践课程需要完成的具体目标，即学生通过此次实践活动可以获得的劳动知识和技能，在目标的指引下提前安排具体的实践场所、工具、详细内容和过程试验等，并预设实践过程中可能出现的各种问题以便能够及时应对，为学生提供一个充分的劳动实践环境。学生作为劳动教育实践课程的执行者也需要做好准备，首先要从思想上以积极和尊重的态度对待每一次实践劳动，从行动上要对劳动基本知识、技能和安全防护知识进行充分了解和认知，以便实际劳动操作顺利进行。

2. 具体操作。

具体操作是整个劳动教育实践课程中最重要的一个环节，也是实践性最强的一个环节。教师可以先创设模拟情景对劳动内容进行有针对性的详细解释和说明，使学生对将要进行的劳动实践形成初步的认识。教师通过亲自展示或借助媒体资源或指导个别学生等方式，对劳动实践课程内容进行具体演示，加深学生对本次实践课程内容的理解，同时提前发现本次实践过程中容易发生的错误，便于提前避免和纠正。结合劳动实践示例的具体情况和提前预设的各种问题，为了进一步细化劳动要求和防范劳动过程中可能出现的风险，教师对劳动实践过程中各项要点和注意事项再一次进行强调，加强学生的安全意识，学生就可以进入劳动实践具体操作环节了。

3. 反思和小结。

无论是在劳动实践过程中还是在劳动实践过程后，学生都可以及时进行反思和总结，对自己在劳动实践中的方式方法、成果呈现、小组间合作沟通等优点或不足进行思考，通过总结各个环节的经验和教训，从内心剖析真实感受，逐步提高劳动素养，树立正确的劳动价值观。学生反思和总结的形式可以多样化，可以撰写劳动日志记录自己的劳动感悟，可以撰写劳动总结进行系统思考，也可以通过小组或成员比较进行劳动反思。教师要利用反思和小结对学生进行及时引导和帮助，实现学生对劳动实践活动的再认识。

4. 交流与展示。

学生交流的形式和时间可以灵活多样，既可以进行小组内交流也可以进行小组间互动；既可以在劳动实践开始前，或初步完成劳动成果时，也可以在结束劳动实践活动后进行交流与互动，通过交流和互动达到取长补短的目的，为下一次开展劳动实践积累经验。在劳动实践活动后通过实物、图片、音视频、劳动日志或反思等形式展出劳动成果，有利于加深学生对劳动的感性认知并形成劳动最光荣的价值理念。

5. 教师评定。

教师对学生呈现的各种形式的劳动成果要及时进行点评，主要围绕学生实践过程中的优点和不足、学生对劳动知识和技能的掌握程度、学生个体和小组的表现等内容展开点评。在进行评价时，既要根据专业的评判标准，也要听取各方意见，既要考虑最终成果，也要以事实为依据注重过程评价；同时要针对每个学生进行个性化、针对性的点评，激发每个学生对劳动的热爱，营造一种尊重劳动、崇尚劳动、参与劳动的氛围。

二、中小学劳动教育的管理和评价

要使中小学劳动教育目标能够顺利实现，在设计和实施的过程中，还需要加强对劳动教育的管理和评价，这样才能保证劳动教育能够顺利开展并取得预期的效果。

（一）中小学劳动教育的管理

科学管理有利于保障中小学劳动教育有序开展，新时代劳动教育的管理职能需要重新定位，要涵盖经费、师资队伍、实践平台、社会力量等多方面，以实现中小学劳动教育的可持续性发展。

1. 完善经费投入和使用机制。

我国中小学劳动教育资金主要来源于政府专门的教育拨款，这部分专项资金一般是作为公用经费专门用于开展相应的劳动教育课程。同时学校也可以通过与企业、社会组织合作举办活动等形式，通过多种渠道筹措劳动教育资金，形成劳动教育资金渠道来源多样化。各学校要在劳动教育课程实施中统筹安排教育资金，不仅用于学校场地、设施的标准化建设和器材的更新维护，还可以用于校外劳动教育实践基地的租用。

2. 加强师资队伍建设。

中小学开展劳动教育课程需要一支专任教师为主、指导教师为辅的师资队伍。政府应重视对劳动教育师范类人才的培养，推动高等学校开设劳动教育相关专业或师范专业劳动教育课程的开展，将具有专业知识的师范人才匹配到相应的中小学教学岗位上。对于已经入职、但未经过专业劳动教育知识培训的教师，由政府或学校开展专门的劳动教育培训，增强全体教师的劳动教育意识，使任课教师在课程讲授中适时渗透劳动教育思想。中小学在开展劳动教育课程中，还可以借助社会力量进校园，如邀请劳动模范、高级技术人才等为学生围绕他们的劳动实践经历开展专题讲座，激发学生的劳动热情。

| 专栏 12-5　拓展阅读 |

广州市 2020 年中小学劳动教育教师提升师资能力专题培训开班

2020 年 9 月 27 日，由广州市教育局主办、广州市中职学校教师发展中心承办的中小学劳动教育教师提升师资能力专题培训正式开班。本次培训采取“线上直播 + 线下集训”的模式，为全市 311 名中小学劳动教育课程的教师进行为期 2 天的培训课程，同时表达了对参加培训教师在劳动教育能力方面提升的殷切希望。

（参见《大学生劳动教育》编写组：《大学生劳动教育》，高等教育出版社 2021 年版，第 166—167 页）

3. 加大实践平台建设力度。

为了满足中小学劳动教育课程对多样化劳动实践活动的需求，除了在学校内部开展勤工俭学、教学实验、课后劳动等形式的劳动实践活动外，学校还可以通过政府购买服务的形式，吸引社会力量提供劳动教育实践场所。学校可以联合校外的社会组织、企事业单位等相关部门，组织开展丰富的校内外实践劳动，搭建能够提供多种实践机会的公益劳动平台，并利用互联网信息技术，对公益劳动平台上学生劳动活动名称、次数进行电子化记录。

| 专栏 12-6　拓展阅读 |

上海市开展“行知上海·礼赞中国”中学生志愿服务、公益活动风采展示活动

2020 年，上海市举办第二届“行知上海·礼赞中国”中学生志愿服务、公益活动风采展示活动。上海市共有近 132 组中学生、14 个学生社会实践基地参与本次活动，通过初试、复试以及现场面试等层层选拔，展现志愿劳动、服务社会的优秀事迹并淬炼自身的劳动实践能力，最终角逐出中学生的一二三等奖和学生社会实践基地的金奖、银奖。

（参见《大学生劳动教育》编写组：《大学生劳动教育》，高等教育出版社 2021 年版，第 199 页）

4. 形成“家、校、会”协同教育格局。

中小学劳动教育课程的顺利开展和推行，需要构建“家庭、学校、社会”三位一体的协同教育格局。这三个教育主体在中小学劳动教育课程实施中各自承担着不同的责任：家庭作为个人接受教育的第一场所，通过让学生参加家务劳动或鼓励学生参加实践活动，为学生最初劳动素养的养成以及学校劳动教育的开展奠定基础。学校需要承担劳动教育的主体责任，针对学生年级和学段的不同，开设各具侧重点的劳动教育课程，实现“引导学生形成热爱劳动的积极劳动观念、系统掌握基本劳动知识和劳动技能”的教育目的。政府、企业、社团组织要发挥自身优势，为学生劳动教育实践活动提供所需资源，形成良好的劳动风气和支持劳动教育的社会氛围。

（二）中小学劳动教育的评价

劳动教育评价是中小学劳动教育的重要环节，有效的劳动教育离不开科学客观的评价，构建科学合理的中小学劳动教育评价体系能够提升中小学生劳动

教育成效。

1. 评价主体的多元性。

中小学劳动教育的范围不仅包括学校科学知识的讲授，还包括社会生产实践中劳动技能的传授，所以对中小学劳动教育进行评价的主体应是多元的，应将中小学劳动教育课程中涉及的所有相关利益主体都纳入评价体系内，充分发挥不同主体在中小学劳动教育评价中的作用，对劳动教育成效进行客观全面的评价。劳动教育课程涉及的主体包括学生、教师和家庭，因此多元化的评价应包括学生的自我评价、教师和家庭的他人评价。学生作为劳动教育的具体参与者，自我评价主要是学生根据劳动教育过程的整体性体验和对教育成果价值进行自我判定后的自我反省。教师在劳动教育过程中具有主导性，是推动整个劳动教育课程的引导者和监督者，可以站在专业角度对整个课程的价值和意义进行客观深度评价，可以更加全面客观。家庭是整个劳动教育的基础，作为个人生活的场所，家庭不仅是学生劳动习惯和品质的最初养成地，学校布置的劳动实践活动也可以借助家庭力量来完成，因此家庭也可以参与到对学生劳动教育的评价中。根据不同学段、不同性质的劳动教育实践形式三个评价主体可以分别占不同的比重，或采取多元化的评价模式。

| 专栏 12-7　拓展阅读 |

某小学关于劳动教育综合测评的工作程序

某小学关于劳动教育综合测评的工作程序包含：学生自评—小组互评—教师评价—学校认定—家长认可。首先是学生在老师的指导下对自己的劳动活动进行反思和总结，完成学生自评工作；接着在班级内开展不同小组之间的互相评价。教师则运用自身的专业素养并结合社会各界对考核结果的测评意见进行综合评价，由学校进行核对和认定后向学生及其家长反馈最终的评价结果，得到认可后，最终计入学生综合素质评价报告册中。

（参见《大学生劳动教育》编写组：《大学生劳动教育》，高等教育出版社 2021 年版，第 216 页）

2. 评价内容的全面性。

由于劳动教育强调劳动和社会生产相结合，因此对劳动教育的评价内容应从不同的维度展开，不仅包括知识水平和技能等显性层面的内容，还应该包括劳动价值观念、劳动习惯和道德品质等隐性层面的内容。各学校应因地适宜，结合本地区的社会传统观念、学校劳动教育实施现状以及学校内学生的实际类型构建劳动教育内容评价指标体系。

一是对劳动知识技能的评价。学生对从事一定社会生产劳动所必备的劳动知识和劳动技能的掌握和综合运用能力是劳动教育最显化的结果，通过对劳动相关理论、基础知识的理解以及在劳动实践过程中的实际操作能力进行综合评价。

二是对劳动价值观念的评价。作为劳动教育的内化结果，劳动价值观念是学生对劳动行为的认知判断和情感倾向，是影响其进行社会生产劳动的关键因素，在理论掌握和实践操作层面都能够得到体现，可以通过学生对劳动行为的态度和价值判断进行评价。

三是劳动习惯和道德品质的评价。学生良好道德品质的养成和劳动习惯的坚持是劳动教育的外化结果和输出，要求学生在劳动过程中突出认真负责、坚持不懈的行为表现和热爱劳动、尊重劳动、崇尚劳动的道德观念表现，一般可以通过对学生生产劳动活动中的实际行为进行评价。

3. 评价方法的综合性。

对劳动教育评价方式的选择要灵活多样，并且注重各种评价方法在劳动教育成效评价中的综合运用，充分利用各种评价方法的优势来弥补单一评价手段造成的局限与不足，尽可能实现劳动教育评价的科学性。

一是定量评价和定性评价相结合。定量评价能够对评价对象行为状态的表现程度用确定的数值进行较为准确具体的量化表述，评价对象基本性质和特征的描述则需要进行定性评价，定量和定性评价相结合能够对评价对象进行更为全面的评价。

二是过程评价和结果评价相结合。学生通过劳动教育获得的不仅是劳动基本知识和技能这些显性的教育成果，还包括在劳动教育过程中积极劳动观念、正确劳动价值、良好劳动习惯等的养成，所以对劳动教育的评价不仅要关注课程最终呈现的结果，还要关注劳动教育课程的有效运行过程，为伴随过程产生的隐形成效进行评价。

三是整体性评价和个性化评价相结合。在劳动教育的评价中不仅要掌握学生作为教育实践对象的总体表现和变化，进行具有全面性和代表意义的整体性评价，更要针对不同个体间的差异性，了解不同学生实际需求从而针对其自身和过去相比的动态变化进行评价，实现整体性和个性化的结合。

本章小结

中西方思想家在对劳动进行充分认识的基础上，针对劳动教育如何开展提出了不同的观点，尽管这些劳动教育思想不尽相同，但都强调劳动教育是学校教育中的重要内容，劳动教育的开展需要与生产相结合、劳动教育中需要强调脑力劳动与体力劳动相结合等。我国对劳动教育的重视从新中国成立以来的相关政策文件中都有所体现，尤其是新时代对劳动教育的地位提高到了前所未有的高度。作业师范生，不仅要自己掌握劳动知识、参与劳动实践，更重要的是要在将来从事劳动教育职业活动中，能够合理设计劳动教育课程并进行评价。

主要术语

教育与劳动结合　综合技术教育　知行合一　劳动知识　劳动技能　劳动态度　劳动价值观　劳动品质　劳动情感

复习思考题

1. 简述马克思劳动教育思想的主要内容。
2. 简述苏霍姆林斯基劳动教育思想的主要内容。
3. 简述黄炎培劳动教育思想的主要内容。
4. 简述陶行知劳动教育思想的主要内容。
5. 简述习近平新时代劳动教育思想的主要内容。
6. 简述中小学劳动教育课程的设计原则。

7. 简述中小学劳动教育课程目标的设计内容。

8. 简述中小学劳动教育课程设计的环节。

9. 简述中小学劳动教育管理的内容。

10. 简述中小学劳动教育评价的内容。

推荐阅读

1. 李珂：《嬗变与审视：劳动教育的历史逻辑与现实重构》，社会科学文献出版社 2019 年版。

2. 〔苏〕苏霍姆林斯基：《苏霍姆林斯基论劳动教育》，萧勇、杜殿坤译，教育科学出版社 2019 年版。

3. 曾天山、顾建军主编：《劳动教育论》，教育科学出版社 2020 年版。

第十三章

人工智能与未来劳动者

学习目标

1. 了解人工智能的含义、特征与发展趋势。
2. 了解未来劳动者的内涵。
3. 理解人工智能对学校劳动教育的影响。
4. 掌握应对人工智能时代的方法。

导 读

劳动者素质对一个国家、一个民族发展至关重要。当今世界，综合国力的竞争归根到底是人才的竞争、劳动者素质的竞争。我国工人阶级和广大劳动群众要树立终身学习的理念，养成善于学习、勤于思考的习惯，实现学以养德、学以增智、学以致用。要适应新一轮科技革命和产业变革的需要，密切关注行业、产业前沿知识和技术进展，勤学苦练、深入钻研，不断提高技术技能水平。要完善现代职业教育制度，创新各层次各类型职业教育模式，为劳动者成长创造良好条件。

——2020 年 11 月 24 日，习近平在全国劳动模范和先进工作者表彰大会上的讲话

人工智能作为现今热门研究领域，已从技术发展形成一门学科，甚至形成了人工智能思想。随着大数据时代的发展，人工智能也被广泛应用在各个领域，创造了许多新的交叉学科。

第一节　人工智能概述

人工智能最初被定义为一门计算机科学的分支，并认为它是通过研究如何使计算机去做过去只有人类才能完成的智能的工作。随着人工智能的发展，对人工智能这门学科的基础概念与发展趋向以及由此产生的道德影响有了相对规范的诠释。

一、人工智能的含义与特征

从人工智能在不同时代背景下的发展脉络，了解人工智能发展特征并给定人工智能概念的定义，对分析人工智能这一学术概念有着重要的作用。

（一）人工智能的含义

在大数据时代，“人工智能”一词屡见不鲜，但其发展历程却是漫长曲折的，人工智能的思想可以追溯到形式符号系统假设、人工神经网络的概念和“图灵测试”。1959 年，约翰·麦肯锡（John McCarthy）在达特茅斯会议上正式提出了“人工智能”（Artificial Intelligence）一词。他指出，“人工智能就是要让机器的行为看起来就像是人所表现出的智能行为一样。”人工智能的发展大致经历了以下几个时期。（见下表）

表 13-1　　人工智能发展进程

时间	事件	意义
萌芽期（17 世纪中期—20 世纪初期）	17 世纪中期，莱布尼茨、霍布斯和笛卡尔提出的形式符号系统假设	为人工智能的研究打下了基础，使“人工智能”呼之欲出
	20 世纪初期，乔治·布尔、弗雷德以及罗素和怀海特在数理逻辑上的重大突破	

续表

时间	事件	意义
诞生期（20 世纪 40—50 年代）	1955 年，赫伯特·纽厄尔和艾伦·西蒙开发了“逻辑理论家”，该程序更精巧的证明了《数学原理》中的 38 个定理	被约翰·塞尔称为“强人工智能”，即机器可以像人一样具有思想
	1956 年，马文·明斯基与约翰·麦卡锡、克劳德·香农等人发起并组织的“达特茅斯会议”上，首次提出了“人工智能”概念	该次会议被誉为“人工智能的起点”
黄金期（20 世纪 50—70 年代）	1966—1972 年，美国斯坦福国际研究所研制可移动式机器人 Shaky	使机器产生类似于人类的互动，引发了人工智能早期工作的大爆炸
	1966 年，麻省理工学院魏泽堡和精神病学家科尔比发布了第一个聊天机器人 Eliza	
低谷期（20 世纪 70 年代）	当时计算机有限的内存和处理速度不足以解决任何实际的 AI 问题	人工智能陷入低谷
繁荣期（20 世纪 80 年代中期）	1981 年，约翰·霍普菲尔德和大卫·鲁姆哈特发展了神经网络理论	人工智能重获新生
寒冬期（1987—1993）	商业机构对 AI 的追捧与冷落，导致经济泡沫的破裂	政府机构和投资者重新考量对 AI 的投资
爆发期（1993 年至今）	1997 年“深蓝”战胜国际象棋冠军、2016 年“Alpha GO”战胜李世石、2017 年继而战胜柯洁。AI 逐渐在数据挖掘、工业机器人、物流、银行业软件等领域发挥重要作用。2020 年主线科技实现天津港 25 台无人驾驶电动集卡商业交付，成为业界首个完全无人驾驶的港口。2021 年 DeepMind 公司利用 AlphaFold2 预测人类蛋白质，并且公开数据集供全世界科研使用	标志着 AI 应用的发展取得重大突破，并在产业界发挥重要作用

（〔美〕约翰·马尔科夫：《人工智能简史》，郭雪译，浙江人民出版社 2017 年版）

“人工智能”这一概念包含“人工”和“智能”两个问题，“人工（Artificial）”具有两重含义，一是具有“人工的”修饰含义，就像“人工草坪”中的“人工”，意味着人工智能看起来像智能，但实际上并不是真正的智能；二是具有“人工的”创造含义，是相对于“自然”或“生物”创造而言的，意味着人工智能是人创造出来的智能，应该把“人工”理解为真正的智能。①

① 〔美〕拜伦·瑞希：《人工智能哲学》，王斐译，文汇出版社 2020 年版，第 57 页。

“智能（Intelligence）”的含义则比较复杂。在英文中，智能一词是由古拉丁词语“inter”和“legger”衍生而来，前者解释为“内生”，后者解释为“识别”“选择”的意思，结合起来看，复数形式就是“在其中识别和选择”的意思。① 因此，“智能”可以扩展为“自动学习、探索、理解和领悟”。在汉语中，“智能”一词表示为“智慧”和“能力”的综合。“智慧”指的是从感觉到记忆再到思考的整个过程；“能力”指的是智慧的行为和由此产生的结果的表达过程。它们作为单个部分在一个人身上发挥智力的程度称为“智商”和“能商”，我们所说的“情商”，往往介于两者之间，起到综合调节的作用，及时纠正不恰当之处。“智商”“能商”和“情商”在一定程度上是人类感知、认知和行为的表达。

在通俗意义上，人工智能就是机器可以完成人们不认为机器能胜任的事，而计算机科学界从实用主义角度，认为“人工智能”就是与人类行为相似，可以解决问题并获得最大收益的计算机程序。② 在哲学意义上，“人工智能”是有关“智能主体的研究与设计”的学问，而“智能主体是指一个可以观察周遭环境并做出行动已达致目标的系统”③，即人工智能是一种可以随着数据或者环境的变化而随机应变的技术④。2007 年，约翰·麦肯锡在“什么是人工智能”（What is Artificial Intelligence）一文中，给出了人工智能更为广泛的定义，即：“制造智能机器，特别是智能计算机程序的科学和工程”。库兹韦尔指出：“人工智能也可以被定义成一门追逐电脑科技未解难题的学问。”⑤ 而《牛津词典》给予人工智能的定义是：计算机系统的理论与发展，能够执行通常需要人类智力的任务，例如视觉感知、语音识别、决策和语音翻译等。国家标准化管理委员会将人工智能定义为：利用数字计算机或者数字计算机控制的机器模拟、延伸和扩展人的智能，感知环境、获取知识并使用知识获得最佳结

① 王爱国：《再论智能会计——兼谈智能会计的科学属性》，《财会月刊》2021 年第 21 期。

② 李开复、王咏刚：《人工智能》，文化发展出版社 2017 年版，第 32 页。

③ 〔美〕斯图亚特·罗素、彼得·诺维格：《人工智能：一种现代的方法》，殷建平、祝恩等译，清华大学出版社 2013 年版。

④ 〔美〕拜伦·瑞希：《人工智能哲学》，王斐译，文汇出版社 2020 年版，第 57 页。

⑤ 〔美〕库兹韦尔：《机器之心》，胡晓姣、张温卓玛、吴纯洁译，中信出版社 2016 年版，第 91 页。

果的理论、方法、技术及应用系统。[①]

人类文明史就是人工智能的进化史。中国古代著作《诗经》赋、比、兴的文学表达方法及古希腊柏拉图《对话录》中的语法、逻辑、修辞的哲学辩证法，都显示了人工智能概念的早期出现。“希腊三贤”“人是天生的社会动物”的观点与马克思的“人是社会关系的总和”相符合，是未来智能科学技术发展的指南。在人类进化的第一个轴心时代（Axial age），人类经历了第一次觉醒，并由此开始，哲学蓬勃发展。汉语解释“哲”的基础是“智慧”，古希腊哲学家明确地将“爱”与“智慧”的结合视为“哲学”一词的定义，并将哲学视为学科最终追求的目标。显然，人工智能与哲学同根，都为爱和追求智慧而生。

（二）人工智能的特征

1. 智能化。

人工智能最大的特征就是智能化，人工智能技术的核心特征在于其能够借助计算机强大的数据处理能力完成人类无法完成的任务，并有自主学习的能力。[②] 人工智能是对人的意识、大脑思维等信息的模拟。虽然人工智能能够像人一样思考、也有可能超过人的智能，但人工智能不是人的智能，人工智能的智能化主要体现在以下几点：一是超强的计算能力。主要涵盖 CPU 的处理能力和提升核心设备的处理能力，如加快速度处理、分布式技术、云计算技术等。二是数据采集和处理功能。随着网络的多元快速发展和信息技术的进步，网络数据呈现出井喷式发展，衍生出许多非关系型数据库，不仅拓宽了传统的关系型数据库，而且无限延展了计算机的学习和处理数据的能力，为人工智能的发展奠定了基础。第三，智能式算法和模型。人工智能与普通计算机相比，最显著的特点在于，人工智能能够模拟人类思维，按照提前设定的程序进行学习，收集海量数据和信息，如自动化控制技术和物联网传感器技术等。[③]

① 中国电子技术标准化研究院：《人工智能标准化白皮书（2018 年版）》，http://www.cesi.cn/201801/3545.html。

② 刘瑞瑞：《人工智能时代背景下的刑事责任主体化资格问题探析》，《江汉论坛》2021 年第 11 期。

③ 李菲菲：《基于人工智能的智慧图书馆建设的逻辑和方法研究》，《情报科学》2021 年第 12 期。

原则上说，人工智能是以人为本。人工智能系统是人造机器，是根据软件逻辑或人类开发的软件算法，通过硬件载体（如人造芯片）进行工作或运行。它的本质体现在计算机科学中，收集、处理、加工、分析和提取数据以创建有价值的信息流和知识模型，从而为人们提供服务，增强人类能力并模拟人们期望的一些“智能行为”。它的智能化必须体现为人类服务的特点，不能伤害人类，不能做出对人类有害的行为。

2. 高效性。

人工智能系统能够在传感器等设备的帮助下产生感知外部环境（包括人类）的能力，能够通过听、看、嗅、触等方式从环境中接收各种信息，并生成文本、音频以及面部表情、动作（触发控制）和其他甚至会影响环境或人的必要反应。人工智能借助于按钮、键盘、鼠标、屏幕、手势、姿势、面部表情、强烈反应、虚拟现实等多种方式，可以实现人与机器的交流互动，从而让机器和设备“理解”人类甚至“帮助”人类。人类与人工智能共同努力，弥补劣势，发挥优势。通过这种方式，人工智能系统可以帮助人们完成人类不擅长、不喜欢但机器可以完成的任务，而人类非常适合完成具有创造力、洞察力、想象力、灵活性和多功能性的事情和工作。

由此一来，人工智能大大降低了人类工作的烦琐性，随着科技的迅速发展和互联网工程的崛起，人工智能系统越来越高效便捷，与过去相比，新一代人工智能不仅存在于人们身边高层次的智能形态中，而且以提高人类智能为主要目标，融入人们的日常生活中。如跨媒体智能、大数据智能、自主智能系统等。在越来越多的专业领域，人工智能发挥、识别、控制和预测的能力超过了人脑的能力，例如人脸识别技术、指纹技术等的应用。新一代人工智能技术实现产业链突破，推动经济社会加速从数字化、网络化到智能化发展。

3. 广泛性。

如今，人类已经迈入了一个以大数据、互联网、云计算为主要特征的人工智能时代①，计算机软、硬件性能不断提高，大数据、云计算功能不断改进和

---

① 王旭东:《数字故宫的过去、现在与未来》,《科学教育与博物馆》2021 年第 6 期。

更新，计算机视觉、人机交互、自然语言处理、模式识别、数据挖掘等技术也在不断发展应用，这些技术的广泛全面性为人工智能的发展创造了先决条件，不同应用领域的不同应用场景决定了人工智能的发展具有明确的“按领域应用”的属性。

自人工智能开发并投入应用以来，人类关于人工智能系统的研发和使用，一直处于如火如荼地探索和实践中。人工智能在交通、医疗、物流、金融、能源网络、教育、社会交流、安全、社区、家居、工业和农业等领域得到不同程度的发展和应用。[①] 例如，在医疗行业，人工智能广泛的应用于临床，大大地提升了手术成功率；在教育行业，教师利用人工智能技术创新教育模式，适应时代的发展，培养新时代高科技人才；在交通运输业，作为人工智能主要应用场景之一的自动驾驶技术也在迅猛发展着，汽车智能化、网络化、数字化成为汽车产业新革命的下一个风口。

4. 全球化。

在新产业、新形势、新商业模式等经济发展的大背景下，世界各国对人工智能的需求都呈现出逐年增加的趋势，人工智能产出的产值增幅显著。近年来，随着全球化的不断发展，人工智能也实现了全球化，从产业外扩开始，到现如今生产链全球合作的模式，人工智能系统在不同国家的不同领域产生众多应用。从长远发展角度来看，人工智能技术会逐步消除人与人之间的差异，使人类社会的发展真正跨越国界，并重塑全球化格局。

人工智能具有适应性和发展力，可以演化迭代。人工智能可以随着整体环境、数据或任务的变化相应地调整参数或更新优化模型，在此基础上，它可以通过与云端设备、计算机程序等实现深度数字化的连接发展，实现机器对人类思维的开发和复制，使智能系统具有适应性、灵活性和可扩展性。人工智能的这些特性决定了它能够适用于不同的国家，各国能够针对具体国情实现人工智能的迅速发展和应用，通过互相交流，消除彼此差距，实现人工智能的全球化。

---

① 邓福钦：《人工智能技术提升电子制造业信息化能力的应用研究》，《情报探索》2021 年第 12 期。

二、人工智能的发展趋势

纵观世界发展史，从有人类文明到现在，发展的速度一直在加快。近年来，由于计算机技术的出现和发展，社会生活发生了翻天覆地的变化，人工智能在计算机技术和网络信息技术的基础上，随着现代信息技术的进步而发展起来。人工智能已经对社会经济和人们生活的各个方面产生了重要的影响，并且在可预见的未来将发挥越来越重要的作用。

人工智能是20世纪50年代在计算机科学领域发展起来的综合技术，它使智能机器拥有模拟人的思维过程和智能行为的能力。进入21世纪以来，人工智能技术席卷全球，发展迅猛，被广泛应用于现代社会生活的众多领域，而且还在不断升级和更新，并带动了相关技术的发展和创新。人工智能技术的不断发展应用和完善，将对技术创新、经济增长、社会发展产生较大影响，并导致人们收入分配与就业水平，以及产业结构与劳动力市场结构的变化。人工智能在给人们带来便利和高效的同时，也冲击着人们原有的思想价值体系，对未来劳动者的就业带来了挑战。为了让人工智能更好地服务人类，我们需要进一步认识和理解人工智能的发展现状和未来趋势。

（一）人工智能的发展历程

人工智能最早是在一次学术会议上被提出的，自此之后，人工智能进入人们的视野。在之后的若干年中，人工智能的发展并不是完全走上了坦途，但是一直都在发展和进步。20世纪80年代，人工智能迎来了新的发展机遇，并且迅速进入人们的生产生活，开始创造经济和社会效益。近年来，互联网技术、物联网技术以及大数据的迅猛发展使人工智能变得炙手可热。模糊检索、模式识别、智能无人机、机器学习等人工智能技术都取得了突破性进展，给人们的生活带来了便利。可以说，人工智能的发展历程是一个发展曲折但不断前进的过程。

在人们的日常生活中，人工智能的影响十分显著。在智能基础设施建设方面，智能传感器以及芯片的研发已经成为该产业发展的重要保证；在智能信息手机以及数据处理上，多种算法技术水平的提升为社会创造了更多的价值；在智能技术服务方面，人工智能的发展在以人为本原则的基础上，给社会公众提供了更加便捷的服务；在智能产品的应用方面，“无人驾驶”“智能医疗”等技术的创新开创了人工智能的新时代。同时，人工智能也带来了很多现实问题，人们的信息以及隐私安全遭到威胁，社会公平无法得到应有的保障，宗教信仰和伦理问题也逐渐显现。

（二）人工智能的发展现状

人工智能经过多年的发展，在计算机操作方面取得了重大的突破，但在应用于类人操作方面，却遇到了较大的挑战。目前的人工智能，主要是在研究“智能”，也就是使机器更加智能化，在这方面已经取得了相当不错的成就。而在“人工”方面，虽然现在很多国家已经研究出具备初步模拟和处理人脑信号能力的智能机器，但要使智能机器像人类一样思考和操作，实现自主信息处理，摆脱外在的人工监测，还有很长的过程。人工智能的应用大多集中在对当前现有的、容易转换成数字信号的模拟符号系统的基础上，人工智能利用广泛的领域是网站异常信息的监测、医疗诊断、法律判别、经济交易等。但是，这些应用主要着眼于机械操作和计算机技术相结合，而使机械的自动化程度更高，还远远不是绝对意义上的人工智能。

随着人工智能从虚拟到实物，已经发展出许多技术和产品，真切地便利人们的生活和生产。家电的自动调节、远程操控，智能手机上的多点触屏、人脸识别、指纹识别、语音识别，大数据下的好物推荐、实时路况、路线规划等正不断丰富着人们的体验，而无人机、无人驾驶汽车、自动泊车、无人物流等产品也跃跃欲试。对于人工智能，如果能够找对重点对它进行挖掘，并投入最优发展的市场，那么它将会发挥巨大的潜能。而如果开发不适当，或者投入市场的切入点不合适，就可能会让人们对人工智能敬而远之。所以，只要能正确地开发和利用人工智能，最大限度地实现它本身的价值，人工智能将会是带人们进入生活新纪元的巨大动力源。

（三）人工智能的发展展望

人工智能极大地变革了人们的生产方式，解放了部分劳动生产力，给人类生活带来了更精彩的服务。从它的发展现状可以看出，人工智能在安全保障、交通服务、家居便捷、医疗健康、金融行业都做出了重要贡献。

从当前的发展形势来看，人工智能正在由感知智能向认知智能转变。在未来，人工智能技术的发展道路还很漫长。人工智能的发展时间虽然较短，但是十分迅猛，目前各行各业都基本实现了智能化。作为新一代科技革命的核心力量，人工智能必将成为此后世界发展和进步道路上一个不可缺少的重要因素，发展前景一片光明。但是，人们要意识到人工智能可能带来的弊端，提前做好预防和准备，避免带来不良后果。

人工智能的充分发展和生产力水平的提升，将会使人们的生活体验更加丰富多彩。人工智能会将越来越多的人从体力劳动以及常规性的脑力劳动中解放出来，使人们能更多地投入到创造性活动当中，使人类自身与社会得到更充分的发展。人工智能的迅速发展正不断影响着社会生活的方方面面，重构生产、分配、交换、消费等各环节，主要体现在以下三个方面：

1. 人工智能对教育和就业的影响。

发展人工智能的最终目的不是用来替代人类劳动，而是使人们的生活更加舒适和便利，追求更理想的精神生活，而教育将在这个过程中起到至关重要的作用。人工智能在发展过程中能够不断提升经济活动的产能，在机械重复性的或危险的劳动中替代人类的作用，增加人们的闲暇时间，来进行创新、审美、思考与想象力的开发与挖掘。人工智能影响教育体系，体现在人才信息的输入和输出、创新能力的培养和自主学习等能力的提升成为重要发展方向。

人工智能的发展逐步替代了人类从事的大部分工序烦琐重复的体力劳动，给人类带来便捷的同时也带来了前所未有的挑战。越来越多的人开始担心自己的工作将被人工智能取代。人工智能不断重塑产业格局和消费需求，在这个过程中将不断淘汰部分工作岗位，同时也会不断创造出一系列的新的岗位。

2. 人工智能对安全和隐私的影响。

随着人们对个性化体验的不断增加，个性化、场景化服务需求增大，人工智能驱动创新体现在生活消费场景。虚拟性的网络空间使个人数据更容易被获取和分享，身份信息编号、健康状态、信用记录、位置活动踪迹等信息的存储、分析和交易活动活跃，与此同时，人们却难以准确得知和追踪个人隐私泄露途径和程度。开放的业态使得监管机构难以准确识别监管对象，并且逐渐模糊法律的边界。时空界限被打破、虚拟与真实随意切换……这些和趋势的不可预测性和不可逆性极有可能触发潜在风险。不同于信息泄露，人工智能技术很有可能被少数别有用心的人用来进行诈骗等违法犯罪行为。无人机、无人车、智能机器人等人工智能装备都存在非法入侵与控制的潜在风险，造成人们的隐私泄露和财产损失，对社会安全构成极大的威胁。

3. 人工智能对社会公平的影响。

人工智能的研发与应用带来的价值难题正逐渐显现，目前那些由于客观条件无法使用互联网、不会上网甚至不愿意接触互联网的人群，被称为人工智能时代的“边缘人”。而人工智能的发展对人民的文化水平、信息流的功能发挥提出了新的要求。人工智能技术越发达，信息鸿沟就越深，逐渐延伸到服务鸿沟、福利鸿沟，而人工智能时代的“边缘人”将越来越难感受到信息服务的便捷性，更难获得紧缺的服务资源。

在人类社会，人工智能技术应该按照公正原则尽可能使更多人群获益，技术带来的便捷和福利应该惠及更多的人。公共服务将极大地惠及大众，促进人际关系的和谐发展，使智能化的服务均等惠及不同地区、行业和群体。因此，人工智能异军突起的同时，要积极思考和研究如何使人工智能提高公共服务平台的建设水平，不断缩小信息鸿沟，建设高效、宜居的智能社会，推进社会包容性和可持续发展，让全体社会成员共享科技创新带来的美好未来。

三、人工智能道德与法律

人工智能是一把双刃剑，人工智能的快速发展在促进技术进步与社会发展的同时，会给社会带来伦理、极化、异化、规制和责任风险。[①] 习近平总书记在中共中央政治局第九次集体学习时明确指出，要加强人工智能发展的潜在风险研判和防范，加强人工智能相关法律、伦理、社会问题研究，建立健全保障人工智能健康发展的法律法规、制度体系、伦理道德，确保人工智能安全、可

---

① 马长山:《人工智能的社会风险及其法律规制》,《法律科学》2018 年第 6 期。

靠、可控。① 人工智能时代的人机关系界定与社会治理，一方面需要相关法律和政策予以规范与约束，另一方面也需要用伦理和道德赋予其更多开放的弹性。

当前我国尚未出台专门针对人工智能的相关法律法规，但围绕促进产业技术发展出台了一系列的人工智能相关政策法规。2017 年 7 月，国务院印发《新一代人工智能发展规划》，提出“制定促进人工智能发展的法律法规和伦理规范，建立人工智能安全监管和评估体系”的保障措施，为出台正式的人工智能法律法规指明了方向。② 后续相继出台《促进新一代人工智能产业发展三年行动计划（2018—2020 年）》《人工智能标准化白皮书（2018 年版）》《“互联网 + ”人工智能三年行动实施方案》《关于促进人工智能和实体经济深度融合的指导意见》《国家新一代人工智能创新发展试验区建设工作指引》《人工智能安全标准化白皮书（2019 年版）》和《国家新一代人工智能标准体系建设指南》等，重点关注人工智能的伦理道德与法律安全、监管评估、监测预警等内容，进一步规范和约束人工智能领域的发展。

人工智能相关法律法规确立的逻辑起点是人工智能是否具有法律主体地位，而人工智能当前尚不具备人类理性，是法律关系客体，因此不具有独立的法律主体地位，而是有限的法律人格。③ 人工智能具有“类人”的特殊属性，因此应将其界定为法律客体中的特殊物，进一步对其法律风险进行充分预估与评判，明确以人的行为为中心的法律规制架构，综合考虑人工智能受人指令时的行为、人工智能的“自主行为”和人工智能可能作为的行为，构建基于人工智能行为类型化建构的有限拟制制度和以技术、法律为主导的风险控制机制，夯实人工智能法律防范机制和治理体系。④

人工智能的复杂性和发展的迅猛性，决定了其涉及技术、伦理、法律和道

① 《习近平主持中共中央政治局第九次集体学习并讲话》，http://www.gov.cn/xinwen/2018 - 10/31/content_5336251.htm。

② 《国务院关于印发新一代人工智能发展规划的通知》，http://www.gov.cn/zhengce/content/2017 - 07/20/content_5211996.htm。

③ 龙文懋：《人工智能法律主体地位的法哲学思考》，《法律科学》2018 年第 5 期。

④ 刘洪华：《人工智能法律主体资格的否定及其法律规制构想》，《北方法学》2019 年 13 卷第 4 期。

德等多个领域，不仅需要通过法律框架来支撑和规制人工智能的发展，另一方面更需要由相应的伦理准则、行业规范以及从业者自律构成的伦理道德框架来协同推进人工智能的健康发展。① 当前国际上影响最广的人工智能伦理道德框架设计主要有“阿西洛马人工智能原则”和 IEEE 组织倡议的人工智能伦理标准。

“阿西洛马人工智能原则”于 2017 年 1 月初美国加州阿西洛马市举行的“有益的人工智能（Beneficial AI）”会议上提出，包括三大类 23 小项原则：安全性、隐私性、人类控制性、非颠覆性、审判透明性、失败透明性、负责、与人类价值观保持一致、尊重自由、分享利益、共同繁荣和禁止人工智能装备竞赛等。② 2017 年 3 月 IEEE 在《IEEE 机器人与自动化》杂志发布了“旨在推进人工智能和自治系统的伦理设计的 IEEE 全球倡议书”，提出了人工智能伦理的设计原则和标准，基本原则包括五个方面：（1）人权，即确保人工智能的发展与使用不侵犯国际公认的人权。（2）福祉，即人工智能的设计和使用应当以人类总体福祉的增长为优先考虑项。（3）问责，即保证人工智能的设计者和操作者具有负责的意识和精神且可以进行问责。（4）透明，即确保人工智能的设计、制造、使用等流程都是透明可监督的。（5）慎用，即将人工智能滥用的可能性降到最低。③

| 专栏 13-1　拓展阅读 |

面向未来的终身学习者需具备的素质

未来时代需要加强伦理道德与新规则坚守。当下，道德、思想、心理健康等问题已经是教育的重要问题，也是社会的紧迫问题，更是未来时代面临的问题。台湾高振东先生说，没有德育，智育就是犯罪的帮凶，体育就是暴力的前卫，美育就是堕落的催化剂。道出了德育教育的时代使命。

① 刘宪权：《人工智能时代机器人行为道德伦理与刑法规制》，《比较法研究》2018 年第 4 期。

② 张清、张蓉：《论类型化人工智能法律责任体系的构建》，《中国高校社会科学》2018 年第 4 期。

③ 《人工智能安全标准化白皮书（2019 年版）》，https://www.tc260.org.cn/front/postDetail.html?id=20191031151659。

尽管超智能时代存在的问题难以确认，但霍金仍多次发出警告预言超智能时代的危险因素。2014 年 12 月，他在接受采访时表示，全面发展的人工智能（AI）很有可能成为人类的终结者，他担心人工智能达到或超越人类并不断更新换代，但人类却受制于生物进化，无法与之抗衡，终将被取代。

科幻小说家艾萨克·阿西莫夫曾提出了著名的“机器人三大定律”：1. 机器人不得伤害人类个体，或者目睹人类个体遭受危险而袖手不管。2. 机器人必须绝对服从人类，除非这种服从有害于人类。3. 机器人必须保护自身不受伤害，除非为了保护人类或者是人类命令它做出牺牲。

可以预见，这些问题涉及人与自我、个人与他人、个人与社会、个人与自然、个人与人类的关系。有规则意识、有道德准则、有人伦理念、有自控能力，才能处理好这些关系。

（参见李明新：《培养面向未来的终身学习者——做一个终身学习者究竟需要具备怎样的素质?》，https://m.gmw.cn/baijia/2021 - 12/28/1302739446.html）

为适应现实需要，我国也逐步探索人工智能伦理道德原则与框架的制定。2019 年 6 月，国家新一代人工智能治理专业委员会发布《新一代人工智能治理原则——发展负责任的人工智能》，提出了人工智能治理的框架和行动指南，明确提出将“和谐友好、公平公正、包容共享、尊重隐私、安全可控、共担责任、开放协作、敏捷治理”等八项原则作为协调人工智能发展与治理的关系、确保人工智能安全可控可靠的伦理治理原则，并将研发者、使用者和受用者作为共担责任的责任主体。[①] 其中“负责任”是人工智能发展的主题，要求从人工智能的基础研发层到末端应用层都需要进行涵盖，同时也贯穿于八项原则之中，无论是提供的人工智能技术产品还是服务，还是人工智能伦理治理的主体间协作手段与方法，都要求是负责任的、全面的、符合人类的价值观

---

① 《发展负责任的人工智能：我国新一代人工智能治理原则发布》，http://www.gov.cn/xinwen/2019 - 06/17/content_5401006.htm。

和伦理道德的，基本目标和最终目的在于增进人类共同福祉。[①] 2021 年 1 月，全国信息安全标准化技术委员会发布《网络安全标准实践指南——人工智能伦理安全风险防范指引》，进一步将人工智能发展的责任主体细化为研究开发者、设计制造者、部署应用者及用户四大责任主体，并根据不同责任主体的差异提出了相应的操作规范和基本要求，同时将人工智能伦理安全风险划分为失控性风险、社会性风险、侵权性风险、歧视性风险和责任性风险，这为我国人工智能伦理安全标准体系化建设奠定了重要的理论基础。[②] 2021 年 9 月，中国国家新一代人工智能治理专业委员会发布《新一代人工智能伦理规范》，将伦理道德融入人工智能全生命周期，规定了从事人工智能相关活动的自然人、法人和其他相关机构的伦理准则，明确提出人工智能各类活动应遵循增进人类福祉、促进公平公正、保护隐私安全、确保可控可信、强化责任担当、提升伦理素养六项基本伦理规范和管理规范、研发规范、供应规范和使用规范等 18 项具体伦理要求。[③]

第二节　人工智能背景下的未来劳动者

一、未来劳动者的内涵

劳动者是对从事劳作活动一类人的统称，不同学科对劳动者有着不同的定义。在哲学上，劳动者包括体力劳动者和脑力劳动者，指的是参加体力劳动或脑力劳动并且以自己的劳动收入作为生活资料主要来源的人。在法律上，劳动

① 尹铁燕、代金平:《人工智能伦理的哲学意蕴、现实问题与治理进路》,《昆明理工大学学报》(社会科学版)2021 年第 6 期。

② 《网络安全标准实践指南——人工智能伦理安全风险防范指引》, https://www.tc260.org.cn/front/cbw.html? start = 0&length = 4&type = 3。

③ 《中国发布〈新一代人工智能伦理规范〉融入人工智能全生命周期》, http://finance.people.com.cn/n1/2021/0926/c1004 - 32236606.html。

者指的是达到法定年龄的、具有劳动能力、以从事某种社会劳动获得收入为主要生活来源的自然人，他们依据法律或合同的规定，在用人单位的管理下从事劳动并获取劳动报酬。中国法学教授王全兴认为，劳动者应被界定为职工，即在用人单位从事工作并获得报酬的人。[①] 而未来劳动者是知识型、创新型的劳动者。与传统意义上的劳动者不同，随着我国社会经济的发展，体力劳动者正向知识型劳动者转型，而未来劳动者从事更多的是脑力劳动，主要依靠自身的知识储备和创新能力进行劳动。

随着科学技术飞速发展以及知识信息迅速增长，人类逐渐进入信息时代、知识经济时代，知识和劳动正在快速靠拢与结合。这些决定着未来劳动者是善于学习新知识、掌握新技术、创新能力强的劳动者。劳动是劳动者体力和脑力的支出，是物质财富和精神财富的创造活动，是推动人类社会发展的根本力量。在新业态、新模式、新领域中成长的未来劳动者，展示着靠智力创新、用知识创造价值的发展规律，是新时代奋斗的脊梁。

未来劳动者是生产、创新过程的主体，在生产发展与技术创新中起主导作用，分工不同，地位平等。从个人角度来说，劳动是未来劳动者取得个人收入、获得生存的谋生手段；从国家角度来说，我国的未来劳动者是为社会主义现代化建设做贡献的坚定力量；从人类社会角度来说，劳动创造文明，促进人的发展，推动历史进步，未来劳动者是人类文明进步的源泉。

科学技术的迅猛发展，特别是数字化信息技术、人工智能技术和新型材料生产技术等不断创新、运用于社会化大生产的各个环节，使得社会化大生产发生了巨大变化。科学技术的发展以及社会生产经验的不断丰富使得社会的生产工具和劳动过程不断经过科学技术武装和改进。未来劳动者得以从繁重的超强度劳动过程中解放出来，生产技能和价值创造能力得以提高，使得生产的劳动产品和劳动价值含量在数量和质量上不断提高。

此外，未来劳动者是具有高尚劳动情怀的群体，具有对劳动强烈热爱的情绪情感和执着依恋的深厚胸怀。劳动对于人类产生和发展的意义是根本性的和

① 王全兴:《劳动法》,法律出版社 2004 年版,第 78 页。

基础性的，离开了劳动人类就不能生存和发展。未来劳动者不仅要具有正确的劳动历史观和劳动价值观，懂得劳动在人的历史活动中的重要价值和意义，而且还应该有崇尚劳动创造的价值情怀，有尊重劳动成果的价值品质，有追求劳动自由和劳动幸福的美好愿景和维护劳动公平正义的理性情怀。

二、未来劳动者的素质与能力

（一）未来劳动者的素质

诚信、敬业、开放、合作是未来劳动者所必备的基本素质。[①] 诚信是人的基本道德规范，俗话说："人无信则不立。"没有诚信的劳动者将不会被社会所容纳，在工作中失信极易造成领导和同事的疏远，在不利于自身发展的同时，也不利于和谐人际关系的形成。敬业是人们对待工作的一种态度，敬业即认真专一、尊敬热爱于自己的职业。没有一个岗位不值得尊敬，在平凡的岗位上也应该勤勤恳恳、埋头苦干，而工作只有在尊敬和热爱的基础上才能有更多的产出和回报。由此可见，敬业也是未来劳动者需要具备的基本素质，是未来劳动者能否承担自身职责和社会责任的衡量标准。开放指的是未来劳动者要具有开放包容、兼收并蓄的素质，能够积极地学习与劳动相关的各类基础知识，以适应职业对自身的要求。随着社会主义进入新时代，科学技术的发展不断加快，很多传统的职业已经被机器所替代。未来劳动者需要秉持开放的心态，不断学习更多的技术知识，掌握各类工具的使用方法，接受时代进步所带来的新变化和新要求。合作包括两个方面，一方面是人与人的合作，另一方面是人与工具的合作。人与人的合作是现在乃至未来劳动者都需要具备的素质，因为劳动过程中必然会产生合作，人与人之间良好的交流与沟通能够有效地促进合作共赢。人与工具的合作又包括两个方面，一是人与传统工具的合作，二是人与现代化新型工具的合作。学会使用工具能够在一定程度上增加劳动的便捷性，提高劳动效率，是未来劳动者必须学会的事情。

---

① 高云波:《未来劳动者的基本素质》,《天津教育》2007 年第 7 期。

（二）未来劳动者的能力

1. 未来劳动者要掌握丰富的运用基础知识的能力。

未来的劳动者不再是体力型而是脑力型，掌握并有效运用丰富的基础知识是未来劳动者劳动的基础和前提。未来劳动者进行脑力劳动需要不断学习和掌握国内外先进的科学技术知识，以提高劳动效率和社会适应能力。除了科学技术知识外，未来劳动者还需要能够运用文化知识、社会知识、国际知识和思维知识，并主动跟随时代发展的未来趋势，能够与时俱进，实现知识的更新与完备。

2. 未来劳动者要具有良好的人际交往能力。

人际关系学家卡内基认为，一个人成功等于85%的交际能力加上15%的专业能力。[①] 这说明了人际关系的重要性。机器生产替代了部分人的岗位，但又会产生更多新的岗位需要大量劳动者参与、协作。未来劳动者在劳动过程中，仍然需要与人进行大量的交流与合作，及时沟通工作变化和进度，共同完成工作的任务目标。良好的人际关系不仅能够促进工作任务的完成，更能够提高劳动者的工作意愿，进而提升工作的效率和效果，因此良好的人际交往能力是未来劳动者从事劳动活动过程中必不可少的能力。

3. 未来劳动者需要拥有科学管理能力。

一方面是对自我的管理。随着信息化和民主化时代的来临，每个人对自己拥有越来越多的自主权。未来劳工政策的改革方向，应该是既要保障劳动者的基本权利，同时也要保障劳动者的工作自主权。[②] 因而在劳动过程中，未来劳动者需要对自身的时间、精力等进行合理的管理，通过制定切实可行的计划来实现自身的劳动目标和组织的劳动任务。另一方面是对其他人或物的管理。未来劳动者不仅需要管理好自己的能力，面对复杂多变的环境，劳动者更应该具有管理物质资源的能力以及担任管理者来管理、协调组织人员的能力。

---

① 王宇航：《知识经济与未来劳动者素质的培养》，《杭州师范学院学报》2000年第1期。

② 吴清军、张艺园、周广肃：《互联网平台用工与劳动政策未来发展趋势——以劳动者身份判定为基础的分析》，《中国行政管理》2019年第4期。

4. 未来劳动者要具备良好的持续性学习能力。

时代的变化对劳动者不断提出新的要求，为了适应和满足不同工作任务的需要，未来劳动者不仅需要掌握文化知识、社会知识等基础知识，还要掌握专业技能等知识，在不断的学习中逐步提升职位竞争力。因此，善于学习、培养良好的学习能力、树立终身学习的价值观念，是未来劳动者掌握丰富知识的前提。在知识经济时代，学会有效率的学习、掌握所需的学习方法和劳动工具的使用知识，对于未来劳动者来说是十分重要的。

5. 未来劳动者需要具有一定的自主创造能力。

在未来社会中，生产力仍会是第一要素，科技是第一生产力，不断创新是科技进步的灵魂。创新是劳动者极为重要的一种能力，如果缺少创新创造的能力，那么劳动力的价值将很难保持，甚至可能会降低。未来的劳动者需要在学习和掌握劳动所需要的各类知识基础上，结合自身的工作经历与实践经验，能够主动地进行创造性劳动，以提高自身的劳动价值和劳动能力。

6. 未来劳动者需要掌握专业相关信息技术的使用。

随着互联网时代的来临，新媒体新技术逐渐成为劳动者使用的新型工具，各方面信息都通过互联网进行传播。数据经济的发展，使得只要具备网络基础设施的地方，就可以开展业务，新型职业对地域等因素的依赖性明显降低①，网络办公比重日益上升。未来劳动者只有熟练地掌握计算机的使用，能够通过互联网及时获取所需要的各方面信息，随时随地进行业务处理与网络办公，才能适应快节奏的现代生活，不被时代所淘汰。

三、人工智能兴起与劳动的变革

人工智能简称 AI，是计算机科学的一个分支。在 1956 年美国的达特茅斯会议上，“人工智能”这一术语第一次被提出，这标志着“人工智能”这门新兴学科的正式诞生。时至今日，人工智能发展日新月异，此刻 AI 正在全面进入我们的日常生活，不断改变着我们的生活方式和习惯。

---

① 吴红艳：《新职业与新就业：特点、影响及对策》，《宁波经济》（三江论坛）2019 年第 9 期。

同时，随着人工智能的兴起和发展，使机器能够胜任一些通常需要人类智能才能完成的复杂工作，这使得劳动工具和劳动关系都发生变化。在劳动工具方面，由传统的、简单的劳动工具逐渐转化成为新型的、机械化、智能化的劳动工具，极大程度的减轻了人们体力劳动的劳动压力，提高了劳动效率。在劳动关系方面从生产过程中来看，人工智能在一定程度上可以代替人脑，导致部分生产程序被机器所替代，劳动过程被简化。例如在汽车生产过程中，汽车车身的焊接、压铸、喷涂等均可以由人工智能设备参与完成，在很大程度上提高了工作效率，人与机器也逐渐形成合作模式。

除此之外，人工智能的兴起和应用，也促进了生产方式的转变。人工智能的发展极大地刺激了新兴市场的活力，从根本上对生产模式进行了重塑，由此出现了专业化、小微型的技术分包模式，从而进一步打破了就业的时空限制，新的职业和新的就业方式出现，未来岗位分工将会更加细化，碎片化时间就业会逐渐成为常态，就业方式和就业形态更加灵活化、多元化。①

四、人工智能背景下未来劳动者面临的机遇与挑战

（一）人工智能背景下未来劳动者面临的机遇

1. 就业机会增加。

人工智能的兴起，促进了科学技术的发展。产品的生产过程需要技术研发，其配套服务和产品应用等方面也都体现出智能化。因此，在人工智能的时代，大部分企业都会更加注重技术研发，并在此领域内投入更多的经费，研发岗位也相应增加。新的就业机会就此产生。与此同时，新技术也会促进新的行业和新的部门出现，围绕新型产业将会增加更多新的就业岗位，刺激产生更多就业机会。伴随着技术进步，劳动力会从传统行业向新兴行业转移。人工智能也将更新劳动力市场的就业种类，诞生出许多全新的、不同于传统的工作岗位。不少新产品、新服务进入市场，激发新的潜在需求。

人工智能的发展有助于提高劳动生产率，降低生产成本。生产过程中注入

① 崔艳：《浅析人工智能发展背景下劳动关系的变化》，《中国人力资源社会保障》2021 年第 10 期。

人工智能元素后，将会在一定程度上为其转型升级提供动力。运用新型技术，人工智能将会取代部分劳动者的工作，将极大地提高劳动生产率。同时，所需的劳动者数量减少，劳动生产成本降低。

2. 未来劳动者的劳动技能增加。

人工智能的发展，对未来劳动者提出了更多新的要求，要求未来劳动者能够掌握工作中所需要的智能化工具，能够正确恰当地使用人工智能相关技术。因此，劳动者为了不被时代所淘汰，必须要顺应变革的潮流，紧跟人工智能技术的发展趋势，不断学习新的技术和新的技能，提高自身的劳动能力，增加就业优势。

（二）人工智能背景下未来劳动者面临的挑战

1. 失业人数增加。

人工智能的兴起使得一些原来本应由人所做的工作，像那些从事重复性操作以及对技能要求低的工作岗位会被机器所替代，相当于一部分的工作岗位将会消失，一些工作所需的劳动力减少，相应的劳动者就会面临失业的状态。另一方面，人工智能代替了部分企业劳动力，并且工作效率也较为理想，企业利润不断增加。但与此同时企业内员工空闲或调岗普遍存在，时间一长，企业就会选择裁员，相关劳动者就会面临失业。① 因此，人工智能的发展会导致一部分劳动者失业。

2. 就业门槛提高。

人工智能的普及致使相当部分的体力劳动和一部分脑力劳动被人工智能技术所替代，劳动力结构发生转变，体力劳动者减少，脑力劳动者需求量增加，因此掌握丰富的知识和特殊的技术将会成为重要的就业门槛，知识型、创造型人才成为主要的需求人才。同时人工智能也会增加对高学历、高技能等复合型人才的需求。② 对于农村进入城市的劳动力而言，这部分劳动力在人工智能时代有着明显的就业劣势，就业门槛相对较高。

---

① 王立波:《人工智能趋势下失业问题探讨》,《商业文化》2021 年第 21 期。

② 郝福锦、孙昱:《人工智能对江苏劳动力就业的影响及应对》,《常州工学院学报》2021 年第 5 期。

3. 收入差距拉大。

人工智能技术促使就业结构发生变化。不同类型的劳动者薪资水平也会随之变化。掌握人工智能技术的管理型、知识型、专业型的人才将会拥有较高的薪资待遇。同时社会对于从事人工智能技术等职业的高素质人才的渴求也被进一步放大，高素质人才将用更少的时间获得更多的报酬。[①] 而从事基础性、服务类和体力工作的劳动者，薪资水平相对来说会比较低，甚至会面临失业，收入差距因此拉大。

五、人工智能对学校劳动教育的影响

（一）人工智能对学校劳动教育的积极影响

1. 丰富劳动教育的内容。

当前人工智能虽然取得一定进展，但是仍处于弱人工智能阶段，只能进行简单的、重复性的工作，还无法解决创造性的问题。[②] 因此人工智能背景下的劳动教育需要注重培养学生的创造性劳动能力和学习能力，从而弥补人工智能的不足之处。同时由于人工智能只是一种机器设备，并没有感情，然而人的情感却是复杂的。因此，人工智能要求学校的劳动教育要注意培养学生深厚的劳动情感，引导学生热爱劳动、尊重劳动成果，从而为将来适应人工智能时代的社会发展打下坚实的基础。

2. 促进劳动教育融入课堂。

劳动教育是素质教育的重要内容。人工智能的发展促进了智能技术知识在课堂教学中的融入，给劳动教育提供源源不断的智力支持和技术支撑。学校在灵活运用人工智能技术的基础上，根据不同年级学生的生理、心理和社会性特征自主建构个性化课程，将人工智能技术与劳动教育充分融合，为学生提供先

① 时龙、张瓅莹、屈怿辰、彭魏：《人工智能技术发展对就业的影响及应对措施》，《科技经济市场》2021 年第 8 期。

② 计敏：《人工智能背景下大学生劳动教育的实践路径探究》，《现代交际》2021 年第 12 期。

进的技术支撑、精准的学习内容和多元的教育服务供给。① 教师也可以利用人工智能设备进行劳动教育教学，让学生在掌握基础理论知识的基础上，进行实践操作。从而使学生切身实地的感受人工智能所带来的劳动力量，从而增加学生的劳动热情，锻炼学生的劳动能力。

3. 弥补经验劳动教育中存在的不足。

目前教师在劳动教学方面对数据处理的相对较少，教学过程主要还是凭借教师的个人经验，这就会产生相对较大的局限性，而人工智能可以帮助教师进行数据处理。② 用事实数据，弥补劳动教育经验中存在的不足之处。通过数据来指导劳动教育教学，促进因材施教，能够进一步提高劳动教育效率。同时，教师还可以通过人工智能相关设备进行作业测评，及时掌握学生的学习情况和学习状态。这样一来，在学校劳动教育中促进了师生之间的良好互动，有利于学校劳动教育的进行。

（二）人工智能对学校劳动教育的消极影响

1. 可能滋生错误的劳动观念。

互联网和人工智能技术的发展和应用，促进了许多新型职业和行业的兴起，例如电子商务、网络直播、大数据处理等，在促进社会生产力发展和提高劳动效率的同时，也可能导致学生养成错误的劳动观念。学生可能会对当前人工智能所创造的社会成果过分解读，加之自己也可以利用人工智能技术创造相关成果，这会让学生在心理和行为上对人工智能产生依赖，对相应的劳动成果不给予充分重视，长此以往会加深错误的劳动观念。例如，有些学生认为人工智能在多领域陆续取代人的劳动以后，人的价值难以通过劳动来体现，尤其在无人工厂出现后，有人甚至认为机器才是创造价值的主体。③ “机器人可以完全代替人类劳动”“机器人是创造价值的主体”等错误的劳动观念直接影响学

---

① 陈苏谦：《人工智能背景下高校劳动教育的创新研析》，《齐齐哈尔大学学报》（哲学社会科学版）2020 年第 11 期。

② 张燕平、朱志明、许超逸：《人工智能时代的劳动教育》，《教学月刊 · 中学版》（政治教学）2019 年第 12 期。

③ 陈苏谦：《人工智能背景下高校劳动教育的创新研析》，《齐齐哈尔大学学报》（哲学社会科学版）2020 年第 11 期。

校劳动教育的成果。

2. 可能促使劳动教育目的功利化。

促进学生的全面发展是劳动教育的最主要目的。然而，随着人工智能技术的快速发展，学生的劳动教育目的可能逐渐功利化，部分教师和学生只关注领导或者老师所下发的劳动任务能否顺利完成，高度注重看起来富含“酷炫”技术含量的人工智能技术带来的成果，而忽视了劳动效率的具体价值和意义。如果学校劳动教育将过多的精力投入到人工智能对劳动的改变中去，而忽视了实际生活中的劳动过程，将劳动的过程“黑箱化”，就无法全面发挥劳动教育的思政教育功能。“重结果、轻过程”的急功近利的劳动教育无法充分发挥劳动的育人功能。例如一些学生做家务能力差，对利用简单工具或徒手条件做一些事情无从下手，面对艰苦条件胆怯不前，这都是仅靠人工智能所不能解决的。有的从业者非常依赖人工智能设备开展工作，对基础设备的使用技巧逐渐生疏。一旦面临下乡支援、紧急抢险、断电宕机等这样手边无人工智能设备的情况，就无法利用有限的基础工作条件达到开展工作的正常水准和效率，甚至贻误危机处理的宝贵时机。

第三节　应对人工智能时代

进入 21 世纪以来，人类社会的文明正以加速的态势演化和发展。人工智能技术迅猛发展，并广泛运用于军事、医疗、教育、运输、家居等诸多领域，对经济社会的各个方面产生广泛的影响。随着人工智能日新月异的发展，其对社会的影响也与日俱增。

人工智能的广泛应用和发展对提高生产、生活效率，改变人们的生活方式和思维方式，促进社会经济发展乃至推动人类社会的发展与变迁都具有重要作用。但技术的发展从来都是一把双刃剑，人工智能在促进人类社会经济发展的同时，也不可避免地会对政府管理、经济安全和社会稳定带来一定的冲击与挑战，所以我们在大力发展人工智能技术的同时，必须认识到可能产生的风险与隐患，提前进行预防、约束及正确引导，确保人工智能的和谐发展及可控发展，确保人类社会的安全与可持续发展。

总体而言，我们必须辩证、客观地看待人工智能时代所蕴含的机遇与风险。如何有效地抓住人工智能技术发展所带来的机遇，避免负面效应的出现，是我们仍需深入探索的现实问题。

一、加大人力资本投资，抓住技术发展机遇

现代社会发展的本质其实是人的发展，而人的发展往往会伴随着生产力的发展和技术的进步，在当下人工智能技术发展迅猛的阶段，人工智能将在何种程度上解放、替代人力一直是社会争论的焦点问题。技术进步与人的发展之间存在着密切的互动作用关系，人可以利用技术进步的成果来实现自身的良好发展，那么技术的运用及进一步发展同样也需要掌握技术的技术主体推动与支持，只有人与技术两者之间能够互相促进、互动和谐地发展，才能真正抓住技术发展的机遇，趋利避害，发挥出人工智能技术应有的作用和价值。

（一）人工智能对人力的替代性

目前人工智能技术的发展日新月异，其对人力的替代明显呈现出巨大的潜力。人工智能技术的有效性主要表现为对人的体力、脑力和智力等方面的替代和强化。长此以往，人类自身在工作技能方面的学习、逻辑思维能力的培养以及分析和解决问题的能力等方面必定会有一定程度的忽视和弱化，降低人类自身的主观能动性和创新性、创造性，最终导致人的本质力量的弱化。同时，任何新技术的应用和发展都面临技术失控的风险，一旦人类失去对人工智能的有效控制或将其应用于对社会发展具有威胁的领域中，人工智能技术的先进性反而会对社会带来巨大问题。因此，加强对人工智能技术的学习和管理是目前应被重视的问题，而加强人工智能行业人力资本的投入是解决这一问题的必然选择。

（二）加强人力资本在人工智能领域的投入和管理

在人工智能所构造的技术性环境中，必须加强人力资本的投入，确保人在

人工智能技术环境中的主体性地位。一方面，在人工智能技术逐渐被大众所运用的同时，重视人工智能领域的尖端人才培养。在教育上加强人工智能专业学习的重视程度，着力培养更多人工智能领域的科研人才；在经济上加强对人工智能领域发展的倾斜，加强资金的投入力度，为技术发展和人才培养提供物质及资金支持。另一方面，加强对人力资本的管理。建立新式的劳动分工，以便于充分发挥人在技术发展中的主体性作用。在人工智能所构造的技术性环境中，依据劳动者自身的能力水平以及所处的外部环境对其进行分工，使人们在不同的劳动实践的过程中，确保将人工智能技术作为人类发展和劳动的工具和手段，而避免对该技术的过度依赖，注重自身主动性、创新性和创造性的培养，注重提高自身的独立工作、独立思考、独立分析问题、独立解决问题等方面的能力，确保人在技术发展和应用中的主动性作用。

总之，人工智能技术的应用所造成的影响是广泛而深远的，因此需要人类明智地、合理地、科学地使用这项技术，构建一个合理的人工智能体系，充分抓住技术发展的机遇，促进经济社会的发展。

| 专栏 13–2　拓展阅读 |

天津人工智能产业的“招才引智”

“十四五”期间，天津市将持续升级“河海英才”计划，继续完善人才政策，推动人工智能、生物医药、新能源新材料等重点产业“招才引智”。

天津市“河海英才”计划首次推出于 2018 年 5 月，“河海英才”计划降低人才落户门槛，吸纳 40 岁以内的本科毕业生、45 岁以内的硕士毕业生、博士毕业生（不受年龄限制），只需要持有身份证、学历学位证等有效证件，就可直接落户。

天津市人力资源和社会保障局局长沈超介绍，自“河海英才”计划颁布以来，天津市累计引进各类人才 40 余万人，平均年龄 32 岁。其中，引进人工智能、生物医药、新能源、新材料等战略性新兴产业人才占比 25.6%，为天津市制造业高质量发展提供了强有力的人才支持。

2021年，天津市为了积极响应“十四五”规划人才发展要求，进一步做好新时代人才工作，市委、市政府出台《关于深入实施人才引领战略加快天津高质量发展的意见》，升级“河海英才”计划，加快聚集海内外人才，培养高水平人才，大力支持创新创业，精准扶持，营造人才发展生态体系。

（参见《天津瞄准人工智能等产业“招才引智”》，http://www.xinhuanet.com/2021-08/20/c_1127780705.htm）

二、构建智能化教育体系，重塑知识技能结构

随着智能时代的来临，智能技术的应用和发展不仅赋予了教育新使命，也为推动建立智能化的教育体系提供了强有力的支撑。在人工智能时代的背景下，教育的重要使命是培养大批具有创新能力和合作精神的高端人才，因此我们要抓住技术进步带来的机遇，积极推动人工智能和教育教学的深度融合，推动教育理念、教学方式、管理模式及教育生态的创新，充分发挥人工智能的优势，重塑教育知识技能结构，加快构建面向未来的智能化教育新生态，为构建更加开放性、包容性、终身性、创新性的智能化未来学习教育体系以及培养全面型、自主型、创新型人才夯实基础。

（一）人工智能时代下教育的特征

人工智能的发展对各行业的改革起到了推动作用，随着教育行业的发展，人工智能与教育领域融合势在必行。人工智能通过利用大数据手段对学习过程和学习行为进行实时地跟踪和采集，对教育数据进行系统的量化分析从而形成量化数据，对学习状况进行预测分析等，逐步形成个性化的教育服务，创新教育学习的空间和平台。这对于提升教育的质量和效率，推进教育治理体系和治理能力现代化具有重大的作用。人工智能时代下的教育主要具有数字化、智慧化和系统化这三方面的特征。

1. 数字化特征。

智能时代为教育提供了极为丰富的信息资源，我们可以依托大数据信息平台，利用数据挖掘和预测分析技术，充分收集和整合信息资源，用数据诊断目

前教育体系中的问题，分析整体教育现象，预测未来教育模式，为构建智能时代下的现代化教育体系、提升智能化教育治理能力，提出针对性的变革措施与创新机制。

2. 智慧化特征。

依托智能技术整合社会信息资源，及时准确地收集来自政府、学校、企业、市场、家庭等多方面的教育信息，突破个人治理能力与经验的局限性。通过将云计算和人工智能技术融入学习信息管理系统中，实现对教育学习情况的智慧化详细记录和追踪，以便实时生成教育报告并据此对教育体系进行改革和创新，使整个教育体系更加可视化。

3. 系统性特征。

智能技术的应用打破了信息壁垒，能够实现各方互联互通共同共享信息资源，解决内外部信息传递受阻以及信息不对称的问题，建立跨部门、跨区域、跨层级的合作模式，形成多元化交互式的教育培养模式及评价体系，系统地改革和创新教育体系。

（二）智能化教育创新

1. 人工智能技术重塑教育生态。

人工智能等前沿技术在教育领域的应用将促进教育生态的重构和创新。随着智能技术理论的突破、新兴技术教育的应用、智能教育技术的发展、脑认知机理与教学模式匹配、教育机器人等方面取得突破性进展和创新，其对转变教育学习模式、促进学生个性化培养、减轻教师负担、优化教育治理结构、丰富教育供给等起到重要的推动作用。所以我们应该理性推进人工智能与教育的融合共生，让人工智能与教育共同赋能未来，实现智慧化教育生态，使人工智能承担支撑引领教育现代化发展，推动教育理念更新、模式变革、体系重构的重任。

2. 人工智能重塑知识技能结构。

未来社会的竞争是包括人才、技术在内的综合实力的竞争，而人才的培养与技术的发展都需要依靠教育的培养和训练。智能时代社会的发展迫切需要创新型和创造型人才，以激发社会发展活力。在此背景下，智能时代的教育必然需要培养具有“生产性”思维的创新性和创造性人才，紧跟时代需求，与社会发展、企业改革等紧密联系，打造智慧化学习环境，更新教学内容，改革人才培养模式，创新教育组织管理模式，培育人员数字素养，创新知识技能、重构课程体系，以满足智能时代发展的需要，推动社会发展。

三、发挥社会力量，协调劳资关系

人工智能时代，在技术进步和资本发展的推动下，人工智能技术得到广泛应用和蓬勃发展，从而对劳动力市场产生了巨大的冲击。在新兴技术地冲击下，新生就业岗位逆向而生，智能化机器对劳动的替代性成倍地加强，由此导致资本由剥削剩余价值向剥夺工人劳动权利转化，打破劳资关系的和谐状态，因此在智能化机器不可避免地排挤劳动者的新趋势下，必须充分调动社会力量，多主体联动、共同协调人工智能技术的应用对和谐的劳资关系造成的冲击，促进经济社会和谐发展。

作为人工智能发展的主要参与者与应用者，政府、企业和社会应该积极主动地采取有效措施共同为劳动者提供权益保障，维护劳动者的发展权益，为劳动者提供可靠的社会保障，不断降低技术性失业和结构性失业给劳动者带来的巨大冲击，帮助劳动者实现转型，进而更快、更好地适应智能化时代的市场需求，保证劳动者的主体性地位不被动摇。

对政府而言，应该制定相应的政策法规并给予足够的资金支持来帮助劳动者实现再就业。其一，政府可以通过构建劳动者就业保障平台，为劳动者提供及时、有效、全面的就业信息，统一管理，全面监控。其二，政府应鼓励社会各方力量共同参与，帮助劳动者实现从体力劳动向脑力劳动和智力劳动的顺利转型，帮助劳动者尽快适应新技术条件下的就业环境。其三，在体制未做彻底变革之前，政府可以通过向资本征税，以转移支付的方式“救济”被智能机器挤出就业市场的工人。失业者或者被机器排挤的人们可以用转移支付得到的收入，购买所需要的产品、服务以及教育资源，以降低人工智能对其造成的冲击。

在政府的主导和推动下，社会各界应该联合起来共同保障劳动者的发展权益，无论是企业还是教育培训机构，都应该更加注重对劳动者的综合能力、学习能力以及创新能力等方面的培养和训练，帮助劳动者适应人工智能技术广泛应用下的跨部门、跨领域、跨行业、跨职能以及跨学科的复合型需求，使人工智能技术的发展及应用更加规范和科学，使劳动者的权益得到合理保障，发展和谐的新型劳资关系。

四、建立人工智能时代伦理和法律共识

随着人工智能技术的迅猛发展，人类与机器人的关系问题所引发的各种法律、政策和伦理问题紧迫地摆在我们的面前。面向智能化时代的制度规范构成，应该以人工智能的技术发展与规制为主，形成制度性、法治化和伦理化的包含法律规则和伦理规范的社会治理体系。

（一）伦理与法律相互配合

人工智能时代下，为了规范智能化技术的应用，促进社会的发展，不仅需要法律法规的规范和制约，同时也需要相应的行为规范作为社会关系的调整器。由于立法过程烦琐，且法律法规需要基于现实生活的考量，因而总是处于滞后境地。而伦理规范的配套形成则可以弥补这一缺失，伦理规范可以预设和先行，能够对已经变化的社会关系及可能会变化的社会关系及时做出有效反映，所以社会伦理规范对于人工智能社会关系的调整，具有一种先导性的作用。因此，面向人工智能时代，我们需要在伦理规范的先导和规范下，构建与之配套的法律规范，形成法制化、伦理化的人工智能时代新治理体系。

（二）伦理与法律的完善路径

一是尽快出台国家发展战略，加快人工智能顶层战略设计。目前我国人工智能政策的制定还没有上升到国家战略的高度，人工智能有关的战略地位凸显不足，并且存在政府、社会以及企业等各方主体的责任分工不清，统筹协调部门混乱的问题。因此需要加快从国家层面统筹人工智能发展，从战略目标、任务、措施等多方面对人工智能发展面临的相关问题进行整体性谋略和全局性安排。

二是及时制定人工智能伦理章程，为人工智能的进一步研发和应用提供道

德基础和伦理规范。相关伦理章程的编写需要以法律为准绳，同时统筹建立涉及政治、经济、教育等各个领域的专家小组，共同构建人工智能的伦理规范。

三是适时对人工智能技术进行专门立法。随着人工智能技术的发展，传统的法律制度和法律理念在新兴技术面前显现出严重的滞后性。在这种情况下，制定人工智能领域的专门法势在必行。法律制定需对人工智能的研发、法律地位、权利归属、损害后的责任分担、风险控制、使用和传播限制、禁止以及惩戒机制等进行详细规范，使人工智能技术的发展和应用有法可依。

四是提升民众的文化与知识素养。随着人工智能技术的迅速发展和广泛运用，随之而来的人工智能“威胁论”甚嚣尘上。人工智能的快速发展让人们直观地感受到了其对人力强大的替代性，再加上媒体对人工智能夸大其词的报道，更使人们感到威胁并产生部分抵触和恐惧心理。而实际上，人工智能对人类的发展贡献是巨大的，应该通过各种途径向公众普及有关人工智能的知识，让人们科学地认识和了解人工智能，提高民众的知识素养。当人工智能产生伦理问题时，面对媒体铺天盖地的报道，民众应具有冷静思考以及辨别真伪的能力，不使自身陷入舆论风暴中，减少因人工智能伦理问题造成的负面影响。

| 专栏 13-3　拓展阅读 |

全国政协双周协商座谈会聚焦人工智能科技伦理与法律问题

11 位委员和专家围绕会议主题从不同角度建言咨政。近60位委员通过全国政协委员移动履职平台发表意见。委员们认为，任何一项重大科技创新都会促进社会生产力和生产关系的变化，影响社会生活方式和伦理秩序的调整方向。人工智能技术的渗透性和颠覆性使得科技伦理与法律问题更加复杂多元，甚至会引发潜在的伦理和法律风险，需要引起高度重视。

部分政协委员提出，人工智能伦理规范和法律法规的构建要面向人民群众、面向现代化、面向世界。加强顶层设计，同时同步开展伦理和法律层面的人工智能引领和规范工作，健全组织体系和工作机制，加强资源统筹、部门协作和信息共享。重点就人脸识别、语音合成、自动驾驶和服务性机器人等领域，有计划、有步骤地制定相关法律。重视数据产权问题研究，规范数据隶属、使用、交易、共享机制，解决数据所有权、使用权和收益权等问题。加强行业自律，鼓励行业协会和中介组织制定人工智能产业标准、技术标准和行业规范，引导相关企业制定伦理规则，重点突出企业保护个人隐私的社会责任。广泛开展宣传教育，普及人工智能相关知识，强化科研人员科技伦理和法律教育，引导全社会层面正确认识和应用人工智能技术，加强国际交流与对话，积极参与全球性人工智能伦理规则的制定。

（参见《全国政协召开双周协商座谈会围绕“人工智能发展中的科技伦理与法律问题”协商议政》，http：//www. cppcc. gov. cn/zxww/2020/12/24/ARTI1608770615587104. shtml）

五、优化政策安排，营造创新文化

人工智能发展的政策考量，是对智能时代的法律制度乃至整个社会规范进行的新建构。在新的法律及社会规范下，需进一步加强政策顶层设计，优化政策选择，为人工智能技术条件下的文化高质量发展创设优越的制度软环境，以实现文化发展的数字化，促进文化生产力的创新，进一步营造创新性的社会文化环境。

（一）打造协同创新共同体

当前，人工智能技术的研发机制、人才培养机制以及文化产业的应用布局仍需进一步探索优化。国家需要通过政策制定，进行人工智能技术人才培养的专项规划，加大教育投资力度，鼓励高校、科研院所、企业等依托各自资源开展深度合作，有效聚集信息、人才、资本、技术等创新资源和要素。同时鼓励科研人员以智力资本为股份对企业技术投资，进一步开发和创新人工智能在文化领域的应用场景，打造协同创新共同体，推动人工智能技术链、人才链、资本链与文化产业链深度融合，促进文化产业的高质量发展。

（二）加强意识形态工作

在人工智能技术迅猛发展的全球化时代和复杂多变的国际形势下，受多元文化影响，国内部分文化作品中也出现了与社会主流意识形态相背离的态度观点。因此，必须完善相应政策及其实施细则，加大外来文化的审查力度，以文化自觉、文化自信、文化自强为导向，加强人工智能等技术应用中的思想引领与法治教育，维护国家文化安全，优化文化生态格局。

（三）促进文化发展数字化

在人工智能的时代背景下，国家政策支持利用人工智能技术、大数据技术洞察用户需求，逐步改善文化呈现方式和形态，实现文化精准推广和弘扬已成为趋势。人工智能技术的应用能够创新文化产品生产模式、创新文化传播方式，实现文化发展数字化，这不仅能提高文化生产力与生产质量，增进社会整体文化福利，而且能够促进文化可及性传播，进一步促进文化创新，增强人民群众文化获得感和幸福感。

本章小结

人工智能在发展中体现出智能化、高效性、广泛性、全球化等特点，使得人工智能可以在复杂多变的环境中不断进步。人工智能背景下的未来劳动也会发生相应的变化。未来劳动者是具有高尚劳动情怀的群体，具有对劳动强烈热爱的情绪情感和执着依恋的深厚胸怀，应该具有诚信、敬业、开放、合作的基本素质，同时要提升各方面能力，适应时代的变化。人工智能对于学校劳动教育同样是既有积极的促进作用，又可能滋生错误的劳动观念，可能使劳动教育目的功利化。为了应对人工智能时代的到来，需要加大人力资本的投资、抓住技术发展的机遇，构建智能化教育体系、重塑知识技能结构，发挥好社会力量、协调劳资关系，建立人工智能时代伦理和法律共识，优化政策安排、营造创新文化。辩证与客观地看待人工智能时代所蕴含的机遇和挑战，既要善于抓住人工智能带来的机遇，又要经得住人工智能的各种挑战。

主要术语

人工智能　智能行为　智能技术　认知智能　边缘人　伦理风险　脑力劳动　未来劳动者　智能化工具　劳动教育　人力资本　智能化教育

复习思考题

1. 人工智能有哪些特征？
2. 简述人工智能的发展历程及发展趋势。
3. 如何结合本章内容与现实生活来理解“人工智能是一把双刃剑”？
4. 人工智能背景下的未来劳动者需要具备哪些素质与能力？
5. 人工智能给未来劳动者带来了怎样的机遇和挑战？
6. 人工智能对学校劳动教育有哪些影响？
7. 试论述应对人工智能时代的对策建议。

推荐阅读

1.〔美〕杰瑞·卡普兰：《人工智能时代》，李盼译，浙江人民出版社2016年版。

2.〔美〕约翰·马尔科夫：《人工智能简史》，郭雪译，浙江人民出版社2017年版。

3. 腾讯研究院、中国信息通信研究院互联网法律研究中心、腾讯AI Lab、腾讯开放平台：《人工智能》，中国人民大学出版社2017年版。

4. 侯公林：《人工智能与我们》，中国人民大学出版社2020年版。

参考文献

[1] Kraus R. Recreation and Leisure in Modern Society. New York: Harper Collins,1990:49.

[2] Standing G. Global Labour Flexibility: Seeking Distributivc Justice. New York: St. Martin's Press,Inc,1999:4.

[3] Standing G. Global Labour Flexibility: Seeking Distributive Justice. New York: St. Martin's Press,Inc,1999:4.

[4]《马克思恩格斯选集》(1—4卷),人民出版社2012年版。

[5]〔德〕马克思:《1844年经济学哲学手稿》,人民出版社2000年版。

[6]〔德〕马克思:《资本论》第1卷,人民出版社2004年版。

[7]〔古希腊〕亚里士多德:《政治学》,颜一、秦典华译,中国人民大学出版社2003年版。

[8]〔英〕亚当·斯密:《国民财富的性质和原因的研究》,郭大力、王亚南译,商务印书馆1972年版。

[9]〔俄〕普列汉诺夫:《论艺术:没有地址的信》,曹葆华译,生活·读书·新知三联书店1973年版。

[10]〔奥〕路德维希·维特根斯坦:《文化与价值》,黄正东、唐少杰译,清华大学出版社1987年版。

[11]〔苏〕苏霍姆林斯基:《给教师的建议》,杜殿坤编译,教育科学出版社1999年版。

[12]〔苏〕苏霍姆林斯基:《让少年一代健康成长》,黄之瑞、张佩珍等译,教

育科学出版社 1984 年版。
[13]〔美〕Andrew J. DuBrin 主编:《人际关系:职业发展与个人成功心理学》,机械工业出版社 2015 年版。
[14]〔美〕约翰·马尔科夫:《人工智能简史》,郭雪译,浙江人民出版社 2017 年版。
[15]〔美〕拜伦·瑞希:《人工智能哲学》,王斐译,文汇出版社 2020 年版。
[16]〔美〕库兹韦尔:《机器之心》,胡晓姣、张温卓玛、吴纯洁译,中信出版社 2016 年版。
[17]〔美〕布鲁克·诺埃尔·摩尔、理查德·帕克:《批判性思维》,朱素梅译,机械工业出版社 2014 年版。
[18]〔美〕丹尼尔·贝尔:《资本主义文化矛盾》,赵一凡、蒲隆、任晓晋译,生活·读书·新知三联书店 1989 年版。
[19]〔美〕斯图亚特·罗素、彼得·诺维格:《人工智能:一种现代的方法》,殷建平、祝恩等译,清华大学出版社 2013 年版。
[20]《毛泽东选集》(1—5 卷),人民出版社 1991 年版。
[21]《毛泽东文集》第 7 卷,人民出版社 1999 年版。
[22]《邓小平文选》第 2 卷,人民出版社 1994 年版。
[23]《习近平谈治国理政》第 1 卷,外文出版社 2018 年版。
[24]《习近平谈家风建设》,《人民日报》(海外版)2020 年 7 月 22 日。
[25]习近平:《在深度贫困地区脱贫攻坚座谈会上的讲话》,人民出版社 2017 年 6 月 23 日单行本。
[26]中共中央文献研究室编:《建国以来重要文献选编》第 11 册,中央文献出版社 1995 年版。
[27]中共中央文献研究室编:《建国以来重要文献选编》第 19 册,中央文献出版社 1998 年版。
[28]中华全国总工会办公厅编:《建国以来中共中央关于工人运动文件选编》(下册),中国工人出版社 1988 年版。
[29]中央苏区工人运动史征稿协作小组:《中央革命根据地工人运动史》,

改革出版社 1989 年版。

[30] 何东昌主编:《中华人民共和国重要教育文献:1949—1975》,海南出版社 1998 年版。

[31] 何东昌主编:《中华人民共和国重要教育文献:1976—1990》,海南出版社 1998 年版。

[32] 新华月报编:《新中国 70 年大事记(1949. 10. 1—2019. 10. 1)》(下),人民出版社 2020 年版。

[33] 陶行知、陈彬:《教育的本质》,湖南人民出版社 2019 年版。

[34] 赵祥麟、王承绪编译:《杜威教育名篇》,教育科学出版社 2014 年版。

[35] 教育部社会科学司:《普通高校思想政治理论课文献选编(1949—2008)》,中国人民大学出版社 2008 年版。

[36] 王焕勋:《马克思教育思想研究》,重庆出版社 1988 年版。

[37]《大学生劳动教育》编写组:《大学生劳动教育》,高等教育出版社 2021 年版。

[38] 班建武、曾妮主编:《大学生劳动教育》,人民邮电出版社 2021 年版。

[39] 曾天山、顾建军主编:《劳动教育论》,教育科学出版社 2020 年版。

[40] 刘世峰:《中国教劳结合研究》,教育科学出版社 1996 年版。

[41] 劳凯声:《教育与生产劳动相结合问题新探索》,湖南教育出版社 1998 年版。

[42] 李效东主编:《大学生劳动教育概论》,清华大学出版社 2020 年版。

[43] 王一涛、杨海华等:《大学生劳动教育与实践》,苏州大学出版社 2021 年版。

[44] 施盛威、张毅驰:《新时代大学生劳动教育实践指导》,苏州大学出版社 2021 年版。

[45] 袁帅:《教育改革视域下的劳动教育思想及实践研究》,知识产权出版社 2020 年版。

[46] 史柏年主编:《社会保障概论》,高等教育出版社 2012 年版。

[47]《劳动与社会保障法学》编写组:《劳动与社会保障法学》,高等教育出

版社 2018 年版。

[48] 黎健飞:《劳动与社会保障法教程》,中国人民大学出版社 2019 年版。

[49] 常凯主编:《劳动关系学》,中国劳动社会保障出版社 2005 年版。

[50] 程延园、王甫希编著:《劳动关系》,中国人民大学出版社 2021 年版。

[51] 郜风涛、张小建:《中国就业制度》,中国法制出版社 2009 年版。

[52] 刘秋苏:《劳动争议案件 35 个胜诉策略及实务解析》,中国法制出版社 2020 年版。

[53] 潘辉:《HR 劳动关系经典管理案例》,中国法制出版社 2019 年版。

[54]《劳动关系与劳动合同》,中国劳动社会保障出版社 2019 年版。

[55] 唐鑛、刘兰:《企业劳动关系管理》,中国人民大学出版社 2017 年版。

[56] 刘金祥、高建东:《大学生劳动就业法律问题解读》,高等教育出版社 2015 年版。

[57] 刘金祥、郭文龙、李磊:《劳动与社会保障法案件精解——以劳动合同法为考察重心》,华东理工大学出版社 2009 年版。

[58] 姜正国:《劳动教育与工匠精神教程》,北京理工大学出版社 2021 年版。

[59] 付守永:《工匠精神:国家战略行动路线图》,北京大学出版社 2018 年版。

[60] 付守永:《工匠精神:向价值型员工进化》,中华工商联合出版社 2015 年版。

[61] 朱永跃、张书凤、邹家峰:《新时代制造企业工匠精神培育研究》,经济科学出版社 2021 年版。

[62] 乔东、李海燕:《劳模精神、劳动精神、工匠精神学习读本》,工人出版社 2021 年版。

[63]《古今中外工匠精神故事汇》,中国劳动社会保障出版社 2021 年版。

[64] 李英武主编:《职业健康心理学》,北京师范大学出版社 2018 年版。

[65] 孟燕华等主编:《职工职业健康通用教材》,中国工人出版社 2016 年版。

[66] 陈卫红主编:《职业危害与职业健康安全管理》,化学工业出版社 2006 年版。

[67] 李慧波主编:《团队精神:企业真正的核心竞争力》,新华出版社 2004 年版。

[68] 唐昊:《中国式公益:现代性、正义与公民回应》,中国社会科学出版社 2015 年版。

[69] 王全兴:《劳动法》,法律出版社 2004 年版。

[70] 谢俊贵:《社会调查理论与实务》,清华大学出版社 2014 年版。

[71] 董强:《公益乡村:公益力量对接乡村振兴实践》,社会科学文献出版社 2021 年版。

[72] 张立、康洁:《中国十大社会公益领域发展报告》,社会科学文献出版社 2020 年版。

[73] 李开复、王咏刚:《人工智能》,文化发展出版社 2017 年版。

[74] 申国昌、申慧宁:《我国劳动教育的历史审思与未来展望》,《全球教育展望》2020 年第 10 期。

[75] 檀传宝:《劳动教育的概念理解——如何认识劳动教育概念的基本内涵与基本特征》,《中国教育学刊》2019 年第 2 期。

[76] 王建亚:《苏霍姆林斯基劳动教育思想探究》,《上海教育科研》1991 年第 5 期。

[77] 王霖凡、赵冰:《"变"与"不变":新中国成立以来劳动模范的变迁发展逻辑》,《齐齐哈尔大学学报》2021 年第 6 期。

[78] 王尔玺、张晓明:《简述中国劳模的历史发展》,《北京市工会干部学院学报》2010 年第 3 期。

[79] 吴红艳:《新职业与新就业:特点、影响及对策》,《宁波经济》(三江论坛)2019 年第 9 期。

[80] 吴清军、张艺园、周广肃:《互联网平台用工与劳动政策未来发展趋势——以劳动者身份判定为基础的分析》,《中国行政管理》2019 年第 4 期。

[81] 肖群忠:《敬业精神新论》,《燕山大学学报》2009 年第 2 期。

[82] 杨思斌:《我国工伤保险制度的重大发展与理念创新》,《中国劳动关系学院学报》2011 年第 4 期。

[83] 冯骊:《创造性劳动与劳动价值论——对马克思劳动价值公式的补充》,《河南师范大学学报》2008 年第 5 期。

[84] 乐进军:《新时代劳动教育中几个重要关系的处理》,《教学与管理》2021 年第 12 期。

[85] 李娜、韩清恩、钟文先:《大学生批判性思维素质现状及差异分析——基于山东省的调查研究》,《中国高教研究》2019 年第 2 期。

[86] 李娜、王美玲、李冰冰:《创造性劳动的时代价值、影响因素及对职业技术教育的启示》,《中国职业技术教育》2021 年第 21 期。

[87] 李娜、王日升:《批判性思维在工程教育中的价值及其运用》,《高教发展与评估》2018 年第 4 期。

[88] 尹铁燕、代金平:《人工智能伦理的哲学意蕴、现实问题与治理进路》,《昆明理工大学学报》(社会科学版)2021 年 21 卷第 6 期。

[89] 张清、张蓉:《论类型化人工智能法律责任体系的构建》,《中国高校社会科学》2018 年第 4 期。

[90] 高云波:《未来劳动者的基本素质》,《天津教育》2007 年第 7 期。

[91] 王宇航:《知识经济与未来劳动者素质的培养》,《杭州师范学院学报》2000 年第 1 期。

[92] 陈苏谦:《人工智能背景下高校劳动教育的创新研析》,《齐齐哈尔大学学报》(哲学社会科学版)2020 年第 11 期。

[93] 崔艳:《浅析人工智能发展背景下劳动关系的变化》,《中国人力资源社会保障》2021 年第 10 期。

[94] 段伟文:《人工智能时代的价值审度与伦理调适》,《中国人民大学学报》2017 年第 6 期。

[95] 刘洪华:《人工智能法律主体资格的否定及其法律规制构想》,《北方法学》2019 年第 4 期。

[96] 刘宪权:《人工智能时代机器人行为道德伦理与刑法规制》,《比较法研究》2018 年第 4 期。

[97] 彭中礼:《人工智能法律主体地位新论》,《甘肃社会科学》2019 年第 4 期。

[98] 胡锦涛:《在 2010 年全国劳动模范和先进工作者表彰大会上的讲话》,《人民日报》2010 年 4 月 28 日第 2 版。

[99] 习近平:《坚持中国特色社会主义教育发展道路 培养德智体美劳全面发展的社会主义建设者和接班人》,《人民日报》2018 年 9 月 11 日第 1 版。

[100] 习近平:《在庆祝“五一”国际劳动节暨表彰全国劳动模范和先进工作者大会上的讲话》,《人民日报》2015 年 4 月 29 日第 2 版。

[101] 习近平:《在全国劳动模范和先进工作者表彰大会上的讲话》,《人民日报》2020 年 11 月 25 日第 2 版。

[102] 习近平:《在乌鲁木齐接见劳动模范和先进工作者、先进代表人物向全国广大劳动者致以“五一”节问候》,《人民日报》2014 年 5 月 1 日第 1 版。

[103] 习近平:《在知识分子、劳动模范、青年代表座谈会上的讲话》,《人民日报》2016 年 4 月 30 日第 2 版。

[104]《全国构建和谐劳动关系先进表彰暨经验交流会在京举行》,《人民日报》2011 年 8 月 17 日第 1 版。

[105]《中共中央国务院关于全面加强新时代大中小学劳动教育的意见》,《人民日报》2020 年 3 月 27 日第 1 版 。

[106] 习近平:《决胜全面建成小康社会,夺取新时代中国特色社会主义伟大胜利——在中国共产党第十九次全国代表大会上的报告》,http://www.gov.cn/zhuanti/2017-10/27/content_5234876.htm。

[107] 习近平:《在第十二届全国人民代表大会第一次会议上的讲话》,http://www.xinhuanet.com//2013lh/2013-03/17/c_115055434.htm。

[108]《习近平在同全国劳动模范代表座谈时的讲话》,http://cpc.people.

com. cn/n/2013/0429/c64094 - 21323712. html。

[109]《习近平主持中共中央政治局第九次集体学习并讲话》,http://www.gov. cn/xinwen/2018 - 10/31/content_5336251. htm。

[110]《劳动是一切幸福的源泉,习近平谈劳模精神、劳动精神、工匠精神》,http://www. news. cn/politics/2021 - 10/04/c_1127929437. htm。

[111]《必须大力弘扬劳模精神、发挥劳模作用——论中国共产党人的精神》,http://dangshi. people. com. cn/n1/2021/0922/c436975 - 32232659. html。

[112]《大中小学劳动教育指导纲要(试行)》,http://www. moe. gov. cn/srcsite/A26/jcj_kcjcgh/202007/t20200715_472808. html。

[113]《国务院关于印发新一代人工智能发展规划的通知》,http://www.gov. cn/zhengce/content/2017 - 07/20/content_5211996. htm。

[114]《人工智能安全标准化白皮书(2019 年版)》,https://www. tc260. org. cn/front/postDetail. html? id = 20191031151659。

[115]《天津瞄准人工智能等产业"招才引智"》,http://www. xinhuanet. com/2021 - 08/20/c_1127780705. htm。

[116]《中国发布〈新一代人工智能伦理规范〉融入人工智能全生命周期》,http://finance. people. com. cn/n1/2021/0926/c1004 - 32236606. html。

[117]刘星西:《年底职业倦怠怎么破?》,https://mp. weixin. qq. com/s/vT9h - He5QK1tpX6qCei01Q。

后 记

为深入贯彻落实习近平总书记关于教育的重要论述以及全国教育大会精神，全面贯彻党的教育方针，培养德智体美劳全面发展的社会主义建设者和接班人，推动劳动教育再上新台阶，根据《中共中央国务院关于全面加强新时代大中小学劳动教育的意见》《大中小学劳动教育指导纲要（试行)》要求，结合劳动教育的教学要求和特点，我们组织了多所学校从事劳动教育及相关领域研究的优秀中青年学者编写了这本《大学劳动教育》教材。本教材由山东师范大学公共管理学院谭志福教授倡导并担任主编，负责全书的统筹策划及最终的统稿工作；山东师范大学公共管理学院的张海霞和山东管理学院的李娜担任副主编，协助完成了教材的框架设计、编写组织以及统稿校对工作。

教材各章内容撰写分工如下：绪论，谭志福；第一章，张海霞、侯继迎；第二章，张海霞、侯继迎；第三章，付妍；第四章，牛千；第五章，王建云；第六章，赵建玲；第七章，胡振光；第八章，赵世超；第九章，李娜；第十章，李娜；第十一章，陈勇；第十二章，袁书华；第十三章，刘芳。山东师范大学公共管理学院2019级硕士研究生徐世萍，2020级硕士研究生王彤、徐志惠、李宁，2021级硕士研究生高畅、李佩瑶、李潇鋆、龙行源、孙源、赵静、沈文秋和2018级本科生田怡欣等同学参与了案例搜集整理、引用文献查证和文字校对等工作。

由于水平和时间有限，本书难免有错误和不当之处，欢迎广大读者对本书提出批评和建议，以便后期不断修订、完善。

编 者

2022 年 1 月